Rio de Compaixão

Impresso no Brasil, outubro de 2011

Título original: *River of Compassion – A Christian Commentary on the Bhagavad Gita*
© 1987 Bede Griffiths
© 2001 The Bede Griffiths Trust
Publicado por meio de acordo com Templegate Publishers.
Todos os direitos reservados.

Os direitos desta edição pertencem a
É Realizações Editora, Livraria e Distribuidora Ltda.
Caixa Postal: 45321 · 04010 970 · São Paulo SP
Telefax: (5511) 5572 5363
e@erealizacoes.com.br · www.erealizacoes.com.br

Editor
Edson Manoel de Oliveira Filho

Gerente editorial
Gabriela Trevisan

Preparação de texto
Denise Roberti Camargo

Revisão
Ana Tavares
Liliana Cruz

Capa e projeto gráfico
Mauricio Nisi Gonçalves / Estúdio É

Pré-impressão e impressão
Cromosete Gráfica e Editora

Reservados todos os direitos desta obra. Proibida toda e qualquer reprodução desta edição por qualquer meio ou forma, seja ela eletrônica ou mecânica, fotocópia, gravação ou qualquer outro meio de reprodução, sem permissão expressa do editor.

Rio de Compaixão

UM COMENTÁRIO CRISTÃO AO *BHAGAVAD GITA*

BEDE GRIFFITHS

tradução Roldano Giuntoli

Sumário

Apresentação
Roldano Giuntoli... 9

Prefácio
Dom Laurence Freeman OSB.. 11

Introdução.. 13

CAPÍTULO 1
A Ioga do Desalento de Arjuna... 23

CAPÍTULO 2
A Ioga da Sabedoria que Discerne....................................... 27

CAPÍTULO 3
A Ioga da Ação.. 71

CAPÍTULO 4
A Ioga do Conhecimento Parcial 97

CAPÍTULO 5
A Ioga da Renúncia 123

CAPÍTULO 6
A Ioga da Meditação 153

CAPÍTULO 7
A Ioga do Conhecimento 187

CAPÍTULO 8
A Ioga do Eterno Imperecível 209

CAPÍTULO 9
A Ioga da Ciência da Realeza e do Segredo da Realeza 223

CAPÍTULO 10
A Ioga das Formas que Permeiam 251

CAPÍTULO 11
A Ioga da Visão da Forma Cósmica 275

CAPÍTULO 12
A Ioga da Devoção 299

CAPÍTULO 13
A Ioga da Distinção entre Campo e Conhecedor do Campo 315

CAPÍTULO 14
A Ioga dos Três Gunas 341

Capítulo 15
A Ioga do Espírito Altíssimo 357

Capítulo 16
A Ioga da Divisão entre os Poderes Divino e Demoníaco 373

Capítulo 17
A Ioga da Tripla Fé 391

Capítulo 18
A Ioga da Libertação por meio da Renúncia 407

Apresentação

O *Bhagavad Gita* é um texto essencial, uma Escritura sagrada, trazido da milenar cultura indiana para o benefício e o esclarecimento de qualquer pessoa que almeje a evolução espiritual.

Seguindo a prática comum nas escrituras hindus, o *Gita* é apresentado na forma de aforismos – versos concisos prenhes de significado, que permitem variadas interpretações em diferentes níveis de entendimento –, e, ao longo dos dois últimos milênios, foi objeto de inúmeras publicações, comentadas pelos mais diversos mestres de sabedoria que dele se utilizaram.

Neste livro, essa escritura hindu se enriquece com a visão multicultural de um monge beneditino que viveu a experiência de um renunciado hindu, profundamente mergulhado na cultura indiana, e que se tornou um farol do diálogo inter-religioso mundial. Ele interpreta esta, que é uma das mais unânimes Escrituras sagradas da Índia, numa linguagem familiar à cultura e tradição ocidentais.

Nascido na Inglaterra com o nome de Allan Richard Griffiths, em 1906, o autor, verdadeira ponte entre duas culturas, viveu parte de sua vida monástica no Ocidente (1932-1955), onde adotou o nome devocional de Dom Bede Griffiths OSB, e parte na Índia, onde adotou o nome devocional sânscrito Dhayananda, vivendo em *ashrams* cristãos, primeiro em Kurisumala (1955-1968) e depois em Shantivanam, até falecer em 1993. Religioso por natureza, e profundo conhecedor de ambas as religiões, Dom B. Griffiths aborda neste livro cada um dos versos do *Gita* para nos levar a uma jornada em meio ao hinduísmo e ao cristianismo, explorando os muitos pontos comuns das duas grandes religiões e estabelecendo paralelos com várias outras grandes religiões. Como a nos guiar através de um maravilhoso jardim, leva-nos a aprofundar o entendimento religioso, qualquer que seja nossa doutrina, fazendo-nos colher os inúmeros e saborosos frutos desse jardim.

Paralelamente aos profundos pensamentos religioso-filosóficos que o texto original enseja, e que foram objeto de importantes meditações do autor, este ainda nos presenteia com seu eclético e abrangente conhecimento dos mais variados aspectos inter-religiosos, das personalidades e das comunidades com os quais entrou em contato em sua profícua existência. Entre outros, fala-nos de Sri Ramakrishna e de Sarada Devi, de Findhorn, de Sri Aurobindo, de Kabir, de Krishna Prem, etc., além de nos apresentar aspectos da evolução da mitologia hindu, desde a época védica até os dias de hoje, de uma maneira que só poderíamos encontrar em profundos cursos de cultura da Índia.

O autor aproveitou todas as oportunidades que o texto lhe deu para acrescentar seu ponto de vista esclarecedor, unificador e integrador. Este livro, assim, além de apresentar a verdadeira sabedoria do *Bhagavad Gita*, transforma-se numa cristalina manifestação da compreensão de uma pessoa iluminada por essa sabedoria.

A edição original em língua inglesa optou por apresentar as transliterações do sânscrito sem os seus sinais diacríticos, e assim também o fizemos, de modo que toda transliteração do sânscrito desta tradução está idêntica ao original em inglês deste livro.

Roldano Giuntoli

Prefácio

Depois de passar mais de vinte anos como um monge beneditino na área rural da Inglaterra, Bede Griffiths foi à Índia para encontrar, como ele mesmo disse, "a outra metade de minha alma". Aquela não fora uma decisão impetuosa, mas fruto de profunda reflexão, na leitura da literatura mística da Ásia. Longos anos de leituras e discussões acerca das tradições orientais estimularam e aprofundaram sua percepção do mistério do Cristo.

Ao contrário de seu corajoso antecessor no encontro cristão com a espiritualidade indiana, Henri le Saux (Abhishiktananda), Bede Griffiths jamais sentiu sua fé cristã ser ameaçada pelo o que ele encontrou na Índia. Sentado ao lado de sua cama, durante as últimas semanas de sua vida, eu lia para ele o Evangelho de São João, e não senti a menor dúvida de que toda a sua vida, desde sua conversão ao cristianismo, havia sido uma busca por Deus em Cristo. No entanto, tal como os primeiros mestres da fé, ele sabia que a universalidade do Cristo, como o Logos que se tornou carne, significava que o Cristo poderia ser encontrado onde quer que houvesse verdade, beleza e bondade. Por vezes, durante minha leitura, ele sentia o poder das palavras do evangelista de maneira tão profunda a ponto de lhe causar a doce dor da verdade. Então, ele pedia alguns momentos de silêncio, para digeri-las, antes de sinalizar para que a leitura continuasse. Em seu passado, essa sensibilidade às palavras do Evangelho havia sido aplicada à sua leitura dos textos de outras Escrituras.

Quando o Dalai Lama aceitou o desafio de comentar os Evangelhos de seu ponto de vista budista,[1] assim como Bede Griffiths, ele estava tão bem fundamentado em sua própria identidade e prática religiosa, que pôde arriscar-se a olhar para a realidade do ponto de vista de outra pessoa.

De maneira semelhante, neste seu comentário sobre o *Bhagavad Gita*, Dom Bede traz à luz as verdades universais e atemporais desse belíssimo texto sagrado, com novo discernimento e novas perspectivas, inspirados por sua própria fé cristã.

Ele sempre acreditou haver uma tradição comum de ensinamentos de sabedoria na humanidade, e os frutos dessa crença ficam evidentes nesta memorável e exclusiva leitura que ele faz de uma escritura que ele tanto amava.

Por essa razão, nós também podemos nos aproximar disso que, de muitas maneiras, pode nos parecer estranho e alheio e, ainda assim, com a ajuda dele, sentirmos uma profunda familiaridade.

Dom Laurence Freeman OSB

---

[1] *O Dalai Lama Fala de Jesus*. Rio de Janeiro, Fisus, 2000.

Introdução

O *Bhagavad Gita*, ou *Canção do Senhor*, é um clássico da espiritualidade que, mesmo sendo originário da tradição hindu, não pertence apenas aos hindus, mas a todo o mundo. É parte da herança espiritual da humanidade. Ao denominar este comentário de "Uma leitura cristã do *Bhagavad Gita*", não tenho a intenção de sugerir que houve qualquer influência cristã na composição do *Bhagavad Gita*, ou que haja algo especificamente cristão acerca dele. Desejo mostrar apenas como ele pode ser um guia espiritual prático tanto para um cristão quanto para qualquer um que esteja em busca de um guia no caminho da espiritualidade. Há muitas pessoas atualmente no Ocidente, cristãs ou não, que se sentem atraídas pelo *Gita* e por outros clássicos orientais, mas que não possuem conhecimento do fundamento desse texto e que necessitam de uma orientação para ajudá-las a compreender como ele pode lhes ser útil em sua própria vida. Este comentário foi escrito para beneficiar essas pessoas, que não querem mais um estudo acadêmico do *Gita* (já existem muitos), mas sim desejam utilizá-lo como um guia prático em sua vida espiritual. Hoje em dia, entendemos que nenhuma religião pode se sustentar isoladamente. Todos nós compartilhamos uma humanidade em comum e necessitamos partilhar os vislumbres de todas as diferentes tradições religiosas do mundo. Um cristão que esteja aberto à mensagem do *Gita* compreenderá que este lança nova luz em muitos aspectos do Evangelho e, ao mesmo tempo, verá como o *Bhagavad Gita* reúne um novo significado, quando analisado do ponto de vista do Evangelho.

Para que possamos estudar o *Bhagavad Gita*, será útil a nós colocá-lo em seu contexto histórico. Ele é parte de um poema épico denominado *Mahabharata*, que, em geral, se supõe que tenha sido composto entre o quarto século a.C. e o quarto século d.C. O *Bhagavad Gita* pode ter surgido no século terceiro a.C. Foi o primeiro dos vários longos discursos filosóficos introduzidos no poema. Desse modo, ele pertence ao que se denomina *smriti*, da raiz *smri*, que significa "recordar", o que nós chamamos de tradição. Isso se distingue do *shruti*, da raiz *shr*, que significa "ouvir", em outras palavras, revelação.

Os *Vedas*, que são as mais antigas escrituras hindus, são considerados uma revelação, e, geralmente, acredita-se que tenham chegado à sua forma atual entre os anos 1500 e 500 a.C. Os *Upanixades* são a última parte dos *Vedas*, e os mais antigos foram escritos cerca de 600 a.C. O *Bhagavad Gita* surge não muito depois deles. Em certo sentido, ele é um resumo da doutrina hindu, porque chega em um momento crucial, em que várias correntes de pensamento, decorrentes dos *Vedas*, se unem, de modo a ser uma espécie de síntese da doutrina, o que lhe confere seu caráter universal. Em um sentido real, pode-se dizer que, se um indivíduo conhece o *Gita*, ele conhece a essência da espiritualidade hindu. Necessitamos entender o elo que conecta o *Gita* aos *Upanixades*. De certa forma, ele é uma continuação dos *Upanixades*, mas houve uma intervenção entre os *Upanixades* e o *Gita*, algo que realmente alterou a direção da religião hindu. O hinduísmo é um casamento da religião sânscrito-ariana dos *Vedas* com a religião dos povos nativos da Índia, especialmente os drávidas. Foi precisamente durante o período dos épicos, entre o quinto século a.C. e o quinto século d.C., que esses dois movimentos se uniram. O *Gita* se situa na confluência desses dois movimentos. O mais importante nesse desenvolvimento é a devoção a um deus pessoal. Na compreensão védica de Deus, da realidade absoluta, há três conceitos principais: *Brahman*, *Atman* e *Purusha*. *Brahman* é o princípio da existência, a fonte do universo, a presença imanente em toda a criação. *Atman* é o princípio da consciência, a consciência interior, o Ser que habita todo ser humano. *Purusha* é a pessoa, o Senhor que é o objeto de veneração. Os *Upanixades* mais recentes, como o *Shvetashvatara*, que talvez seja quase contemporâneo ao *Bhagavad Gita*, são inspirados por um movimento popular de devoção a um deus pessoal.

No *Gita*, esse movimento de devoção a um deus pessoal continua, mas toma agora uma forma muito definida. É conhecido como o movimento *Bhagavata*. Bhagavan é o nome de Deus, do Senhor, como objeto de veneração, e, por volta desse tempo, no quarto século a.C., parece ter havido um grande despertar de devoção a um deus pessoal. Nos *Upanixades*, os *rishis* se ocupavam mais com *dhyana*, a meditação, e *brahmavidya*, a realização de Deus. Porém, o *Gita* é uma resposta a esse movimento popular e toma a forma de devoção a um deus pessoal, na forma de Krishna. Em lugar de *dhyana*, a meditação, passamos para *bhakti*, a devoção. Não se perde *dhyana*, mas *bhakti* passa ao primeiro plano.

O autor do *Gita* não é conhecido, mas ele deve ter sido de um gênio extraordinário, porque todos os movimentos religiosos da época encontram lugar nessa obra. Foi influenciado não apenas pelos *Upanixades*, mas também pelo budismo e pelo jainismo, que levaram a religião impessoal dos *Upanixades* ainda mais adiante. No budismo antigo não existe nenhum conceito de um Deus pessoal, no jainismo menos ainda. É importante mencionarmos, também, que essas religiões faziam parte de um movimento dos *kshatriya*, a casta dos guerreiros que se distinguia da casta dos brâmanes. Na elaboração dos

Vedas, cerca de 1500 a.C., o brâmane era originalmente o personagem principal. Ele era o sacerdote, e só ele podia executar o sacrifício. Nos *Brâmanas*, que pertencem ao segundo período da religião védica de cerca de 1200 a.C., o principal interesse está no ritual e no sacrifício religioso. Aqui o brâmane, o sacerdote, naturalmente, está no centro. No período seguinte, os *rishis* vão para a floresta, *aranya*, para meditar, e surgem os *Aranyakas*, os livros da floresta. Então, não será mais o brâmane, o sacerdote, que conta, visto que o interesse principal não está no sacrifício, mas na meditação. Buda foi um guerreiro, um *kshatriya*, assim como Mahavira, o fundador dos jainas; e com o budismo e o jainismo começa o grande movimento pela meditação e pela religião interior. Os *Upanixades*, que marcam o quarto estágio da religião védica, são os registros das experiências interiores dos *rishis* e formam a base da tradição mística do hinduísmo. O *Bhagavad Gita* parece se referir ao jainismo; está, ao menos, consciente do movimento. Em muitos pontos, também, é influenciado pelo budismo e utiliza muitos termos e conceitos budistas – *nirvana*, por exemplo. E, é claro, dá continuidade à tradição mística dos *Upanixades*.

A influência do movimento *bhakti*, com sua ênfase na devoção a um Deus pessoal, que começou a se concentrar em Krishna, é um fator contribuinte ainda mais forte. É muito difícil desenredar todo o fundamento da devoção a Krishna, e não se podem desemaranhar essas fibras com algum grau de certeza. Algumas pessoas pensam que Krishna era originalmente um Deus dos vaqueiros, e que essa devoção aos poucos se desenvolveu a partir disso. Outras, talvez corretamente, dizem que ele foi um herói. No *Gita*, ele aparece como um dos esteios dos Pandavas e grande herói. Isso também indica que o *Gita* pertence àquele movimento dos *kshatriyas*, os guerreiros; e Krishna é um representante da casta dos guerreiros. Por outro lado, existe uma menção a um Krishna, filho de Devaki, no *Upanixade Chandogya*. Um sábio se reporta a Krishna, passando-lhe certas instruções. Elementos dessas instruções que ele dá parecem se encontrar no *Bhagavad Gita*, portanto, poderia haver uma conexão entre o Krishna dos *Upanixades* e o do *Gita*. Provavelmente, no desenvolvimento de um culto desse tipo, muitas influências diferentes fluem juntas. De um lado, existe o vaqueiro e o guerreiro, de outro, o sábio, e gradualmente todos eles se unem.

É interessante observar que Krishna é sempre representado como sendo de cor azul. Isso pode significar que ele pertencia ao povo nativo de pele escura, o que ilustraria que o hinduísmo é o casamento do povo ariano de pele clara com os drávidas de pele escura. Shiva, outra grande imagem do Absoluto, era originalmente não ariano. Ele era um deus dos cemitérios, um proscrito. Gradualmente, ele é aceito no envoltório hindu, e se torna o Deus da graça e do amor. É provável uma evolução semelhante para Krishna. Ele era um desses deuses não arianos, foi aceito no hinduísmo e identificado com Vishnu. Ora, Vishnu, assim como Shiva, o Rudra dos *Vedas*, também era, originalmente, uma imagem menor dos *Vedas*. Em geral, supõe-se que ele tenha sido um deus sol. Em uma história famosa, que se repete em muitas lendas, Vishnu dá três passos, transpondo todo o universo. Supõe-se que esses sejam os três passos do sol, que se eleva no leste, dá mais um passo para o meridiano e um terceiro passo para o oeste, cobrindo assim todo o universo.

Isso o relaciona à imagem muito importante de Narayana. Sempre que um *sannyasi* indiano, ou monge itinerante, encontra outro *sannyasi*, ele diz: "OM Narayana", para saudá-lo. Narayana está identificado com *Purusha*, a pessoa cósmica, em que reside todo o cosmos e que permeia toda a criação. Assim, Krishna passa a ser identificado, afinal, com Narayana e com Vishnu como Senhor do Universo. Encontramos no *Gita* a ocorrência dos três termos.

Na arte sacra indiana, a imagem das três cabeças, a *trimurti*, retrata Brahma, o criador; Vishnu, aquele que permeia ou o protetor; e Shiva, o destruidor ou renovador do universo. Para o vaishnava ou para o shivaíta, isso é apenas um tema secundário, pois, para o primeiro,

Vishnu é o Deus Supremo e, para o outro, é Shiva. Krishna era considerado um *avatara* de Vishnu, uma manifestação de Deus na terra.

Chegamos agora a uma outra característica do *Gita*. Nos *Upanixades*, o entendimento sempre foi o de que, para que se alcançasse o conhecimento ou a sabedoria suprema, *jnana*, era necessário retirar-se para a floresta e meditar. Só o *sannyasi*, o monge, poderia alcançar *moksha*, a libertação. Desse modo, os *Upanixades* só poderiam ser uma religião para poucos. A doutrina do *Gita* mudou tudo, para que o chefe de família, que vivia uma vida comum, mas possuía *bhakti*, a devoção a Deus, pudesse alcançar esse estado de união suprema não apenas como o *sannyasi*, mas até mais facilmente que ele. Para o *Bhagavad Gita*, *sannyasa* é um caminho difícil para poucos; *bhakti* é o caminho normal para muitos. É por isso que o *Gita* se tornou um manual para o hindu, um tipo de Novo Testamento, porque é um ensinamento para o chefe de família, o homem que vive sua vida comum no mundo, casado e com filhos. Por meio de sua devoção a Krishna, o Deus pessoal, ele consegue alcançar *moksha*, atingir a libertação final. É de conhecimento geral o fato de Mahatma Gandhi ter adotado o *Bhagavad Gita* como seu guia de vida. Uma vez, ele disse que em todas as situações que enfrentou, as tentações, os problemas e os conflitos de sua vida, sempre encontrou consolo e orientação no *Gita*. Era seu apoio em tudo. É muito interessante ele também ter afirmado: "Meu único objetivo na vida é o de alcançar *moksha*, a libertação, ou seja, conhecer Deus. Se eu acreditasse que poderia fazer isso retirando-me para uma caverna no Himalaia, faria isso imediatamente, mas acredito que posso encontrar Deus em meu conterrâneo sofredor, por isso, dedico minha vida a Deus em meus companheiros". É por isso que, atualmente, a vasta maioria dos hindus, e até mesmo os *sannyasis*, também pensam nesse outro aspecto do servir a Deus na humanidade.

Ramakrishna, que em grande parte foi o responsável pela renovação do hinduísmo no século XIX, apresentou, em certa extensão, a mesma ideia, e seu discípulo Vivekananda fez disso o maior princípio de todos. Ele foi um *sannyasi* que organizou a ordem Ramakrishna de *sannyasis*, todos dedicados ao serviço de Deus e do povo. Uma afirmação bem conhecida de Vivekananda é: "Meu Deus, os pobres; meu Deus, os sofredores; meu Deus, os oprimidos". Essa é a doutrina que se originou do *Gita*.

Não há dúvida de que Gandhi também foi profundamente influenciado pelo Novo Testamento, em especial pelo Sermão da Montanha. Ele possuía devoção por Jesus, como exemplo de amor e perdão, mas, não obstante, sempre se baseou no *Bhagavad Gita*, e o hindu da atualidade ainda o toma como a base para a compreensão da carma ioga, concebida como um meio de encontrar Deus através do serviço ao próximo.

Devemos lembrar que, originalmente nos *Vedas*, carma significava ação ritual. Existe uma seção dos *Vedas* relacionada à ritualística, mas foi sempre considerada inferior. Quando Shankara, o grande doutor do *Vedanta* do século VIII, afirmou que ninguém conseguiria alcançar *moksha*, a libertação, por meio de carma, ele estava simplesmente dizendo que o ritual não era suficiente. Após o período védico, a ideia do carma se expandiu, incluindo a ação moral e, então, a ação social.

No *Bhagavad Gita*, Arjuna está envolvido em uma grande batalha, e este é seu carma. Ele deve agir, cumprir com o seu dever, de modo a alcançar Deus. A visão é a de que, pela ação, pelo serviço, ao cumprir com o próprio dever como chefe de família, é possível alcançar Deus. Porém, ao lado do carma, o indivíduo deve ter *bhakti*; a ação deve fluir a partir da devoção ao Deus pessoal.

Finalmente, existe *jnana*, o conhecimento. Através do serviço da ação, carma, e através de *bhakti*, a devoção, o indivíduo chega ao *jnana*, o conhecimento de Deus. Os primeiros seis capítulos do *Gita* se ocupam, principalmente, da carma ioga, o caminho da ação; os seis capítulos seguintes, da *bhakti* ioga, o caminho do amor e da devoção; e os seis últimos, da *jnana* ioga, o caminho do conhecimento. Porém, essa divisão não é, de todo, rígida. A estrutura se parece mais com uma composição musical, na qual se aborda e se desenvolve um tema e, então, um novo tema é introduzido; assim, aborda-se o tema anterior novamente e se misturam diferentes temas em um padrão complexo, até que todos eles sejam por fim conduzidos a um padrão harmonioso e mutuamente enriquecedor. Não podemos nos esquecer de que o *Bhagavad Gita* é um poema e precisa ser lido como uma poesia.

Para meu comentário me utilizei do texto de Mascaró,[1] publicado na coleção Penguin Classics. Esta é, de longe, a versão inglesa mais legível e, fundamentalmente, mais fiel ao significado. Porém frequentemente se entrega a certas liberdades e, por isso, me utilizei da tradução e dos comentários de Zaehner,[2] para correções, onde necessárias, e para apresentar o significado mais exato. Sempre que preciso também me referi ao texto sânscrito e à tradução de Annie Besant[3] e Bhagwan Das.[4] Também devo acrescentar a minha grande dívida com o *The Yoga of the Bhagwad Gita*, de autoria de Sri Krishna Prem.[5] Esse autor foi um inglês que viveu por muitos anos como um *sannyasi* na Índia, demonstrando um discernimento muito profundo da espiritualidade indiana, tanto naquele livro quanto em sua obra intitulada *Yoga of the Kathopanishad*.

Este meu comentário foi apresentado originalmente na forma de palestras aos membros de nosso *ashram*, Shantivanam, no Tiruchi

---

[1] Juan Mascaró (Maiorca, 08/12/1897-Cambridge, 19/03/1987). (N. T.)
[2] Robert Charles Zaehner (Kent, 08/04/1913-24/11/1974). (N. T.)
[3] Annie Wood Besant (Londres, 01/10/1847-Índia, 20/09/1933), renomada teosofista de origem irlandesa, ativista pelos direitos da mulher, escritora e oradora. (N. T.)
[4] Bhagwan Das (Varanasi, Índia, 12/01/1869-18/09/1958), renomado teosofista de origem indiana e figura pública de destaque no movimento pacifista de libertação da Índia da ocupação britânica. (N. T.)
[5] Também conhecido como Yogi Shri Krishnaprem Vairagi, originalmente Ronald Henry Nixon (1898-1965), foi descrito por Shri Ramana Maharishi como uma maravilhosa mistura de conhecimento e devoção (*jnani* e *bhakti*), foi cofundador do *ashram* vaishnava em Mirtola, perto de Almora. (N. T.)

District de Tamil Nadu, no sul da Índia. As palestras foram gravadas e transcritas, e foi devido ao diligente trabalho do irmão John Sullivan que elas foram convenientemente organizadas. Finalmente, devo meus agradecimentos à Felicity Edwards da Rhodes University, de Grahamstown, que se deu ao trabalho de editar toda a obra, de modo a prepará-la para publicação.

CAPÍTULO 1

A Ioga do Desalento de Arjuna

Cada capítulo do *Bhagavad Gita* se ocupa de uma ioga específica. Este primeiro capítulo denomina-se "A Ioga do Desalento de Arjuna", e torna-se significativo que a experiência do desalento seja uma ioga; frequentemente, o desalento é o primeiro passo no caminho da vida espiritual. É muito importante passarmos pela experiência do vazio, da desilusão e do desalento. Muitas pessoas não acordam para a realidade de Deus e para a experiência de transformação em suas vidas enquanto não chegam ao ponto do desalento.

O termo "ioga" é um dos termos básicos do *Gita*. Possui muitos significados, porém a raiz da palavra é a mesma da latina *yugum*, da inglesa *yoke* e da portuguesa *jugo*. O significado normal é "união" ou "integração", que remete ao objetivo, mas é importante compreendermos que os passos que damos para nos aproximar dessa união também são ioga. A união é principalmente a união com Deus, mas ela envolve a unificação ou a integração de todos os aspectos de nossa existência.

O texto do capítulo 1 inicia-se com dois exércitos preparados para a batalha, de um lado, os pandavas, do outro, os kauravas. Arjuna está sentado em sua carruagem em meio às duas linhas de frente.

A circunstância da guerra assim foi descrita por Krishna Prem:

> Os pandyas são cinco irmãos que têm direito ao trono, porém o trono foi usurpado por Dhritarashtra, rei dos Kauravas, e por seu filho Duryodhana. Os pandyas foram condenados ao exílio, como resultado de perderem um jogo de dados. Então, ao voltar do exílio, eles reclamam seu direito ao trono novamente, mas não recebem resposta satisfatória. Isso conduz ao *Mahabharata*, a grande guerra.

Desde os tempos antigos, essa batalha tem sido interpretada simbolicamente: de um lado do conflito, os pandavas representam os virtuosos e, do outro, os kauravas representam os iníquos. O campo de batalha é o mundo, e Arjuna representa a alma humana sentada na carruagem do corpo, envolvida na batalha da vida. Os pandavas, legítimos soberanos, são o verdadeiro Eu. Eles foram exilados da terra, e seu lugar foi usurpado por Dhritarashtra, o rei cego, de quem se diz ter cem filhos. Ele representa o ego egoísta, com sua progênie de inumeráveis paixões e desejos.

O simbolismo aqui é o de que, no atual estágio da existência humana, o reino foi derrotado e o legítimo rei, exilado. O Eu não mais está no controle, e esse falso regente que usurpou o trono, o ego, domina a existência humana. Arjuna está nessa situação. Ele vê, perfilados no outro lado, todos os seus parentes e amigos, e até mesmo seu professor, Drona, e sua resposta é: "Como posso lutar contra meus próprios amigos?". Aqui também temos a natureza humana. Estamos divididos contra nós mesmos. Arjuna sente que não pode enfrentar essa batalha e, desesperado, depõe suas armas dizendo: "Não lutarei".

Nesse ponto, Krishna aparece como condutor de sua carruagem. A imagem aqui é a de que a carruagem representa o corpo, Arjuna representa a alma e Krishna, o condutor, representa o espírito que dirige a carruagem. O Senhor Krishna é a manifestação do espírito interior, que agora aconselha Arjuna no modo que ele deve se empenhar na batalha da vida. Aqui, logo de início, temos a principal constelação de temas com os quais se ocupa o *Bhagavad Gita*: como enfrentar a batalha da vida, como o espírito nos aconselhará e como cada um de nós empreenderá essa batalha.

Então, a batalha se desenrola no campo da natureza humana. Os poderes espirituais no homem foram forçados ao exílio, e o trono foi usurpado pelo rei cego que representa o ego, que é cego e usurpou o trono da alma, expulsando os poderes espirituais que deveriam estar no comando.

O aspecto interessante é que os pandavas estiveram no exílio por doze anos, na floresta, e eles tiveram que se manter incógnitos por mais um ano, e, só então, puderam voltar para reclamar o trono. Isso possui um profundo significado simbólico. O exílio na floresta assemelha-se à imagem de ir ao deserto. Encontramos o simbolismo do deserto em muitas tradições espirituais. O buscador espiritual é forçado a sair do mundo, assim como os israelitas foram forçados a sair do Egito, para o deserto, onde vaguearam durante quarenta anos. Por volta do final do período do deserto, chega o ponto em que os poderes do espírito parecem desaparecer e os da matéria, ou demoníacos, parecem estar em pleno comando. É característico que, antes que se dê a grande renovação, os poderes espirituais cheguem a seu ponto mais baixo e o ilegítimo poder demoníaco pareça estar em supremo comando. Essa é precisamente a situação aqui. Os pandavas passaram por essa "noite negra da alma" e, agora, ao voltar para reclamar o reino, não conseguem chegar a um acordo com os usurpadores. Esse é um ponto muito significativo, que simboliza que nunca se pode chegar a um acordo no nível da alma humana, porque a alma está, ela mesma, tragicamente dividida contra si mesma.

Assim, no campo de batalha, Arjuna vê que seus inimigos são seus amigos e parentes. Ali há Bhishma, o irmão de seu avô, e Drona, que é seu guru, seu professor, e Arjuna compreende que está dividido contra si mesmo. É o apuro humano. Na batalha da vida, estamos divididos contra nós mesmos, e o ponto é que não há, na verdade, solução para os problemas da vida, no nível humano. Enquanto Arjuna estiver confrontando a batalha simplesmente por si mesmo, não haverá resposta. Apenas quando Krishna, o espírito, o Senhor, começa a aconselhá-lo é que pode ser encontrada uma resposta. O que se pede a Arjuna, e o que é tão difícil, é que ele lute. Ele diz: "Terei que matar todos eles, meus parentes e amigos". Este é o problema. Quando somos solicitados a desistir do mundo e a lutar contra nossos instintos, paixões e desejos, parece-nos não restar mais nada, como se estivéssemos no deserto.

Isso evidencia um dos problemas perenes da vida espiritual. Nós desistimos do Egito, desistimos do mundo e dos prazeres dos sentidos, desistimos das aparências e nos dirigimos para o deserto. Então, nosso estado é o dos que perderam o mundo, mas não nos parece termos ganhado nada. É por isso que Arjuna está desesperado. Ele solta suas armas e se recusa a lutar, pois não lhe parece haver nada pelo que lutar. Mesmo que vença, ele terá apenas matado todos os seus inimigos, que também são seus amigos.

O que todos nós precisamos aprender é que não há resposta, no nível humano, para os problemas da vida humana. Enquanto for uma questão da alma humana, do corpo humano, da situação humana, não haverá resposta que se possa encontrar, e tudo o que poderemos fazer será jogar nossas armas e dizer: "Não lutarei!". Só quando o espírito interior começa a falar, a resposta começa a ser encontrada.

CAPÍTULO 2

A Ioga da Sabedoria que Discerne

No hinduísmo, a virtude fundamental do caminho da sabedoria espiritual é o discernimento, *viveka*, que significa, especificamente, a habilidade de discernir entre o real e o irreal. Vivemos em um mundo onde o real e o irreal estão sempre mesclados. O discernimento se dá quando chegamos ao ponto em que entendemos a realidade eterna como distinta, ainda que imanente na realidade transitória, da experiência do dia a dia. *Viveka*, então, é o discernimento da realidade eterna no interior de todo o conjunto da natureza e da vida. Esse discernimento traz liberdade. Apenas quando nos conectamos ao Atman, ao eterno e imutável em meio às alterações e processos da vida, não mais estaremos acorrentados.

A introdução do capítulo 2 é feita por Sanjaya, que faz o papel de narrador. Ele confere continuidade ao discurso entre Krishna e Arjuna que forma a substância do *Gita*.

1. Então, elevou-se o espírito de Krishna, dirigindo-se a Arjuna que, com olhos marejados, havia mergulhado em desalento e pesar.

Krishna desafia Arjuna:

2. De onde provém esse inerte desalento, ó Arjuna, neste momento, o momento da prova? Homens fortes não conhecem o desalento, ó Arjuna, pois isso não lhes confere nem o céu nem a terra.

3. Não caia em fraqueza degradante, pois isso não faz com que um homem seja homem. Livra-te desse ignóbil desânimo e eleva-te como o fogo que fulmina tudo o que lhe está à frente.

Krishna começa censurando Arjuna, por seu "inerte desalento" e sua "fraqueza degradante". Ele apela primeiramente à consciência social de Arjuna. Devemos nos lembrar de que Arjuna é um guerreiro, um *kshatriya*, cujo dever é lutar pela causa do direito. Na Índia antiga, havia quatro castas, ou *varnas*: o brâmane ou sacerdote, que era o mestre da lei, tanto no que concerne à religião quanto à sociedade; o *kshatriya* ou guerreiro, cujo dever era o de defender as leis da religião e da justiça; o *vaishya*, agricultor ou comerciante, que era o responsável por prover as necessidades da vida; e o *shudra* ou operário, que prestava serviços à comunidade dentro de todas as necessidades dela. À sua maneira, esta era uma organização equilibrada de sociedade que encontra sua contraparte, por exemplo, na *República*, ou "estado ideal", de Platão. O contexto social do *Gita* pertence a essa ordem feudal de sociedade, e Krishna apela, antes de mais nada, a essa lei ou *dharma*. Só paulatinamente é que Arjuna se elevará acima desse entendimento comum para o entendimento mais profundo do lugar do homem no universo. Entretanto, ele já começa a duvidar da sabedoria desse *dharma*, dizendo:

4. Devo veneração a Bhishma e a Drona. Terei que matar com minhas flechas o irmão de meu avô, o grande Bhishma? Deverão minhas flechas, na batalha, assassinar Drona, meu mestre?

Bhishma representa a fé cega, e Drona é o guru, o mestre, que representa a lei religiosa e a tradição. Isso evidencia o problema desse conflito, em que, de um lado, há as paixões, os instintos, os desejos e, de outro, as tradições religiosas, as leis, os costumes do país. A desilusão de Arjuna, que se compara àquela experimentada hoje por tantas pessoas, deve-se ao fato de que nenhum desses valores parece mais ter relevância. É a mesma situação do Evangelho, em que, de um lado, há os publicanos e os pecadores, que representam a natureza humana seguindo seus próprios desejos e instintos, e, de outro, há os escribas e os fariseus, que representam a lei e a religião. Indubitavelmente, não podemos encontrar resposta nesse nível; não a de que um grupo esteja certo e o outro errado. No Evangelho, Cristo aponta para o caminho que está além do conflito, acima dos valores, tanto dos fariseus quanto dos pecadores.

Arjuna, no campo de batalha, encontra-se precisamente neste conflito: "Terei que matar com minhas flechas o irmão de meu avô, o grande Bhishma? Deverão minhas flechas, na batalha, assassinar Drona, meu mestre?". Ele percebe estar lutando contra sua própria natureza e contra as instituições e os costumes de seu país. Uma experiência similar muito comum hoje em dia. Muitas pessoas percebem a sociedade, como um todo, corrompida. Para alguns, é a sociedade capitalista que está corrompida, enquanto outros ficam enojados com a corrupção política em todo o mundo. Outros, ainda, estão especificamente conscientes da corrupção espiritual e do domínio do materialismo, perdem a fé na sociedade, como tal, e querem apenas evadir-se dela de uma vez.

5. Terei que matar meus próprios mestres que, apesar de gananciosos para com meu reino, ainda são meus sagrados instrutores? Melhor seria eu comer, nesta vida, o alimento de um mendigo do que comer o alimento de um rei que tivesse o sabor do sangue deles.

Arjuna preferia tornar-se um mendigo e evadir-se da sociedade a conquistar em batalha e envolver-se com todos os pecados daquela sociedade.

6. E não sabemos o que seria melhor para nós, se a vitória deles ou a nossa. Estes que estão à nossa frente são os filhos de meu tio e o rei, Dhritharashtra: deveríamos desejar viver após a morte deles?

A situação é tal que realmente não enxergamos vitória em qualquer um dos lados. Amiúde, a história verdadeira é assim mesmo. As duas últimas guerras mundiais são um bom exemplo disso. Parecia-nos que um dos lados estava certo, e o outro, errado. Na última guerra, parecia muito evidente: Hitler e Mussolini, de um lado, Grã-Bretanha e Estados Unidos, defendendo a democracia, de outro. Porém, quando chegamos ao verdadeiro embate e ao seu resultado, ao final da guerra, Hitler e Mussolini haviam sido eliminados, mas a União Soviética estava do lado das democracias. As forças que eram mais contrárias à democracia haviam se tornado suas aliadas. Essas contradições surgem toda vez que tentamos responder a esses problemas nesse nível. Então, Arjuna diz:

7. Na noite negra de minha alma, Eu sinto desolação. Em minha autocomiseração, Eu não enxergo o caminho da retidão. Sou teu discípulo, venho a ti em súplica: lança tua luz no caminho do meu dever.

A "noite negra da alma" é da tradução de Mascaró. De uma maneira geral, a tradução de Mascaró é extremamente boa, mas às vezes ele se utiliza da linguagem cristã em detrimento do significado. R. C. Zaehner opta por "Minha verdadeira existência está oprimida com a mácula perniciosa da compaixão", que dá o sentido correto. Assim, "noite negra da alma" confere uma conotação um tanto particular aqui, mas é significativa. Esta é de fato a situação: a "noite negra" é quando não podemos enxergar nada do caminho de retidão.

8. Pois nem o reino da terra, nem o reino dos deuses no céu, poderia me conferir paz no fogo de aflição que assim queima minha vida.

Sanjaya começa a narrativa:

9. Tendo Arjuna, o grande guerreiro, assim desabafado, concluiu dizendo: "Krishna, não lutarei", e, então, calou-se.

10. Krishna sorriu e falou a Arjuna – ali, entre os dois exércitos, a voz de Deus pronunciou estas palavras:

Esse é um exemplo da linguagem que Mascaró utiliza, evocando as palavras da Bíblia. Elas lembram o livro do Êxodo, em que os dez mandamentos foram transmitidos no Monte Sinai, com as palavras de abertura: "Deus pronunciou estas palavras dizendo". O texto original simplesmente diz: "Hrishikesha (outro nome de Krishna) pronunciou estas palavras em meio aos dois exércitos".

Krishna agora retira o problema da esfera do tempo e da situação humana, dizendo:

11. Tuas lágrimas se destinam àqueles que estão além das lágrimas; e tuas palavras são palavras de sabedoria? Os sábios não se lamentam pelos que vivem e não lamentam os que morrem – pois vida e morte hão de passar.

12. Porque todos nós existimos em todo o tempo: Eu, e tu, e esses reis dos homens. E nós existiremos em todo o tempo, nós todos, por todo o sempre.

Isso nos traz o profundo entendimento de que, no nível humano, não há resposta definitiva para nenhum problema. Ele deve ser levado completamente além do nível humano, além do tempo e do espaço e da totalidade da condição do homem para o nível do Atman, do espírito.

O espírito eterno é não nascido e sempiterno, e esse é o argumento de Krishna. Precisamos descobrir em nosso interior essa realidade eterna. Quando a descobrirmos, poderemos retornar e enfrentar quaisquer problemas que surgirem. Até que a tenhamos descoberto e começado a viver nela, até que tenhamos começado a nos estabelecer naquela sabedoria, não poderemos encontrar nenhuma resposta. Krishna prossegue, dizendo:

13. Assim como o espírito de nosso corpo mortal viaja através da infância, da juventude e da idade avançada, o espírito viaja para um novo corpo: disso o sábio não tem dúvidas.

Isso nos leva à questão do renascimento ou da reencarnação. A interpretação usual é a de que a alma prossegue de nascimento em nascimento. Após a morte a alma renasce em outro corpo. Encontramos um entendimento mais profundo e mais satisfatório em um conhecido ensaio do grande erudito vedantino Coomaraswami: o de que não é a alma que transmigra; é o espírito, o Atman. O espírito único está encarnado em cada pessoa. O espírito eterno toma a carne em você e em mim, e passa por experiências no corpo e na alma de cada um de nós; ele, então, prossegue e passa por experiências em outro corpo e em outra vida. Toda a história da humanidade é a história desse espírito único que passa pela experiência de todas essas diferentes vidas, conduzindo-as todas, ao final, para a realização. Essa é uma explicação possível.

Krishna prossegue, dizendo (e esse é o aspecto prático):

14. Do mundo dos sentidos, ó Arjuna, provêm o calor e o frio, o prazer e a dor. Eles vêm e vão: são transitórios. Eleva-te acima deles, forte alma.

Estamos todos envolvidos no mundo dos sentidos, prazer e dor, calor e frio, doença e saúde, e assim por diante. Enquanto estivermos envolvidos nesse estado, nunca teremos paz. Essa é a esfera da formação, da transitoriedade. Porém, há algo em nós que não é deste mundo, que não está sujeito a transições, algo eterno, e isto é o Atman, o espírito. Devemos descobrir a eterna realidade em nosso interior. E, então, poderemos lidar com os sentidos e com as aparências transitórias das coisas.

> 15. Aquele que não é perturbado por essas coisas, cuja alma única está além do prazer e da dor, é merecedor de vida na eternidade.

Há uma parábola no *Upanixade Shvetashvatara* que ilustra isso. Há dois pássaros numa árvore; um deles lhe come os frutos (tornando-se envolvido) e o outro observa (permanecendo desapegado). Quando lemos o *Gita*, devemos manter sempre em mente que este é o padrão das coisas. O ser humano é corpo, alma e espírito. A alma coloca-se entre o corpo e o espírito, e, em nossa situação normal, a alma, o *jivatman*, inclina-se em direção ao corpo, em direção à matéria e aos sentidos, em direção a este mundo transitório, de formação e impermanência, tornando-se imersa nisso, desviando-se de seu caminho. O arrependimento (*metanoia*, em grego) acontece quando a alma muda de ideia, modifica sua atitude, volta-se e descobre o espírito interior. Então, em lugar de estar sujeita às paixões e aos instintos, a alma está sujeita ao espírito, ao poder interior, ganhando o controle do mundo dos sentidos e das paixões. Não se trata de suprimi-los ou do seu desaparecimento de alguma forma; trata-se de aprender a ter controle interior. Assim, trata-se de descobrir como ser livre do apego, livre de nossa habitual imersão nos sentidos e nas paixões, e de despertar para o poder vivente do espírito interior. Aqui, há uma frase impressionante:

> 16. O irreal jamais existe: o real jamais inexiste. Essa verdade, de fato, tem sido conhecida por aqueles que podem conhecer a verdade.

O irreal é *asat* e o real é *sat*. Isso nos faz lembrar da famosa prece que se encontra na invocação do *Upanixade Isha*: "Do irreal, conduza-me ao real. Das trevas, conduza-me à luz. Da mortalidade, conduza-me à imortalidade". A habilidade de discernir entre o irreal e o real é de fundamental importância no hinduísmo. Isso é precisamente o que *viveka* é, o discernimento da realidade eterna, do Atman, que é distinto do mundo das mudanças e dos processos, ainda que imanente nele. Ao nos conectarmos com essa realidade eterna, alcançamos a liberdade. Esse texto não significa que estamos tentando nos evadir do tempo e do espaço; ao contrário, estamos em busca de conhecer o tempo, o espaço e a matéria, sob a luz da eternidade, do Atman, do espírito que nos habita. Aí, então, temos o verdadeiro *viveka*, o verdadeiro discernimento. Mascaró coloca isso de maneira muito bonita:

> 17. Entrelaçado em sua criação, o espírito está além da destruição. Ninguém pode dar um fim ao espírito que é sempiterno.

Em toda partícula de matéria, em todo organismo vivente, em todo ser humano, em toda situação humana, o espírito eterno está sempre presente. A ignorância, *avidya*, consiste em conhecer a aparência das coisas, a forma exterior da matéria e do homem, e falhar em conhecer o espírito, a realidade interior. A sabedoria é o discernimento do eterno no temporal e o imutável, no transitório. Em termos cristãos, diríamos que precisamos ver Deus em todas as pessoas e em todas as coisas. Deus está sempre presente, e estamos cegos a isso. Alguns estão totalmente cegos, outros conseguem um vislumbre ocasional disso, mas se pudéssemos viver como deveríamos, estaríamos sempre vendo a realidade eterna em toda manifestação temporal. Deus está presente em toda situação humana, em todo acidente, ou aparente acidente, da vida. A verdade única, a realidade única está sempre ali. Isso é sabedoria; esse é o espírito que é sempiterno.

18. Pois, além do tempo, ele habita esses corpos, ainda que esses corpos tenham fim no seu tempo; porém, ele permanece incomensurável, imortal. Portanto, grande guerreiro, continua tua luta.

19. Se um homem pensa que mata e se outro pensa que morre, nenhum deles conhece os caminhos da verdade. O Eterno, no homem, não pode matar: o Eterno, no homem, não pode morrer.

A grande ilusão sob a qual vivemos é a de pensar que, quando alguém morre, é a pessoa, em vez do corpo, que morre. É a ilusão, *maya*, que nos toma e nos faz ver a realidade exterior como se fosse a Realidade, enquanto falhamos em ver a Realidade que está presente naquela situação. Na verdade, quando uma pessoa morre, deveríamos nos regozijar e dizer que ela nasceu! Ela passou a viver. Ela passou para além desta *maya*, destas aparências da vida, para a vida eterna, para o mundo do espírito. O mundo acredita que a morte seja o fim, e que não devamos nunca falar dela; a morte deve ser escondida, tanto quanto possível, e, quando acontece, devemos remover todos os sinais dela, tão rápido quanto possível. Jamais nos é permitido enxergar através da ilusão, entender que a morte do corpo é apenas o espírito interior descartando essa veste específica que ele utilizou por um tempo. Chegando a seu fim, depois das experiências neste corpo, o espírito agora passa adiante para uma nova vida além da morte. Escolhemos viver na ilusão.

Nesse sentido, "se um homem pensa que mata e se outro pensa que morre, nenhum deles conhece os caminhos da verdade". A ideia é a de que você não está verdadeiramente matando alguém, quando você o mata. Você está matando seu corpo e libertando-o. Pode ser um grande pecado fazer isso, pois você não tem nenhum direito sobre a vida de outro homem, porém você não está matando o eterno naquele homem. Toda a perspectiva se modifica quando enxergamos o espírito eterno em cada pessoa e em cada coisa.

20. Ele nunca nasce, e ele nunca morre. Ele é na Eternidade: ele é para todo o sempre. Nunca nascido e eterno, além do tempo, passado ou futuro, ele não morre quando o corpo morre.

Nesse ponto, gostaria simplesmente de indicar a natureza da relação entre o *Paramatman*, o Ser Supremo, e o *jivatman*, o ser individual. Há muita controvérsia sobre essa relação, e as pessoas com frequência têm a impressão de que é simplesmente o espírito único, o Atman, que está presente em cada corpo, enquanto a alma, o *jivatman*, é apenas uma aparência. Nessa teoria, ambos, o corpo e a alma, desaparecem ao final, e apenas o Atman permanece. Contudo, a sugestão que considero mais satisfatória é a de que a relação entre o *Paramatman* e o *jivatman* é como aquela da luz com o seu reflexo num espelho. Deus é a luz que é refletida em todo o universo criado. A criação é um reflexo, como em um espelho, da luz única. Ela é refletida nas inumeráveis e diferentes formas da matéria e da vida. Todo ser humano, cada *jivatman*, é um reflexo específico daquela divina luz única, e cada consciência humana espelha aquela consciência divina. O espírito que é em nosso interior é aquela luz eterna que brilha em minha consciência, em minha mente, e que se manifesta através de mim, de modo que o espírito eterno é em mim e eu sou nele, e isso é o que nunca morre.

No momento da morte, o corpo começa a se desintegrar e cessa o funcionamento da psique. Não mais podemos pensar e sentir, como fazemos agora, pois o instrumento do corpo se foi. Porém, o Atman, o espírito interior, está unido ao espírito divino e permanece. No momento da morte, o espírito leva consigo todas as experiências do corpo e da alma. Nenhuma se perde. Tudo o que o indivíduo experimentou no corpo e na alma, na vida humana, é levado para essa experiência do espírito. O espírito é o que experimenta no corpo e na alma, e leva essa experiência consigo. Se vivemos uma vida pecaminosa, então o espírito, a vida em nós, tem sido continuamente frustrado, e nossa realização no momento da morte é mínima. Por outro lado, se seguimos pelo caminho do espírito, tanto quanto podemos, então, no momento da morte, é como se todo nosso ser florescesse. Tudo o que experimentamos no corpo, toda nossa experiência humana, reúne-se no espírito e chega à sua realização. Assim, o espírito é o ponto em que a totalidade do ser humano alcança um ápice, por assim dizer, o ponto no qual ele alcança e toca o divino, em que o espírito de Deus encontra o espírito do homem. É por isso que, quando alcançamos a morte, o espírito é libertado do corpo material, de toda a sequência temporal e da atual ordem de percepção, e entramos na ordem do espírito e experimentamos a integralidade da vida em sua unidade.

Dizem que, no momento da morte, nossa vida inteira passa diante de nós. Há algumas evidências disso; por exemplo, pessoas que estavam se afogando, ou quase morrendo, experimentaram um desenrolar de toda sua vida diante de si, em um lampejo. Toda nossa experiência no corpo está contida no espírito; nossa vida inteira ali está e, na morte, experimentamo-nos como somos à luz da eternidade e, assim, nos conhecemos pela primeira vez. Este é o argumento: "Que o espírito em nós não mata, que o espírito em nós não morre". É o espírito eterno em você e em mim que nunca morre. Ele começa uma existência temporária neste corpo, através da alma, então, ele retorna a seu estado eterno.

> 21. Quando um homem o conhece como não nascido, sempiterno, imutável, além de toda destruição, como poderá esse homem matar um homem ou fazer com que outro mate?

Uma vez alcançado esse estágio de sabedoria e integração espiritual, o indivíduo não pode matar ou fazer com que outro mate. O indivíduo está liberto de toda a sequência cármica, Krishna prossegue dizendo. Essa também é uma questão da transmigração:

22. Assim como um homem abandona uma vestimenta velha e veste uma que seja nova, o espírito abandona seu corpo mortal e, então, veste um que seja novo.

Pelo meu entendimento, isso significa que o espírito em mim, após passar por experiências em mim e se dar conta de sua existência em mim, completou agora aquela etapa, por assim dizer, e o mesmo espírito agora passa por experiências em outro corpo, outra alma, prosseguindo com toda a história humana. Não é minha alma individual que segue de nascimento em nascimento. É o espírito que, tendo completado seu trabalho em mim, segue para uma outra vida. Minha vida alcançou agora sua realização no espírito.

23. Armas não podem ferir o espírito, e o fogo nunca poderá queimá-lo. As águas não o molham, e o vento não o resseca.

O objetivo do ascetismo é o de se dar conta do espírito interior, e, então, o indivíduo não será afetado pelo que acontece com o corpo e pelo que acontece com a alma. Ou melhor, o indivíduo pode ser afetado, pode sentir, mas o indivíduo não se deixará dominar por isso. E é isso o que se está objetivando. O argumento do *Gita* não é o de procurarmos suprimir nossos sentidos e sentimentos, mas o de nos desapegarmos dos sentidos, dos sentimentos e da mente, de modo que tenhamos uma clara consciência, atenta ao que está acontecendo. Eu aplicaria isso a Jesus na cruz. Ele experimentou o sofrimento do corpo, ele experimentou o sofrimento da alma, ele se sentiu abandonado por Deus, quando gritou: "Deus meu, Deus meu, por que me abandonaste?" (Marcos 15,34). Contudo, o espírito em Jesus estava unido ao Pai, no Espírito Santo, e é assim que deveríamos sempre nos sentir. Em todo o sofrimento do corpo e da alma, sempre existe uma presença do espírito que permanece imutável, acima dos conflitos.

Isso é tudo o que podemos pedir dessa experiência interior; não esperamos escapar da dor ou do sofrimento, mas deveríamos conseguir ter um centro que seja imóvel, um centro que não seja, de nenhuma maneira, afetado pela dor ou pelo sofrimento ou por qualquer coisa que aconteça. Como nos disse São Paulo: "Pois estou convencido de que nem a morte nem a vida, nem os anjos nem os principados, nem o presente nem o futuro, nem os poderes, nem a altura, nem a profundeza, nem qualquer outra criatura poderá nos separar do amor de Deus manifestado em Cristo Jesus, nosso Senhor" (Romanos 8,38-39). Na visão cristã, é o espírito, o Espírito Santo, que se unifica com nosso espírito, e nesse ponto somos libertados de todo conflito deste mundo.

24. Além do poder da espada e do fogo, além do poder das águas e dos ventos, o espírito é sempiterno, onipresente, imutável, imóvel, eternamente uno.

É maravilhoso percebermos como, a partir de todo o trabalho dos rishis,[1] de toda sua experiência na floresta, de séculos de meditação, de disciplina, de ascetismo, de lutas e conflitos, eles alcançam esse ponto em que se dão conta do sempiterno, onipresente, imutável, imóvel espírito. É uma enorme conquista do espírito humano ter alcançado esse ponto; essa foi a culminância da busca hindu por Deus.

Os profetas hebreus possuem outra experiência de Deus, muito diferente, ainda que análoga de muitas maneiras. Tomemos como exemplo Elias, quando se dirige à caverna. Ele se senta em uma caverna, e ali há trovão, relâmpago e terremoto, então, há o fogo, e Deus não está no relâmpago, nem no terremoto, nem no fogo, mas numa tênue voz, e Elias, nos dizem, "cobriu-se com seu manto e saindo pôs-se à entrada da caverna". Aquela também foi uma experiência de Deus, além do fogo, do terremoto e do relâmpago. Além de todas essas coisas, Elias encontra a tênue voz, essa presença interior, que é a presença de Deus, e ele desperta para a realidade.

---

[1] Termo sânscrito que significa sábio, mago ou asceta. (N. T.)

Assim, em diferentes situações, o despertar para a realidade do espírito acontece, e é isso o que nos possibilita transcender todas as tragédias da existência humana. É isso o que o *Gita* nos revela. É uma experiência que nos foi transmitida de eras passadas, e no hinduísmo atinge seu pináculo nesse ponto.

> 25. Ele está invisível aos olhos mortais, além dos pensamentos e além da transitoriedade. Sabe tu que ele é e cessa tuas lamentações.

A palavra para "invisível" é literalmente o não manifestado, *avyakta*. A ideia é a de que, antes de se tornar visível ou manifestado, tudo neste mundo existe no não manifestado, em Brahman. Brahman é o não manifestado e está além dos pensamentos, *acintya*. Isso indica uma grande dificuldade quando falamos de Brahman, do espírito, o Eu: ele está sempre além dos pensamentos. Podemos usar palavras e pensamentos para apontar em direção a ele, mas não podemos expressá-lo, e todas as doutrinas sagradas têm essa característica. A verdade, de fato, não pode ser expressa apropriadamente. O espírito, o Eu, a realidade final estão além das palavras e dos pensamentos, e além da transitoriedade. Vivemos no mundo da impermanência e da transitoriedade, porém o mundo da Realidade final é o mundo do permanente, do imutável.

"Sabe tu que ele é." Ele não se transforma. Ele não está neste mundo de transformações. Ele é. Apenas quando nos damos conta de que "Ele é" que cessamos de nos lamentar. É do *Upanixade Katha* a afirmação: "Como podemos falar dele, exceto dizendo 'Ele é'", *asti*. Da mesma maneira, na tradição judaica, quando Deus se revela a Moisés ele diz: "Eu sou". Estas são as únicas palavras que podem expressá-lo. "Eu sou", "Ele é".

> 26. Porém, mesmo que ele nascesse e renascesse repetidamente, e tivesse que morrer repetidamente, mesmo assim, ó homem vitorioso, cessa tuas lamentações.

Aqui também voltamos ao assunto do renascimento, e eu o interpreto no sentido de que é o espírito no homem que renasce. É o espírito no homem que segue de nascimento em nascimento. "Ele renasce repetidamente."

Ele assume este corpo, esta alma, neste homem. Ele se torna este homem e, então, quando ele tiver terminado sua experiência em você e em mim, então, ele segue adiante para um novo nascimento. É o espírito que segue de nascimento em nascimento, e não há nisso motivo para lamentações. Cada um passa a existir e, então, segue adiante.

> 27. Pois todas as coisas que nascem, na verdade, devem morrer, e a partir da morte, na verdade, provém a vida. Encara o inevitável e cessa tuas lamentações.

Essa é a nossa condição humana. Passamos do nascimento à morte, e, então, também há uma passagem da morte à vida. A sabedoria consiste na compreensão de que este é nosso estado humano, e é insensatez pensarmos na morte como um fim, um desastre, uma derrota, enquanto, na verdade, a morte é uma passagem além. O espírito em mim passa além, e eu, como indivíduo humano, adentro aquela vida do espírito, e o próprio espírito passa adiante para uma outra vida.

> 28. Todos os seres são invisíveis antes do nascimento e, após a morte, voltam a ser invisíveis. Eles são vistos entre os dois não vistos. Por que encontrar motivo de lamentação nesta verdade?

Aqui também o invisível é o não manifestado, o *avyakta*. Toda a criação se origina em Deus, no princípio, o não manifestado. Ela é não manifesta em Deus, no Verbo, então, ela passa à existência, para o ser manifestado. Ele se torna visível neste mundo, e cada um de nós experiencia este mundo das manifestações e, então, no momento da morte, passa novamente além deste mundo, para o não manifestado, onde nós realizamos Deus. Poderíamos, talvez, neste contexto, lembrar a Ode à Imortalidade de Wordsworth:

> Nosso nascimento é apenas um sono e um esquecimento,
> A alma que surge conosco, a estrela de nossa vida,
> Aqui não teve seu princípio,
> Mas, de longe, veio a nós,
> Não em pleno esquecimento,
> Nem em total nudez,
> Mas, trilhando nuvens de glória, viemos
> De Deus, que é nosso lar.

Wordsworth foi um grande místico e teve uma percepção de muitas dessas verdades que são encontradas nos *Upanixades* e que estiveram perdidas em nossa cultura por séculos. Wordsworth é alguém que nos lembra delas através de sua poesia.

29. Um indivíduo o vê assombrado e outro nos comunica seu assombro em palavras. Há alguém que ouve falar de seu portento; mas ele ouve e não o conhece.

A visão maravilhada expressa exatamente o mistério do espírito, que é algo que não podemos expressar em palavras e que nos enche de reverência e assombro. É o que se denomina numinoso, que Rudolf Otto chamava de "a ideia do sagrado". Isso é o que Deus é; esse grande mistério. Enche-nos de assombro, e, então, falamos disso com palavras de assombro. Ouvimos falar disso através dos *Upanixades*, ou da Bíblia; todas as Escrituras sagradas apresentam essas palavras de assombro. Porém, "nós ouvimos, e nós não o conhecemos". O mistério continua sempre um mistério. No mundo, conseguimos vislumbres dessa glória, que se manifesta e nos enche de assombro; estamos viajando adiante, em direção à plenitude, onde o realizaremos e o conheceremos como ele é.

30. O espírito que está em todos os seres é imortal em todos eles; pela morte do que não pode morrer, cessa de te lamentar.

Esse é nosso verdadeiro ser. Cada pessoa é uma habitação desse espírito único, e esse espírito é imortal em cada um de nós. No momento do nascimento, passamos a existir nesse espírito e, no momento da morte, passamos além, para esse espírito. Qual, portanto, é o motivo da lamentação?

O argumento principal que o *Gita* tece aqui é o da compreensão do espírito, o Atman, e sua infiltração em toda a criação. Acredito que a melhor ilustração seja aquela do sol e da luz. O Atman, o espírito supremo, é como o sol no qual a luz está completamente presente, completamente realizada. Esse espírito supremo se manifesta no mundo, assim como a luz se irradia do sol. Então, a luz se reflete em todas as diferentes formas da natureza, em todas as diferentes cores: o verde das folhas, o marrom da terra, o azul do céu, e assim por diante, dessa forma, o espírito único também se manifesta, projetando-se em todas as formas da natureza.

Shankara se utiliza dessa mesma ilustração: assim como a luz do sol, que brilha sobre a argila, o barro e a sujeira, não se contamina, assim também a luz única do Atman, o espírito, não se contamina pela matéria ou por qualquer corrupção na terra. Esse é o padrão básico que deveríamos ter em mente. Deus é luz e se manifesta na criação e em toda a humanidade, e o nível de manifestação depende da receptividade dos diferentes elementos. Na terra, ele se manifesta sem vida; nas coisas vivas, ele se manifesta sem consciência; nos seres humanos, ele se manifesta na consciência. No homem mau, um homem que tenha voltado suas costas para a verdade, a luz ainda está ali, porém, obscurecida. No homem santo, no qual a luz está livre dessa obscuridade, do pecado, ela se reflete com pureza. O objetivo é que cada pessoa deveria ser um reflexo puro da luz única. Esse é o pano de fundo de todo o *Gita*.

Os próximos poucos *slokas* não são muito importantes. Krishna simplesmente apela para nosso senso de dever. Arjuna é um guerreiro, e é seu dever lutar em uma guerra justa.

31. Pensa, também, em teu dever, sem vacilar. Não há nada melhor, para um guerreiro, do que lutar em uma guerra justa.

O dever é o *dharma*, e lembremo-nos de que toda a sociedade hindu era constituída com base no *dharma*. Existem quatro objetivos na vida, dentro da tradição hindu: *kama, artha, dharma* e *moksha. Kama* é prazer, o desfrute de si mesmo. Em segundo lugar, *artha* é a prosperidade; ou seja, conquistar prosperidade e propriedades e, assim, satisfazer a si mesmo e a sua família. No entanto, ambos, *kama* e *artha*, são controlados pelo *dharma. Dharma* significa o dever próprio de cada homem, seu dever em sua casta, em seu lugar na vida. Como dissemos, existem quatro castas ou *varnas*: o sacerdote, o guerreiro, o comerciante e o operário, e cada um precisa cumprir sua função na sociedade; esse é o *dharma* de cada um. Em quarto lugar, existe *moksha*, que é a libertação final. Esta é alcançada quando o indivíduo é libertado de todos os grilhões do apego. Krishna agora apela a Arjuna, o guerreiro, para que cumpra seu dever.

32. Existe uma guerra que abre as portas dos céus, ó Arjuna! Felizes os guerreiros destinados a lutar essa guerra.

É um consenso geral que lutar numa guerra justa é um caminho para os céus. Ele é muito forte na tradição muçulmana, em que se denomina *jihad*, a guerra santa. Qualquer um que morra na *jihad* vai diretamente para o paraíso, e a tradição cristã possuía uma mesma ideia até bem pouco tempo. Assim, esse conceito é muito difundido. Porém, isso apela a um razoavelmente baixo nível de moralidade e, neste ponto, o *Gita* apela ao entendimento humano comum.

33. Porém, renunciar a essa luta justa é renunciar a teu dever e honra, é cair na transgressão.

34. Os homens falarão de tua desonra tanto agora como nos tempos que virão. E, para um homem honrado, a desonra é pior do que a morte.

35. Os grandes guerreiros dirão que evadiste o campo de batalha por medo; e aqueles que te tinham em alta estima falarão de ti com desprezo.

36. E teus inimigos falarão de ti com palavras de desdém, de injúria e de escárnio, desprezando tua coragem. Poderia haver, para um guerreiro, um destino mais vergonhoso?

37. Na morte, tua glória no paraíso; na vitória, tua glória na terra. Eleva-te, portanto, ó Arjuna, com tua alma pronta para a luta.

Assim, Krishna conclui esse nível do argumento. Ora, para alguém como Mahatma Gandhi, assim como para muitas pessoas de nossos dias, esse é um tipo muito insatisfatório de receita, pois ele não acreditava, de nenhuma maneira, nesse recurso de se lutar em guerras, mas estamos falando de uma tradição mais antiga.

No próximo verso, Krishna chega a um nível mais sério:

38. Prepara-te para a guerra com paz em teu coração. Fica em paz, tanto no prazer como na dor, ao ganhar e ao perder, na vitória ou na derrota de uma batalha. Nessa paz, não há pecado.

Isso leva o argumento de volta ao nível do transcendente, onde a guerra é a batalha da vida e o conflito é aquele com as forças do mal. Isso deve ser empreendido com paz; com paz "no prazer ou na dor, ganhando ou perdendo, na vitória ou na derrota". Essa é aquela "sagrada indiferença" que, por exemplo, Santo Inácio de Loyola defendia, e que descobriremos ser um dos princípios básicos do *Bhagavad Gita*. Significa completo equilíbrio em face de todos os opostos, do bem e do mal, do prazer e da dor.

Há mais um ponto de interesse aqui. A palavra utilizada para "prepara-te" para a luta é *yujasva*, da raiz *yuj*, que é a mesma raiz de "yoga". Normalmente, ioga significa unir, mas um significado anterior é simplesmente "preparar". Poderíamos dizer que aqui ela significa "domina-te" para a luta, ou "ordena-te" para a luta. Essa é uma utilização mais limitada da palavra, mas ela conduz a um significado mais profundo, que aparece a seguir nos próximos *slokas*.

> 39. Esta é a sabedoria do *samkhya*, a visão do Eterno. Ouve tu agora a sabedoria da ioga, caminho do eterno e liberdade sem grilhões.

Samkhya e ioga são, ambos, importantes conceitos. O *samkhya* é o mais antigo sistema hindu de metafísica. Havia seis *darshanas*, ou sistemas filosóficos. Após o período dos *Vedas*, houve o período dos épicos, os *ithihasas*, entre 500 a.C. e 500 d.C. aproximadamente, e é a esse período que pertencem esses seis *darshanas*. A palavra *darshana* vem da raiz *drs*, que significa "ver"; "pontos de vista", como são algumas vezes descritos. Esses seis *darshanas* abrangem todos os reinos do conhecimento. Os dois primeiros são *nyaya* e *vaisheshika*. *Nyaya* é lógica pura. É importante notar que nesse estágio, cerca de 300 a.C., havia um sistema de lógica na Índia, praticamente tão completo quanto, por exemplo, o de Aristóteles no Ocidente. A lógica sempre ocupou um lugar importante na filosofia indiana. O segundo, *vaisheshika*, é cosmologia; ou seja, uma filosofia da natureza, que incluía uma teoria atômica. Aqui também precisamos nos lembrar de que, nessa mesma época, Demócrito, na Grécia antiga, propôs sua teoria atômica. É muito interessante notar que, ao mesmo tempo e aparentemente de maneira independente, os gregos tiveram ideias similares. Não se estudam muito esses sistemas antigos hoje em dia, mas são importantes como fundamento para a filosofia. Surgem, então, o *samkhya* e a ioga. *Samkhya* é a teoria a que Aristóteles denominava metafísica. Ela trata da constituição fundamental do universo.

Baseia-se nos dois princípios de *purusha* e *prakriti*. *Purusha* é o espírito, consciência; *prakriti* é a matéria, natureza. *Purusha* é masculino e, literalmente, significa o macho, e *prakriti* é feminina. Toda a criação passa a existir a partir da união do masculino e do feminino. Os chineses denominam esses princípios de *yang* e *yin*. Na filosofia grega, eles até certo ponto correspondem à forma e à matéria de Aristóteles, ainda que não sejam precisamente os mesmos.

Quando Krishna diz: "Esta é a sabedoria do *samkhya*", quer dizer que esse espírito eterno, que ele descreveu, é o *purusha* do *samkhya*, o espírito, a consciência. Agora ele prossegue descrevendo a ioga. A ioga é a disciplina prática, da qual o *samkhya* é a teoria. Uma outra tradução é: "Você ouviu a teoria; agora Eu lhe direi a prática" (Z), e é mais ou menos isso o que significa.

Em um estágio mais antigo, a doutrina da ioga era a de que o *purusha* é o espírito puro, consciência, e a *prakriti* é a matéria, natureza. Como resultado de *kama*, ou do desejo, *purusha* se misturou à *prakriti*, à natureza. O espírito e a consciência se confundiram com a matéria. O objetivo da ioga é o de separar *purusha*, a consciência, do corpo, da matéria, e alcançar o estado de *kaivalya*, de separação, de isolamento. É uma visão muito limitada, mas é interessante, e esse era o objetivo da meditação no sistema mais antigo da ioga. Nos sistemas de ioga originais, a intenção é a de separar a mente, ou espírito, ou consciência, da matéria e do corpo. No *Gita*, desenvolve-se uma compreensão mais aprofundada da ioga. O que o *Gita* concebe como a sabedoria do *samkhya* é a existência do espírito eterno e único, que está presente em tudo e em todos e que é o fundamento de toda a realidade, enquanto o caminho da ioga é o meio de união com esse espírito único, pela integração de toda a personalidade. Esse é um entendimento muito mais profundo.

40. Neste caminho, nenhum passo se perde, e não há perigos. Mesmo um pequeno progresso é a libertação do medo.

Com relação a esse libertar-se do medo, Zaehner cita o *Upanixade Katha*, que diz: "Este universo inteiro provém dele, e sua vida queima através deste universo inteiro. Aquele Brahman é um grande temor, como um trovão que se eleva. Aquele que, assim, o conhecer, torna-se imortal". A ideia é a de que o temor de Brahman move toda a criação. É parecido com o temor ao Senhor, no Velho Testamento. Esse temor é o que Rudolf Otto descreve como *mysterium tremendum et fascinans*. O mistério da existência em toda a criação é algo tremendo, algo que evoca um sentimento de reverência, de mistério, de assombro. E o mesmo mistério tem uma característica de duas faces, ambas nos atraindo e evocando temor. A natureza de Deus é repleta tanto de temor quanto de assombro. A carta aos hebreus diz: "Nosso Deus é um fogo que consome". Existe algo terrível em Deus, mas também algo infinitamente atraente. É isso que se quer dizer com o grande temor.

41. Aquele que trilha esse caminho possui um pensamento, e este é o fim de sua determinação. Porém, os pensamentos de um homem a quem falta determinação são intermináveis e com muitas ramificações.

As traduções de Annie Besant e de Bhagwan Das falam da "razão determinada". Isto é a *buddhi*. Krishna nos diz que a *buddhi*, a inteligência, é única e unidirecionada. A *buddhi* é o ponto de contato com o Ser Supremo, o Atman. O espírito manifesta-se, antes de mais nada, em *buddhi*; então, em *ahankara*, o ego; e, em terceiro lugar, em *manas*, a razão inferior. Normalmente, vivemos em *manas*, a razão inferior, onde a luz única se reflete em todas as variedades da natureza, e ali é onde a mente se distrai. A mente está em constante movimento, está constantemente nessa consciência que discerne, pulando de uma coisa para outra, através da razão discursiva. Essa razão discursiva está conectada ao *ahankara*, o ego, a percepção de si, porém, além de *manas* e além de *ahankara*, está *buddhi*. É a pura luz da inteligência. Está mais próxima do *nous*, de Aristóteles, e do *intellectus*, de Santo Tomás de Aquino, por ser distinta da *ratio*, a razão. *Manas* é a razão inferior que segue de argumento em argumento, o *intellectus* é a faculdade que capta primeiramente os princípios, e isso é o que *buddhi* é. *Buddhi* é a inteligência pura que recebe a luz e, então, a difunde. Tudo depende de se alcançar o ponto de *buddhi*, em que nos tornamos *ekagrata*, unidirecionados. Precisamos nos afastar, tanto dos sentidos, que desviam nossa atenção para o que nos rodeia, quanto de *manas*, a mente que opera através dos sentidos, para nos tornarmos unidirecionados no ponto de *buddhi*; então, estaremos abertos à luz do Atman. Nesse ponto, ele nos diz que *buddhi* deve ser uno em sua determinação; deve estar fixado nesse ponto único, e esse é o grande objetivo da ioga.

Se isso não é feito, a mente está confusa. Ela vagueia todo o tempo, de uma coisa para outra, em um constante estado de distração. O unidirecionamento é o primeiro princípio da ioga. Krishna, então, descreve a pessoa que não possui determinação.

> 42. Existem homens que não possuem nenhuma visão, e ainda assim eles emitem muitas palavras. Eles seguem os *Vedas* à risca e dizem: "Nada há além disto".

É frequente a repetição, tanto no *Gita* quanto nos *Upanixades*, de que o mero conhecimento dos *Vedas* não é suficiente. Os *Vedas* são as Escrituras sagradas que contêm a revelação, porém o mero conhecimento exterior deles nunca é o conhecimento final.

Há uma famosa história no *Upanixade Chandogya*, em que o menino Svetaketu, aos doze anos de idade, sai para estudar os *Vedas*. Seu pai lhe diz: "Por direito de nascimento você é um brâmane, mas não será um verdadeiro brâmane até que conheça os *Vedas*; assim, você deve estudá-los". Ele vai e estuda os *Vedas*, e, aos 24 anos, após doze anos de estudo, ele volta, muito orgulhoso de si, muito presunçoso, e seu pai lhe pergunta: "Agora que você estudou todos os *Vedas*, pode me contar acerca daquele pelo qual podemos ouvir o que não pode ser ouvido, perceber o que não pode ser percebido e conhecer o que não pode ser conhecido?". E o rapaz disse: "Não, eles nunca me ensinaram isso". O que o rapaz não entendeu é a essência dos *Vedas*, ou seja, o Atman, o espírito que inspira os *Vedas*. Podemos aprender todos os *Vedas*, sem discernir sua essência, ou estudar a Bíblia do começo ao fim, sem conhecer o Verbo de Deus. Só a iluminação do espírito nos possibilita chegar ao verdadeiro conhecimento. Assim é com os *Vedas*. O indivíduo poderá estudar todos os *Vedas*, mas sem essa compreensão, sem essa sabedoria, o indivíduo não entenderá seu significado interior nem descobrirá a verdade. Assim, é por isso que se diz que o mero conhecimento dos *Vedas* não será de utilidade. Ademais, os *Vedas* são constantemente associados a sacrifícios, o sacrifício do fogo, e a tradição posterior é a de que aqueles que seguem uma religião ritualística estão, na verdade, sempre buscando o benefício próprio. Eles estão todos agindo motivados pelo desejo. Eles rezam por prosperidade, pelos filhos, pela riqueza, pela boa sorte ou, na melhor das hipóteses, rezam pelo paraíso, por uma boa recompensa, por uma vida feliz após a morte. Estes são todos desejos egoístas. Eles podem obter seus desejos, mas nunca estarão satisfeitos. Eles não conseguirão *moksha*, ou seja, a libertação espiritual, pois ainda estão agarrados ao ego, ainda desejam a satisfação própria, e, portanto, Krishna diz:

43. A alma deles está deturpada pelo desejo egoísta, e seu paraíso é um desejo egoísta. Eles possuem preces para os prazeres e o poder, cuja recompensa é o renascimento terrestre.

44. Aqueles que amam os prazeres e o poder ouvem e seguem suas palavras: eles não têm jamais a determinação de ser um com o Uno.

O entendimento hindu é o de que, quando buscamos o paraíso como recompensa de nossas boas ações na terra, obtemos nossa recompensa no paraíso e, então, voltamos novamente à terra. Não alcançamos o objetivo. Não fomos além de nosso ego. Enquanto ainda vivemos em nosso ego, mesmo que seja o mais espiritualizado dos egos, continuamos repletos de desejo, que é, na verdade, a busca de si mesmo; não alcançamos a libertação. Assim, não atingimos o objetivo final, que ele descreve como *samadhi*. *Samadhi* é o estado final da ioga, em que estamos completamente unidos com o Uno. Esta, portanto, é uma tradução bastante boa, quando diz: "Eles não têm jamais a determinação de ser um com o Uno". Unido àquele Uno, em *samadhi*, este é o verdadeiro objetivo.

> 45. O mundo dos *Vedas* é o dos três *gunas* da natureza. Eleva-te para além dos três *gunas*, ó Arjuna! Vive na Verdade eterna, além dos pares de opostos terrenos. Além dos ganhos e das posses, possui tua própria alma.

Já vimos que no *samkhya* os dois princípios fundamentais são *purusha* e *prakriti*. Toda a criação veio a existir por meio dessa união de *purusha* e *prakriti*. *Prakriti*, a natureza, é constituída por três *gunas*, literalmente "fibras", que são *sattva*, *rajas* e *tamas*. Tudo na natureza se compõe desses três elementos: *tamas* é a treva, a inércia, o terreno; *rajas* é o fogo, a paixão, o entusiasmo; e *sattva* é a luz, a pureza, a inteligência. Quer seja nas coisas materiais quer nos seres humanos, esses três elementos estão sempre presentes. Este é o mundo dos *Vedas*, o mundo da realidade criada, não o mundo do Ser incriado, do Atman. Krishna diz "eleva-te para além dos *gunas*". O indivíduo deve ir para além da natureza, para o mundo do espírito. O indivíduo deve transcender as dualidades, os *dvandvas*, prazer e dor, ganhos e perdas, honra e desonra. O mundo da natureza é o mundo das dualidades. Há sempre esse conflito entre os opostos, e, apenas quando passamos além da natureza, além da criação, é que descobrimos o Uno, que está além dos pares de opostos. É ali que, na meditação, devemos fixar nosso olhar no Uno.

46. Para o vidente do Supremo, os *Vedas* têm a mesma utilidade de uma cisterna de água próxima a uma imensa torrente de água que se espalha por toda parte.

Esse é um verso que tem aborrecido muitas pessoas, mas que é bem claro. Os *Vedas* são Escrituras reveladas; eles são as Escrituras mais sagradas para o hindu, e, no entanto, ele diz que todos esses *Vedas* são como uma cisterna de água onde a água flui por toda parte. Quando o indivíduo vê o Supremo, quando ele alcança o conhecimento do Uno, do próprio Verbo, então, todas as palavras escritas se tornam completamente secundárias ou mesmo desnecessárias.

Essa é uma tradição comum entre os hindus. Eles dizem que um *sannyasi* deveria estar além dos livros, que ele deveria ter digerido todo o conhecimento dos livros. Podemos dizer o mesmo do Verbo de Deus na Bíblia. Quando meditamos na Bíblia, tentamos descobrir o Verbo de Deus. O Verbo de Deus está em todas essas palavras, todas essas imagens e conceitos. Por meio de todos esses conceitos e imagens, devemos encontrar o Verbo em nosso interior. Experienciamos interiormente o Verbo, através do Espírito Santo. Então, não mais precisamos de todas essas Escrituras, de todas essas palavras. A maioria das pessoas talvez não venha a atingir esse estado, mas, ainda assim, isso é muito importante. É muito frequente a idolatria da Bíblia ou dos *Vedas* por meio do apego às palavras. Nessas Escrituras sagradas, cada palavra é preciosa, mas podemos passar nossa vida toda meditando sobre elas, sem jamais alcançar o próprio Verbo, a Verdade, que se manifesta nelas.

Portanto, essa é a ideia deste verso: "Para o vidente do Supremo, a utilidade dos *Vedas* é como a de uma cisterna de água próxima a uma imensa torrente de água que se espalha por toda parte". Isto é, para o indivíduo que tem o conhecimento de Brahman. Zaehner se refere à mesma ideia que aparece no *Upanixade Mundaka*, onde se diz:

> Imaginando que os rituais religiosos e os donativos da caridade sejam o bem final, os insensatos não encontram o supremo caminho. Na verdade, eles recebem a recompensa de suas pias ações no alto paraíso, mas de lá caem, vêm à terra ou mesmo abaixo para as regiões inferiores. Porém, aqueles que na pureza e na fé habitam a floresta, que possuem sabedoria e paz, e não anseiam por posses terrenas, aqueles em radiante pureza passam pelos portões da suprema habitação, onde o espírito é na eternidade.

Aquele é o *sannyasi*, que vai para a floresta para meditar e encontra o espírito eterno, o Eu imutável.

Chegamos agora à doutrina prática do *Gita*. Krishna aconselha Arjuna na batalha da vida, e a primeira coisa que ele diz é: Vá além das dualidades, bem e mal, certo e errado, prazer e dor, ganhos e perdas, e descubra o Absoluto, o Eterno, o Uno que está além de todas as coisas, aquele espírito que é em você, em todos e em tudo. Esse é o assunto principal do *Gita*. Na teoria mais antiga, o *sannyasi* gradativamente renunciava à ação. Ele começava por se retirar da atividade mundana, descobria o espírito interior e, então, se recolhia ainda mais, até se tornar completamente desapegado de todos e de tudo, tendo finalmente renunciado a toda ação. O ensinamento do *Gita* é o de nos desapegarmos de tudo e de todos, mas, então, nessa liberdade do espírito, precisamos estar prontos para fazer o que quer que nos seja exigido. Na verdade, é isso o que estamos tentando aprender.

O desapego do mundo dos sentidos, da atividade da mente racional, dos *Vedas*, em outras palavras, de todas as Escrituras, de todos os rituais exteriores, faz-se necessário, para que possamos despertar para o espírito, o Atman interior. Porém, quando alcançamos esse espírito, tal espírito é energia; ele é vida e inteligência, e também é amor. À luz desse espírito, somos competentes para agir. O espírito é uma energia dinâmica que nos inspira a agir, a servir, a trabalhar, e o trabalho executado pelo espírito interior está longe de nos acorrentar, ele nos liberta. Agora Krishna chega à doutrina básica.

47. Coloca teu coração em tua ação, mas jamais na recompensa. Não trabalhes por uma recompensa, porém jamais cessa de fazer teu trabalho.

Esse é o ensinamento fundamental do *Gita*. Devemos fazer nosso trabalho, lutando na batalha, fazendo qualquer trabalho que nos seja exigido, porém sem buscarmos recompensa; ou seja, devemos nos livrar de todo egoísmo. Naturalmente, o ego sempre busca uma recompensa; o que quer que faça, o faz por um propósito egoísta. Se pudermos remover o propósito egoísta, sem buscar recompensa, então, nosso trabalho não mais nos acorrenta. Essa é a condição básica. Veremos como o *Gita* gradativamente desenvolve esse tema, aprofundando-o, mas aqui o entendimento básico já está claro.

48. Faze teu trabalho na paz da ioga e, livre de desejos egoístas, sê indiferente ao sucesso e ao fracasso. A ioga é uniformidade da mente, uma paz que é sempre a mesma.

Samatva é uniformidade da mente, equanimidade. Esse é o fruto da ioga, e é um princípio muito importante e também muito prático. Podemos ter algo a ser feito, e isso pode muito bem ser um bom trabalho, digamos que seja um serviço em um hospital, ou uma escola, ou um trabalho social, porém é muito importante que não o façamos pela recompensa que ele acarreta. Devemos dedicar o fruto de nosso trabalho a Deus, e isso significa que, se tivermos sucesso, então, estaremos felizes, porém não exaltados por isso, enquanto, se fracassarmos, poderemos lamentar, sem contudo nos deprimirmos. Se o indivíduo trabalha com o ego, ele se superexcita com o sucesso e se deprime com o fracasso; isso é o que está errado. Suponho que quase todos trabalham com algum grau de egoísmo, mas sempre podemos testar o grau de nosso egoísmo pela intensidade de nossos sentimentos. Caso nos sintamos realmente deprimidos quando fracassamos ou caso nos sintamos muito estimulados quando temos êxito, isso demonstra que nosso ego se encontra muito atuante. Se o indivíduo dedica tudo a Deus, então, o indivíduo se regozijará no êxito e lamentará o fracasso, mas não se deixará perturbar por isso. O indivíduo manterá esse *samatva*, essa uniformidade da mente.

Há um grande perigo em muitas das atividades modernas das pessoas que se voltam para o serviço social, buscando aliviar a pobreza e a doença. Elas sentem que devem fazer todo o possível para melhorar as condições e, assim, dedicam-se ao serviço social procurando, por exemplo, erradicar a pobreza de determinada área. Elas trabalham duro nisso e podem ter algum sucesso, mas é igualmente possível que elas fracassem ou encontrem obstáculos insuperáveis. Caso todo seu interesse, ao realizar o trabalho, seja o de ter sucesso, elas podem vir a se tornar profundamente deprimidas e desiludidas e, talvez, até por fim, desistam de todos os esforços. Em contrapartida, a maneira correta de empreendermos qualquer trabalho é a de entregá-lo todo a Deus e não nos perturbarmos indevidamente, seja pelo fracasso, seja pelo sucesso. Essa é a condição essencial de qualquer trabalho.

O perigo oposto é o de que, se pregarmos essa doutrina de indiferença aos resultados, poderemos gerar o entendimento de que o trabalho não tem importância, encorajando outros a trabalhar sem entusiasmo; porém, isso, obviamente, é um equívoco. O argumento é o de que o indivíduo deva colocar todo o seu coração no trabalho, fazendo tudo o que possa, e, então, tudo seja entregue a Deus e, caso fracasse, ele não seja dominado pelo pesar. Esta foi também a lição ensinada por Santo Inácio, a que chamava "santa indiferença". Há uma história famosa ligada a Santo Inácio: perguntaram-lhe o que ele faria caso o papa viesse a abolir a Companhia de Jesus (o que efetivamente acabou ocorrendo mais tarde). Inácio disse, após meia hora de meditação, que ele o aceitaria com completa equanimidade. Isso é sabedoria.

49. O trabalho que se faz por uma recompensa é muito inferior ao trabalho feito na ioga da sabedoria. Busca a salvação na sabedoria da razão. Quão pobres os que trabalham por uma recompensa!

A "ioga da sabedoria" é *buddhi* ioga, ou "exercício espiritual da alma, ou integração por meio da alma" (Z).

Sinto que, no trabalho que empreendemos, seja esse o princípio fundamental. O trabalho deve provir do centro mais interior de nosso ser, onde estamos unidos a Deus. Só então o trabalho é significativo e frutífero, e os resultados alcançados não nos perturbam. Porém, se o trabalho é feito simplesmente por fazer, como frequentemente acontece, então, será possível que ele acarrete igualmente benefícios e prejuízos. Assim, o trabalho realizado pela recompensa é muito inferior a esta ioga da sabedoria, *buddhi* ioga. Busca, pois, a salvação nesta *buddhi* ioga.

50. Nesta sabedoria, um homem vai além do que é benfeito e do que não é benfeito. Prossegue, portanto, para a sabedoria: ioga é sabedoria na ação.

Outra tradução é: "Unido à razão pura de *buddhi*, o indivíduo abandona aqui ambas as ações, boas e más. Portanto, dedica-te à ioga" (B & D). Essa tradução é um pouco difícil. "Ir além" sugere que descartemos as boas e as más ações, e pode levar ao equívoco, mas a ideia básica é a de que bem e mal pertencem às dualidades, *dvandvas*, e o bem, nesse sentido, é sempre um bem limitado. Enquanto estamos buscando o bem limitado e o mal limitado, não alcançamos o objetivo; precisamos ir além dos objetivos limitados para alcançar o Uno que está além. Nesse sentido, vamos além do bem e do mal. Porém, pode-se dar uma interpretação muito perigosa, como tem acontecido frequentemente. Há quem diga que o iogue, se completamente emancipado, poderá fazer qualquer coisa sem que seja pecaminosa. Que ele está acima do bem e do mal. Havia um *sadhu* muito interessante, um sul-africano, que visitou nosso *ashram* muitas vezes. Ele era um homem admirável que, naquele tempo, já era *sadhu* havia doze anos. A princípio era muito respeitado por todos os devotos hindus, mas ele possuía uma teoria, segundo a qual uma vez atingida a consciência pura, o indivíduo estaria livre de todas as restrições morais. Ele diria: "Não vejo por que não deveria matar alguém; se motivado pelo espírito, eu estaria certo em matar aquela pessoa". Dessa maneira, na verdade, frequentemente se interpreta o pensamento de Nietzsche. Muitos dos seus devotos hindus começaram a abandonar o *sadhu*. É um tipo de perversão que ocorre facilmente. Quanto maior a elevação alcançada, mais sérias são as perversões que ocorrem, e, por isso, eles sempre dizem que o caminho yóguico é como o fio da navalha. O indivíduo alcança um ponto em que poderá facilmente cair do mais alto para o mais baixo. É uma experiência muito comum. O mesmo se aplica à sensualidade. Existem alguns iogues que dizem ser completamente livres para se comprazer com as mulheres. Isso não afeta seu Atman. Eles alcançaram esse nível que está além, de modo que eles podem desfrutar. Porém, não é esse o significado aqui. Trata-se simplesmente de ir além da dualidade da boa ação e da má ação, além de todas as limitações.

 Chegamos agora a esta frase interessante: "Prossegue, portanto, para a sabedoria: ioga é sabedoria na ação", ou, em outra possível tradução: "Destreza na ação". A ioga é destreza na ação. Há uma bela ilustração disso em uma das histórias de Chuang Tzu. Havia na China um famoso açougueiro que cortava suas carnes com um machado. Ele dizia nunca ter precisado afiar seu machado de dezessete anos. A lâmina estava absolutamente perfeita, após todos esses anos, pois toda vez que ele a usava sempre ela descia entre as juntas da carne, sem nunca atingir nenhuma resistência que pudesse torná-la cega. Assim, ele cortava sua carne, com um maravilhoso balanço de seu machado, e tudo se repartia perfeitamente. O feito chegou aos ouvidos do imperador, que foi vê-lo e perguntou-lhe como é que ele conseguia cortar a carne dessa maneira. O açougueiro então respondeu: "Antes eu medito sobre o Tao. Levo minha mente à harmonia com o Tao e, então, ajo espontaneamente, a partir do Tao interior, não a partir de meu próprio esforço". O Tao é a ordem da natureza, o ritmo do universo. O homem havia se colocado em sintonia com esse ritmo universal. Aquilo é destreza na ação. Aquilo é a ioga perfeita, quando nossas ações estão perfeitamente sintonizadas, perfeitamente harmoniosas, perfeitamente espontâneas. Outro exemplo é o do Zen na arquearia. Há um livro famoso de um alemão que foi ao Japão para estudar o Zen na arte do arco e flecha, para aprender como soltar a flecha do arco de maneira apropriada.[2] Ele estudou durante seis anos. Toda vez que tentava, seu mestre dizia Não! Ele estava sempre colocando seu ego na ação, empurrando a flecha de algum modo. Só depois de seis anos, de repente, ele apontou, e a flecha simplesmente voou da corda. Ele sentiu a si mesmo como se fosse um com a flecha e o alvo. Então, o mestre disse "Agora você aprendeu". Aquela é a arte perfeita, a de conseguir estar perfeitamente calmo, imóvel por dentro. A ação flui do interior, em harmonia com a ordem da natureza. Caso todas as ações fossem assim, seríamos todos perfeitos.

Porém, de fato, o ego está em tudo o que fazemos, bem ou mal. Deparamo-nos frequentemente com isso, em pessoas muito eficientes. Elas são muito boas em administração, e em todos os tipos de organização, mas podem ser terrivelmente exigentes, pessoas difíceis de se conviver. Tudo é feito por meio do ego. Por outro lado, existem pessoas que podem dirigir grandes negócios, ou um hospital, ou fazer trabalhos complexos, e que parecem estar sempre no controle de tudo, ainda que nunca se coloquem em evidência.

---

[2] Eugen Herrigel, *A Arte Cavalheiresca do Arqueiro Zen*. São Paulo, Pensamento, 2001. (N. T.)

Todos sentem estar sendo apoiados por elas. Aquilo também é ioga na ação. Esta é a grande arte: "Ir, portanto, para a sabedoria. A ioga é destreza na ação". A tradução não é muito acurada. Literalmente, trata-se de *Yogaya yujyasva*, "subjuga-te à ioga". Une-te completamente, pois a ioga é destreza na ação. Quando nos tornamos um, completamente, a ação é perfeita. Enquanto houver qualquer divisão em nós, haverá conflito em nossas ações. Krishna conclui esta parte de seu discurso, com os seguintes versos:

> 51. Em união com a sabedoria, os videntes renunciam às recompensas de seu trabalho e, libertos dos grilhões do nascimento, dirigem-se à morada da salvação.

Esses homens sábios, controlados e integrados, que são *buddhi yukta* (unidos a sua *buddhi*), renunciaram aos frutos de suas ações, e serão libertos de seu cativeiro (Z). Eles estão livres do cativeiro deste mundo e se dirigem à morada da salvação ou, literalmente, à região que não conhece o mal. O termo é *anamaya*, a região onde não há dor.

> 52. Quando tua mente deixar para trás a floresta escura da ilusão, tu te dirigirás para além das Escrituras, tanto as do passado como aquelas que ainda estão por vir.

A maioria das Escrituras é desconcertante, e os *Vedas* são muito desconcertantes. Há variadas e diferentes correntes de pensamento neles, e, àquela época, havia surgido muita confusão e conflito, assim como no caso da Bíblia. Muitas seitas se formaram com base na Bíblia, que pode confundir um indivíduo, tanto quanto qualquer outra coisa no mundo. Portanto, quando desconcertado por todas essas Escrituras "dirige-te para além das Escrituras, as do passado e as que ainda estejam por vir". A Escritura é *shruti*, aquilo que se ouviu, ou seja, a revelação. A ideia é a de que o indivíduo não mais dependa de qualquer tipo de revelação exterior, mas que esteja unido ao espírito interior.

53. Quando tua mente, que pode estar vacilante nas contradições de muitas Escrituras, estiver inabalável na contemplação divina, então, o objetivo da ioga será teu.

"Quando tua mente estiver inabalável na contemplação divina", literalmente, "inerte e silente, imóvel em *samadhi*". *Samadhi* é um dos quatro estágios mais elevados da ioga de Patanjali. Há *pratyahara*, o recolhimento dos sentidos, recolher-se em si mesmo; *dharana*, a concentração da mente em uma coisa; *dhyana*, quando a meditação é um fluxo contínuo e unidirecionado da mente, a contínua adesão ao Uno; e, finalmente, *samadhi*, a absorção, é quando estamos completamente unidos ao Uno. Esse é o estágio final. Esse é o estágio da contemplação, é quando a alma, outrora desconcertada pelas Escrituras, permanece inerte e silente. Essa quietude, o ponto de imobilidade, é *samadhi*. "Então, o objetivo da ioga será teu". O termo "ioga" pode ter muitos sentidos. No fim, ele passa a significar o estado de união. Essencialmente, a ioga é união, mas os passos que damos para nos aproximar dele também são ioga.

Zaehner ressalta existirem quatro ou cinco significados do termo "ioga". Em primeiro lugar, ela é prática, como oposição à teoria, *samkhya*. Em segundo lugar, ele gosta de descrevê-la como um exercício espiritual. A ioga é uma *sadhana*, uma prática espiritual. Depois, ela é o controle ou a integração, manifestado através do exercício espiritual; em seguida, como resultado disso, é a mesmice, a indiferença, a equanimidade; e, finalmente, ao terem sido encontrados o controle e a harmonia perfeitos, é a destreza na ação; é a ioga na ação. Esta é a plenitude da ioga.

Chegamos agora a uma parte muito importante. Aqui se descreve o homem de firme sabedoria, *sthita prajna*. Arjuna pergunta:

54. Como é o homem de sabedoria tranquila, aquele que permanece em contemplação divina? O que são suas palavras? O que é seu silêncio? O que é seu trabalho?

O termo para contemplação aqui é *samadhi*; pode ser traduzido como "imperturbável na contemplação", "estável no *samadhi*". *Samadhi* é o que há de mais próximo àquilo que denominamos contemplação. A contemplação é a experiência de Deus. A mera meditação é um esforço humano, o movimento discursivo da mente que reflete sobre Deus, enquanto a contemplação é a experiência de Deus que nos une a Ele.

Krishna descreve esse homem de sabedoria em um trecho que se tornou um clássico da sabedoria espiritual e um resumo dos ensinamentos do *Gita*.

> 55. Quando um homem renuncia a todos os desejos que chegam ao coração e, pela graça de Deus, encontra a alegria de Deus, então, sua alma realmente encontrou a paz.

"Pela graça de Deus, encontra a alegria de Deus", trata-se mais de uma explicação do que de uma tradução. A versão literal é muito mais interessante. Ela é: "Quando um homem abandona todos os desejos do coração e está satisfeito no Eu pelo Eu" (B & D). Isso é bem mais rico em significado, pois todo o ensinamento do *Gita* é o de aprendermos a viver no interior de nosso coração, em nosso Eu interior, e, quando abandonamos todos os desejos do coração, toda a progênie de *kama*, isto é, os desejos instintivos, então, nas profundezas do interior de nosso ser, descobrimos nosso espírito, que é o espírito de Deus em nós. Na verdade, acredito que isso seja similar à paz de Deus e à alegria de Deus, tal qual traduzido por Mascaró, mas, de modo geral, trata-se de terminologia e pano de fundo diferentes. Primeiramente, precisamos superar o desejo, para atingir esse estado. O desejo, *kama*, é o grande obstáculo. *Kama* pode ser traduzido como desejo egoísta, porém ele envolve a totalidade da natureza do desejo. Diz-se que o ser humano possui três corpos ou envoltórios (*koshas*). Primeiramente, há o *sthula sharira*, o corpo físico; em seguida, o *sukshma sharira*, o corpo sutil; e, finalmente, o *manokosha*, a mente, ou o corpo mental.

O corpo sutil, às vezes, é chamado de corpo dos desejos, e é dele que devemos nos libertar. Não se trata de suprimirmos esses desejos, devemos estar completamente livres deles. Enquanto estivermos sendo estimulados pela natureza do desejo, seremos sempre escravos de nossos próprios desejos, nossos próprios apetites, nosso próprio ego. Ao abandonar esses desejos, o indivíduo estará satisfeito no Eu pelo Eu, então, o indivíduo será denominado "estável na mente", *prajna pratishtita*. Intraduzível, é uma bela frase. Ele possui a "sabedoria firme" de que Zaehner nos fala. Equivale a dizer uma sabedoria, uma compreensão, uma atitude em relação à vida, que seja firme, constante em todas as circunstâncias.

> 56. Aquele cuja mente não se perturba por aflições e por prazeres, que não anseia, que está além da paixão, do medo e da ira, ele é o sábio cuja mente não é vacilante.

Encontramos aqui a mesma ideia: imperturbado pela aflição, sem anseio por prazer. Prazer e dor são as dualidades. Todos correm atrás do prazer, todos procuram evitar a dor. Até que tenhamos chegado além dessas reações espontâneas, não alcançaremos nenhuma paz. Ao prazer, segue-se a dor. Esse é o reino das oposições intermináveis.

O ideal é que não sejamos nem perturbados pela aflição, nem apegados à busca do prazer, de nenhuma maneira. Isso é extremamente importante, para que sejamos livres da busca pelo prazer. Isso não quer dizer que desprezamos o prazer. Todo prazer é aproveitado, ao acontecer, porém não nos agarramos a ele nem o perseguimos. Quando corremos atrás do prazer, podemos obter algo dele, porém imediatamente obtemos uma reação de dor. Devemos estar "além da paixão, do medo e da ira". Estas são as três emoções básicas. Em sânscrito, elas são *raga*, *bhaya* e *kroda*. *Raga* é paixão ou desejo, *bhaya* é o medo e *kroda* é a ira. Existe a mesma divisão em Santo Tomás de Aquino, que descreveu as três emoções básicas como: *concupiscientia*, o desejo; *ira*, a ira; e *timor*, o medo. Elas são as paixões básicas e devem ser silenciadas. Enquanto formos estimulados pela concupiscência, esta ânsia por prazer, não seremos livres. O primeiro instinto do bebê é o instinto pelo prazer, pelo calor e conforto do seio materno. Quando ele se sente privado dessas coisas, ele se zanga. O choro do bebê é uma expressão de sua zanga. Todos nós passamos por isso; buscamos o prazer e ficamos incomodados ou zangados quando somos privados dele. Algumas pessoas passam a vida toda dessa maneira, tal como os bebês, buscando seu prazer e muito zangadas caso quem quer que seja tente privá-las dele. Juntamente ao desejo e à ira, há o medo, porque, enquanto estivermos buscando o prazer e nos incomodando quando formos privados dele, estaremos sempre com medo de que nosso prazer nos seja tomado. Estamos em um perpétuo estado de perturbação emocional, e isso é desastroso. O homem de sabedoria firme está além dessas perturbações.

> 57. Aquele que, em toda parte, está livre de todos os liames, que nem se regozija, nem se lamenta, se a sorte lhe é boa ou má, ele é de uma sabedoria serena.

O segredo dessa "sabedoria serena" é o de estar livre de liames, de estar desapegado. Isso não significa que não sentimos prazer ou aflição, ou que não somos afetados pelo sucesso ou pelo fracasso, mas sim que não somos perturbados, seja por um ou por outro. Devemos estar desapegados de nosso ego, nosso "eu", de modo a aceitarmos tanto o prazer como a dor, o sucesso e o fracasso, com equanimidade.

> 58. Quando, ao se recolher, ele afasta todos os seus sentidos dos apelos dos prazeres sensuais, assim como uma tartaruga recolhe todos os seus membros, então, é uma serena sabedoria a sua.

O exemplo da tartaruga que recolhe seus membros, quando ciente do perigo, é uma ilustração comum. Os sentidos devem estar sob controle. Somos livres para desfrutarmos, mas os sentidos devem sempre estar sob controle, para que eles possam ser afastados de seus objetos, quando necessário.

> 59. Da alma austera desaparece o prazer sensual, mas não os desejos. Até mesmo os desejos desaparecem, quando a alma tiver visto o Supremo.

> 60. Trazendo-os todos à harmonia do recolhimento, que ele se sinta em devoção e união, que sua alma encontre repouso em mim. Pois, quando seus sentidos estão em harmonia, a sua é uma serena sabedoria.

A única maneira de superar essa tendência é a de trazer os sentidos à harmonia do recolhimento. Esse é o trabalho da ioga. A ioga é união. É a união entre a mente e os sentidos, mas, ainda mais profundamente, a união entre a alma e o espírito. O *Gita* apresenta aqui o conceito de *bhakti*, a devoção a um Deus pessoal, como o meio pelo qual a alma se une ao espírito, e isso passa a se tornar um dos principais temas. Os sentidos devem ser "subjugados" em harmonia, e, então, a alma, através de seu amor e devoção, poderá encontrar repouso em Deus.

> 61. Quando um homem vive nos prazeres da sensualidade, cresce nele a atração por eles. Da atração, cresce o desejo, a luxúria da posse, e isso conduz à paixão e à ira.

> 62. Da paixão provém a confusão da mente, então, a perda da memória, o esquecimento do dever. Dessa perda provém a ruína da razão, e a ruína da razão leva o homem à destruição.

Descreve-se agora a direção oposta. Do prazer dos sentidos, cresce a atração, então, o desejo, a luxúria e a ira, a confusão da mente e, finalmente, a ruína da razão. A razão é *buddhi*, a faculdade do discernimento, o poder de discernir entre o bem e o mal, a "voz da consciência". Quando isso se perde, o homem é levado à destruição.

63. Porém, a alma que se move no mundo dos sentidos e, ainda assim, mantém os sentidos em harmonia, livre da atração e da aversão, encontra repouso na quietude.

É muito importante reconhecermos que não se trata de uma questão de supressão dos sentidos. A alma se move no mundo dos sentidos, mas não é atraída nem repelida por eles.

64. Nessa quietude, cai por terra o peso de todas as suas aflições, pois quando o coração tiver encontrado a quietude, a sabedoria também terá encontrado a paz.

Mais literalmente, "naquele, cujo coração está em paz, a razão logo alcança o equilíbrio" (B & D). O termo para paz ou tranquilidade é *prasanna*, portanto, os pensamentos são *prasanna*. Isso é muito belo, pois, ainda que o significado básico seja "tranquilo", pode também significar "transparente". Assim, *prasanna* é total transparência; o indivíduo é completamente verdadeiro e aberto. Outro significado para *prasanna* é "paz interior". Em um indivíduo que tenha encontrado isso, a *buddhi*, a mente interior, permanece firme. Há uma belíssima progressão no próximo verso.

65. Não há sabedoria para um homem sem harmonia, e sem harmonia não haverá contemplação. Sem contemplação não poderá haver paz, e sem paz poderá haver felicidade?

Esses são os estágios da perfeição. Não há sabedoria para um homem que não esteja integrado, *yukta*. Para o indivíduo que não esteja integrado, não haverá contemplação. A palavra é *bhavana*. Zaehner pensa que ela significa desenvolvimento, crescimento, porém outros a traduziram como meditação ou concentração. Penso que podemos tomá-la como contemplação. Sem a contemplação, não há paz; sem paz, como poderá haver felicidade? Para São Paulo, os frutos do espírito são: o amor, a felicidade, a paz. É precisamente a mesma doutrina.

66. Pois, quando a mente se torna acorrentada a uma paixão dos sentidos irrequietos, essa paixão arrebata a sabedoria do homem, assim como o vento leva o barco por sobre as ondas.

Essa é a direção oposta, quando o indivíduo é levado de roldão. É importante compreendermos que, quando somos arrebatados pelos sentidos e pelos sentimentos, estamos sendo dominados por forças inconscientes da nossa natureza. É sempre este o problema; a menos que tenhamos o controle interior, seremos simplesmente uma presa das forças inconscientes, que estão sempre operando em nós. Uma vez que tenhamos estabelecido o controle interior, então, não mais estaremos sujeitos a elas.

67. Portanto, o homem que, em recolhimento, afasta seus sentidos dos prazeres da sensualidade, uma serena sabedoria é a sua.

68. Na noite negra de todos os seres, o homem tranquilo desperta à Luz. Porém, o que é dia para outros seres, é noite para o sábio que vê.

Esse é um verso muito famoso, frequentemente citado. Quando esse mundo exterior dos sentidos se torna escuro, então, a luz interior desperta, e o indivíduo está na luz. Ao contrário, quando o mundo exterior é dominante, aquilo é a noite para o sábio. É, portanto, na verdade, o oposto do que parece. Outra tradução seria: "O que para outros homens é a noite, naquilo está desperto o homem de autocontrole; quando outras pessoas estão acordadas, aquela é a noite para o sábio que vê" (Z). Zaehner tem um comentário interessante quanto ao significado de "ver", *pasyate*. Significa ver a verdade, e ele enumera doze exemplos de visão, todos do *Gita*. Visão do Eu, Visão do Altíssimo, visão da inatividade é ação, visão de todos os seres no eu, visão de todos os seres em Deus, visão de que *samkhya* e ioga, teoria e prática, são uma só coisa, visão do Eu no eu, visão do Eu em todos os seres, visão de Deus em toda parte, visão do eu sem que seja um agente e visão do eu na transmigração. Estes são exemplos dessa visão. O sábio que vê a verdade não depende dos sentidos exteriores. Ele depende da luz interior. Quando os sentidos exteriores estão todos ativos, então, há treva interior. Quando os sentidos exteriores estão escuros, a luz interior brilha mais claramente.

Agora, outro belíssimo verso que expressa novamente essa ideia dos sentidos:

> 69. Assim como todas as águas fluem para o oceano, sem que o oceano jamais transborde, assim também o sábio sente desejos, sem que ele jamais deixe de ser uno em sua paz infinita.

Ou "Assim como as águas fluem para o mar já completamente cheio, cujo terreno permanece imóvel, assim também todos os desejos fluem para o coração do homem, e o homem que conquista a paz não é o que deseja os desejos" (Z). Em sânscrito, temos *kama kami*, o homem que é quem deseja os desejos. Isso é muito importante, porque não está dizendo que desistimos de todos os desejos, mas que somos livres de todo desejo, de todo apego ao desejo. Não é que não sintamos o desejo. Os desejos fluem em nossa direção, assim como as águas fluem para o oceano, mas não estamos apegados a eles e não somos perturbados mais do que o oceano o é pelas águas. As coisas fluem para dentro e para fora, e não somos perturbados. Se estamos correndo atrás delas, agarrando-as e buscando-as, então, somos arrebatados. Aquele é *kama kami*, o homem apegado a seus desejos.

> 70. O homem que renuncia a todos os desejos e abandona todo orgulho da posse e do eu alcança o objetivo de paz suprema.

O significado literal é bem mais profundo do que "orgulho da posse". É *nirmame nirahankarah*, livre do pensamento do "Eu" e do "meu". Uma melhor tradução seria: "Aquele que não pensa Eu sou isto. Isto é meu" (Z). Zaehner tem um bom comentário nisso, mostrando que isso é estritamente uma doutrina budista, que se refere a esses conceitos de "Eu" e de "meu" como ilusórios. Nem o corpo, nem a mente, nem os sentimentos, nem a percepção, nem a consciência, nem mesmo nada que esteja associado à vida neste mundo, pode ser descrito como "Eu" ou "meu". Esta também é a grande intuição dos *Upanixades*. O "Eu" é nosso ser mais interior, e de nenhum modo nosso corpo, nossos sentidos, nossos sentimentos ou nossa mente podem ser nosso verdadeiro "Eu". Eles são nossos instrumentos, enquanto o verdadeiro "Eu", de acordo com os *Upanixades*, é o espírito eterno: Eu sou este Ser interior. É a identificação do Eu com o corpo, com os sentimentos e com os sentidos que é a grande ilusão. Quando afastamos aquela projeção, então, descobrimos nosso verdadeiro eu

> 71. Isso é o Eterno no homem, ó Arjuna. Ao alcançá-lo, desaparecem todas as ilusões. Até mesmo no último momento de sua vida na terra, o homem pode alcançar o *nirvana* de Brahman: o homem pode encontrar a paz, na paz de seu Deus.

Aqui temos outro exemplo de como Mascaró dá um sentido cristão ao texto.

A última frase, que expressa o mesmo pensamento em termos cristãos, é uma paráfrase. O texto diz simplesmente: "O *nirvana* de Brahman". Do mesmo modo, "o Eterno no homem" é, literalmente, "o estado de fixação em Brahman" (Z), *Brahmi sthitih*. Quando o indivíduo tiver se libertado dos desejos e não mais pensar em "Eu" ou "Meu", então, ele despertará para a realidade, para a verdade, para o verdadeiro ser. Isso é o que é *Brahmi sthitih*, permanecer em Brahman. "Permanecendo ali, até mesmo ao morrer, ele irá ao *nirvana* de Brahman" (Z). *Nirvana* é um conceito budista que significa, literalmente, "assoprar". É a expiração da chama da vida. Frequentemente o budismo é interpretado como uma religião muito negativa, e frequentemente surge a pergunta se ele deveria mesmo ser considerado uma religião, uma vez que nega tantas coisas que são consideradas fundamentais. Não há Deus, nenhuma alma e nenhuma daquelas coisas em que acreditamos que sejam a essência da religião. O método de Buda era o da negação. Ele disse: "Libertem-se do apego". Para ele, a raiz de todo o mal era *tanha*, o apego, agarrar-se, agarrar-se aos sentidos, agarrar-se aos próprios sentimentos, agarrar-se aos próprios pensamentos, agarrar-se ao próprio ego. Liberte-se de todas essas coisas e, quando tudo isso tiver saído, tiver sido assoprado, tiver acabado, quando não mais houver qualquer desenvolvimento, então, você terá passado para o lado da paz do *nirvana*. Isso soa puramente negativo, mas quando o indivíduo lê o texto vê que o *nirvana* é repleto de bem-aventurança. É um estado de bem-aventurança absoluta. Na verdade, o indivíduo vivenciará o *nirvana* quando estiver completamente livre do ego e da aparência das coisas, quando ele tiver realizado a realidade ou a verdade. É por essa razão que é de tão grande beleza a frase "o *nirvana* de Brahman". Ela apresenta tanto o aspecto positivo como o negativo. *Nirvana* é a expiração, o fim desse fluxo, dessa mudança, dessa ilusão; e Brahman é a realidade, a verdade, o ser ao qual alcançamos.

O *Gita* não vai além, neste estágio. Não diz mais nada acerca do Deus pessoal. Há apenas uma menção ao Deus pessoal, como vimos; até aqui ele é uma doutrina de autorrealização, nada além disso. À medida que progride, ele desenvolve a ideia do *nirvana* de Brahman e mostra como este é, na verdade, uma união com o Deus pessoal.

CAPÍTULO 3

A Ioga da Ação

O capítulo 3 do *Gita* se inicia com uma pergunta muito pertinente. Diante da batalha, Arjuna depôs suas armas dizendo "Não lutarei". Em primeiro lugar, o argumento de Krishna foi o de elevar a mente de Arjuna acima da batalha e acima desta vida, completamente; para colocar diante dele o objetivo de realizar o Ser eterno, o espírito eterno que nunca morrerá e que nunca nasceu. O meio de alcançar essa percepção da Realidade eterna e de encontrar a felicidade do Ser no Ser se dá, como vimos, através do desapego. Isto é, estar livre do apego, não apenas aos sentidos e às paixões, mas também à própria mente.

Arjuna, muito naturalmente, pergunta a Krishna:

1. Por que tu me ordenas à terrível ação da guerra, se teu pensamento é o de que a visão é superior à ação?

O termo para "visão" é *buddhi*, que seria mais bem traduzido por sabedoria ou discernimento.

2. Minha mente está confusa, pois em tuas palavras encontro contradições. Dize-me, portanto, na verdade, por qual caminho poderei alcançar o Supremo.

A resposta de Krishna é muito relevante a todo esse questionamento da relação entre a contemplação e a ação, assim como o conhecemos na tradição cristã.

3. Neste mundo existem dois caminhos de perfeição, como te disse anteriormente, ó príncipe sem pecado, *jnana* ioga, o caminho da sabedoria do *samkhya*, e carma ioga, o caminho da ação dos iogues.

Mais adiante, Krishna adicionará a esses dois caminhos o terceiro caminho: *Bhakti* ioga. Porém, no momento, a pergunta está entre *jnana* ou *buddhi* ioga, a ioga da sabedoria ou do discernimento, e carma ioga, a ioga do trabalho. Como alcançamos o Supremo? É apenas pela sabedoria, apenas pela meditação, que constituiria o caminho do *jnana*, ou, por outro lado, é pela ação, pelo carma?

4. Não será por se abster da ação que o homem se verá livre da ação. Não é pela simples renúncia que ele alcança a perfeição suprema.

A ilusão é a de pensar que, se apenas pudéssemos fugir do mundo, de todas as perturbações, para um local tranquilo, nós resolveríamos todos os nossos problemas. Porém, Krishna, assim como muitos outros mestres, mostra que esse escapismo não leva a nada. A simples renúncia, deixando para trás obras inacabadas, com uma atitude negativa, não levará ao Supremo.

5. Pois um homem não pode ser, nem por um momento, sem ação. Inexoravelmente, todos são conduzidos à ação pelas forças que se originam na natureza.

É verdade, trata-se de uma ilusão pensarmos que poderíamos ser, a qualquer tempo, sem ação. Nós respiramos, e a respiração, em si mesma, é uma ação. O corpo está em ação, todo o mundo da natureza é atividade, e nós estamos neste mundo de atividade. Nunca seremos sem ação, de um modo ou de outro. Mesmo se nos retirarmos para uma caverna, ainda teremos que nos alimentar. Muitos *sannyasis*, assim como os monges do deserto, consideram este como um dos maiores problemas que eles devem enfrentar. Muitas pessoas se dirigem a um local solitário para viver a sós, para se livrar de todos os cuidados e distrações, e, então, elas se dão conta de que gastam uma boa parte do tempo para obter sua alimentação diária. Elas precisam fazer tudo por si mesmas, assim, elas precisam encontrar seu arroz ou seu pão, caso ninguém lhes traga. Quanto tempo não se gasta apenas obtendo as provisões, cozinhando, lavando e limpando em seguida. Em contraste, aqueles que vivem em comunidade recebem tudo isso pronto. Eles podem fazer sua refeição e, então, sair sem qualquer problema. Assim, frequentemente, é altamente ilusório supor que, ao desistirmos da ação, alcançaremos o estado que estamos buscando. Então, de maneira muito sábia, Krishna diz:

6. Aquele que se abstém das ações, mas acalenta em seu coração os prazeres delas, está iludido e é um falso seguidor do Caminho.

O grande perigo é o de que uma pessoa se retire na solidão para meditar e, então, gaste todo o seu tempo pensando no mundo que deixou para trás, em tudo a que renunciou e naquilo de que gostaria. Enquanto todas essas coisas continuam girando em sua cabeça, ele estará mais apegado ao mundo do que quando estava efetivamente envolvido nele. O mesmo tipo de problema ocorre no jejum, em que uma das dificuldades é a de não pensar o tempo todo no que a pessoa poderia estar comendo e a que a pessoa está renunciando ou no que a pessoa comerá no dia seguinte, quando terminar o jejum. A ação exterior não leva a absolutamente nada; o que é de total importância é a atitude interior da mente.

7. Porém, grandioso é o homem que, livre dos apegos e com uma mente que rege seus poderes em harmonia, trabalha no caminho da carma ioga, o caminho da ação consagrada.

O ensinamento fundamental do *Gita* é o da libertação do apego, *asakta*, como sendo a condição essencial. Como vimos ao final do capítulo 2, isso significa libertação de todo apego aos sentidos, paixões, pensamentos e a toda a atividade da mente. "Com uma mente que rege seus poderes em harmonia", ou seja, o controle dos sentidos pela mente, "faze teu trabalho". Assim, o caminho simples, mas fundamental, é o caminho da ação sem apego. Caso a mente esteja desapegada, em paz, unificada e íntegra, então, a ação é uma ação sagrada.

Assim, Krishna conclui:

8. A ação é superior à inação: cumpre, portanto, tua tarefa na vida. Não poderia haver nem mesmo a vida do corpo, caso não houvesse ação.

Sem alimentação, sem respiração, sem algum tipo de ação, a vida do corpo não pode se sustentar. A ação é necessária ao homem, mas a ação deve ser realizada com um espírito de desapego e liberdade interior.

9. O mundo está acorrentado à ação, a não ser que a ação seja uma consagração. Que tuas ações, pois, sejam puras, livres dos grilhões do desejo.

O conceito de tudo isso, é claro, é a ideia do carma. Krishna está argumentando em oposição ao entendimento de que o carma, a ação, acorrenta a alma. A convicção básica hindu é a de que toda ação possui suas consequências inevitáveis, boas ou más. Qualquer pessoa que faça uma ação boa, ou má, estará acorrentada a essas consequências. Dessa forma, muitos diriam: pare de agir. Uma forma extrema dessa doutrina é a convicção jaina de que toda atividade deveria cessar gradualmente. De acordo com a filosofia jaina, cada pessoa é um *purusha*, um espírito puro. Em inúmeras vidas o *purusha* caiu nas malhas do carma, da ação, sendo acorrentado a este mundo e suas paixões próprias. O objetivo do monge jaina era o de libertar-se de toda ação. A estratégia era a de se retirar gradualmente da atividade mundana, de toda atividade intelectual e, finalmente, de toda atividade física. Ele se alimentaria cada vez menos, até que, no estágio final, abandonaria o corpo por não mais se alimentar. Este era o caminho do aperfeiçoamento jaina, e, ainda que nos pareça terrivelmente negativo, os jainas foram um povo muito versado em arte e grandes humanistas. Eles copiaram livros antigos e escreveram importantes obras de autoria própria. Eles também foram autores de esculturas e pinturas maravilhosas, e muitas das cavernas da Índia, que foram usadas para retiro de monges jainas, foram decoradas com belíssimas esculturas e pinturas. Há um famoso altar em Sravan Belgola, no estado de Karnataka, onde há uma estátua de vinte metros de altura, de um personagem nu, um homem em pé, com seus braços ao lado do corpo. Aparentemente, é apenas entre os jainas que encontramos essa figura primitiva de um homem em pé, nu, absorto em contemplação. Conta-se a história de um contemplativo jaina que, às vezes, ficava tão absorto que as formigas vinham construir seu ninho em volta de suas pernas. Em certa ocasião, as formigas construíram um ninho tão alto que cobriu o topo de sua cabeça, e ele permaneceu em contemplação até estar completamente submerso pelo formigueiro.

Esses monges jainas realmente levavam ao pé da letra essa questão do desapego. Eles se retiravam para as cavernas nas colinas e ali, quando sentiam ter chegado a sua hora, morriam. Quando, finalmente, tivessem se livrado de todo carma, do efeito das ações passadas, e quando tivessem se purificado completamente, então, eles estariam prontos para abandonar o corpo e alcançar *kaivalya*, ou seja, um estado de "isolamento" e perfeição espirituais. A seu modo, é uma belíssima ideia, mas não é para todos. A ordem fundamental é "que tuas ações sejam, então, puras, livres dos grilhões do desejo", não apenas renunciando à ação.

Agora, Krishna dá um passo a mais na argumentação. Não só é necessário desapegar-se e trabalhar sem recompensa, mas também tornar a ação um sacrifício.

> 10. Assim falou o Senhor da Criação quando criou ambos, o homem e o sacrifício: "Pelo sacrifício, multiplicarás e obterás todos os teus desejos".

Na verdade, a frase é: "Que isso seja a vaca que produz o leite de tudo o que desejas". O termo é *kanadhenu*, a vaca que proporciona tudo o que desejas. Uma ideia muito profunda, que era universal no mundo antigo, é a de que a lei da vida é o sacrifício. Ela aparece nos *Vedas*, e a base de todo o sistema védico é a de que tudo se origina do Criador e deve retornar a Ele. O sacrifício é a lei do universo. Há o que vem do Criador para o mundo e há o que retorna novamente. O homem deve se dar conta desse rito do retorno, e o sacrifício é esse ato pelo qual ele restitui as coisas a Deus. Transferindo tudo para Deus, através do sacrifício, o homem consome a lei do universo que, correspondentemente, também está consumado. Por meio dessa prática, ele recebe o leite de todos os seus desejos; ou, em outras palavras, satisfaz todos os seus desejos. Assim, o sacrifício não é essencialmente negativo. Temos essa tendência de pensar no sacrifício como a desistência de algo, porém esse é apenas um aspecto preliminar. O significado mais profundo é o de que tomamos o que quer que não estejamos utilizando e o transferimos para Deus. E, assim, uma ação torna-se sagrada quando a consagramos para Deus, originando-se o termo sacrifício a partir da expressão latina *sacrum facere*, literalmente, "fazer sagrado". Pecado é o exato oposto, pois o pecado é apropriação, tomar as coisas das mãos de Deus, fazendo-as nossas. Esse é o pecado universal. Sempre existe a tendência de tomar as coisas como se fossem nossas, como se elas pertencessem apenas a este mundo e não tivessem relação com o divino. Essa total usurpação do reino do sagrado é um dos pecados fundamentais do mundo moderno.

Em um vilarejo indiano, tudo está relacionado ao sagrado e nada se faz sem algum sacrifício. Por exemplo, se no *ashram* construímos uma casa, um eremitério ou qualquer outro tipo de edificação, a primeira coisa que fazem os artesãos hindus, ao se apresentar, é escolher um dia e uma hora auspiciosos. Chegada a hora do início dos trabalhos, todos se juntam para a benção, prontos para consagrar seu trabalho. Sem isso, eles não iniciarão qualquer trabalho. Quando o trabalho se aproxima do final, quando as portas e janelas e tudo está concluído e o edifício está prestes a ser completado, haverá outra benção, pois o homem não pode iniciar, ou terminar, seu trabalho sem Deus. Antes que se inicie a edificação, costuma-se consagrar a terra e posicionar a casa relativamente a todas as direções do espaço. O construtor também se relaciona com o cosmos. Ele se estabelece no cosmos, relativamente a Deus, relativamente aos deuses, ou seja, aos poderes cósmicos; relativamente a seus vizinhos e a tudo e a todos. Edificar é um ato total e, portanto, totalmente consagrado. Mesmo naquilo que pensaríamos ser ações profanas, tal como uma reunião da sociedade cooperativa dos tecelões no vilarejo, não se negligencia o sagrado. Toda reunião se inicia com uma prece e, ao produzir os livros da contabilidade, antes que possam ser utilizados, aplica-se uma pasta de sândalo, em todos os cantos. Até mesmo os livros de contabilidade são consagrados.

Essa prática está em total acordo com a antiga ideia de que tudo deve ser relacionado ao mundo do além, ao Infinito. No mundo moderno, desde a Renascença, tudo foi retirado da esfera do sagrado. Um rei costumava ser uma pessoa sagrada, o símbolo disso era sua coroa e a cerimônia de coroação. O mesmo se dava com um rajah. Hoje um primeiro-ministro e um presidente são pessoas completamente seculares; nada há de sagrado acerca deles.

Para nós, ocidentais de hoje, uma casa é profana, enquanto na Europa medieval, todo vilarejo possuía seus locais sagrados. Havia sempre uma igreja no centro de um vilarejo. Porém, em um subúrbio moderno, frequentemente, não há nenhuma igreja. O sagrado foi eliminado, tanto quanto possível. É claro que, sempre que o sagrado se transformou em um obstáculo ao progresso, a dessacralização foi vantajosa. As pessoas podem ser tão obsessivas com todos os rituais e tabus da religião que passam a não conseguir fazer o trabalho normal. Esse era o ponto de vista de Nehru. Nehru era um agnóstico e entendia que a religião na Índia era um obstáculo, pois sempre que queria fazer qualquer coisa havia algum costume sagrado o impedindo. Era proibido, na tradição hindu, matar uma vaca, portanto, havia milhões de vacas velhas, que não traziam qualquer proveito a quem quer que fosse, alimentando-se e desperdiçando a terra. Esse é outro aspecto, mas ainda que tenhamos que atentar para ambos os lados da questão, retirar tudo da esfera do sagrado é desastroso. Em última análise, tudo deve ser relacionado ao Único, à Verdade, à Realidade que está além e que é a função do sacrifício.

11. Por meio do sacrifício honrarás os deuses, e os deuses, então, te amarão. E assim, em harmonia com eles, alcançarás o bem supremo.

Por "deuses", é claro, como já mencionamos, devemos entender os "poderes cósmicos", que na tradição cristã são conhecidos como anjos. Devemos nos relacionar com todo o cosmos. É por isso que, no ritual indiano da Missa, temos oito flores, que colocamos em oito diferentes lugares em volta das oferendas e que representam os oito pontos da bússola, as oito direções do espaço. Desse modo, entende-se que a Missa se eleva no centro do universo. Todo sacrifício deve, portanto, estar relacionado ao Centro. Ao entrar em um templo hindu, o devoto se relaciona com todos os deuses, isto é, com todos os poderes do cosmos. Primeiramente, ao entrar pelo portal, ele venera a estátua de Ganesha, o deus com cabeça de elefante, cuja função é a de remover os obstáculos. Quebra-se um coco à sua frente, e isso significa a quebra do ego, do eu exterior, representado pela casca exterior, de modo a revelar o eu interior, a substância branca, o doce leite da divina vida interior. E, então, após pedir que os obstáculos sejam removidos de sua mente, para que possa se abrir para a divindade, o devoto peregrina através de todos os diferentes altares, relacionando-se com os poderes cósmicos, até chegar ao altar mais interno, onde reside o Deus sem forma. Todos os outros deuses (com forma) são manifestações de Deus, mas no centro está o *lingam*, que é o signo da divindade sem forma, o Deus "sem forma" que habita o centro do coração. O devoto se relaciona com os poderes cósmicos, até chegar ao centro interior de todos eles, no santuário interno. Este é o simbolismo do culto do templo. Nem todos os hindus têm consciência do simbolismo. Muitos se dirigem ao templo por desejarem algum favor neste mundo, uma noiva, um emprego, sucesso nos negócios, mas há sempre aqueles que compreendem o significado mais profundo.

12. Pois, satisfeitos com teu sacrifício, os deuses te asseguram a felicidade de todos os teus desejos. Só um ladrão poderia desfrutar todos os dons deles recebidos, sem nada lhes oferecer em sacrifício.

Ao ofertar sacrifício, você se coloca em harmonia com o universo e, portanto, colhe o benefício disso. Sua vida está em harmonia, e nela haverá paz e felicidade. "Só um ladrão poderia desfrutar de todos os dons deles recebidos, sem nada lhes oferecer em sacrifício." Tomar o alimento sem reconhecê-lo como um dom de Deus é apropriar-se do que não lhe é devido. No cristianismo, há uma longa tradição de render graças antes das refeições, ainda que ela esteja se tornando rara nos dias de hoje. Essa é uma maneira de reconhecer que o alimento é um dom de Deus. Comer e beber dependem da providência de Deus. Rendemos graças pelo alimento que estamos prestes a receber. Na tradição hindu, coloca-se uma folha de bananeira em frente a cada pessoa, que por sua vez esparge água em volta dela, de modo a fazer daquele um espaço sagrado para purificar aquele espaço. No ofertório da Missa, dentro do rito indiano, nós primeiramente purificamos o altar e as cercanias, espargindo água em volta dele, criando um espaço sagrado. A comida vem de Deus, e alimentará nossa vida. A alimentação se torna um sacrifício, pois é a oferenda da comida, no fogo do estômago, ao espírito interior. Esse é o significado do comer e do beber. De modo inverso, tomar a comida sem ofertar sacrifício é o mesmo que roubar, tomar a comida de Deus, o dom de Deus, e se apropriar dela para si mesmo. Quase todas as pessoas nos dias de hoje cometem esse furto ao se alimentar, falhando em reconhecer que a comida vem de Deus, como parte da ordem cósmica. Essa falha é a essência do pecado.

Há algum tempo, li uma história acerca de uma menina que foi levada a um passeio no campo e, pela primeira vez, viu flores silvestres. Ela perguntou à pessoa que estava com ela: "Você acha que Deus se importaria se eu colhesse algumas de Suas flores?". Penso que essa seja uma atitude mental muito bonita. Flores são um dom de Deus, e, se as colhemos, estamos tomando o que pertence a Deus. Na Antiguidade, ninguém cortaria uma árvore, nem mataria um animal, sem uma oferenda sacrificial. Eles sacrificavam, dizendo à árvore: "Lamentamos, você é uma bonita árvore, e nós reconhecemos isso, porém, precisamos te oferecer".

Esse é o princípio do sacrifício, que era universal em todas as culturas antigas, assim como no antigo mundo cristão.

Então, Krishna diz:

13. Homens santos que tomam sua comida dos resíduos do sacrifício se libertam de todos os seus pecados; porém, os ímpios que se banqueteiam, alimentam-se da comida que, na verdade, é pecado.

Espera-se que o homem santo se alimente do que sobra do sacrifício. Para o devoto, é comum o costume de ir a um templo e entregar como *prasad*, um dom de Deus, o alimento que se ofertou. Porém, outros, que só se alimentam para desfrute próprio, "se alimentam de comida que, na verdade, é pecado". Esta é uma tremenda verdade. Quando nos alimentamos de comida apenas para desfrute próprio, comemos o pecado!

Nesse ponto, segue-se uma descrição do processo pelo qual a comida que comemos nos chega de Deus.

14. O alimento é a vida dos seres, e todo alimento provém da chuva do alto. O sacrifício traz a chuva dos céus, e o sacrifício é a ação sagrada.

Todos vivemos dos frutos da terra e, por esses frutos, dependemos da chuva. A chuva vem de Deus; é um dom de Deus. Trabalhamos a terra, a semeamos e a cultivamos, porém, em última análise, dependemos da chuva, assim, o alimento vem do alto.

"O sacrifício traz a chuva dos céus", aqui a ideia é a de que, quando sacrificamos, nos colocamos em harmonia com a ordem cósmica, e, então, Deus nos dará Sua chuva. Este também era um entendimento do Velho Testamento, por exemplo, no Levítico 26,3-4: "Se vos conduzirdes segundo os meus estatutos, se guardardes meus mandamentos e os praticardes, então vos darei as chuvas no seu devido tempo, e a terra dará os seus produtos". Se estivermos em harmonia com Deus e com a lei cósmica, então, seremos agraciados.

Esse sentido de harmonia é evidente entre os pigmeus da África Central, tal como relatado por Colin Turnbull, em seu livro *The Forest People*. Os pigmeus vivem inteiramente na floresta e da floresta; a floresta é seu lar. Eles o sabem, da maneira mais completa, que todo animal, toda planta nela e toda sua vida estão integrados com a vida da floresta. Eles confiam que, se respeitarem a floresta, a floresta os sustentará. Eles devem obedecer à lei da floresta, pois, do contrário, eles sofrerão. Caso alguém faça algo que não devia, com relação aos animais, ou a uma árvore, ou a qualquer coisa, ele será punido severamente. "A floresta é boa", eles dizem, "a floresta nos sustentará". É um princípio muito profundo que, uma vez mais, nós perdemos em grande parte. Nossa ideia é a de que precisamos conquistar a natureza. A colonização da América do Norte é um bom exemplo disso. Os pioneiros dirigiram-se para o Oeste, conquistando a natureza, exterminando as tribos indígenas, e, mais tarde, levando tratores e máquinas de terraplanagem, eles dominaram toda a terra, através de um sistema mecanizado de cultivo. Isso teve muito sucesso, porém, sabemos agora a que preço.

Trabalhar em harmonia com a natureza, ofertando o próprio trabalho como sacrifício, é o que faz toda a diferença. Essa mesma ideia é encontrada em outras culturas. Na China, havia o costume de, uma vez por ano, em Pequim, o imperador ofertar um sacrifício no templo. Sentia-se que a prosperidade do povo dependia desse sacrifício. O imperador, que era conhecido como Filho dos Céus, colocava-se em harmonia, sujeitava-se à Lei dos Céus, e, caso o imperador estivesse em harmonia, o povo também estaria. Caso o povo estivesse em harmonia, a terra e todas as suas riquezas também estariam. Assim, todo o cosmos estaria em uma interdependência harmoniosa. Porém, se em qualquer nível, o imperador ou o povo começasse a quebrar aquelas leis, na sua atitude perante a terra, então, toda a harmonia do universo seria perturbada. Basicamente, é isso o que está acontecendo nos dias de hoje. Ao ignorarmos a necessidade de harmonia e ao utilizarmos todos os esforços da ciência e da tecnologia para dominar a terra, produzimos forças de destruição que poderiam devastar toda a terra.

Encontramos uma ilustração disso em um texto taoísta, citado por Zaehner em seu livro *Concordant Discord*. Havia um jardineiro na China que possuía um bonito jardim, e, certo dia, alguém veio lhe apresentar um engenhoso dispositivo técnico que lhe facilitaria a jardinagem. A isso, o jardineiro respondeu: "Não é que eu não entenda tudo o que se refere a seu dispositivo, mas é que eu me envergonharia de utilizá-lo". Sua jardinagem se dava de acordo com a lei da natureza, em harmonia com o Tao, pois a China fora construída em concordância com a ideia do Tao, a harmonia e a interdependência de todas as coisas no cosmos.

Nós, no entanto, submetemo-nos a todos esses dispositivos engenhosos que facilitam as atividades e nos permitem conseguir as coisas mais rapidamente. Por exemplo, na Índia de hoje, é costumeira a utilização de adubos artificiais para o cultivo de coqueiros. Como resultado, conseguem melhores colheitas, por alguns anos, mas com o consequente empobrecimento gradual da terra e com o envenenamento ambiental. Entretanto, caso o solo seja enriquecido gradualmente ao longo dos anos com matéria orgânica, de início, o rendimento será menor, porém se conseguirá um enriquecimento permanente da terra.

15. Os *Vedas* descrevem a ação sagrada, e eles provêm do Eterno, portanto, o Eterno estará sempre presente em um sacrifício.

O termo, aqui traduzido como Eterno, é Brahman. "O trabalho se origina em Brahman, e Brahman nasceu do Imperecível" (Z). Parece ser este um dos primeiros usos da palavra Brahman. Originalmente, Brahman era o mantra védico, a prece que acompanhava o sacrifício, e aqui parece ser este o significado. Assim, a ação sagrada provém da palavra sagrada dos *Vedas*, e eles provêm do Eterno, do Imperecível. Sempre que se faz essa oferenda, aqueles que sacrificam se relacionam com o Eterno, e o Eterno estará presente em seu sacrifício.

16. Assim foi colocada em movimento a Roda da Lei, e aquele homem que, em uma pecaminosa vida de prazeres, não ajuda na rotação dela, vive mesmo em vão.

Dharma chakra é a roda da lei. Se vivemos de acordo com o *dharma*, então, estamos em harmonia com a natureza, e tudo vai bem. "E aquele homem que, em uma pecaminosa vida de prazeres, não ajuda na rotação dela, vive mesmo em vão." Essa é a ideia por trás da roda das preces budistas. Ao girar a roda de preces, os budistas entendem estar ajudando a girar a roda da lei. Não se trata de mera superstição; trata-se de um gesto pelo qual eles procuram se relacionar com a harmonia do universo, contrariamente a todos aqueles gestos que, por serem feitos apenas por prazer ou lucro, nos dissociam da harmonia do universo.

Após apresentar o significado real do sacrifício, Krishna agora volta a seu tema principal.

> 17. Porém, o homem que encontrou a felicidade do espírito, que no espírito encontrou sua paz e no espírito se satisfaz, esse homem está além da lei da ação.

O termo para espírito é Atman. Uma tradução mais literal seria: "O homem que se regozija no Ser, com o Ser se satisfaz e está contente no Ser, para ele, na verdade, nada há a ser feito" (B & D). O tema fundamental é o de que todas as ações deveriam proceder do espírito interior, do Ser interior. Tudo o que fazemos deveria estar relacionado com a Fonte da vida, com a Fonte da verdade, e, por causa disso, todas as nossas ações seriam verdadeiras e harmoniosas; todas as nossas ações seriam feitas de acordo com a lei da natureza. Isso seria o ideal.

> 18. Ele está além do que se faz e além do que não se faz, e todos os seus trabalhos estão além da ajuda de seres mortais.

Isso é um pouco obscuro. "No trabalho que se faz e no que se desfaz, na terra, ele não possui interesse... sem interesse em todos os eventuais seres. Ele não depende desse interesse" (Z). Isso soa mais como se o *Gita* estivesse voltando atrás no que disse, e alguns intérpretes aqui encontram contradição, porém, considero ser verdadeira a afirmação de que, no *Gita*, há diferentes tradições, até mesmo opostas entre si, que foram reunidas, sem uma completa harmonização. Surgirá uma doutrina, e, mais tarde, então, ela será corrigida por outra. Certamente, tem-se a impressão aqui de que, se a pessoa está vivendo no Ser, ela não precisará fazer nada. Até mesmo menciona: "Nada há que ele precise fazer" (B & D). Porém, Zaehner assim o traduz: "Ele não possui interesse em qualquer eventual ser. Desse interesse ele não depende". A interpretação de Zaehner está mais próxima da verdade. O homem que realizou o Ser não está preso à realização de qualquer trabalho. Seu trabalho provém da liberdade interior do espírito. Ele não está interessado, no sentido de que ele não está apegado a nada. Vivendo em desapego, ele está livre para agir e livre para não agir, tal como solicitado pelo espírito; realmente, é isto o que o *Gita* ensina. Esse aspecto aflora no próximo verso.

19. Livre dos grilhões do apego, faze tu, portanto, o que deve ser feito: pois o homem cujo trabalho é puro alcança verdadeiramente o Supremo.

Zaehner resume assim o argumento:

> Faze tu teu trabalho de acordo com o processo do mundo, a ordem cósmica, da qual és parte. Porém, sem auferir prazer nas coisas mundanas. Sinta prazer apenas no Ser imortal, o que te tornará independente do trabalho que precisas fazer. Portanto, desapega-te de qualquer interesse que te prenda ao que fazes. E faze-o porque, tal como eu, Krishna, estou prestes a te dizer, isto é precisamente o que eu, que sou Deus, faço.

Este é um argumento que será desenvolvido, um pouco mais adiante. Agindo dessa forma, ele estará fazendo o que o próprio Deus faz.

20. O rei Janaka, bem como outros guerreiros, atingiu a perfeição através do caminho da ação: Permite tu que teu objetivo seja o bem de todos e, então, leva a efeito tua tarefa na vida.

O rei Janaka é um *kshatriya*, um rei ou rajah, que figura nos *Upanixades* como um homem que buscava a perfeição. Ele é um santo guerreiro, como São Luís, o rei francês, um guerreiro que alcançou a perfeição espiritual, e é citado aqui como exemplo de alguém que se torna perfeito através do seu trabalho. "Permite tu que teu objetivo, portanto, seja o bem de todos", o bem-estar do mundo, *lokasya samgraham*. É importante reconhecermos que a realização do Eu possui um valor universal. Qualquer trabalho que seja feito dentro desse espírito será feito para o bem de todo o mundo. Essa é uma verdade intrínseca tanto para o cristianismo quanto para o hinduísmo.

> 21. É nas ações dos melhores homens que os outros encontram sua regra de ação. O caminho seguido por um grande homem torna-se um guia para o mundo.

Essa é uma grande verdade que foi claramente demonstrada na Índia, por exemplo, pela vida de Mahatma Gandhi, que se tornou um modelo a ser seguido por toda Índia. A seguir, Krishna se refere a si mesmo como um exemplo.

> 22. Não tenho nenhum trabalho a fazer em nenhum dos mundos, ó Arjuna, pois estes são meus. Nada tenho a obter, porque tenho tudo. Ainda assim, eu trabalho.

Krishna fala em nome do Criador: ele não tem nenhum trabalho a fazer. Ele não está preso a nada no mundo. Ele está completamente satisfeito em si mesmo e, ainda assim, trabalha. Isso está em ambas as tradições da criação do mundo, cristã e hindu. Não surge de Deus por necessidade. Deus não precisava criá-lo. No pensamento hindu, diz-se que a criação provém de *lila*, o jogo, de Deus ou, como dizemos, do amor, do transbordamento de bondade (*bonum diffusivum sui*, como Boaventura[1] assim o chama). Há uma energia no amor que quer compartilhar, e que, mais do que por meio de qualquer tipo de necessidade, é a razão pela qual o mundo passa a existir.

---

[1] São Boaventura de Bagnoreggio OFM (1221-1274) foi homem de muita ciência, porém de maior humildade e conhecimento de Deus. Assumiu as responsabilidades de Ministro Geral da Ordem Franciscana e de Cardeal, sendo mais tarde proclamado Doutor da Igreja. (N. T.)

23. Se eu não estivesse preso à ação, incansável, eternamente, os homens que seguem muitos caminhos seguiriam meu caminho de inatividade.

Deus estabelece este exemplo para o mundo: o de estar sempre trabalhando. No Evangelho, Jesus diz: "Meu Pai trabalha até agora e eu também trabalho" (João 5,17). Ele estava consciente de estar continuando o trabalho de seu Pai. É um trabalho não só de criação, mas também de redenção e de revigoramento. "Se eu não estivesse preso à ação, incansável, eternamente, os homens que seguem muitos caminhos seguiriam meu caminho de inatividade." O *Gita* reivindica que essa carma ioga, o caminho da ação, segue o próprio exemplo de Deus que, trabalhando sem nenhum tipo de apego ou aprisionamento, em total liberdade, está sempre em atividade no mundo.

24. Caso meu trabalho chegasse a um fim, esses mundos terminariam destruídos, a confusão reinaria em tudo: seria a morte de todos os seres.

25. Assim como o insensato trabalha egoisticamente, acorrentado a seus trabalhos egoístas, que o sábio trabalhe altruisticamente, para o bem de todo o mundo.

26. Que o sábio não perturbe a mente dos insensatos, enquanto trabalham egoisticamente. Que ele lhes mostre, ao trabalhar com devoção, a felicidade do bom trabalho.

Esse é um ponto de vista prático e realista. É inútil meramente dizer às pessoas para trabalharem sem apego, mas quando elas virem o exemplo do trabalho com devoção e a felicidade que ele acarreta elas se convencerão. O termo "perturbar" que Mascaró utiliza em "Que o sábio não perturbe a mente dos insensatos" é literalmente "dividir", "dividir a mente", *buddhi bhedam*. *Bhedam* é diferença, *buddhi* é a mente. Isso implica que a mente é naturalmente singular, indivisa, e que dividi-la seria dissipá-la, destruí-la. Literalmente, é isso o que se quer dizer com *schizophrenia*, do grego *schizo*, "dividir", e *phren*, "mente". Assim, o homem de mente insensata está dividido, e perdeu sua integridade interior. São Tiago o chama de "homem dúbio" (Tiago 1,8; 4,8). Em alguma extensão, somos todos dúbios nesse sentido. Temos uma divisão em nossas mentes e procuramos restaurar a unidade e a integridade originais da mente por meio da ioga. Assim, "Que ele próprio incentive todas as maneiras de se trabalhar, ainda que esteja ocupado na ação de um homem íntegro" (Z). O termo para "íntegro" é *yukta*, ou seja, ligado ou unido. Aqui, Krishna insere outra ideia.

27. Todas as ações acontecem no tempo pelo entrelaçamento das forças da natureza; mas o homem perdido na ilusão egoísta acredita ser ele mesmo o ator.

28. Porém, o homem que conhece a relação existente entre as forças da natureza e as ações compreende como algumas forças da natureza agem sobre outras forças da natureza, sem se deixar escravizar.

Essa ideia, que deriva da doutrina do *samkhya*, é a de que toda a atividade da natureza provém das forças da natureza, de *prakriti*. *Purusha* é o espírito, a consciência, e é inativo. É por essa razão que Kali é algumas vezes representada dançando sobre o corpo prostrado de Shiva. Shiva é consciência pura. Ele é espírito e é inativo, perfeitamente imóvel, enquanto toda atividade da natureza provém de *prakriti*. O argumento é o de que todas essas forças da natureza estão em atividade em você e em mim, e não devemos pensar "eu sou o realizador". Na verdade, são todas essas forças que estão trabalhando em nós. Ora, isso pode confundir, pois pode servir para sugerir que podemos permanecer completamente inativos, simplesmente suspendendo toda a atividade e permitindo que as forças da natureza prossigam. Nesse ponto, precisamos lembrar que há diferentes correntes no *Gita*, e essa doutrina do *samkhya* é apenas uma delas. Mais adiante, o *Gita* aperfeiçoa essa doutrina. A velha doutrina, que foi a fonte de tanto ascetismo, era a de que o espírito é desapegado; é a consciência pura, e nada tem a ver com a *prakriti*, com a natureza, com as ações. Essa, como vimos, é a visão dos jainas. Nessa visão, o objetivo da vida é o de se desapegar completamente do mundo das ações, da natureza, deixando que o corpo seja regido pelas forças da natureza, enquanto o espírito, *purusha*, permanece completamente separado, isolado, *kevalam*. Obviamente, essa é uma doutrina muito inadequada que, também, é perigosa, porque pode conduzir à esquizofrenia, à mente dividida que discutimos há pouco. Porém, a doutrina do *Gita*, e do posterior *Vedanta*, é muito mais profunda. Tanto o *Gita* quanto o posterior *Vedanta* aceitam que, de um lado, há todas as forças da natureza e, de outro, existe um poder de percepção que precisa estar desapegado das forças da natureza. Porém, acima da natureza e, acima da consciência, está o Senhor, que está em atividade, tanto na natureza, quanto em nossa percepção. Quando nos unimos a ele, entramos em harmonia com toda a natureza, em vez de sermos perturbados por ela. Assim, o texto não prega que devamos nos separar de toda atividade.

> 29. Aqueles que vivem iludidos pelas forças da natureza, acorrentam-se à operação daquelas forças. Que o sábio, aquele que conhece o Todo, não perturbe o insensato, aquele que não conhece o Todo.

Muitas pessoas pensam que, ao obedecer às forças da natureza, seus instintos, apetites, desejos e ambições, são mestres de seu destino e conquistam o mundo. Na verdade, essas pessoas estão apenas sendo conduzidas pelas forças do inconsciente. Testemunhamos isso em muitos dos líderes mundiais, tais como Hitler e Mussolini, que foram conduzidos pelas forças da natureza e eram marionetes da grande máquina mundial. O homem sábio não se ilude com todas essas forças, pois se separou delas. Por outro lado, muitas pessoas estão simplesmente escravizadas pelas forças da natureza que as circundam e, todo o tempo, são conduzidas por elas.

"Que o sábio não perturbe o insensato." Não deveríamos sair por aí amolando as pessoas. O ideal hindu é o de que o sábio não deve sair por aí procurando mudar as pessoas. Ele vive sua própria vida, em pureza interior, e realiza todas as suas ações sem apego. Portanto, ele se constitui em exemplo para os outros, sem perturbá-los deliberadamente.

Agora chegamos ao terceiro estágio. Primeiramente, agimos sem buscar recompensa; em segundo lugar, fazemos da ação um sacrifício, uma ação sagrada; em terceiro lugar, a relacionamos com o Supremo, nós a entregamos a Deus. Assim diz Krishna:

30. Oferece-me todos os teus trabalhos e repousa tua mente no Supremo. Liberta-te das esperanças vãs e pensamentos egoístas, e, com paz interior, luta tuas batalhas.

"Oferece-me todos os teus trabalhos", isto é, a Krishna, ao Senhor. Até aqui havia sido: Faze teu trabalho em harmonia, como um *yukta*, uma pessoa íntegra. Essa é a ideia da *buddhi* ioga, a ioga da sabedoria. Agora, adiciona-se o terceiro estágio, em que todo trabalho deve ser entregue ao Senhor, em um espírito de *bhakti*, devoção. Este se tornará um dos principais temas do *Gita*.

31. Aqueles que sempre seguem minha doutrina, têm fé e boa vontade encontram sua liberdade por meio de puro trabalho.

"Quem quer que pratique esta minha doutrina, firme na fé, sem sofisma, ele também será libertado do trabalho" (Z). Aqui está mais claro, libertação do trabalho, carma, significando, é claro, libertação dos grilhões do trabalho.

32. Porém, aqueles que não seguem minha doutrina e têm má vontade são homens cegos a toda sabedoria, com mente confusa: eles estão perdidos.

33. "Mesmo um homem sábio age sob o impulso de sua natureza: todos os seres seguem a natureza. De que vale a repressão?"

Esse é um verso curioso. Mascaró o coloca entre aspas, sugerindo que seja uma objeção inserida, pois, em si, é um pouco estranho. O argumento do *Gita* tem sido o de que a natureza segue em frente com seus trabalhos, porém que o homem sábio, por ser desapegado, é capaz de se libertar desse grilhão. Ora, este *sloka*, "Mesmo um homem sábio age sob o impulso de sua natureza: todos os seres seguem a natureza. De que vale a repressão?", parece ser uma objeção de um ponto de vista contrário. O próximo *sloka* esclarece.

34. O ódio e a luxúria pelas coisas da natureza estão enraizados na mais baixa natureza do homem. Que ele não caia sob seu poder: eles são os dois inimigos em seu caminho.

"A paixão e o ódio estão assentados em cada um dos sentidos, voltados a seus respectivos objetos. Que ninguém caia vítima de seu poder, pois eles são os salteadores do caminho" (Z); ou, como traduzido por Mascaró: "Eles são os dois inimigos em seu caminho". Portanto, a paixão e o ódio, a atração e a repulsão, *raga* e *dvesha*, são os dois inimigos. Chegamos agora a um ditado muito conhecido, que é de grande importância.

35. E cumpre teu dever, ainda que seja humilde, em vez de cumprir o de outrem, ainda que seja grandioso. Morrer no próprio dever é a vida, viver no de outrem é a morte.

Isso, é claro, melhor sustenta o sistema de castas, onde todos têm seu próprio dever na vida, ao qual precisam obedecer. Não deveríamos, porém, na verdade, menosprezá-lo, pois essa era uma doutrina tradicional em todas as religiões, a de que o homem tem sua própria condição de vida. O Livro de Oração Comum dos anglicanos, por exemplo, diz: "Cumpre teu dever na condição de vida na qual, a Deus, aprouve te solicitar". O indivíduo deveria sempre permanecer em sua própria condição de vida. Nos dias de hoje, as pessoas são muito contrárias a isso. A ideia daquela sociedade significativamente hierarquizada era a de que todas as pessoas tinham seu lugar, e, acerca do sistema de castas, até podemos dizer que, ainda que tenha havido muitas vezes abusos, todos tinham um lugar. Mesmo o lixeiro, o intocável, tinha seu lugar e se sustentava. A sociedade não podia dispensá-lo, e, portanto, ele precisava ser sustentado. Portanto, há uma espécie de justiça nisso, e esse era, certamente, o entendimento de todos. Todos, seja o sacerdote, o guerreiro ou o trabalhador, deveriam permanecer em seu próprio *dharma*, cada pessoa deveria fazer o trabalho que lhe fora designado por Deus. Nós somos demasiadamente inclinados a pensar que toda pessoa deveria procurar escalar o topo, e isso produz uma sociedade de uma ordem muito competitiva. Ainda que exista algo a ser dito em favor do outro sistema, o ideal deve repousar em algum ponto entre os dois extremos.

Aqui, chegamos a um trecho ainda mais importante, em que Arjuna pergunta:

36. Que poder é esse, Krishna, que conduz o homem à ação pecaminosa, mesmo sem querer, como se fosse impotente?

Esse é um sentimento muito comum, que também foi expressado por São Paulo em sua epístola aos Romanos, onde diz: "Com efeito, não faço o bem que quero, mas pratico o mal que não quero" (Romanos 7,19). Existe algo em nós que nos faz agir pecaminosamente, mesmo sem querer, como se fôssemos impotentes. Hoje, acredito que estejamos muito mais conscientes disso. Reconhecemos que somos conduzidos por forças do inconsciente, que não podem ser controladas. Algumas vezes, o pecado é consciente, mas é tão frequente que não estejamos completamente conscientes do que estamos fazendo, e até mesmo que sejamos conduzidos por essas forças do inconsciente a agir sem o querer, como se não tivéssemos o poder de lhes resistir.

Krishna responde à pergunta de Arjuna:

37. O desejo ganancioso e a ira, nascidos da paixão, são o grande mal, a culminância da destruição, isto é, o inimigo da alma.

Diz-se que o desejo é o mal mais radical. Aqui pode haver uma influência budista, pois Buda pensava que *tanha*, o apego a coisas e pessoas, é a raiz de todo mal, e que é resultante do egoísmo.

38. O desejo obscurece tudo, como a fumaça o faz ao fogo, como a poeira ao espelho, como a matriz ao feto.

39. O desejo obscurece a sabedoria, o sempre presente inimigo dos sábios, desejo em suas inumeráveis formas que, como um fogo, não pode encontrar satisfação.

Em certo sentido, é o desejo que move todas as pessoas, o desejo pelo prazer, pelo lucro, pela prosperidade, por companhia, por amizade, por coisas boas e más; há uma tremenda energia motora em nossa natureza. Como vimos, o desejo, em si mesmo, não está errado, errado é o desejo incontrolável que simplesmente impulsiona, sem razão, obscurece a sabedoria e cria confusão.

40. O desejo encontrou um lugar nos sentidos, na mente e na razão do homem. Através deles, o desejo cega a alma, após ter obscurecido a sabedoria.

Estas são as três faculdades básicas da alma: os sentidos (*indriyas*), os *manas* e a elevada razão (*buddhi*). Portanto, o desejo obscurece todas as nossas faculdades. Isso está muito perto do que Freud chamava de libido. Libido, ou *kama*, é a paixão subliminar que domina, inconscientemente, tudo o que fazemos.

41. Aplica, portanto, teus sentidos em harmonia e, então, mata teu desejo pecaminoso, esse destruidor da visão e da sabedoria.

"Portanto, reprimindo os sentidos, elimina esse mal" (Z). O texto não diz que devemos matar esse desejo, mas esse pecado. O que precisa ser eliminado é o poder negativo do pecado, o destruidor da sabedoria. Essa é a verdadeira cruz. A natureza do ego precisa ser crucificada, eliminada, antes que a mente e todo o ser possam ser libertados. É a raiz do mal, "o destruidor tanto da visão quanto da sabedoria". Há aqui dois termos: *jnana*, que significa conhecimento ou sabedoria, e *vijnana*, que indica divisão e significa conhecimento que discerne. *Jnana* é conhecimento unidirecionado ou sabedoria divina. *Vijnana* é discernimento ou conhecimento racional, discursivo. Os próprios poderes de compreensão são destruídos.

Em seguida, há uma bonita passagem, que lembra o *Upanixade Katha*.

> 42. Eles dizem que o poder dos sentidos é grande. Porém, maior que os sentidos é a mente. Maior que a mente é *buddhi*, a razão; e maior que a razão é Ele, o espírito que está no homem e em todas as coisas.

O termo para "Ele" é simplesmente *sah*, que significa o "Ser", o "espírito". A suprema realidade, frequentemente, não recebe nome. Alternativamente, chama-se apenas *tat* ou *sah*. O *Upanixade Katha* afirma: "Além dos sentidos, está a mente, *manas*; além da mente, está o intelecto, *buddhi*; e, além do intelecto, está *mahat*, a mente cósmica universal; além de *mahat*, está *avyakta*, o não manifestado; e, finalmente, além dele, está *purusha*, a pessoa. Ele é o Supremo".

> 43. Conhece-O, portanto, além da razão; e permite tu que Sua paz te dê paz. Sê um guerreiro e mata o desejo, esse poderoso inimigo da alma.

É importante notarmos que necessitamos ir além da elevada razão, de *buddhi*. Ela é a faculdade pela qual ultrapassamos nossos sentidos e nossa mente, *manas*, e, então, necessitamos ir além, até mesmo de *buddhi*, para alcançá-Lo – Aquele que está além da razão, "e permite tu que Sua paz te dê paz". A tradução literal é "o Eu reprimindo o eu". Só aprendemos a nos controlar por meio desse Eu interior. A grande ilusão é a de que o ego pode controlar o corpo, os sentidos e tudo o mais, e muitas pessoas tentam progredir nesse nível. No ascetismo comum, as pessoas tentam controlar o corpo, negando as paixões e os desejos, e tentam controlar a imaginação e a mente; porém, durante o tempo todo, o próprio poder pelo qual elas procuram controlar isso tudo é precisamente o único que precisa ser controlado, e, é claro, elas não conseguem controlar isso. Esse tipo de tentativa de controle apenas conduz a um maior enraizamento do ego. Só quando passamos além do ego, além de nós mesmos, com esse poder da graça, ou como quer que descrevamos o Eu interior, alcançamos esse controle. Esta é, também, a ideia cristã; apenas por meio da graça, podemos nos libertar dos poderes de nossa própria natureza. É um dom de Deus. A falta de controle que temos sobre nós mesmos é a essência do conceito do pecado original. Nos encontramos em uma condição, da qual não podemos sair com nossos próprios meios e, portanto, necessitamos de redenção. Algo, que se encontra acima da natureza humana, precisa chegar a esta, e apenas isso pode nos soltar e nos colocar em liberdade. Assim, trata-se de um processo em que passamos além da mente para o Eu que nos é interior.

"Sê um guerreiro e mata o desejo, esse poderoso inimigo da alma." Isso confere um sentido mais profundo a todo o discurso. Damo-nos conta de que a batalha exterior foi deixada para trás. No início, Arjuna está envolvido em uma batalha exterior, mas a verdadeira batalha é interior. Sua luta se dá contra o inimigo da alma; o objetivo real é a destruição do desejo pecaminoso, e não a destruição de inimigos no campo de batalha. Matar o inimigo interior, a força que tenta matar o verdadeiro Eu.

CAPÍTULO 4

A Ioga do Conhecimento Parcial

Este capítulo aborda o tema do *avatara* que, em termos cristãos, concebemos como a encarnação. O conhecimento parcial refere-se ao conhecimento da ação sacrificial, da qual o *avatara* é um exemplo.

Krishna começa dizendo:

1. Revelei essa ioga sempiterna a Vivasvan, o sol, o pai da luz. Ele, por sua vez, o revelou a Manu, seu filho, o pai do homem. Manu ensinou seu filho, o rei Ikshvaku, o santo.

2. Em seguida, ela foi transmitida de pai para filho, na linhagem dos reis, que eram santos; mas com a passagem de tempos imemoriais esta doutrina foi esquecida pelos homens.

3. Hoje, revelo-te esta ioga eterna, este supremo segredo: por causa de teu amor por mim e porque sou teu amigo.

Diz-se que todas as doutrinas mais antigas provêm do início dos tempos. Diz-se que a ioga é primeva, no sentido de que foi transmitida desde o começo. É por isso que, no hinduísmo, existe a prática de se recorrer a um guru. O guru foi iniciado por outro guru, e em teoria essa linhagem de iniciação remonta ao começo. Há grande verdade na ideia de que nenhum desses reis foi inventado pelo homem, e de que eles provêm originalmente de Deus. "Todo dom precioso e toda dádiva perfeita vêm do alto e desce do Pai das luzes", como disse São Tiago (Tiago 1,17). Aqui Vivasvan representa o sol em um sentido mítico, o Pai da Luz, e Manu é uma espécie de Adão, ou homem primevo. Na história hindu do dilúvio, Manu é o equivalente de Noé. Este é um exemplo típico da tendência de reconduzir todas as coisas ao começo. Assim como os judeus reconduzem todas as suas leis até Moisés, e este as recebeu de Deus, assim também os hindus reconduzem todas as suas leis até Manu, e este originalmente as recebeu de Brahman. Tudo é reconduzido à fonte, que provém de uma linhagem descendente. É muito frequente ouvir dizer que a doutrina foi obscurecida e esquecida e, então, renovada.

O homem moderno possui uma ideia oposta, ele tende a acreditar que tudo progride de começos muito imaturos a estados cada vez mais perfeitos, de modo que o homem do século atual acredita ser o coroamento da humanidade, da história e de toda a criação. Para nossos antepassados, a verdade era o contrário. Para eles, o primeiro homem, Adão, ou Manu, era supremo, e, desde então, deu-se uma espécie de gradativo descenso ou declínio. No livro do Gênesis, por exemplo, diz-se que todos os patriarcas entre Adão e Abraão viveram por várias centenas de anos, porém Abraão só viveu cento e vinte anos, enquanto a vida de Matusalém foi de quase mil anos; ou seja, quanto mais as pessoas viviam, mais sabedoria possuíam.

A cronologia hindu possui quatro *yugas*, ou eras. A era do ouro foi a inicial, quando o homem estava mais perto de Deus e, de acordo com a tradição hindu, se sustentava em quatro pernas. Em seguida, na era da prata, ele se sustentava em três pernas, na era do bronze, em duas; e agora vivemos a era do ferro, *kali yuga*, em que ele se sustenta em uma perna e tudo está prestes a desmoronar. Portanto, existem dois pontos de vista opostos, cada um deles com sua própria validade. Nossa tendência é a de pensar que estamos progredindo gradativamente, enquanto as antigas tradições sustentam que há uma sabedoria transcendente, que é eterna e sempre esteve com o homem, desde o começo. Progredimos em conhecimento e compreensão, porém não nessa sabedoria essencial. Essa é uma sabedoria que agora Krishna está revelando a Arjuna. É uma revelação. Ele a revela a Arjuna "por causa de teu amor por mim e porque sou teu amigo". O termo que ele utiliza é *bhakta*. Esse termo é aqui utilizado pela primeira vez e é um conceito-chave. A raiz de *bhakta* é *bhaj*. Originalmente, parecia significar "compartilhar", "participar de", e, então, "participar através do afeto"; assim, possuía vários significados, mas, à época do *Gita*, ele chegou a significar "amor e lealdade", como Zaehner o traduziu. Trata-se de um amor devocional, e não de um amor apaixonado. É um amor devotado, firme e constante. Assim, Arjuna é devoto de Krishna, que irá lhe revelar essa ioga. Arjuna pergunta a Krishna:

4. Tu nasceste depois do sol: o nascimento do sol se deu antes do teu. Qual o significado de tuas palavras: "Revelei esta ioga a Vivasvan".

Krishna apareceu como guerreiro, um herói na batalha; como pode ele dizer que nasceu antes do sol? Krishna explica:

5. Nasci muitas vezes, ó Arjuna, e muitas vezes tu nasceste. Porém, eu lembro minhas vidas passadas e tu esqueceste as tuas.

Aqui se introduz a ideia de reencarnação. Eu sempre hesito quanto à ideia de reencarnação, da maneira como ela é normalmente entendida: como a da alma individual que passa de corpo em corpo. Como disse anteriormente, uma visão mais profunda pode ser a de que há um Ser que se manifesta em toda a humanidade, porém, enquanto a maioria de nós está consciente apenas do próprio ser individual com alguma escassa experiência do além, aqueles que possuem conhecimento mais aprofundado são capazes de se dar conta de seu relacionamento com as gerações que os antecederam. Aqueles com o discernimento mais profundo compreenderiam sua posição em toda a história da humanidade.

O Buda disse ter se conscientizado de todos os seus nascimentos pregressos. Trata-se de um sinal de sabedoria intuitiva conhecer não apenas seu isolado ser individual, mas a si mesmo na história da humanidade. Isso pode ser comparado às palavras de Cristo: "Antes que Abraão existisse, Eu Sou" (João 8,58). Cristo é o Verbo de Deus que une toda a humanidade em si mesmo. Esse Verbo de Deus se manifesta em todo o universo e em toda a humanidade, e cada um de nós, em alguma extensão, participa desse Verbo único, o Ser de todos. Certa vez, um analista junguiano me disse acreditar que, assim como o embrião no útero recapitula todos os estágios da evolução, desde o protoplasma, através do peixe e do animal até o homem, todo ser humano recapitula no útero todos os estágios do desenvolvimento humano, desde o primeiro homem até o presente. Assim, todos temos em nós o passado histórico da humanidade. Caso possamos nos conhecer completamente, poderemos conhecer a humanidade. O homem de sabedoria, o Buda, o iluminado, possui dentro de si o conhecimento da humanidade. Cristo, obviamente, é precisamente o homem que "conhecia o que havia no homem" (João 2,25). Como Verbo de Deus, ele possui dentro de si a plenitude do conhecimento do homem. Naquele sentido, um homem de sabedoria conhece todos os seus nascimentos pregressos; ele conhece todo o passado da humanidade.

6. Ainda que eu seja um não nascido, sempiterno, e seja o Senhor de todos, eu venho a meu reino da natureza e, através de meu extraordinário poder, eu nasço.

Esse verso que descreve o *avatara* é muito conhecido. O termo para "poder extraordinário" é *maya*, que Zaehner traduz como "energia criativa". Ora, *maya* é o termo que, em sua posterior evolução, normalmente se traduz por "ilusão", mas que originalmente significava algo parecido com "poder mágico". É o poder que cria, o poder que produz. Ele pode ser utilizado pelo mágico que cria alguma ilusão, e é assim que ele gradativamente adquiriu o sentido de ilusão. Porém, nos estágios iniciais, é muito mais uma simples manifestação de poder, e, portanto, é o poder na criação. O *Upanixade Shvetashvatara* diz que *maya* é o mundo criado, e que o criador é *mayi*. Aqui, ele ainda possuía aquele sentido. *Maya* é a natureza material, *prakriti*, e, aquele que a controla é *mayi*, o poderoso Senhor.

Zaehner cita Shankara,[1] que diz: "O *maya* de Vishnu é, em essência, os três elementos da natureza, por cuja compulsão o mundo existe". Portanto, o *maya* de Vishnu é o mundo fenomênico. Contam-se duas histórias acerca de Vishnu e de seu poder de *maya* que são muito instrutivas. Zimmer incluiu-as em seu livro *Mitos e Símbolos na Arte e Civilização da Índia*. Na primeira, o sábio Narada conversava com Vishnu, e pediu a Vishnu para explicar seu *maya*, esse misterioso poder. Vishnu lhe disse para entrar nas águas do lago que lhe estava próximo. Assim, ele mergulhou na água e, ao emergir, descobriu-se em uma situação completamente diferente, como mulher, em vez de homem. A mulher (na realidade Narada) era a filha de um rei, devidamente casada com o filho de um rei vizinho e, ainda, possuía muitos filhos. Depois de algum tempo, houve uma disputa entre seu marido e seu pai, e uma grande batalha aconteceu, na qual ambos, seu pai e seu marido,

---

[1] Adi Shankara (possivelmente 788-820 d.C.), também conhecido como Shankara Bhagavatpadacarya ("o mestre aos pés de Deus") e Adi Shankaracarya ("o primeiro Shankaracharya de sua linhagem"), foi o primeiro filósofo a consolidar a doutrina do *Advaita Vedanta*, uma das escolas do *Vedanta*. Na tradição Smarta, considera-se que Adi Shankara seja uma encarnação do deus Shiva. Adi Shankara percorreu a Índia com o propósito de propagar seus ensinamentos através de discursos e debates com outros filósofos. Seus ensinamentos se fundamentam na unidade entre a alma e Brahman. Ele fundou quatro *maths* (mosteiros), que representaram um papel-chave no desenvolvimento histórico, no reavivamento e na disseminação do hinduísmo pós-budista e do *Advaita Vedanta*. Seus trabalhos em sânscrito, todos, chegaram até os dias de hoje e se ocupam de estabelecer a doutrina do *Advaita Vedanta* (em sânscrito: não dualismo). (N. T.)

foram mortos. Ambos os corpos foram colocados na pira funerária, e ela, como esposa devota que era, jogou-se nas chamas da pira. Nesse momento, ela emergiu da água, e ali estava Vishnu sentado à beira do lago. Tudo isso aconteceu entre o momento em que Narada mergulhou na água e o momento em que ele emergiu. A ideia é a de que toda a vida humana, todas essas aventuras pelas quais passamos, é apenas um momento passageiro na *maya* de Vishnu. Na outra história, Vishnu pediu a Narada para ir buscar um copo d'água. Assim, ele foi até um vilarejo e encontrou uma casa, onde foi recebido por uma bela moça, pela qual se apaixonou. Ele foi conduzido à casa dela, e sua família o aprovou. Foram feitos os arranjos, e eles se casaram; no devido tempo, tiveram três filhos. O vilarejo era pequeno, localizado em um vale. Um dia houve uma tremenda chuva que inundou todo o vilarejo, inclusive a casa de Narada. Ele tentou escapar com sua esposa e filhos. Saiu através da correnteza, segurando sua esposa com uma mão, seus dois filhos com a outra mão e com o terceiro filho em seu ombro. Ao se mover, ele tropeçou, e a criança em seu ombro caiu na água. Ao tentar alcançá-la, ele perdeu as outras duas e também sua esposa, que foi levada pela água. Nesse momento, ele emergiu da água, e ali estava Vishnu perguntando: "Você me trouxe o copo d'água que lhe pedi?". Trata-se de uma maravilhosa perspectiva do tempo humano e da eternidade de Deus. Só na Índia poderíamos encontrar histórias como essas.

A seguir, o famoso verso:

7. Quando a retidão é fraca e débil e a injustiça exulta orgulhosamente, então, meu espírito se eleva na terra.

8. Para a salvação dos que são bons, para a destruição do mal no homem, para a realização do reino da retidão, volto a este mundo, ao passar das eras.

A frase "meu espírito se eleva na terra" é uma paráfrase. O termo é *srajami*, e a raiz *sri* significa "criar", "projetar". Eu me projeto, eu me crio, eu nasço. Esta é a introdução da ideia do *avatara*, ou seja, a "descida" de Deus ao mundo. É importante lembrar que existiram dez *avataras* ou encarnações de Vishnu, e que Krishna foi apenas uma delas. Os dez *avataras* tornaram-se populares, na atualidade, em virtude de muitas peças teatrais e filmes. Na tradição, Vishnu aparece pela primeira vez como um peixe, em seguida, como uma tartaruga e, depois disso, como um javali, como um leão-homem, como um anão e, então, como um herói Parasurama. Os *avataras* supremos são Rama e Krishna, além do Buda, que foi adicionado posteriormente. E, finalmente, Kalki, o *avatara* que vem com o fim do mundo. Hindus modernos, frequentemente, interpretam isso em termos de evolução do mundo. Para eles, Vishnu apareceu como um peixe na época que o mundo ainda estava debaixo d'água. À medida que a terra emergia das águas, ele veio como uma tartaruga. Quando a terra havia emergido completamente, ele veio como um javali. Então, à medida que os animais evoluíram para o homem, ele veio como leão-homem. Depois disso, ele veio primeiro como anão e, depois, como um homem completamente crescido, no herói, o guerreiro Parasurama. Quando o homem alcançou o mais elevado nível de retidão e sabedoria, ele apareceu como Rama e Krishna. O Buda foi adicionado quando o budismo foi absorvido no hinduísmo. Finalmente, chega Kalki, para levar o processo do mundo a um fim. Esses são os dez *avataras* da tradição clássica, porém alguns dos *puranas* mencionam vinte, ou mesmo quarenta.

Os hindus de hoje tendem a afirmar que cada era possui seu *avatara*. Muitos gurus se proclamam *avataras*. O mais renomado no presente é Satya Sai Baba, que reivindica ser o supremo *avatara*, além de Jesus, Buda, Krishna, Rama e todos os outros.

Existem semelhanças óbvias com a ideia cristã da encarnação, e, embora não devamos negligenciar o que existe em comum, deveríamos identificar também o que é diferente. Em primeiro lugar, todo o fundamento do conceito de *avatara* é mitológico. A tartaruga e o peixe, o javali e o leão-homem são imagens mitológicas. Mesmo Rama e Krishna são apenas semi-históricos. Pode ter havido um Rama e um Krishna histórico, mas eles mais se parecem com Heitor e Aquiles ou Agamenon, os heróis dos épicos gregos. É provável que tais seres tenham existido, porém muitas das histórias em torno deles são lendárias. O mesmo se aplica a Rama e Krishna; eles possuem um pano de fundo mitológico. Em segundo lugar, o conceito de *avatara* pertence a um tempo cíclico. No mundo antigo, tanto na Índia quanto na Grécia concebia-se que o tempo se movia em ciclos. Há a Idade do Ouro, a Idade da Prata, a Idade do Bronze e a Idade do Ferro, mas tão logo as coisas chegam ao limite da Idade do Ferro, *Kali Yuga*, inicia-se um novo ciclo e a Idade do Ouro retorna. O mundo surge a partir de Brahman, atravessa todos esses estágios e, ao final, retorna a Brahman, e, então, uma vez mais, tudo ressurge. Dessa maneira, vemos toda a criação se movimentando em ciclos, sem princípio e sem fim.

Moksha é a libertação dessa existência cíclica interminável, essa roda do tempo, esse *samsara*. Capturado na roda do *samsara*, o bem sempre declinaria para o mal, e o mal novamente voltaria ao bem. Disso surgiu o conceito de *moksha*, que significa a libertação de todo o ciclo do tempo, a libertação final. A teoria da reencarnação também se origina no tempo cíclico; o indivíduo renasce repetidamente em um infindável ciclo de nascimentos e mortes. A única saída é *moksha*.

Ora, a revelação hebraico-cristã inseriu um novo entendimento nisso, especificamente, o de que o tempo está progredindo em direção a um fim, a um *eschaton*. Falamos de escatologia. A revelação hebraica não se origina de uma concepção mitológica da ordem cósmica. O conceito de tempo cíclico pertence à religião cósmica, visto que a natureza sempre opera em ciclos. À primavera segue-se o verão e, então, o outono e o inverno, e, em seguida, tudo recomeça. O sol nasce e se põe; a lua cresce e míngua, pessoas nascem e morrem, e a vida continua. A religião cósmica é, por isso, cíclica em sua visão do tempo. Por outro lado, a religião de Israel se refere à revelação de Deus, não no cosmos, mas na história, o que se enfatiza constantemente nos modernos estudos bíblicos. A Bíblia é o registro das revelações de Deus na história, especificamente na história de Israel, iniciando com Abraão, Isaac e Jacó. O padrão foi revelado na libertação do Egito, sob Moisés, e o reino foi estabelecido sob Davi. Tudo isso é a revelação de Deus na história desse povo em particular, e essa história está gradativamente chegando a um ápice, a um cumprimento. No Novo Testamento, quando o tempo se cumpriu, como diz o Evangelho, Jesus nasceu no tempo histórico e foi crucificado sob Pôncio Pilatos. Paulo escreve: "Dando-nos a conhecer... sua vontade,... para levar o tempo à sua plenitude: a de em Cristo encabeçar todas as coisas" (Efésios 1,9-10). Na sua tradução desse verso, Monsenhor Knox faz uma bela colocação ao dizer: "Dar cumprimento à história, através do encaminhamento de todas as coisas a um ápice no Cristo".

O *avatara* distingue-se da encarnação por pertencer ao tempo cíclico, a um mundo mitológico e por se manifestar repetidamente. Com o *avatara* não há cumprimento da história, nenhum sentido de que este mundo de espaço e tempo não está simplesmente para desaparecer, mas para chegar a seu cumprimento. O entendimento cristão é o de que Deus trabalha na história, e ainda que haja um pano de fundo mitológico no Velho Testamento, a história torna-se cada vez mais histórica com o passar do tempo. Os livros de Samuel e de Reis, por exemplo, são livros históricos, baseados em registros contemporâneos, e ao chegarmos ao Novo Testamento, tudo gira em torno do Jesus histórico, que nasceu sob Augusto e foi crucificado sob Pilatos. A encarnação no Cristo situa-se historicamente num determinado ponto do tempo, e, ao trazer tudo a um ápice, revela o propósito da história. Assim, as diferenças entre a encarnação e o *avatara* são principalmente a de que a encarnação é histórica, de que ela possui finalidade, de que ela revela o propósito da história e de que leva a história a seu cumprimento. Isso, por sua vez, faz uma grande diferença em nosso entendimento da vida humana.

Na tradição hindu, concebe-se o *avatara* como um jogo, um *lila* de Deus. Toda a criação é um jogo, e a vida humana é o jogo de Deus. Ainda que haja algo a se dizer dessa visão, ela obviamente é inadequada. Quando pensamos em todo o terrível sofrimento no mundo e nas agonias que as pessoas vivem, não é suficiente afirmar que Deus está brincando com elas. A crucifixão não é nenhum jogo; é completamente diferente. A ideia do Novo Testamento é a de que a história humana possui um significado e um propósito. Nascemos não apenas para participar de um jogo, mas cada um de nós possui seu próprio lugar no plano de Deus, que trabalha em direção a uma culminância final. Cada vida possui um significado singular. Esse propósito e significado da história e da vida são revelados na pessoa histórica do Cristo, nos eventos históricos de sua vida, morte e ressurreição. Essa é a doutrina da encarnação.

Há outros argumentos que poderiam ser explorados, mas esses são os fundamentais. Muitas pessoas diriam que a diferença é que, no Cristo, Deus se tornou homem, mas eu considero muito difícil essa argumentação. De tudo o que se evidencia, Krishna é Deus tornando-se homem, mas não Deus tornando-se homem de um modo singular e histórico, como uma pessoa singular que traz cumprimento à história humana.

Há duas teorias com relação às origens da história de Krishna. Uma é a de que havia originalmente um deus local que, no decorrer do tempo, foi confundido com um herói com esse nome e, gradativamente, desenvolveu-se o conceito do *avatara*. A outra, que pode ser a mais correta, é a de que originalmente ele foi um herói das primeiras camadas sociais do *Mahabharata*, e que esse herói foi deificado e reconhecido como Deus. O mesmo aconteceu com Rama. Foi comprovado à satisfação de todos que nos primeiros livros do *Ramayana* ele é simplesmente um herói e, então, mais tarde, torna-se uma pessoa divina, à medida que os livros mais posteriores foram adicionados. Este é um processo comum. Quando surge um herói, desenvolve-se uma devoção a ele, e, então, todos os seus feitos se ampliam, e, gradativamente, emerge a ideia de que ele seja uma manifestação de Deus. Para um devoto hindu, Rama é Deus. Mahatma Gandhi é um bom exemplo dessa fé. Para ele, Rama era simplesmente o nome de Deus. As últimas palavras que ele pronunciou foram: "Ram! Ram!", "Deus! Deus!".

Agora chegamos a uma passagem-chave para toda essa questão do trabalho.

9. Aquele que conhece meu nascimento como Deus e que conhece meu sacrifício, quando deixar seu corpo mortal, não mais seguirá de morte em morte, pois, na verdade, ele virá a mim.

Mascaró traduz: "Aquele que conhece meu nascimento e meu sacrifício", mas, na verdade, o termo para "sacrifício" é simplesmente carma, meu nascimento e minha ação, ou seja, meu trabalho no mundo, que, em sentido profundo, é sacrifício. A meta é a de conhecer o Senhor e conhecer sua ação no mundo. É aqui que Shankara é muito insatisfatório. Para ele, o problema era que se Brahman estivesse ativo no mundo, ele estaria preso por essa ação, visto que carma sempre prende. Portanto, porque Brahman não poderia nunca estar preso a nada, Brahman não age no mundo. Só nos parece que ele atua. Visto não haver ação real de Deus, para alcançar a Deus, você precisa ir além da ação, além do carma. Porém, o *Gita* possui a visão muito mais aprofundada de que Deus está eternamente inativo, ainda assim, Ele sempre age. Começamos a ver aqui a chave de todo o poema. A ação provém daquele que permanece imóvel em Si mesmo. Assim, essa ação de Deus no mundo pode ser interpretada como um sacrifício. Até aqui, a libertação era percebida como um *nirvana* de Brahman, que é um estado de vacuidade, um estado sem mudança. Aqui, ela se desenvolve em mais um estágio. Alcançar esse estado é chegar a Krishna, o Deus pessoal.

Nesse ponto, Zaehner resume muito bem o argumento. Ele diz: "Ao meditarmos na encarnação de Krishna e seus feitos, tanto como Deus quanto como homem, passamos a conhecer o Deus que age", que ele compara ao Senhor da história na tradição cristã. Em segundo lugar, como que para restabelecer o equilíbrio, proclama-se novamente a ideia ascética do desapego e da sabedoria contemplativa e, finalmente, insere-se a ideia do *bhakti*. Dessa forma, o *Gita* prossegue gradativamente, passo a passo, inserindo um tema e, então, outro, depois retomando o primeiro tema, como numa composição musical. Essa é uma das características mais importantes do *Gita*. Assim, aqui se insere o tema da devoção, ele virá a mim", diz Krishna. Não se trata de meramente conhecer Brahman, ele virá ao Senhor.

> 10. Quantos vieram a mim, confiando em mim, cheios de meu espírito, na paz sem paixões, medos e iras, purificados pelo fogo da sabedoria!

Esse é um ponto adicional. Os homens que estiverem livres da paixão, do medo e da ira, as três paixões básicas já consideradas (*raga*, *bhaya* e *krodha*), tornam-se puros. Aqui nos deparamos com duas palavras muito interessantes: *manmaya*, que Mascaró traduz como "cheio de meu espírito", que não é uma má tradução, mas que significa literalmente "cheio de mim", uma frase muito forte. Em seguida, *mam upasretah*, "tomando refúgio em mim". "Cheio de mim" e "tomando refúgio em mim". Aqui, os dois caminhos, do *jnana* e do *bhakti*, se juntam com carma, sendo este um desdobramento muito importante. Existe o carma, a ação de se libertar da paixão, do medo e da ira, *jnana*, "purificado pela sabedoria", e, finalmente, *bhakti*, "tomando refúgio em mim". "Eles vêm para o meu modo de ser", esta é a tradução de Zaehner. Eles vêm para meu ser, eles participam na existência de Deus.

> 11. Qualquer maneira pela qual os homens me amem, dessa mesma maneira encontram meu amor: pois muitos são os caminhos dos homens, mas, por fim, todos eles vêm a mim.

Essa é uma frase maravilhosa que introduz palavras importantes. O termo para amor é *prapadante*, e *prapatti* é o termo utilizado para a rendição completa ao Senhor. Assim, "qualquer que seja a maneira pela qual os homens me amem" significa "se rendam a mim". "Dessa mesma maneira Eu lhes devolvo seu amor". Aqui encontramos o termo *bhajami*, que é da mesma raiz de *bhakti*, o que é interessante. *Bhakti* é nossa devoção a Deus, porém Deus também tem essa devoção por nós. A tradução de Zaehner é: "Eu lhes devolvo seu amor", ou seja, Eu lhes dou meu amor. Vimos que o termo *bhakti* significa "ser inerente a", "estar a serviço de" ou "pertencer a". Assim, o Senhor está dizendo: "Eu estou a serviço deles, Eu lhes sou inerente, Eu pertenço a eles".

"Pois muitos são os caminhos dos homens, mas, por fim, todos eles vêm a mim." Isso, também, é muito profundo. A ideia é a de que o único Senhor está presente em toda parte, atraindo a todos, por meios diferentes. No passado, essa doutrina foi sustentada em um sentido de muita exclusão, porém, hoje a vemos em um sentido de inclusão. Cristo é a palavra de Deus, a salvação de Deus, oferecida a todos, que está presente em toda parte, e qualquer que seja a maneira que qualquer um se aproxime do Senhor, na fé, no amor, na esperança, ele terá sido atraído pela graça de Deus em Cristo. Krishna nos diz: "Qualquer que seja a senda que eles enveredem, todos eles vêm a mim". Os budistas dirão o mesmo. Para o budista, a natureza do Buda está em todos os homens, e todos devem descobri-la em si mesmos. Aquela é a salvação; a luz da graça está presente em todos os indivíduos.

12. Aqueles que anseiam por poder terreno oferecem sacrifício aos deuses na terra; pois, neste mundo dos homens, logo o sucesso e o poder se seguem à ação.

Esse é ainda mais um tema. Outra maneira de traduzi-lo é: "Por desejo de sucesso em suas ações, os homens cultuam aqui os deuses; pois, no mundo dos homens, prontamente ocorre o sucesso como fruto da ação" (Z). O termo utilizado para "desejo de sucesso" é *siddhi*, que significa "perfeição", mas se presta a significar especialmente os poderes advindos da ioga, ou poderes psíquicos. Também significa "poder no mundo", de modo que aqueles que buscam os *siddhis* cultuam os deuses, e os deuses, lembrem-se, são inferiores. Eles não são o Supremo. Caso cultuemos os poderes da natureza, conseguimos esses poderes; caso cultuemos o dinheiro, ou poder, ou prestígio, conseguimos deles nossa recompensa. "Prontamente ocorre a recompensa, dessa maneira." Caso queiramos essas coisas, poderemos tê-las. Tal como Jesus nos diz, no Evangelho: "Em verdade vos digo: já receberam sua recompensa" (Mateus 6,5). Considera-se que parar repentinamente com o sucesso mundano seja um sinal de fracasso na vida espiritual. Aqueles que buscam o sucesso poderão alcançá-lo, porém, nada mais conseguirão.

> 13. As quatro ordens de homens se originaram de mim, fazendo-se justiça a suas naturezas e suas ações. Sabe tu que essa ação foi minha, ainda que Eu esteja além da ação, na eternidade.

Essas ordens são os *varnas*, que frequentemente são chamadas castas, porém, isso é um pouco enganoso. O termo para casta é *jati*. Os *varnas* são os quatro estados de vida: do sacerdote, do guerreiro, do comerciante e do trabalhador. Zaehner traduz essa última sentença assim: "Disso, sou o autor, mesmo assim, Eu sou o imutável". Este é o ensinamento do *Gita*. Krishna é o Senhor; ele é o criador, o autor de todas as coisas. Ele cria todas as diferenças entre os homens e, mesmo assim, permanece imutável em si mesmo. Zaehner aponta para a interpretação que Shankara dá a essa passagem. Ele diz: "Do ponto de vista empírico, o ponto de vista de *maya*, Deus é o único agente e, portanto, está em conformidade com a lei do carma, que acorrenta o agente àquilo e por aquilo que faz". E, portanto, nos diz Shankara, Deus não pode estar ativo neste mundo, de nenhum modo. É apenas uma aparência. Mas o *Gita* possui uma visão muito mais profunda. Deus age em todo este mundo; ele está presente em toda ação, tanto na má quanto na boa, mesmo assim, ele não é afetado por essas ações.

Ele permanece imutável em si mesmo. Zaehner cita um belo ditado do *Upanixade Isha*: "Impassível, mais rápido que o pensamento, os deuses não conseguiam agarrá-Lo, pois Ele corria antes. Parado, Ele alcança outros que correm. Ele se movimenta e Ele não se movimenta. Ele está longe, ainda assim, Ele está perto; Ele está no interior de todo este universo e, ainda assim, Ele está fora". Essa é uma visão mais profunda, uma visão que só pode ser expressada através de paradoxos.

Assim, as quatro ordens de homens se originam dessa ação de Deus. Essas quatro ordens são uma organização da sociedade humana. A sociedade humana necessita de uma ordem de sacerdote e de uma ordem de guerreiros, de estadistas; ela necessita de uma ordem de comerciantes, de fazendeiros e, finalmente, de uma ordem de trabalhadores. Ser um trabalhador não é degradante, cada um tem seu próprio lugar.

> 14. Estou livre dos grilhões da ação, pois, nela, estou livre de desejos. O homem que pode enxergar esta verdade encontra liberdade em sua ação.

Mais literalmente seria: "As ações nunca podem me afetar. Eu não anseio por seus frutos" (Z). Não agarrar os frutos da ação. Esta é a primeira condição. Qualquer que seja o trabalho que tenha sido feito, não deveríamos agarrar o fruto; não buscamos o fruto, não buscamos uma recompensa, nosso ego não deveria estar envolvido nisso. É assim que Deus age no mundo: em liberdade perfeita e sem nenhum pensamento de recompensa ou o que quer que seja. "Aquele que assim compreender que isto é como Eu sou nunca estará acorrentado às ações" (Z). Quando aprendermos a trabalhar como Deus, estaremos livres de qualquer tipo de grilhões.

> 15. Os homens dos tempos antigos sabiam disso e, assim, em suas ações, encontravam a libertação. Faze, portanto, tuas ações na vida, no espírito em que a ação deles era feita.

No Ocidente, tendemos a idealizar o futuro, enquanto, até recentemente, a tendência era a de idealizar o passado. Na verdade, o ideal não está verdadeiramente no tempo, de nenhum modo. Ele pode ser projetado para o futuro ou para o passado, porém o melhor é compreender que a realidade eterna está aqui e agora. Então, olhar para o passado será tão válido quanto olhar para o futuro.

Agora, Krishna retorna ao tema principal.

16. O que é a ação? O que está além da ação? Até mesmo alguns videntes não enxergam isto direito. Ensinar-te-ei a verdade da ação pura, e esta verdade libertar-te-á.

Obviamente, havia muita controvérsia acerca da questão do carma. Originariamente, carma significava "ritual". Shankara repudia todo trabalho desse tipo para o *sannyasi*, o monge. Todo trabalho acorrenta, portanto, ele não deveria fazer trabalho ritualístico. Normalmente, um *sannyasi* puro não realizará quaisquer rituais. Hoje, muitos o fazem, mas o *sannyasi* estrito abstém-se de qualquer ação ritualística. Quando ele abraça o *sannyasa*, ele abandona o tufo e o cordão do brâmane e passa por um ritual fúnebre. Ele não mais pertence à sociedade, e não é dele a ação ritualística, que pertence à sociedade. Ele é completamente livre de qualquer trabalho.

17. Portanto, conhece tu o que seja a ação e, também, conhece tu o que seja a ação errada. E conhece tu também uma ação que seja silêncio: misterioso é o caminho da ação.

18. O homem que encontra o silêncio em sua ação e que compreende que o silêncio seja ação, esse homem, na verdade, enxerga a Luz e encontra paz em todas as suas ações.

Chegamos aqui a uma das frases-chave do *Gita*, e uma das mais esclarecedoras, que infelizmente Mascaró traduziu de maneira muito estranha. Por vezes, Mascaró é engenhoso e realmente faz com que o sentido aflore, mas, às vezes, ele é demasiado livre. A tradução literal é: "Aquele que conhece a inação na ação e a ação na inação, ele é o sábio entre os homens" (B & D). Encontramos essa ideia da ação na inação no conceito chinês de *wu wei*, ou inatividade ativa. No taoísmo, essa é a chave de toda vida. O *Tao Te Ching* nos diz que aquele poder que é o princípio primeiro de toda criação está eternamente inativo, ainda que não deixe nada por fazer. Isso é paradoxal, mas o significado é claro, o de que cada ação precisa se originar em um centro interior de quietude e paz. Agimos através do corpo, e a mente controla o corpo, e a mente está ativa. Porém, ambos, o corpo e a mente, deverão ser controlados a partir de um centro interior da realidade, que está perfeitamente inativo e imóvel.

É um estado de concentração, de imobilidade nesse centro. O ser interior está perfeitamente imóvel, perfeitamente harmonioso, perfeitamente integrado, unido a Deus, e, então, dessa imobilidade interior, flui toda ação. Então, a ação é harmoniosa, de conformidade com a lei de Deus e a lei da natureza. Aquela é a "ação na inação". É algo que, em grande parte, está perdido nos dias de hoje. É por essa razão que o mundo de hoje está tão cheio de atividade, com a "ética do trabalho", como os norte-americanos a chamam. Uma vez que deixemos que a ação tome conta, então, tudo que se diz acerca do carma é verdadeiro. Nossas ações nos acorrentam. Isso é o que aconteceu com todo o sistema industrial; não pode ser controlado. Ele liberou forças que simplesmente controlam os homens, reduzindo-os a escravos da máquina. Caso queiramos ter alguma paz, ou justiça, ou harmonia, precisaremos criar raízes no além.

Desde a Renascença, a tendência do Ocidente tem sido a de eliminar sistematicamente esse além, a de fazer com que a ciência e a razão controlem tudo, com o objetivo de permitir que o "homem" controle o universo. Contudo, o resultado é que ele se sujeitou completamente à lei do carma. As inevitáveis forças da natureza o abaterão. Ele não pode escapar. A única saída, que o *Gita* nos tem ensinado o tempo todo, é a de nos libertarmos do corpo, da mente, acima de tudo, do domínio da mente científica, e descobrirmos o centro de paz em nosso interior. Então, teremos inatividade ativa, "ação na inação". A frase em sânscrito é: *karmani akarma*. *Karma*, ação; *akarma*, inação. Inação na ação, ou sem trabalho no trabalho.

> 19. Os que enxergam, chamam-no sábio, a ele, cujos empreendimentos estão livres de desejo ansioso e de pensamentos fantasiosos, cujas obras são purificadas pelo fogo da sabedoria.

"Livres do desejo." *Kama*, este sempre é o aspecto crítico. Importante também é estar livre de *samkalpa*, que Mascaró traduz como "pensamentos fantasiosos". O termo significa "motivos conscientes e deliberados". A mente, com seus motivos autocentrados, é um obstáculo, o tempo todo. "Cujas obras são purificadas pelo fogo da sabedoria." "O fogo da sabedoria" é uma bela frase, e a ideia é a de que devemos queimar tudo nesse fogo. Devemos queimar a mente com seus "pensamentos fantasiosos" e, então, a partir dessa pureza interior, alcançamos a sabedoria. Zaehner faz menção ao *Upanixade Isha*: "Aqueles que seguem a ação caem fundo nas trevas, nas mais profundas trevas caem aqueles que seguem o conhecimento". Parece contraditório, mas significa o conhecimento inferior da mente. A pessoa que age sem conhecimento, conhecimento comum, é cega; mais cega ainda é a pessoa que age com o limitado conhecimento empírico. Isso é perfeitamente verdadeiro. A pessoa que age de modo ignorante é cega, mas ela pode se safar. A pessoa que pensa estar certa e atua com precisão científica, de modo limitado, está em sérios problemas, para não dizer está além da redenção. Essa pessoa não admitirá qualquer limitação em seu pensamento científico e, portanto, nunca poderá se libertar. Esse é o tipo de conhecimento que deve ser queimado.

> 20. Qualquer que seja sua ação, esse homem, na verdade, tem paz: ele não espera nada, ele não depende de nada e tem sempre a plenitude da felicidade.

Zaehner diz: "Ao se libertar de todo apego ao fruto de suas obras, sempre contente, não dependendo de nada, ainda que engajado no trabalho, de fato, ele não faz nenhum trabalho". Esse é o ponto. Quando nos libertamos de todo apego aos frutos do trabalho, então, encontramos esse contentamento interior. "Ele não espera nada, ele não depende de nada e possui sempre a plenitude da felicidade". Em outras palavras, ele trabalha, porém, o trabalho não o perturba de nenhuma maneira. Isso é o que se quer dizer. Podemos estar em paz em meio ao trabalho.

> 21. Ele não tem esperanças vãs, ele é o mestre de sua alma, ele renuncia a tudo o que tem, só o seu corpo trabalha: ele está livre do pecado.

Não acredito que aqui a tradução correta seja "só o seu corpo trabalha". Uma tradução melhor é: "Ele só faz o trabalho necessário ao seu corpo" (Z). Ele trabalha para atender as necessidades de seu corpo, nada mais. A tradução de Besant e de Das é: "Perfazendo a ação apenas pelo corpo", mas essa é menos satisfatória que a tradução de Zaehner.

> 22. Ele está satisfeito com o que quer que Deus lhe dê, e ele se elevou acima dos pares de opostos aqui de baixo; ele não tem ciúme e, tanto no sucesso quanto no fracasso, é o mesmo: suas obras não o aprisionam.

"Ele está satisfeito com o que quer que Deus lhe dê" vai além do que o texto diz. É "contente com o que quer que obtenha sem esforço" (B & D). Ele aproveita as coisas à medida que elas se apresentam. Ele está acima dos opostos, isto é, dos *dvandvas*, das dualidades. Isto é o que é sempre necessário. Se estamos sempre perseguindo o prazer, sempre evitando a dor; sempre buscando o sucesso, tentando evitar o fracasso; sempre buscando a saúde e a prosperidade, evitando sempre a doença e a pobreza, estamos entre as dualidades. Quando passamos além delas, então, não temos inveja, não temos ciúme e somos o mesmo no sucesso e no fracasso. Aquele que trabalha dessa forma, não está aprisionado. Ele está perfeitamente desapegado, ele tem liberdade. No próximo verso, esse tema atinge seu ápice.

> 23. Ele alcançou a libertação: ele está livre de todos os grilhões, sua mente encontrou a paz na sabedoria e sua obra é um sacrifício sagrado. A obra desse homem é pura.

"Sua obra é um sacrifício." Isto é o que a obra de Deus é. Toda obra de Deus é autossacrifício, autoesvaziamento. Já vimos isso antes, se fizermos de todo trabalho um sacrifício, por fim, será Deus que o estará fazendo por meio de nós. A ação é um sacrifício e "toda ação se dissolve" (B & D). Isso significa que suas ações são queimadas no fogo da sabedoria. Não há mais qualquer coisa que o prenda.

> 24. Aquele que vê a Deus em todas as suas obras, na verdade, aproxima-se de Deus: Deus é sua devoção, Deus é sua oferenda, oferecida por Deus no fogo de Deus.

Aqui temos um verso maravilhoso que possui uma vasta gama de implicações. Muitas vezes, isso é entoado como agradecimento antes das refeições.

A tradução de Mascaró cristianiza um pouco esse verso, ao utilizar o termo Deus em lugar de Brahman. Literalmente, é um verso muito misterioso: "A oferenda é de Brahman, Brahman é aquilo que é oferecido por Brahman no fogo de Brahman". Torna-se interessante a reflexão de que podemos lê-lo como uma descrição exata da Eucaristia, na tradição cristã. No entendimento católico da Eucaristia, o Cristo é ao mesmo tempo a vítima ofertada em sacrifício e o sacerdote que oferece o sacrifício, e seu amor sacrificial é o fogo que consome e transforma o sacrifício. Zaehner traduz assim: "A oferenda é Brahman, Brahman, o ghee (manteiga) sacrificial é oferecido por Brahman no fogo de Brahman". Dentro desse princípio, todo sacrifício genuíno é completamente uma ação de Deus. Assim, em última análise, tudo é a única realidade. Toda a criação é uma obra de sacrifício, o Ser Uno e eterno ofertando a si em nós.

Isso lembra *Purusha*, o homem primordial de cujo sacrifício toda a criação se originou. Toda a criação se originou do sacrifício que foi feito no princípio e, assim, todo sacrifício específico é uma participação naquele sacrifício eterno.

O *Gita* agora nos dá vários exemplos de sacrifícios, o sacrifício exterior e o interior, o sacrifício dos sentidos e o do alento.

> 25. Existem iogues cujo sacrifício é uma oferenda aos deuses; porém, outros oferecem sua própria alma no fogo de Deus, como sacrifício.
>
> 26. Alguns renunciam a seus sentidos nas trevas, no fogo de uma harmonia interior; e alguns renunciam a suas vidas exteriores, no fogo dos sentidos.

É um pouco obscuro. Uma tradução melhor é: "Outros oferecem seus sentidos no fogo do autorrefreamento" (Z).

> 27. Outros sacrificam seu alento de vida e também os poderes da vida, no fogo de uma união interior, iluminada por um lampejo da visão.

"Iluminada por um lampejo da visão" em sânscrito é *jnana dipiti*, que Zaehner traduz como "iluminando-se pela sabedoria".

> 28. Os outros, fiéis a votos austeros, oferecem suas riquezas como um sacrifício, ou sua penitência, ou sua prática da ioga, ou seus estudos sagrados, ou seu conhecimento.

Todas essas são diferentes maneiras de oferecer sacrifício. Tudo na vida pode se tornar um sacrifício e ser oferecido a Deus.

29. Alguns oferecem sua expiração na inspiração e sua inspiração na expiração; eles objetivam o *pranayama*, a harmonia respiratória, e o fluxo de seu alento está em paz.

O *pranayama* é o sacrifício pelo qual o indivíduo obtém o controle da respiração.

30. Outros, através da prática da abstinência, oferecem suas vidas na Vida. Todos esses sabem o que é sacrifício e, através do sacrifício, purificam seus pecados.

31. Nem este mundo nem o mundo do porvir são para aquele que não sacrifica; e aqueles que desfrutam o que sobra do sacrifício se aproximam de Brahman.

32. Assim, muitas são as maneiras pelas quais os homens sacrificam e muitas são as maneiras pelas quais eles se aproximam de Brahman. Sabe tu que todo sacrifício é obra sagrada e, sabendo isto, tu estarás livre.

Portanto, o ensinamento do *Gita* é o de que deveríamos fazer com que todo nosso trabalho fosse um sacrifício, e que qualquer trabalho que façamos deveria ser oferecido a Deus. Ao fazermos esse sacrifício, tornamo-nos livres. Isso lembra a definição de Santo Agostinho do sacrifício como qualquer trabalho sagrado que seja oferecido a Deus.

33. Porém, maior do que qualquer sacrifício terreno é o sacrifício da sabedoria sagrada. Pois a sabedoria é, na verdade, o fim de todo trabalho sagrado.

"Melhor que o sacrifício da riqueza é o sacrifício da sabedoria" (Z), *jnana yagna*. Isso significa que o indivíduo faz uma oferenda de todas as ações exteriores ao espírito interior, a esse centro interior que é a presença de Deus, a presença do Espírito Santo, a sabedoria divina interior. Dessa maneira, todas as ações exteriores são interiorizadas, tornando-se expressões da vida interior do espírito.

34. Aqueles que já enxergaram, com seus próprios olhos, a Verdade, podem ser teus mestres de sabedoria. Pergunta a eles, inclina-te perante eles, sê-lhes um servo.

Na tradição hindu, há o *jnani*, o homem de sabedoria, o único que é o guia para a verdadeira vida. Não se trata de sabedoria terrena, trata-se do conhecimento do Ser, o conhecimento do espírito, o conhecimento da verdade interior. Aqueles que têm esse conhecimento podem compartilhá-lo com os outros. Essa é a função do guru.

Outra maneira de traduzirmos isso é: "Aprende isto pelo discipulado, pela investigação e pelo serviço" (B & D). Ou seja, deveríamos nos dirigir a um mestre e reverenciá-lo, deveríamos fazer perguntas, buscar o conhecimento e também servi-lo. Essas são as maneiras pelas quais o indivíduo alcança esse conhecimento. Não se trata de conhecimento acadêmico, que pode ser adquirido por estudo, mas conhecimento que demanda uma mudança de estilo de vida, uma atitude de humildade, de receptividade e de renúncia a si mesmo.

35. Quando tua for a sabedoria, ó Arjuna, nunca mais estarás em confusão; pois tu enxergarás todas as coisas em teu coração e tu enxergarás teu coração em mim.

Uma tradução mais literal é: "Tu enxergarás todas as coisas em ti mesmo e a ti mesmo em mim". Há, aqui, um importante desenvolvimento da ideia. Os *Upanixades* afirmaram que o indivíduo deve encontrar todas as coisas dentro de Si, ou seja, no espírito interior, que é uno com o espírito do universo. Porém, aqui Krishna vai além e diz que o indivíduo deve encontrar o Ser nele, o que equivale a dizer o Ser ou o espírito interior deve ser visto como a presença interior de Deus.

36. E ainda que sejas o maior dos pecadores, com a ajuda da barca da sabedoria, tu cruzarás o mar dos pecados.

É importante que reconheçamos que essa sabedoria não apenas ilumina a mente, mas purifica o coração e, assim, liberta do pecado.

37. Assim como o fogo queima todo o combustível até as cinzas, o fogo da sabedoria eterna queima todas as obras até as cinzas.

O fogo da sabedoria queima completamente a natureza pecaminosa. Esse é o significado das cinzas que, de acordo com os costumes hindus, são esfregadas na testa. A ideia é a de que o indivíduo queimou completamente seu eu inferior; o ego foi completamente queimado, e as cinzas representam o eu purificado.

38. Porque nada há que se compare à sabedoria, para tornar-nos puros nesta terra. O homem que vive em harmonia consigo encontra esta verdade em sua alma.

Mais literalmente: "Aquele que se aperfeiçoou na ioga, 'harmonia interior', encontra a sabedoria no Ser". A ioga conduz o indivíduo a esse estado de harmonia ou união, unificando corpo e alma com o Ser interior e o Ser interior com o Ser de todos os seres.

39. Aquele que tem fé tem sabedoria, que vive em harmonia consigo, cuja fé é sua vida; e aquele que encontra a sabedoria, logo encontra a suprema paz.

Ou, "Um homem de fé, *shraddhavan*, objetivando a sabedoria, *jnana*, refreando seus sentidos, alcança a sabedoria. Alcançada a sabedoria, ele logo passa a se aperfeiçoar na paz, a *param shantim*". Começando pela fé e pelo refreamento dos sentidos, o indivíduo almeja *jnana*, a sabedoria, pureza e simplicidade da mente, e quando isso é alcançado chega à paz perfeita.

40. Porém, aquele que não tem fé nem sabedoria, e cuja alma está na dúvida, está perdido. Pois nem este mundo nem o mundo do porvir e nem a felicidade jamais será para o homem que duvida.

Essa é uma perspectiva muito sombria para muitas pessoas que não possuem nenhuma fé, mas ela precisa ser entendida dentro de seu contexto. Afinal, tal como nos disse Tennyson: "Há mais fé na dúvida honesta do que em todos os credos". Existe um modo de se acreditar pelo qual o indivíduo apenas aceita as coisas na confiança, sem nenhum real discernimento e, então, quando começa a questionar e duvidar disso, o indivíduo passa por um período de descrença, que surge de uma percepção das limitações da fé cega. Então, através do questionamento, ele chega à fé genuína, à experiência daquilo que está além, e esse é o estado de sabedoria.

41. Aquele que, através da ioga, torna pura sua obra, que zela por sua alma e que, através da sabedoria, destrói suas dúvidas está livre dos grilhões da obra egoísta.

Ou, "Que o homem em exercício espiritual (isto é, ioga) renuncie a todas as obras, que ele por sabedoria dissipe todas as dúvidas, que ele seja ele mesmo" (Z). A última frase é contundente, *atmavantam*: possuindo o Ser, regido pelo Ser; ainda que também tenha sido traduzida como "zeloso pelo Ser".

42. Portanto, mata a dúvida nascida da ignorância, que está em teu coração, com a espada da sabedoria. Está em inteira harmonia contigo, em ioga, e eleva-te, grande guerreiro, eleva-te.

Todo esse discurso ainda se dirige a Arjuna, no campo de batalha, e Krishna agora lhe mostrou o meio de lutar a batalha da vida sem se envolver. Não é certo desistir da luta, assim como não é certo se engajar na luta por simples capitulação a paixões e desejos. Firmando-se, livre do corpo, de seus desejos e da atividade da mente, alcançando esse *jnana*, essa sabedoria, essa atenta consciência do Ser interior e, então, estabelecendo-se nesse Ser, o indivíduo reconhece o Senhor que habita no interior do Ser. Rendendo-se a ele, o indivíduo está apto a agir a partir daquele centro, a partir daquela sabedoria, e todas as ações do indivíduo, exercidas sem nenhum desejo de recompensa, não possuem nenhuma força de aprisionamento; não há nelas o egoísmo. Elas simplesmente fluem a partir do Ser, a partir do espírito interior, e, por fim, elas se constituem na obra de Deus em nós.

Essa é a verdadeira meta. Nenhuma ação será perfeita até que alcance o estágio em que possamos dizer "Não sou eu quem faz; Deus está operando em mim". Apenas essa é a ação perfeita e, na verdade, isso é inação. O eu interior se rende completamente e a ação não mais provém do eu. Ela vem de Deus.

CAPÍTULO 5

A Ioga da Renúncia

O *Gita* passa agora à questão da relação entre a contemplação e a ação. Há muito tempo tem havido uma discussão, dentro da tradição cristã, quanto à relação entre o valor da vida contemplativa e o da vida ativa, que é muito semelhante à questão aqui levantada.

Arjuna pergunta:

1. Tu elogiaste a renúncia, Krishna, e, então, a ioga do trabalho sagrado. Dentre esses dois, dize-me, em verdade, qual o caminho mais elevado?

A pergunta se coloca em termos de *sannyasa* e de ioga. *Sannyasa* significa renúncia e implica abandonar o trabalho, de modo a obter a sabedoria através da contemplação. A ioga é utilizada no sentido de trabalho ou atividade.

Krishna responde:

2. Ambos, a renúncia e o trabalho sagrado, são caminhos para o Supremo, porém, melhor que renunciar ao trabalho é a ioga do trabalho sagrado.

O ensinamento do *Gita* é muito claro nesse assunto. Melhor que o *sannyasa*, que renuncia ao trabalho, é aquela ioga que exerce o trabalho sem o apego. A visão comum era a de que o *sannyasi* deveria abandonar completamente o trabalho, para viver em pura contemplação. A pergunta se refere a qual seria a melhor: a vida do contemplativo, que não exerce nenhum trabalho, vive em comunhão com Deus e não se envolve em nenhum tipo de atividade; ou a da pessoa que desfruta a união com Deus e, ao mesmo tempo, se envolve na atividade. O *Gita* favorece esta última posição. Porém, como veremos adiante, não é nada fácil responder à questão levantada no capítulo anterior, quanto a qual exatamente deveria ser a relação entre o eu interior e a ação no mundo.

3. Sabe tu, ó Arjuna, que um homem de verdadeira renúncia é aquele que não anseia nem odeia; pois, aquele que está acima dos pares de opostos, logo encontra sua liberdade.

O verdadeiro *sannyasa* não abandona o trabalho ou a ação. As duas causas básicas do apego são o desejo e a aversão, delas precisamos nos libertar. O verdadeiro *sannyasa* é aquele que não se altera, nem no prazer, nem na dor. Caso estejamos perfeitamente distanciados, não há trabalho que não possamos fazer. O *sannyasa* está acima dos pares de opostos, do prazer e da dor, da boa e da má sorte. Este é o mais profundo ensinamento do *Gita*.

4. Os homens ignorantes, não os sábios, dizem que o *samkhya* e a ioga são caminhos diferentes; porém, aquele que entrega toda sua alma a um alcança o fim dos dois.

O *samkhya* e a ioga, posteriormente, se desenvolveram como dois sistemas filosóficos separados, porém aqui o *samkhya* equivale simplesmente à contemplação, e a ioga, à ação, e percebemos que, na realidade, eles não são diferentes. Caso estejamos completamente distanciados, entregues ao Senhor, tal como Krishna dirá mais adiante, então, estaremos capacitados a agir livremente, com perfeita compreensão, sem estarmos aprisionados por nossas ações. Assim, "os homens ignorantes, não os sábios, dizem que o *samkhya* e a ioga são diferentes".

5. Porque a vitória conquistada pelo homem de sabedoria também é conquistada pelo homem das boas obras. Esse homem, na verdade, conhece a verdade, entende que a visão e a criação são uma só coisa.

"Visão e criação": os termos são *samkhya* e ioga, que poderiam ser melhor traduzidos como "contemplação e ação"; de modo que "aquele que entende que a contemplação e a ação são uma só coisa, aquele que conhece isso, verdadeiramente, conhece". Ele é o homem de verdadeira sabedoria.

Esse é o claro ensinamento do *Gita*. O ideal é viver no mundo para servir e, ao mesmo tempo, ser uno com Deus, com a paz interior, a *buddhi* ioga, a ioga da sabedoria. Porém, como veremos, ainda há um problema.

6. Porém, ó Arjuna, é difícil alcançar a renúncia sem a ioga do trabalho. Quando um sábio está unificado na ioga, ele logo será uno em Deus.

Literalmente, "ele será uno em Deus" é: "ele alcançará Brahman". É difícil alcançar essa renúncia sem a prática da ioga. O sábio, isto é, o *muni*, o homem de silêncio que é ioga *yukta*, que está atrelado e integrado em ioga, "alcança Brahman"; ele está unido com Deus. "Ele logo alcançará Brahman." Ou seja, ele alcança a meta final.

O caminho do *sannyasa* é difícil, sem o trabalho. À época de São Bento, havia muita polêmica nos círculos cristãos quanto ao que seria melhor, a vida em comum ou a vida solitária. Isso foi tema de um grande debate, no monaquismo ocidental. Na antiga tradição cristã, assim como na indiana, havia uma teoria segundo a qual o monge, o contemplativo perfeito, deveria viver solitariamente, em silêncio e em prece incessante, unido unicamente a Deus, sem fazer qualquer trabalho. Acreditava-se ser esse o ideal. Mas esse é um estado muito difícil de se alcançar, tal como nos diz o *Gita*. Na tradição cristã, embora dirigida à prece e ao silêncio, o monge passou a se dedicar a algum simples tipo de trabalho, tal como trançar cestos, salvando-se dos perigos de uma vida sem qualquer tipo de trabalho.

Em sua regra destinada aos monges do Ocidente, São Bento ainda sustenta que a vida solitária seja o ideal. Porém, o monge deveria antes ser treinado no mosteiro, na vida comunitária, onde deveria viver e trabalhar com os outros. Só, então, ele estaria preparado para o "embate solitário do deserto", como São Bento o chamava.

Assim, na tradição cristã e, particularmente, na Igreja Oriental, há o mesmo problema: o contemplativo puro, o monge solitário, foi sempre considerado o ideal. Ainda hoje, em um mosteiro do Oriente, o ideal é o monge, que passou pela vida comunitária, seguir adiante para viver a vida de eremita. Um perfeito exemplo disso é o do Staretz Silhouan, que viveu como eremita no Monte Athos no século XX.

Os seguidores de São Bento no Ocidente, exceto os camaldolenses, que preservaram a vida eremítica, eliminaram gradativamente o ideal do eremita, passando a considerar a vida comum com o trabalho como típica vida monástica. Porém, muitas vezes, atingimos o outro extremo. Em seu próprio mosteiro, o Gethsemani, Thomas Merton costumava reclamar de que todo o mosteiro girava em torno da fabricação de queijo. Os monges ganhavam seu sustento com a fabricação do queijo, e isso tendia a dominar toda a vida.

Esse é um problema de muitos mosteiros da atualidade. Caso haja uma grande comunidade de, digamos, cinquenta ou sessenta monges, eles precisam ser sustentados por algum tipo de atividade. Em meu próprio mosteiro na Inglaterra, possuíamos uma fazenda e uma olaria, e ambas absorviam o tempo e a atenção dos monges, abstraindo-os da prece e da vida normal do mosteiro. Por fim, ambas foram entregues a leigos, de modo a deixar os monges livres para seu próprio trabalho na prece. Assim, o problema sempre se apresenta: como conciliar a contemplação e a ação? Uma vez que nos dediquemos a alguma atividade, seja o trabalho no mosteiro ou algum trabalho externo, como em uma escola ou uma paróquia, tendemos a nos absorver no trabalho, e a vida interior de prece declina. No entanto, o *Gita* nos mostra haver uma resposta. É possível trabalhar de maneira que não apenas o trabalho não nos distraia da prece, mas que, realmente, se torne uma contemplação, no seu sentido verdadeiro, ou seja, uma atividade do Deus interior. Este é o ensinamento do *Gita*.

Portanto, a renúncia, *sannyasa*, sem o trabalho é difícil, enquanto "o sábio, que é ioga *yukta*", que está integrado com a ioga, de um modo prático, "logo alcançará Brahman".

7. Nenhum trabalho mancha o homem que seja puro, que esteja em harmonia, que seja o dono de sua própria vida, cuja alma seja una com a alma de todos.

"Ele se torna o ser de todas as criaturas" (Z), ou seja, toda criatura passa a ser ele mesmo. O Ser individual é uno com o Ser de todas as outras existências. Esta é uma das metas da ioga, do *Vedanta* e do *Gita*, como um todo. Encontramos a expressão do mesmo ideal no *Upanixade Isa*: "Aquele que enxerga todas as coisas no Ser e o Ser em todas as coisas". Isso significa que adentramos o centro interno de nossa existência e, nesse centro, compreendemos que somos um com todas as pessoas e com todas as coisas. Essa é a visão essencial. Muitas vezes, as pessoas erroneamente acreditam que aqueles que se dedicam à meditação, voltando-se para o interior, estão abandonando o mundo, separando-se do mundo, isolando-se e centrando-se em si mesmas. De fato, o que ocorre é o contrário. Quanto mais nos integramos com nosso centro interior, mais nos tornamos receptivos aos outros e a toda a criação. A pessoa que está completamente integrada e completamente unida a esse centro interior está unida à criação, à humanidade e a Deus. Esse é o estágio final. Tornar-se o centro de toda existência. Tornar-se consciente dessa unidade essencial em toda a criação e em todas as existências. Esta é a meta.

O próximo ponto é o de que compreendemos que o trabalho realizado em um espírito de desapego está exemplificado em Deus. Ele opera em todo o mundo. O Senhor está presente e ativo em toda a criação. Quando as coisas vão mal neste mundo, isso não afeta a Deus. Deus pode ser comparado com o sol, que brilha em toda a terra. A luz penetra diferentes tipos de receptáculos, passa por várias experiências e se divide em diversas refrações aquilo que Goethe chamava "As Paixões da Luz". A luz sofre todo tipo de experiências "apaixonadas", porém a própria luz não é afetada.

Os próximos *slokas* são importantes.

8. "Eu não faço nenhum trabalho", assim pensa o homem que está em harmonia, aquele que conhece a verdade.

9. Pois, ao ver ou ouvir, cheirar ou tocar, ao comer ou caminhar, ou dormir, ou respirar, ao falar ou entender, ou relaxar e até mesmo ao abrir ou fechar seus olhos, ele se lembra: "São servos de minha alma, os que operam".

Ora, aqui começamos a nos aproximar de um problema. O ideal é que se trabalhe a partir do centro da pessoa, mas qual é a relação existente entre o ser interior, que está em paz e harmonia, e as atividades da mente e dos sentidos? Existe um enfoque que sugere que estejamos completamente distanciados de nosso trabalho. Essa visão sustenta que, ainda que o corpo, a mente e os sentidos estejam trabalhando, nós não estamos trabalhando; permanecendo completamente distanciados e indiferentes. De fato, existem três maneiras pelas quais podemos entender a atividade.

Uma é a de que toda a atividade do mundo se origina da natureza, de *prakriti*. Essa era a visão do antigo sistema do *samkhya*. Aqui, a natureza inclui a mente. Os sentidos, a mente e até mesmo a inteligência, *buddhi*, são todos parte da natureza, e são eles os que trabalham. Porém, *purusha*, a pessoa, a consciência interior, o espírito interior, está perfeitamente inativo, é a testemunha que não se envolve de modo algum. Isso é um tipo de dualismo. Nos deparamos com essa mesma visão no capítulo anterior: o indivíduo pode se manter a si mesmo nesse estado de distanciamento interior, deixando que o corpo funcione independentemente. Essa é uma visão muito comum no hinduísmo.

A segunda visão é a de Shankara. De acordo com ele, todo o trabalho da natureza, de *prakriti*, em última análise, é *maya*. Não possui realidade final. Se estamos envolvidos nele, ele é real para nós, mas se acordamos para a sabedoria suprema, *paravidya*, e realizamos Brahman, então, nos damos conta de que não existe nenhuma atividade. É pura ilusão, é semelhante a uma miragem. Toda atividade neste mundo é, em última análise, irreal. O único propósito da vida é o de ir além de toda atividade. É por isso que, nessa tradição, o puro *sannyasi* não realiza qualquer trabalho. Ele deve alcançar o estado em que todo trabalho cessa, exceto aquele que é inevitável; por exemplo, ele precisa se alimentar de um mínimo de comida, de modo a manter o funcionamento do corpo. Diz-se do *jivan mukta*, aquele que realizou a salvação ou libertação ainda em vida, que ele nada tem a fazer.

Nessa visão de Shankara, está implícito que toda atividade deste mundo, em última análise, não tem propósito. Há, na tradição hindu, uma forte crença de que este mundo, em última análise, não possui significado. Essa crença tem origem na visão cíclica da vida. O mundo surge de Brahman, existe atividade e volta a Brahman. Não há nisso significado ou propósito. O homem sábio permite que isso aconteça. Ele deixa que nele o trabalho da natureza aconteça, pensando, agindo e fazendo, pois seu corpo ainda está envolvido no mundo. Porém, ele está totalmente distanciado e indiferente a todo o processo.

Há uma terceira visão, além dessas duas, no sentido de que o mundo e toda atividade é um *lila*, um jogo de Deus. Essa foi a visão de Ramakrishna. A grande mãe está jogando, e tudo o que acontece neste mundo é ela jogando. Por si só, isso dificilmente satisfaz, pois significa que todo o sofrimento no mundo, em última análise, não tem nenhuma razão de ser. Entretanto, o conceito de *lila* pode também ser interpretado da mesma maneira em cuja direção o *Gita* trabalha, e que o hindu moderno certamente apoia: a de que este *lila* de Deus possui um significado e um propósito. Nesta visão, Deus não está meramente jogando, mas age propositadamente no mundo. Esse parece ser o mais profundo significado do *Gita*, ainda que não seja isso o que se sustenta constantemente.

Isso está consistente com o entendimento cristão da atividade de Deus. A crucifixão revela que o sofrimento é redentor. Os sofrimentos deste mundo possuem um significado e um propósito, e conduzem a uma realização final. Deus assume o pecado e o sofrimento do mundo, em seu próprio ser, redimindo-o e conduzindo-o à realização. Por outro lado, muitos cristãos tendem a se envolver em demasia na história, no trabalho, no serviço à humanidade sofredora e, assim, tendem a perder de vista o outro lado disso. Há uma sensação de que todo este mundo está desaparecendo, e que precisamos fixar nossa atenção no além. O hindu, por outro lado, não percebe suficientemente a realidade da pessoa humana, seus sofrimentos, seu destino, e que esta vida possui um propósito supremo. Não é apenas um *lila*, um jogo. Portanto, é importante encontrar um equilíbrio, compreendendo os valores deste mundo, do tempo e da história, mas enxergando-os à luz da eternidade. É sempre tão difícil encontrar esse equilíbrio na própria vida. Ou damos importância demasiada àquilo que estamos fazendo, como se tudo dependesse disso, ou damos importância demasiada à prece, ao mundo do além ou, nos termos do Novo Testamento, à escatologia.

A visão mais antiga do Novo Testamento era a de que Jesus voltaria a qualquer momento. A *parúsia*, a segunda vinda do Cristo, era esperada a qualquer momento, de modo que tudo que se fizesse neste mundo era muito relativo. São Paulo aconselhava: "Aqueles que são casados, considerem-nos como se não fossem, aqueles que compram no mercado, como se não o fizessem", e assim por diante. O mundo era uma espécie de fase temporária que eles precisavam continuar a manter, enquanto esperavam pela *parúsia*. Foi só depois de algum tempo que a Igreja começou a perceber que o mundo iria durar muito mais do que eles haviam previsto. Talvez, apenas hoje estejamos nos dando conta de toda a importância da vida neste mundo. Ao longo da Idade Média, a vida era algo que o indivíduo precisava suportar; o indivíduo deveria dar o melhor de si, o indivíduo deveria cumprir seu dever, esperando, todo o tempo, pelo mundo do além. Hoje, nos dirigimos para o extremo oposto. Muitos dizem não haver nenhum mundo além. Precisamos encontrar tudo neste mundo, devemos encontrar nossa realização agora. Assim, estamos sempre pendendo entre esses dois polos. Devemos encontrar um ponto de equilíbrio. Não há resposta simples; cada pessoa precisa encontrar o equilíbrio dentro de si. Esse é um dos locais onde o hindu e o cristão precisam se encontrar e trabalhar juntos. Precisamos aprender uns com os outros. Este é o segredo.

> 10. Oferece todas as tuas obras a Deus, livra-te dos liames egoístas, faze teu trabalho. Nenhum pecado poderá, então, te manchar, assim como as águas não mancham a folha do lótus.

Mascaró traduz Brahman como "Deus". Isso pode nos desviar um pouco, pois, nesse estágio, não assumiu esse aspecto totalmente pessoal. Zaehner traduz mais literalmente: "Atribuindo suas obras a Brahman", a realidade suprema. "Nenhum pecado poderá, então, te manchar, assim como as águas não mancham a folha do lótus". Essa é uma famosa imagem budista. De fato, toda essa passagem, e especificamente aquela que se segue, é muito budista em seu linguajar e em seu entendimento.

Zaehner cita escrituras budistas: "Assim como um lótus nascido da água, assim é o Buda: ainda que tenha crescido no mundo e o tenha conquistado, não foi manchado pelo mundo". Assim também o *Upanixade Chandogya* nos diz: "Assim como a água não se gruda à folha do lótus, assim também as más ações não aderem ao homem que sabe isto". Em termos cristãos, essa ideia se expressa: "sejamos no mundo, porém, não dele".

11. O iogue trabalha para a purificação da alma: ele se livra dos liames egoístas e, assim, é só seu corpo, seus sentidos, sua mente ou sua razão que trabalham.

Ora, aqui surge outro problema. Mesmo quando afirmamos que devemos trabalhar, ser ativos, ainda permanece a ideia (que também encontramos no monaquismo cristão) de que o trabalho se faz para a autopurificação. Ela foi particularmente comum, na antiga tradição monástica. Caso boas obras fossem feitas, era apenas para a autopurificação dos monges. Havia pouco interesse em outras pessoas. Podemos prestar serviço aos pacientes de um hospital, sem estarmos interessados nos pacientes, mas apenas para nossa própria purificação, através do serviço prestado. Este pode se tornar um ponto de vista muito perigoso. O *Gita* nos diz que o indivíduo trabalha para a purificação do Ser; o corpo, a mente e os sentidos seguem seu trabalho, mas o ser interior está totalmente distanciado de todo o processo e não está realmente interessado. Aqui, portanto, há um problema. A razão que Krishna apresenta para que se faça o trabalho, na verdade, é apenas a de que é o nosso *dharma*, nosso dever. Por que Arjuna deve lutar? Porque ele é um guerreiro e porque esta é uma guerra justa. O dever do guerreiro é o de lutar uma guerra justa. Portanto, cumpra seu dever, qualquer que seja ele. É seu *swadharma*, seu próprio dever, de acordo com sua casta, o de prestar seu serviço no mundo. Você o faz com total distanciamento, sem sentir que o trabalho tenha qualquer significado ou propósito real nele mesmo. Você está se purificando, e conseguirá sua própria recompensa eterna, mas não neste mundo. Esta também é uma visão comum dentro do entendimento hindu. O mundo não possui propósito supremo em si mesmo. Tudo não passa de uma movimentação cíclica. Tudo dá voltas e mais voltas. Foram os hebreus que trouxeram a ideia de que o mundo se move em direção a uma meta e que há um propósito nisso. Mesmo assim, é muito difícil acreditar que muito do trabalho que se faz no mundo tenha significado.

Para a pessoa que trabalha na linha de produção de uma fábrica, para um funcionário do comércio ou, de fato, para a maioria das pessoas, essa é a única atitude que elas sentem poder adotar. A atitude é: preciso ganhar meu sustento. Faço este trabalho oito horas por dia, porque é meu dever, mas mantenho minha mente totalmente distanciada dele. Não tenho nenhum interesse nele, e, na verdade, a empresa toda me desagrada, porém, mantenho minha mente livre e procuro viver uma vida humana fora de meu trabalho. Essa é uma atitude muito comum. Acredito que seja também razoavelmente generalizada na tradição cristã, juntamente com a ideia de que fazemos nosso trabalho como um dever.

No passado, as pessoas faziam seu trabalho, qualquer que fosse ele, para a glória de Deus e para a salvação de suas almas, porém não se interessavam, realmente, em modificar a situação humana. Até mesmo nos dias de hoje se faz essa acusação. Construímos escolas e hospitais que mantêm o funcionamento do atual sistema social, mas não nos perguntamos se esse mesmo sistema não é essencialmente injusto, de modo que boa parte do trabalho esteja sendo feito para perpetuar um sistema social injusto.

Existem aqueles que dizem que deveríamos deixar nossas instituições e alterar a estrutura de nossa sociedade, talvez se juntando aos marxistas, em total revolução. No contexto cristão, a ideia de realizar mudanças se expressa ao dizermos que, em Cristo, Deus se torna encarnado, entra no tempo e na história e muda o curso do mundo. Este mundo possui agora uma força intrínseca que o dirige para uma realização final, e no mundo estamos trabalhando para o Reino de Deus. Essa é uma visão comum a muitos hindus e cristãos modernos.

Trata-se também de uma questão de onde enfatizar. Hoje em dia, coloca-se a ênfase, cada vez mais, sobre as mudanças reais neste mundo; mudar a nós mesmos, mudar a sociedade e tornar a vida mais humana. Ao fazer isso, entendemos estar trabalhando com Deus. Esta era a preocupação de Mahatma Gandhi. Ele entendia que a espiritualidade tradicional tendia a ser muito dirigida à própria pessoa, sendo seu objetivo tornar-se completamente desapegada, vivendo uma vida pura e sagrada em devoção a Deus, enquanto deixava o mundo seguir adiante, a seu próprio modo. Para Gandhi, mudar o mundo tinha uma importância crucial.

Dentro desse entendimento, o indivíduo trabalha com Deus, para a evolução do mundo, para a mudança da humanidade em direção a uma meta final. Porém, também nesse ponto de vista, há um perigo. Se pensarmos demais em mudar este mundo, podemos nos tornar horrivelmente frustrados, porque mesmo onde foi instituída uma nova ordem social, como na Rússia Soviética, na China ou em outros lugares, ainda que algumas melhorias tenham sido experimentadas, após alguns anos, os mesmos problemas ressurgiram em novas formas e outros se apresentaram, de modo que, no fim de contas, as coisas pioraram. Portanto, começamos a nos perguntar o porquê de tudo isto. Ainda que o nosso trabalho seja o de mudar o mundo para o bem do Reino de Deus, também precisamos sempre olhar além. Jesus disse: "Meu Reino não é deste mundo". De modo que necessitamos de equilíbrio em nossos esforços para unir este par de opostos numa tensão viva e harmoniosa. Como fazer isso exatamente é um dos principais problemas da vida.

"Assim, seu corpo, seus sentidos e sua razão trabalham." Nós talvez diríamos que seu espírito interior trabalha através de seu corpo, de sua mente e de sua razão. A questão é como manter a mente nessa pureza interior e na percepção de Deus, e ainda cumprir de maneira eficaz o trabalho que temos a fazer. Deveríamos reconhecer que a mente possui duas faculdades, a racional e a intuitiva. Sustenta-se que um lado do cérebro seja intuitivo e unificador, enquanto o outro seja racional, discursivo, discriminativo, analítico e divisor. Essas duas faculdades deveriam trabalhar juntas.

Quando a mente racional assume o controle, tende a dividir e desintegrar tudo aquilo de que trata, e isso é o que mais acontece nos dias de hoje. Conhecemos tudo por suas partes, de modo que a realidade é fragmentada e perde-se a unidade. Alternativamente, caso a mente intuitiva funcione sozinha, não possuirá discernimento. Ela é cega e unificadora, abraçando a tudo e a todos, sem discernimento ou discriminação. Essa tende a ser uma fraqueza do Oriente. As pessoas na Índia, muitas vezes, confundem tudo em uma vaga unidade, deixando de entender a questão. O que deveria acontecer é que o racional e o intuitivo deveriam estar trabalhando juntos. Quando houver trabalho complicado, científico ou médico, a ser feito, deveríamos estar unificados em nós mesmos, em nosso ser interior. Nossa mente intuitiva opera através de todas as faculdades, por mais que estejamos ativamente ocupados com nossas mãos, nosso cérebro, e assim por diante. Por trás de todo movimento, pode haver visão intuitiva.

O *Gita* enfatiza a sugestão de que o espírito está distanciado e os sentidos e a mente estão trabalhando, mas de uma maneira ideal deveria ser o próprio espírito, o próprio Deus, que trabalha em nós para alcançar essas coisas. Só funcionamos plenamente quando estamos completamente entregues, corpo, mente, alma e todas as faculdades, a esse poder interior, que é o espírito de Deus. Assim, essa é a verdadeira meta, e em trabalhos realizados dessa maneira estamos completamente entregues tanto a Deus, fazendo Sua vontade, quanto ativos em todos os nossos membros e faculdades.

Esse é o exemplo que a vida de Jesus nos deu. Ele se entregou completamente ao Pai, sendo um com o Pai e, ainda assim, completamente envolvido no trabalho que ele teria que fazer no mundo, a pregação, a cura e o sacrifício de sua vida.

12. Este homem de harmonia renuncia à recompensa de seu trabalho e, assim, alcança a paz definitiva: o homem de desarmonia, premido pelo desejo, apega-se à sua recompensa e permanece aprisionado.

Esse é o primeiro estágio, renunciar à recompensa. Não deve haver trabalho com motivação egoísta.

13. O regente da própria alma mentalmente entrega todo trabalho e repousa na alegria da quietude, no castelo das nove portas de seu corpo: ele não faz trabalho egoísta nem faz com que outros o façam.

Mascaró diz que ele não faz "trabalho egoísta" conduzindo assim a significação, porém poderemos nos aproximar mais ao texto dizendo que ele, na verdade, entregou todo o trabalho. Ele se senta na quietude de seu santuário interior, permitindo que outras pessoas trabalhem, mas ele não está envolvido. Por outro lado, podemos interpretar também como nenhum trabalho egoísta, e isso conduziria a um significado mais profundo. Devemos sempre fazer distinção entre aquela indiferença do mero espectador que permite que as coisas sigam seu curso e aquela indiferença que é capitulação a Deus e deseja a obra de Deus na própria ação em que o indivíduo esteja envolvido, nisso há uma grande diferença.

14. O Senhor do mundo está além das ações do mundo e de sua realização, e além dos resultados dessas ações; mas o trabalho da natureza prossegue.

Aqui temos o mesmo problema. Retoma a visão de *samkhya* de que o trabalho é feito pela natureza. *Purusha*, o espírito, não faz nada. Está apenas observando. O *Gita* tenta ir além disso, mas aqui continua utilizando a mesma terminologia. De acordo com essa teoria, o espírito está apenas olhando e a natureza faz o trabalho.

15. O mal ou o bem cometido pelo homem não é o seu trabalho. A sabedoria é obscurecida pela não sabedoria, e isso leva a um desvio.

Isso sugere, novamente, que o Senhor não se afeta com nossas más ações, tampouco com nossas boas ações. Podemos cometer pecados, mas ele não é afetado por eles, da mesma maneira, podemos fazer boas ações e oferecê-las a ele, porém, ele não é por isso afetado. Essa também não é uma visão incomum. Até mesmo Shankara diria o mesmo. Ele diz que todas as boas ações da religião, do sacrifício, dos donativos, e assim por diante, ainda que sejam proveitosas para a purificação da alma e conduzam à libertação, ainda assim, elas não possuem valor intrínseco absoluto. Deus não se compraz com as boas ações, assim como não se incomoda com as más. Esse é o curso da natureza. Devemos ir além do bem e do mal.

Essa é uma visão muito desconcertante. Sinto que aqui a ideia de Brahman, o Ser Supremo, o puro espírito, a consciência pura, é insuficiente. Ou consideramos o mundo como *maya*, ilusão, ou como *lila*, apenas um jogo. Porém, a novidade é a ideia de que o Senhor se preocupa com o mundo, o mundo de sua criação, que ele tem um propósito no mundo e que, em última análise, o propósito é amor. Que o amor é a motivação de toda a criação e de toda a atividade humana, e que o amor se cumpre através da ação humana, no sentido de que o amor de Deus se cumpre em nós, quando trabalhamos de acordo com o amor. Isso é o que os Evangelhos revelam. Ainda que uma ideia similar de amor ocorra no hinduísmo, ela não possui a mesma força, como a do Evangelho. O Evangelho nos traz uma nova perspectiva, ao tornar suprema e fundamental essa motivação de amor.

Muitos dirão que parte das razões que fazem com que a Índia esteja hoje na situação em que está vem dessa doutrina religiosa tradicional. Pandit Nehru e outros sentiam isso fortemente. Durante séculos, a ideia era a de que este mundo na realidade não importa, e que se as pessoas estão morrendo nas ruas de Calcutá, ou em outros locais, esse é o seu carma e que o trabalho da natureza prossegue. O que importa é ir além de tudo isso. É por isso que há tanta negligência e indiferença, e esta é a razão de Mahatma Gandhi ter reagido tão vigorosamente na tentativa de levar a ideia de servir a Deus entre os pobres e os sofredores. Essa ideia foi aceita em larga escala, e o hindu de hoje partilha com o resto do mundo uma maior consciência de que há um propósito na história e de que estamos trabalhando esse propósito. Nos dias de hoje as pessoas estão construindo a Índia como nação. É um trabalho no qual estamos todos envolvidos. O sábio de hoje estará se ocupando dessa obra. Porém, mesmo assim, ainda nos deparamos com a situação de que é muito difícil encontrar, dentro da tradição hindu, pessoas dispostas a trabalhar seriamente. Existem casos exemplares, como o da Ordem Ramakrishna, que se trata de um empreendimento extraordinário. De muitas maneiras, eles seguiram o modelo da Igreja, com escolas, universidades e hospitais sendo administrados segundo a mesma linha das instituições cristãs. Porém, nas instituições governamentais, a tendência é a de considerar o trabalho como uma tarefa que fazemos para ganhar dinheiro, para manter a família e fazer a própria carreira no mundo, sem que haja nisso uma real preocupação com o trabalho propriamente dito. No entanto, as mudanças estão a caminho, e os líderes procuram fazer com que as pessoas se deem conta de que o serviço ao país faz parte do *dharma* de cada um. Aqui também seria importante que cristãos e hindus trabalhassem juntos. O hindu tende à defensiva, porque os cristãos foram muito militantes e agressivos no passado, pensando que apenas eles estavam certos e que todos os demais estavam errados. Naturalmente, os hindus reagiram negativamente a isso e, por isso, não estão muito dispostos a se associar e cooperar. Porém, a cooperação chegará quando ambos, hindus e cristãos, se derem conta de que precisam uns dos outros.

16. Porém, aqueles cuja incompreensão tenha sido purificada pela sabedoria de seu espírito interior conhecem o Supremo, sob a luz do sol que essa sabedoria representa para eles.

"Porém, há alguns cuja ignorância do ser foi destruída pela sabedoria" (Z). Seu *ajnana* é destruído por seu *jnana*. Isso é lindo, pois é como o sol, do qual se diz, em uma frase difícil, "ilumina aquele altíssimo". Literalmente, seria: "Neles, a sabedoria que brilha como o sol revela o supremo" (B & D). Isso faz mais sentido. Por essa sabedoria, por esse entendimento, compreendemos o verdadeiro significado do trabalho que estamos fazendo. Ele provém de Deus, e ao entregá-lo a Deus brilhamos com a luz de Deus em nosso interior.

O próximo verso é contundente.

17. Com seus pensamentos Nele, e sendo um com Ele, eles residem Nele, e Ele é o fim de sua jornada. E eles alcançam a terra de onde não se volta, pois sua sabedoria os purificou do pecado.

Essa tradução pode corromper um pouco o significado por utilizar Ele em vez de Aquilo. Deveríamos ler: "Pensando Naquilo" e "a fusão Naquilo". O hindu muitas vezes fala da realidade suprema em termos impessoais. É apenas "Aquilo". Literalmente, a *buddhi* ou a inteligência interior está focada "Naquilo", no "Atman", o ser essencial. Presente "Naquilo" e viajando em direção a "Aquilo", a meta é "Aquilo". "Eles seguem a senda da qual não se volta." Eles não voltam a este mundo novamente. Eles, finalmente, foram além.

Penso que se colocarmos isso no contexto cristão torna-se mais claro. Caso pensemos em Deus como o supremo, como consciência pura, podemos ser levados a acreditar que, ao procurarmos unir nossa consciência a Deus e compartilhar essa pura consciência, estamos simplesmente a separando deste mundo. Por outro lado, caso pensemos em Deus como amor, e nosso propósito seja o de unirmo-nos a essa existência que é puro amor, então, teremos uma força dinâmica. O amor é dinâmico, de modo que, ao alcançar a meta, estaremos no poder do amor, e isso dirige nossa vida e nossas atividades, fazendo-nos sair para servir, para trabalhar e para fazer o que quer que Deus queira. Ele pode nos querer em uma caverna, e isso é uma maneira de amar a Deus, porém, do mesmo modo, Ele pode nos querer trabalhando em uma favela. Assim, faz uma grande diferença concebermos a realidade suprema como amor e não meramente como percepção. Mais adiante, perto do final, surge no *Gita* a ideia de que Deus é amor. Essa é a suprema conquista do *Gita* para o hinduísmo, e também é o foco central do Evangelho.

A realidade suprema é amor; é uma força dinâmica que cria e sustenta o mundo. É isso o que desce sobre os apóstolos e os envia para pregar, para curar e para transformar o mundo. O que os move é *ágape*, o amor que é o próprio Deus em Cristo. Isso cria uma motivação para a ação que é muito diferente daquela do hindu. Ao mesmo tempo, o perigo para o cristão é o de mergulhar na ação e se absorver tanto nela que perde o equilíbrio interior, a harmonia, a pureza de coração ensinada pelo *Gita*. Esse é nosso verdadeiro trabalho. Em meio à atividade, precisamos aprender a ter esse equilíbrio, essa pureza de coração.

> 18. Com a mesma equanimidade de amor, eles encaram um brâmane que seja erudito e santo, ou uma vaca, ou um elefante, ou um cão e, até mesmo, um homem que se alimente de cães.[1]

A característica dessa sabedoria é a de conduzir a *samatva*, a equanimidade ou o nivelamento. Tal pessoa enxerga Deus em tudo e em todos não apenas em uma pessoa santa como um brâmane ou em um animal sagrado como uma vaca, mas também em um cão que, por se

---

[1] Na tradição hindu, o cão é considerado um animal sujo também por ter o hábito de limpar a parte externa de seus órgãos excretores com a língua. (N. T.)

alimentar de carniça, é considerado sujo, tal como o é, ainda mais, o homem que se alimenta de cães.

19. Aqueles cujas mentes estão sempre serenas conquistam a vitória da vida nesta terra. Deus é puro e sempre uno, e eles são sempre um com Deus.

É um tanto livre esta tradução: "A vitória da vida nesta terra". Literalmente, seria: "Eles venceram o processo do renascimento", ou seja, eles foram além do mundo da formação. Eles se tornam um com Brahman, que está livre de todas as imperfeições e é sempre o mesmo. Aqui também Deus é Brahman, significando o estado impessoal, ou transpessoal, da Divindade.

20. O homem que conhece Brahman reside em Brahman: sua razão é firme, sua ilusão se foi. Quando o prazer advém, ele não se abala e, quando a dor advém, não treme.

O homem que conhece Brahman é *brahma-vid*, o conhecedor de Brahman. Esta é a mais elevada forma de conhecimento, quando o indivíduo está "presente" na realidade absoluta.

21. Ele não está aprisionado pelas coisas exteriores e, em seu interior, encontra a satisfação interior. Sua alma é una em Brahman, e ele alcança felicidade eterna.

Em sânscrito, temos *brahma-yoga-yukta-atma*. O *Atman*, o ser, é *yukta*, unido através da ioga, a *Brahman* ou realidade suprema. Ao alcançar essa meta, ele encontra felicidade sem fim.

22. Pois os prazeres provenientes do mundo trazem consigo os sofrimentos subsequentes. Eles vêm e eles vão, eles são transitórios: não é neles que o sábio encontra felicidade.

Os prazeres provenientes do contato com os sentidos são chamados *duhkha yonaya*, ou seja, eles possuem um ventre de sofrimento dentro de si. Esse é um exemplo do linguajar e das ideias budistas que foram assimiladas pelo *Gita*. Aqui temos aquela familiar ideia budista de que todo prazer acarreta dor e que quanto mais buscamos o prazer mais somos perseguidos pela dor. Esta foi a fundamental descoberta do Buda: em última análise, tudo é *duhkha*, tudo é insatisfatório, e necessitamos ir além do mundo dos pares de opostos, de modo a alcançar a paz interior. Toda nossa mente e todo nosso ser precisam se colocar em *nirvana*, o estado que está além dos sentidos e dos sentimentos, além de nosso atual modo de percepção. Assim, ele diz dos prazeres: "Eles vêm e eles vão, eles são transitórios: não é neles que o sábio encontra felicidade". Caso eles tenham um princípio, eles têm um fim, e, portanto, o indivíduo nunca encontrará satisfação neles; o indivíduo deve ir além.

> 23. Porém, aquele que, nesta terra, antes de sua partida, consegue resistir às tormentas do desejo e da ira, esse homem é um iogue, esse homem tem felicidade.

Desejo e ira, *kama* e *krodha*, são as duas paixões básicas da natureza humana. O objetivo não é o de eliminar o desejo e a ira, mas o de não se deixar abalar por eles. Devemos resistir à tormenta, ela vem e ela passa, mas o indivíduo permanece constante nela.

> 24. Ele tem felicidade interior, ele tem satisfação interior e ele encontrou a Luz interior. Esse iogue alcança o *nirvana* de Brahman: ele é um com Deus e vai para Deus.

Essa pessoa tem felicidade interior e luz interior. Em vez de se sentir jogada de um lado para outro no mundo exterior, ela encontra a luz interior. A frase "*nirvana* de Brahman" desperta grande interesse. *Nirvana* é o estágio final no budismo e, muitas vezes, é considerado como um estado negativo, no sentido de representar a ausência de toda vida. Entretanto, Zaehner apresenta uma descrição interessante disso, com base no texto páli, em que ele diz, literalmente, que é a extinção do fogo da vida, o fogo de *tanha*, que anseia. Isso conduz àquela paz ou equanimidade, que é tão característica do budismo. É o arrefecimento dos desejos que acarreta a saúde, e o Buda é descrito como o cirurgião que torna possível a saúde. No pensamento budista, o eu humano não existe, toda existência humana é um agrupamento de *skandas*, que são os elementos. Esses elementos se agrupam, produzindo este corpo, esta mente e esta experiência, e, então, quando o corpo se desintegra, a alma também se desintegra. Em última análise, não há corpo nem alma, apenas um movimento continuado de energias, agrupando-se e desintegrando-se. Neste mundo, nada é permanente; só será possível experimentar paz e felicidade além do mundo do fluxo. Essa é a condição da sabedoria e da iluminação. Ainda que esse estado seja completamente negativo no que tange ao atual estado de percepção, ele é positivo, na verdade, no sentido de se tratar de satisfação definitiva. Então, *nirvana*, como colocado por Zaehner, é certamente a extinção da vida, como a conhecemos, mas também é um estado de libertação, de liberdade espiritual, não condicionado pelo espaço, pelo tempo ou por uma causa. Buda o compara a uma região campestre plana e encantadora, ou ao perfume de uma flor. Essa libertação, de razão transcendente e de sabedoria, das amarras da paixão e do ódio, é comparada a um homem que observa peixes e ostras em águas límpidas. É o mesmo que ver as coisas como elas realmente são *sub specie aeternitatis*.

Assim, no budismo, esse é o significado de *nirvana*. No entanto, ao falar do "*nirvana* de Brahman", o *Gita* expande essa concepção. Descreve-se isso como *Brahma bhuta*, ou seja, tornar-se Brahman. Essa é, também, uma frase páli, muito comum em textos budistas. Descreve-se como um estado de existência sem anseios, apaziguado, arrefecido, que experimenta contentamento, com Brahman que se tornou ser. Como resultado de ali não haver eu, o indivíduo simplesmente se funde em Brahman. Não há ego, não há nenhum eu. O *Gita* diria que, então, o Eu, o Atman, é um com Brahman. Quando o indivíduo alcança Brahman, ele desfruta um estado de eternidade, de pura equanimidade e de pura iluminação. Aquilo é tornar-se Brahman; compartilhar a existência de Brahman, o que em muito se parece com aquilo que, em termos cristãos, se denomina compartilhar a natureza divina. Tal como foi dito na epístola de São Pedro: "A fim de que assim vos tornásseis participantes da natureza divina" (2 Pedro 1,4). Como de costume, Mascaró traduz Brahman por Deus. "O iogue alcança o *nirvana* de Brahman: ele é um com Deus e vai para Deus." Essa é uma versão cristã, mas o sentido é basicamente o mesmo.

> 25. Homens santos alcançam o *nirvana* de Brahman: seus pecados não mais existem, suas dúvidas se foram, sua alma está em harmonia, seu contentamento está no bem de todos.

Nesse estado final, a alma se liberta do pecado e da dúvida, ou seja, de todas as dualidades, e o que é ainda mais significativo, seu "contentamento está no bem de todos". O estado final não é um estado de isolamento, mas de amor ou compaixão universal, *karuna*. *Karuna* também é uma das virtudes básicas do budismo.

> 26. Pois a paz de Deus está com aqueles cuja mente e alma estão em harmonia, que estão livres do desejo e da ira, que conhecem sua própria alma.

Aqui também a "paz de Deus" é o "*nirvana* de Brahman", o estado de bem-aventurança transcendente e que acontece quando "eles conhecem sua própria alma", ou seja, eles conhecem o Eu, o espírito interior, no qual o homem se une a Deus.

Todas essas coisas se harmonizam. À medida que o indivíduo se vê livre da paixão, da ira e do desejo, e à medida que a mente se torna controlada, ele alcança o estado de imobilidade interior. Ao mesmo tempo, o eu verdadeiro, que controla o corpo, a mente e tudo o mais, torna-se conhecido. Quando esse Eu é conhecido, o indivíduo se torna um com Brahman.

Do ponto de vista budista, não há Eu, o indivíduo simplesmente se torna Brahman, ele se torna aquela Realidade. O Buda nos disse para não questionar ou tentar racionalizar isso. Simplesmente siga o caminho e alcançarás aquele estado e, então, saberás tudo a respeito disso. No *advaita* de Shankara, encontramos virtualmente a mesma ideia de que este mundo, o Ser nesta modalidade experiencial, em última análise, é irreal. Ao alcançar Brahman, você conhece a realidade, você é a realidade; assim como se expressa na famosa afirmação o Mahavakya: Tu és Aquilo.

De um ponto de vista cristão, isso pode, talvez, ser interpretado à luz do texto do Gênesis, em que se diz que Deus criou o homem à sua imagem. Essa é a visão tradicional cristã e pode ser interpretada do mesmo modo que os padres a explicavam: que cada pessoa é um espelho em que Deus se reflete a Si mesmo. Nossa existência tem origem em Deus e é em Deus, e, no entanto, é distinto de Deus. Cada um é um espelho único do infinito.

Há um belo poema do guru Amardas, o santo sikh, no qual ele considera a mesma questão. Os sikhs possuem uma ideia muito profunda de um Deus pessoal. Ele diz que, quando sua vontade própria é destruída, você se descobre como a imagem de Deus. Deus é em você e você é em Deus. Esse é o ponto em que o espírito humano se torna um com o espírito de Deus. Importa compreendermos que esse é um ponto dinâmico. Não estamos normalmente fixos e imóveis. Estamos em um fluxo e procuramos levar nossa mente e nossa vontade àquele ponto em que estamos fixos no espírito e naquele ponto do espírito estamos abertos ao Espírito Santo, à vida divina, a Brahman. Isso é vivenciar Brahman, tornar-se Brahman, sem cessar de sermos nós mesmos. Tornamo-nos um perfeito espelho do Absoluto. Do ponto de vista cristão, não há uma perda do eu, senão uma realização do Eu no Uno, no Eterno.

27. Quando o sábio de silêncio, o Muni, fecha as portas de sua alma e,

28. repousando seu olhar interior entre as sobrancelhas, equilibrando e pacificando o fluxo e refluxo da respiração; e, com a vida, a mente e a razão em harmonia, e tendo sido abandonado pelo desejo, pelo temor e pela ira, mantém silente sua alma perante a libertação definitiva, ele, na verdade, já alcançou a libertação definitiva.

Essa é uma descrição perfeita da ioga e é um dos textos mais antigos acerca dela. Os *Ioga Sutras* de Patanjali pertencem ao quinto século da era cristã, enquanto este é do terceiro século antes de Cristo. Nos *Upanixades Katha* e *Shvetashvatara* existem descrições da ioga um pouco mais antigas.

"Quando o sábio de silêncio, o Muni, fecha as portas de sua alma." Isto vem sempre em primeiro lugar. Denomina-se *pratyahara* e trata-se de um recolhimento do mundo exterior, centrando-se no ser interior.

"Repousando seu olhar interior entre as sobrancelhas." Diz-se que o indivíduo deveria treinar a mente, focalizando-a em algum ponto específico, assim como um dos chacras, que são os centros de energia psíquica, de poder e de vida, em cada um de nós.

Em Kundalini ioga, existem sete chacras, ou centros de energia psíquica. Diz-se que a energia divina se concentra na base da espinha, na forma de uma serpente, e deve ser elevada progressivamente através desses centros. O primeiro centro, na base da espinha, denomina-se o *muladhara*. Acima deste, há o centro da sexualidade, denominado *swadhistana*, que é o centro da energia de procriação. Acima deste, na altura do umbigo, há o *manipura*, que é o centro da vida emocional. Chegamos, então, ao centro do coração, o *anahata*, o foco da vontade e das afeições. Além deste está o centro da garganta, o *vishuddha*, em que estão localizados os poderes da palavra, da música e da poesia. Mais acima está o *ajna*, no ponto entre as sobrancelhas, que é a sede da inteligência pura e o centro da luz. Este é o ponto entre as sobrancelhas mencionado no texto do *Gita*. Por fim, há o lótus de mil pétalas, o *sahasrara*, na coroa da cabeça. Todas essas energias chegam ao ápice nesse lótus, que se abre para a luz divina. É aqui que a pessoa inteira floresce, por assim dizer, alcançando a perfeição.

Na Índia, retrata-se a Virgem Maria sentada em um lótus, como o *prajna paramika*, a perfeita sabedoria suprema do budismo mahayana. Ela é a mãe, na qual floresce a sabedoria divina, que na Índia se concebe como a Mãe Divina.

"Equilibrando e pacificando o fluxo e refluxo da respiração." Isto é *pranayama*. Existem muitas maneiras de se controlar a respiração, porém a mais simples e a mais fundamental é a de manter o fluxo e o refluxo pacífico e equilibrado. Isto é uma ioga prática: fecham-se as portas dos sentidos, a mente repousa no ponto entre as sobrancelhas e a respiração se mantém firme e equilibrada.

"Com a vida, a mente e a razão em harmonia." Estes são os três poderes da alma. A vida é *prana*, a energia que penetra o corpo com a respiração; a mente, *manas*, é a mente inferior que trabalha através dos sentidos; enquanto a razão é *buddhi*, a inteligência pura ou o *nous* da filosofia grega. Quando tudo está em harmonia, integra-se a pessoa por inteiro, *yukta*. A ioga nunca é supressão de qualquer tipo; nem do corpo, nem das paixões, nem dos sentidos e nem da mente. Trata-se de conduzir toda a pessoa à harmonia, a uma ordem perfeita.

"Tendo sido abandonado pelo desejo, pelo temor e pela ira." A afirmação de que as três paixões básicas se foram significa que elas estão sob completo controle, foram transformadas de forças negativas em forças criativas. Nada existe em nossa natureza que não possa ser transformado.

O indivíduo não deveria nunca procurar suprimir, por exemplo, a ira. A ira pode ser uma coisa boa, pois a ira é a força com a qual o indivíduo resiste ao mal. Precisamos dessa força, mas ela pode ser muito perigosa, quando descontrolada. Assim, o desejo também é muito básico em nossa natureza. Não podemos viver sem ele e, em última análise, o desejo é para Deus. Até mesmo o medo é necessário; precisamos ser temerosos, de modo a dispormos de um mecanismo de alerta, quando o ambiente nos é hostil. Precisamos dessas paixões básicas, porém todas elas devem estar sob o completo controle do Eu interior.

"Mantém silente sua alma perante a libertação definitiva, ele, na verdade, já alcançou a libertação definitiva." Ou seja, ele está liberado, ele alcançou *moksha*. A frase aqui utilizada é *moksha parayana*, literalmente: "viajando na direção de *moksha*", ou libertação. A libertação consiste de um perfeito equilíbrio e liberdade. Mircea Eliade intitulou seu livro sobre ioga: *Yoga, Imortalidade e Liberdade*. Isto é, completa liberdade, inclusive a libertação da própria morte, e esta é a meta do iogue perfeito.

> 29. Ele me conhece, o Deus dos mundos que aceita as oferendas dos homens, o Deus que é o amigo de todos. Ele me conhece e alcança a paz.

Até aqui foi utilizada a linguagem do budismo e da ioga sem nenhuma menção a um Deus pessoal. Porém, neste último verso, os ensinamentos do *Gita* são os de que esse estado final de *moksha* ou libertação centra-se no Deus pessoal.

"Ele me conhece e alcança a paz." Aqui o *Gita* abre o mundo, algo impessoal, de Brahman e do Atman, à realidade do Deus pessoal. A tradução de Zaehner é: "Conhecendo-me como o verdadeiro objeto do sacrifício e da mortificação", *yajna* e *tapas*. Isso significa que todo *tapas* e *sadhana*, disciplina espiritual e ioga, em última análise, é executado para ele, "o grande Deus dos mundos e o amigo de todas as criaturas" (Z).

Aqui está o ensinamento do *Gita*, que também é o ensinamento dos *Upanixades*. Quando o indivíduo alcança o verdadeiro Eu, o *Atman*, o verdadeiro centro do seu ser, o indivíduo também alcança Brahman, o verdadeiro centro e fundamento de toda a criação; e esse

Atman, esse Brahman, é o Senhor e um objeto de amor e de adoração. Assim, toda essa ioga, finalmente, floresce em adoração e amor.

Isso também implica um respeito pela criação, na qual está presente o Senhor. Ramakrishna dá a impressão de que é tão comum no hinduísmo, e mesmo em certas formas de cristianismo, de que o caminho espiritual sempre conduz para além deste mundo, até que finalmente alcancemos um estado de *samadhi*, em que não há mais qualquer tipo de atividade. Ele diz que, primeiramente, somos *bhaktas*, adoramos a Deus, cantamos cânticos para Deus e glorificamos o Senhor da Criação. Porém, ao seguirmos adiante, a alma se perde em Deus e não permanece no corpo por mais de vinte e um dias. Ela simplesmente vai para o além.

Essa atitude também transparece no livro de Abishiktananda: *The Further Shore*. A vocação de sempre ir além é um aspecto do hinduísmo. O homem perfeito é um indivíduo que simplesmente foi além deste mundo. Ele não mais se ocupa com o mundo, de nenhum modo. É, também, um aspecto do ideal cristão de monge, que foi para a solidão, além de toda vida comunitária, e está apenas ocupado com a prece, esperando pela morte, quando finalmente alcança sua consumação. De um modo geral, não deveríamos rejeitar esse ideal, pois ele é um aspecto da vida e da *sadhana*. Trata-se de uma direção que a vida espiritual toma em seu movimento, na nossa libertação dos apegos ao mundo, ao corpo, aos sentidos, aos sentimentos, à imaginação, à mente e à vontade; e, também, na nossa libertação de todo contato humano e de toda a sociedade humana, para nos tornarmos uno com Deus, nessa suprema profundidade de nosso ser.

No entanto, a jornada não para necessariamente ali, porque o Deus que alcançamos nesse ponto é o Deus de toda a criação, o Deus que cria e redime a humanidade e o cosmos, que é um Deus de amor. Portanto, ao alcançarmos este estado, não adentramos meramente a pura consciência, mas também o puro amor. Esse amor, então, preenche completamente nossa vida; poderá, e normalmente o faz, dirigir-nos a algum tipo de trabalho ou serviço. Quando nos rendemos a ele, a um amor que nos compele e pode nos dirigir em qualquer direção, para qualquer trabalho que devamos fazer.

Essa é a maneira pela qual o indivíduo pode escapar do dilema de simplesmente se retirar deste mundo. Do ponto de vista cristão, é fundamental que a vida do espírito não seja simplesmente uma via de escape do mundo. Muitas vezes, as pessoas dizem que a simples busca da própria salvação, para então ir além, é egoísta. Toda religião, toda tradição sofreu esse problema. É digno de nota que no budismo, o mais antigo *hinayana* ou tradição *theravada* era simplesmente voltada para se atingir o *nirvana*. O *arahant* é o homem perfeito, que alcançou o *nirvana* e foi além.

Então, por volta da época do *Bhagavad Gita*, havia o movimento *bhakta*, de devoção a um Deus pessoal que, mais tarde, se espalhou por toda Índia. No budismo, isso levou ao conceito do *bodhisattva* que, ao alcançar seu objetivo, faz um voto de não adentrar o *nirvana*, até que todos os seres sencientes tenham sido libertados.

Aqui, entra em cena a grande compaixão do Buda. O próprio Buda, em vez de ir além e adentrar o *nirvana*, após sua iluminação, se dedicou à libertação do mundo. Pelo resto de sua vida, ele pregou o *Dhamma*, o caminho da libertação. Assim, o *bodhisattva* é o homem santo que se devota à salvação do mundo. Essa compaixão do *bodhisattva* está ilustrada nas belas figuras das paredes das cavernas de Ajanta. O budismo, assim, possui um profundo sentido de compaixão e de serviço. De maneira similar, no hinduísmo há o caminho do puro *sannyasa*, que leva além, mas igualmente há os santos do hinduísmo, os *bhaktas* que se regozijam no amor de Deus. Até mesmo Shankaracharya, que foi um grande *advaitin*, escreveu hinos de glória a Deus. Tendo vivenciado o Uno, que está além de toda dualidade, ele dedicou sua vida à propagação da doutrina do *advaita*, ou não dualidade, que levou à renovação do hinduísmo. Ele percorreu toda a Índia e fundou *maths* ou centros monásticos nos quatro cantos da Índia, de modo que essa doutrina pudesse se disseminar por toda parte.

Os dois elementos estão sempre presentes, e em toda vida espiritual torna-se essencial manter esse equilíbrio dos opostos. De um lado, estamos sendo levados para além de todas as coisas, para Deus, para além de toda a criação, enquanto, por outro lado, o próprio poder de Deus, o espírito de Deus que se movimenta em nós, dirige-nos para o amor e para o serviço. Todo cristão e toda pessoa religiosa é chamado a essa pura contemplação, a realizar Deus, porém, cada um tem seu próprio dom, seu próprio carisma, que o chama a servir aos doentes ou aos pobres, ou a ensinar, ou a pregar, ou a escrever livros, ou o que quer que seja; mas que deveria se originar dessa profundeza da autorrealização, realização de Deus. Não deveria se originar do nível dos três chacras inferiores. Há sempre o perigo de apenas estarmos trabalhando a partir de um nível humano comum; possuímos alguma prece ou alguma espiritualidade para sustentar nosso trabalho, mas sem que nos aprofundemos. Porém, quanto mais o indivíduo se aprofunda, verticalmente, em direção a Deus, mais lhe deveria ser possível sair em todas as direções horizontais, em direção à humanidade. Jesus é o exemplo perfeito. Ele vive em comunhão com o Pai e é completamente uno com o Pai; nessa bem-aventurança de unicidade, ele está completamente aberto a toda a humanidade. Ele entrega sua vida, completamente, pelo mundo.

Muitas vezes se faz uma distinção entre um *bhakti* inferior e um *bhakti* superior. O primeiro simplesmente canta os cânticos, amando a Deus de uma maneira mais sentimental, e isso está bem, para o começo, porém há também o *bhakti* superior. Esse é o amor que empenha o nível mais profundo da alma. São João da Cruz descreve-a como uma experiência de amor que, na verdade, é o próprio Deus amando em nós. Não mais se trata de nosso amor. O amor de Deus tomou conta, e ele vive, age e se movimenta em nós. Essa é a realização definitiva e esse amor divino pode nos encaminhar para qualquer direção.

Estamos simplesmente em suas mãos. Não mais cabe a nós decidir o que fazer. Essa, para mim, é a resposta definitiva, e acredito que o *Bhagavad Gita* todo o tempo vai nessa direção.

Existe uma forte tradição no hinduísmo sobre isso, mas o conflito nunca se resolve completamente, no sentido de que o homem perfeito seja aquele que deixa o mundo ou aquele que está a serviço do mundo. Talvez não possamos resolvê-lo.

O debate continua entre a contemplação e a ação, o debate já indicado nos trabalhos de São Tomé e São Boaventura. O ponto em questão é se o estado final é o da "visão de Deus" pelo conhecimento, pelo intelecto, como sustentava São Tomé, ou se é o "amor de Deus", que está centrado na vontade. São Boaventura dizia que a perfeição está no amor de Deus, e que o conhecimento resulta disso. São Tomé nos diz que a perfeição está no conhecimento de Deus, e que disso resulta o amor.

Talvez possamos responder ao dilema dizendo que existe um nível profundo da alma em seu encontro com Deus em que o conhecimento e o amor estão unidos de maneira tão íntima que nenhuma distinção é possível.

CAPÍTULO 6

A Ioga da Meditação

O sexto capítulo continua a desenvolver o tema anterior, girando em torno da questão da relação entre contemplação e ação, ou, nos termos empregados pelo *Gita*, entre *samkhya* e ioga. *Samkhya* é a disciplina contemplativa, e a ioga, a disciplina prática.

Krishna é quem diz:

1. Aquele que trabalha não por uma recompensa terrena, mas que faz o trabalho a ser feito, ele é um *sannyasi*, ele é um iogue: não aquele que não acende o fogo sagrado ou não oferece o santo sacrifício.

A questão aqui é a de que a essência de *sannyasa*, a renúncia, é renúncia do eu. O homem que trabalha sem apego, livre de qualquer amor por si, é um verdadeiro *sannyasi* e também um iogue. Isso significa que contemplação e ação são um e o mesmo. A contemplação é liberdade de todo apego, de modo que o indivíduo adere a Deus, a Brahman. Gradualmente, no *Gita* torna-se claro que isso significa aderir ao Deus pessoal e viver Nele. Isso acarreta liberdade de todo apego e de todo desejo por recompensa, e dentro dessa liberdade o indivíduo faz o seu trabalho. Aquele será sempre o ensinamento: não procure pelos frutos de suas ações. Esse é o verdadeiro significado de ambos: *sannyasa* e ioga.

"Não o homem que não constrói o fogo sacrificial e não faz nenhum trabalho" (Z). O termo para "nenhum trabalho" é *akriya*, que pode significar nenhum trabalho no sentido comum, mas que mais provavelmente aqui significa nenhum sacro trabalho ou ritual. Essa era a antiga ideia do *sannyasi*, que ainda hoje permanece. Um *sannyasi* não constrói um fogo sacrificial, pois ele desistiu de todo e qualquer ritual. O *sannyasi* hindu não deveria realizar nenhum ritual. Ele não é um sacerdote. Isso também é importante para os monges cristãos. Sempre se reconheceu que o sacerdócio é completamente secundário no ideal monástico, e nunca deveria ser identificado com ele. Essencialmente, um monge não é um sacerdote. Ele pode vir a executar um dever sacerdotal, para um propósito específico, no mosteiro ou em qualquer outro local, porém não se trata de uma parte essencial de sua vocação, pois o sacerdócio é um serviço específico para a comunidade e, como tal, o monge não possui nenhum ministério específico ou trabalho a fazer.

Na tradição hindu, antes da iniciação ao *sannyasa*, o discípulo, caso seja brâmane ou integrante de elevada casta, remove o cordão sagrado e participa de uma cerimônia fúnebre. Isso se assemelha à profissão monástica cristã, em que o monge se deita prostrado no santuário, como um símbolo de seu completo autossacrifício. No passado ele costumava ser coberto com uma mortalha negra, para mostrar que ele havia morrido para o mundo. O *sannyasi* renuncia a todos os apegos mundanos, a todos os laços familiares, a toda casta. Ele está livre de todos os liames da ordem social. Isso, como vimos, conduziu à ideia de que o *sannyasi* está além do trabalho. O trabalho aprisiona, e caso continuasse a trabalhar, ele estaria aprisionado ao carma. Portanto, ele não trabalha. O *Gita*, no entanto, ensina que ele deveria fazer seu trabalho, porém, que ele o deveria fazer sem apego, sem buscar qualquer recompensa, oferecendo tudo o que faz com um sacrifício; então, ele será um verdadeiro *sannyasi*.

2. Pois o Sannyasi da renúncia é também o iogue do sacro trabalho; e nenhum homem poderá ser um iogue, se não renunciar à sua intenção terrena.

Esse é o teste. O termo para "intenção terrena" é *samkalpa*. Zaehner o traduz como "propósito", porém, acredito que a versão de Mascaró seja melhor. A intenção terrena é a intenção egoísta; portanto, sem renunciar a sua intenção terrena, ninguém pode ser um iogue. A necessidade essencial é a de renúncia ao ego, ao eu. Quando centrado em si mesmo, o ego é a raiz de todo mal, pois, então, se torna o princípio da vontade própria. Aquele que renuncia a toda vontade própria é um verdadeiro *sannyasi*. Esta é a essência de *sannyasa*.

3. Para galgar as elevadas alturas da ioga, o sábio segue o caminho do trabalho; porém, ao chegar às alturas da ioga, ele estará na terra da paz.

Mais literalmente, teríamos: "Para o sábio que busca a ioga, o meio se chama ação; para o mesmo sábio, que alcançou a ioga, o meio se chama serenidade" (B & D). Isso se aproxima muito da ideia dos primeiros monges cristãos: que toda ação é uma preparação para a contemplação. Esse era o entendimento comum; a vida ativa pertence aos iniciantes e consiste de uma vida de virtude, humildade, paciência e caridade. Tudo isso é uma preparação para a vida de contemplação, quando o indivíduo não mais necessita dessas atividades. Essa é uma teoria, e também é muito forte na tradição hindu. O *sannyasi*, de modo geral, está além da ação; ele está em pura contemplação. Porém, o *Gita* sugere um enfoque diferente, muito mais profundo, ou seja, quando o *sannyasi* alcança a perfeição espiritual, ele está, então, livre para agir de qualquer maneira que Deus o chame a fazê-lo.

Ele se entrega completamente ao divino, a Brahman; então, ele está livre para agir a partir do princípio do espírito interior e não a partir de seu próprio ego, não a partir de qualquer vontade própria.

4. E ele alcança as alturas da ioga, ao entregar sua vontade terrena: quando não está aprisionado pela ação de seus sentidos e não está aprisionado por suas ações terrenas.

Assim, quando não mais houver apego aos sentidos ou à atividade, através da vontade terrena, então, ele será um verdadeiro iogue e, também, um verdadeiro *sannyasi*. É importante compreendermos que, em última análise, o iogue e o *sannyasi* são o mesmo, e que para ambos trata-se de se libertar de todo apego. A doutrina do *Gita* dá liberdade de ação ao indivíduo. Essa é a razão que permitiu a Mahatma Gandhi utilizar o *Gita* como um guia para sua vida. Aqui, o serviço total à humanidade é compatível com a total capitulação a Deus.

Assim, ali estão as duas ideias. A primeira é a de que a ação é a preparação para a contemplação, e que nesta não há mais nenhuma ação, e tudo é quietude. A outra ideia, que é a que o *Gita* apresenta, ainda que não a deixe sempre clara, é a de que a ação conduz à contemplação, e que esta envolve desapego perfeito, que possibilita ao indivíduo agir livremente, de acordo com a lei do espírito interior.

Esse é o tema desses primeiros quatro versos.

Seguem-se três versos muito interessantes acerca do Eu, ou Atman. O termo eu possui dois sentidos. Pode ser escrito com "e" minúsculo ou com "E" maiúsculo, e, muitas vezes, torna-se difícil a distinção entre os dois significados. Zaehner não faz distinção e diz: "Levanta o eu através do eu, não deixe que o eu definhe, pois o amigo do eu é mesmo o eu e, assim também, o eu é o inimigo do eu". Mascaró, por sua vez, diz:

5. Levanta-te, pois! Com o auxílio do espírito, eleva tua alma: não permitas tu que tua alma caia. Pois tua alma pode ser tua amiga e tua alma pode ser tua inimiga.

Aqui, então, encontramos os dois sentidos do termo Atman. O primeiro é o do *jivatman*, o eu individual ou alma. Isso inclui os sentidos (*indriyas*), a mente (*manas*), o ego (*ahankara*), e até mesmo o intelecto (*buddhi*) está incluído neste eu inferior, ainda que esse também seja o ponto onde podemos ir além de nós mesmos. Esse é o eu inferior, com "e" minúsculo. Porém, além deste eu inferior, existe o "Eu" superior, que na verdade é o verdadeiro Eu, e é o Eu de nossa busca. Então, o verso poderia receber a seguinte leitura: "Com o auxílio de nosso espírito, ou seja, do Eu superior, eleva tua alma, o eu inferior. Não permitas tu que tua alma caia. Pois tua alma, teu eu inferior, pode ser tua amiga, podendo também ser tua inimiga".

A alma se interpõe entre o *Paramatman*, o espírito supremo, e o mundo dos sentidos, das paixões e da atividade. Sempre pode escolher voltar-se para o mundo e para o corpo e viver de acordo com a lei do mundo e do corpo, ou voltar-se para o espírito interior e viver de acordo com a lei do espírito. Zaehner ressalta que se trata quase exatamente da mesma descrição que São Paulo faz do espírito e da carne, na epístola aos Romanos. "Com efeito, os que vivem segundo a carne desejam as coisas da carne, e os que vivem segundo o espírito, as coisas que são do espírito" (Romanos 8,5). De acordo com São Paulo, viver segundo o espírito é viver segundo o Espírito Santo interior, e viver segundo a carne é viver segundo os sentimentos naturais do indivíduo; aquele que ele chama de o homem natural, o outro é o homem espiritual. O primeiro é o *anthropos psychikos*, ou seja, o homem da alma (*psyche*); o outro é o *anthropos pneumatikos*, ou seja, o homem do espírito (*pneuma*). Assim, em São Paulo, o espírito é equivalente exato do Atman e a *psyche* ou alma, do *jivatman*.

O espírito é o ponto de encontro entre Deus e o homem. É ali que o destino humano sempre se resolve, naquele ponto em que estamos em contato com Deus e com o mundo. Voltamo-nos para Deus, recebendo a iluminação e o poder do espírito de Deus ou voltamo-nos para o mundo, para gradativamente nos alienarmos do espírito. Isso se torna um pouco mais claro nos dois versos seguintes:

6. A alma do homem é amiga quando, através do espírito, ele tiver conquistado sua alma; mas quando o homem não for senhor de sua alma, então, essa se torna sua própria inimiga.

Zaehner foi mais literal: "O eu é o amigo do eu daquele cujo eu foi subjugado pelo eu". A alma é nossa amiga, sempre que essa alma tenha sido subjugada, controlada pelo Eu superior. No trecho que Mascaró traduziu: "Não for senhor de sua alma", o termo é *anatman*, o homem que não tem eu ou, pela tradução de Zaehner: "O homem privado de eu". Essa é uma questão muito sutil. Nosso verdadeiro Eu é o espírito, e, quando o corpo, a mente e a alma, a *psyque*, estão todos sob o controle do espírito interior, então, somos considerados *yukta*, estamos integrados. Nesse ponto estamos realizados e somos um com o espírito que também é o espírito de Deus. Nesse ponto o espírito de Deus encontra o espírito do homem. Esse é o nosso estado de unidade. Por outro lado, quando a alma se afasta do espírito, ela cria o eu ilusório. Aquilo que as pessoas imaginam ser seu eu real normalmente é sua personalidade exterior. Elas podem se identificar tanto com seu ego, como com sua persona, seu eu exterior, sendo este último ainda mais limitado e, portanto, mais ilusório do que o ego. Nem o ego nem a persona são nosso eu real. Porém, para piorar, tanto o ego quanto a persona mascaram ou escondem o verdadeiro eu, persona literalmente significa máscara. Só é possível atravessar essas camadas superficiais exteriores da personalidade e descobrir nossa verdadeira pessoa, se buscamos Deus. De outra maneira, não temos nenhum eu real. Estamos tentando ser um eu exterior a Deus, exterior ao espírito; ou seja, estamos vivendo uma ilusão. Todos nós, de certo modo, fazemos isso.

Zaehner nos dá uma segunda versão, na qual ele utiliza as palavras "eu carnal" em lugar de eu inferior, que é exatamente o sentido medieval. O eu inferior era o eu carnal. "O eu carnal é o amigo do eu espiritual daquele cujo eu carnal foi subjugado por esforço espiritual, mas para o homem privado de eu espiritual o eu carnal atuará como seu inimigo." O eu carnal, que inclui aquilo que ele chamaria "alma", e que dentro desse ponto de vista transmigra, pode se perder ou ser destruído. O indivíduo pode estar eternamente alienado do centro de seu próprio ser. Conforme Zaehner nos diz, essa pessoa é literalmente *anatman*, está privada do eu. Em termos cristãos, ele está perdido. Zaehner cita Thomas Merton: "O inferno pode ser descrito como uma perpétua alienação de nosso verdadeiro ser, nosso verdadeiro Eu, que é em Deus". É essa a essência do mal, a de estarmos separados de nosso verdadeiro eu, nosso verdadeiro ser, que se encontra em Deus.

7. Quando sua alma está em paz, ele está em paz, e, então, sua alma está em Deus. No frio ou no calor, no prazer ou na dor, na glória ou na desgraça, ele está sempre Nele.

Ou melhor: "O eu superior da alma, que se encontra subjugada e aquietada, está envolto em êxtase" (Z). Outra tradução é: "O eu superior daquele que tem o controle de si e está em paz é uniforme tanto no frio como no calor, no prazer e na dor, assim como na honra e na desonra" (B & D). Aqui, o termo para eu superior é *paramatman*. Isso levanta um problema. Em última análise, só existe um Eu, o Eu Supremo, que se manifesta em diferentes níveis de realidade. Primeiramente, o *Paramatman*, o Eu Supremo, pode ser concebido como estando além de todas as palavras e de todos os pensamentos. Trata-se do supremo mistério transcendental. Em segundo lugar, o Atman pode ser concebido como a fonte de toda realidade, a fonte de toda a criação, da consciência e da existência humana. Em terceiro lugar, o mesmo Atman pode ser concebido como habitando todas as pessoas, todas as coisas. Em cada um de nós habita o espírito supremo, o Uno. Esse espírito supremo que habita em mim é meu Eu superior. Essas três concepções são fundamentais. O Supremo absoluto, que está além de todas as coisas, o *Parabrahman* ou *Paramatman*, então, o Brahman ou Atman como fonte de todas as coisas, o espírito criador e, então, o Atman ou Brahman manifestado em todas as pessoas, em todas as coisas, o Eu que os habita. Esse é meu Eu superior e, em última análise, é uno com o Supremo.

"Quando esse eu se encontra subjugado e aquietado" (Z). A palavra para "aquietado" é *prasanta*. Ela também pode significar transparente, mas tranquilo é melhor. A palavra para a alma que "está em Deus" é *samagita*. Possui a mesma raiz da palavra *samadhi*. Shankara a traduz como "concentrada", "agrupada no Eu". Assim, essa alma está subjugada e tranquila, agrupada na unidade. Trata-se de um estado de unidade perfeita, integrada. A raiz de *samagita* está em *sama*, que significa o mesmo, de modo que poderíamos traduzir assim: "Essa alma, no calor e no frio, no prazer e na dor, na honra e na desgraça, é sempre a mesma". Ela não se altera, possui equilíbrio. É essencial compreendermos essa visão do Uno; esta é a chave de tudo. Realizarmos o Eu único, que se manifesta em toda a criação, e, em toda existência humana, este é todo o objetivo da vida, e, quando o fazemos, conhecemos a nós mesmos em Deus e Deus em nós.

8. Ele, então, é chamado de um iogue em harmonia, sempre que, feliz com sua visão e sabedoria, é senhor de sua própria vida interior, com sua sublime alma nas alturas. Para ele, ouro, rochas ou argila são o mesmo.

"Feliz com sua visão e sabedoria" é, literalmente: "Contente com *jnana* e *vijnana*". *Jnana* é o termo para sabedoria; trata-se da sabedoria superior, e *vijnana* introduz o elemento da dualidade. Seria mais um "conhecimento que discerne"; assim, poderíamos chamá-los de "conhecimento que une" e "conhecimento que discerne", sabedoria e discernimento.

Segue-se uma frase das mais interessantes: *kutastha*, que Zaehner nos diz significar literalmente "presente sobre um pico". *Stha* é "presente"; *kutha*, "sobre um pico". Pode ser traduzido como "assentado na rocha" (B & D), imperturbável, mas Zaehner, de maneira muito bonita, se utiliza de uma ilustração do *Mahabharata*:

> Uma vez que você o tenha cruzado, você estará libertado por todos os lados, limpo, conhecendo-se puro; confiando na mais elevada parte de sua alma, *buddhi*, a suprema inteligência, você se tornará Brahman. Você terá transcendido todas as corrupções, sereno em si mesmo, imaculado, como o indivíduo presente em uma montanha, *parvata stha*, supervisionando os seres que ainda vivem nas planícies. Agora você permanece imóvel, observando desde o alto a todos os que estão na planície.

Ele faz outra citação do *Mahabharata*: "Como um homem que, de pé em uma rocha elevada, poderia observar os homens que vivem nas planícies, assim também o faz aquele que escalou as muralhas da sabedoria, observando desde o alto o povo de pouco juízo que pranteia homens que não precisam de seu pranto". E, adicionalmente: "Entre aqueles homens preocupados com seus negócios, que envolvem obrigações, prazeres e lucros, que estão sendo tragados, o tempo todo, pelas inundações do tempo, você se destacará como o indivíduo de pé sobre um pico".

"Ele é um iogue. Para ele, ouro, rochas ou argila são o mesmo." Essa é uma ilustração familiar. Ramakrishna costumava colocar ouro em uma das mãos e argila na outra para contemplá-las até compreender que eram a mesma coisa. A ideia é a de que tudo, em última análise, é Brahman. Existe uma Realidade que se manifesta na argila, no ouro e em pedras preciosas. Existe um espírito em todos e em tudo. A meta é a de enxergar a Realidade única em todas as manifestações. O indivíduo deve enxergar Deus em todos e em todas as coisas e reconhecer que o bem está presente em meio ao mal. Esse entendimento, é verdade, pode ser perigoso. Ainda que o *Gita*, em geral, o evite, às vezes dá a impressão de que não importa se uma pessoa é boa ou má. Existe um tipo de indiferença que não leva em consideração quaisquer diferenças. Todas as coisas têm igual valor. Muitos hindus apresentam a tendência de pensar assim. Muitos hindus gostam de dizer que todas as religiões são iguais. De certo modo, isso é verdade, pois o mesmo espírito está presente em todas as religiões. No entanto, Ele se manifesta de maneiras diferentes. As diferenças são importantes, e o indivíduo deveria considerá-las. De uma certa maneira, é valioso pensar, simplesmente, que o ouro e a argila são a mesma coisa. Isso pode libertar o indivíduo da terrível atração ao ouro e aversão à lama e à poeira. Porém, o indivíduo também deveria poder discernir a diferença; Brahman se manifesta de diferentes maneiras no mundo. O mesmo se passa na história do discípulo cujo mestre lhe havia ensinado que tudo é Brahman. Ele caminhava, certo dia, por uma estrada, quando aconteceu de um elefante desgovernado correr em sua direção. Ele simplesmente ficou parado olhando para o elefante, dizendo a si mesmo: "Tudo é Brahman. Nada pode me acontecer". O elefante o levantou com sua tromba, jogando-o para fora da estrada, de onde ele foi socorrido ainda inconsciente. Ele foi levado de volta ao guru, a quem ele reclamou: "Você me disse que tudo é Brahman. Eu pensei que o elefante era Brahman: como isso pode me ferir?". O guru respondeu: "Sim, mas o condutor do elefante estava gritando para você sair da frente, e ele também era Brahman".

Deus fala conosco através de todas as coisas, de modo que devemos discernir a presença de Deus em todas as situações. Essa é a dificuldade de entendermos a vontade de Deus. Ele vem a nosso encontro de tantas direções diferentes, de forma que o discernimento do espírito é discernir qual a vontade de Deus, para mim, aqui e agora, nesta situação concreta. Assim, esse é o significado de enxergar a argila, o ouro ou as pedras como a mesma coisa.

9. Ele galgou as alturas de sua alma. E, em paz, ele observa parentes, companheiros e amigos, os imparciais ou indiferentes ou aqueles que o odeiam: ele os vê a todos com a mesma paz interior.

Esse hábito de observar as coisas com equanimidade também se aplica aos relacionamentos humanos. Devemos aprender a observar amigos e inimigos da mesma maneira. Obviamente, este é igualmente o ensinamento do Evangelho: "Amai os vossos inimigos e orai pelos que vos perseguem" (Mateus 5,44). Esse é o ensinamento mais desafiador que podemos encontrar em qualquer religião; é o principal teste do desapego do indivíduo.

Agora, com o verso 10, chegamos ao início de uma série de versos ou *slokas* sobre a ioga. Considera-se que os *Ioga Sutras* de Patanjali, o clássico texto sobre a ioga, sejam mais recentes, mas é claro que eles se referem a uma antiga tradição, que remonta há pelo menos mil anos. Encontramos as primeiras referências à ioga nos *Upanixades Katha* (cerca de 500 a.C.) e *Shvetashvatara* (cerca de 400 a.C.). Essa é uma das passagens-chave no *Gita*.

> 10. Dia após dia, que o iogue pratique a harmonia da alma: em um local secreto, em profunda solidão, senhor de sua mente, sem esperar nada, sem desejar nada.

Aquilo que Mascaró traduz como "a prática da harmonia da alma", literalmente, seria "que ele seja subjugado na ioga", ou seja, integrado na ioga. Então, ele diz que deveria sentar-se em um local isolado. É útil praticar a ioga em local livre de perturbações. Muitas pessoas consideram útil ter um local especial, onde possam se sentar. Diz-se que, se possível, você deveria sempre se utilizar do mesmo local, visto que, gradativamente, ele adquire associações que lhe conferem uma qualidade sagrada. Ainda que, é claro, isso não seja essencial, pode ajudar.

O próximo aspecto é o de que ele deveria ser "senhor de sua mente", ou seja, com "seus pensamentos e seu eu refreados" (Z). No primeiro *sutra*, Patanjali define a ioga como "*citta vritti nirodha*", a cessação ou o refreamento dos *vritti* (movimentos), de *citta* (a mente).

"Sem esperar nada, sem desejar nada." Isso equivale a *aparigraha*, um dos cinco *yamas*, ou refreamentos, no sistema yóguico de Patanjali. Os outros são: não matar (*ahimsa*), não roubar (*asteya*), observar a castidade (*brahmacharya*) e falar a verdade (*satya*). *Aparigraha* significa "não avidez", que equivale ao mandamento "não cobiçar" do Velho

Testamento. "Sem esperar nada" significa, na realidade, não abrigar nenhuma esperança terrena; o que não necessariamente exclui a esperança espiritual.

> 11. Que ele encontre um local que seja puro e um assento que seja repousante, nem muito elevado, nem muito baixo, com palha sagrada, uma pele e um tecido, um sobre os outros.

Lembro-me de um iogue que certa vez veio a nosso *ashram* e nos disse que o indivíduo deveria sempre se sentar para meditar no mesmo local e, se possível, ter uma esteira de kusa, uma pele de cervo e um tecido. Eles nunca deveriam ser trocados e deveriam ser mantidos como muito sagrados. Aquele costume se originou desse verso do *Gita*. Na prática, utiliza-se a palha de kusa para se fazer uma esteira, coloca-se sobre ela uma pele de cervo e, então, coloca-se sobre a pele um tecido dobrado. Isso não é apenas tradicional; também ajuda a isolar o corpo do frio e da umidade. É muito importante observarmos que, na ioga, o indivíduo procura alcançar um estado de completa harmonia. Isso difere sobremaneira da tradição cristã dos Padres do Deserto. O objetivo deles era o de conquistar a carne, através da vigília, do jejum e das mortificações do corpo. Acredito que devamos relembrar as circunstâncias históricas que conduziram a isso. Provavelmente, eles consideraram necessárias essas disciplinas, porém elas tiveram uma influência muito ruim na tradição cristã do ascetismo. O resultado é o de que, de modo geral, muitas pessoas rejeitam o ascetismo. "Bem, se isso é ascetismo", nos dizem, "então, ele não é para mim". Porém, a ioga é o extremo oposto. A ioga é o controle perfeito, sem tensão alguma. O indivíduo nunca deveria se violentar. Ao praticar os *asanas*, as posturas, nunca deve haver tensão. O indivíduo exercita uma pressão firme e, gradativamente, os músculos relaxam, surgindo o controle, mas em harmonia perfeita. Um pouco mais adiante, o *Gita* nos diz: "A ioga não é para aquele que come demais, ou para aquele que come insuficientemente, ou para aquele que dorme demais, ou mesmo para aquele que dorme insuficientemente". O caminho do meio é mais difícil do que o de qualquer um dos dois extremos.

> 12. Que ele repouse e pratique a ioga, sobre esse assento, para a purificação da alma: com a vida de seu corpo e mente em paz, com a alma em silêncio perante o Uno.

Mais literalmente: "Que ele ali se sente e torne sua mente *ekagrata*, unidirecionada" (Z). Esta é uma das palavras-chave na compreensão da meditação. Todas as coisas devem chegar a um ponto. Esse é o significado de *dharana*, no sistema da ioga de Patanjali, a concentração em um ponto. O indivíduo pode escolher um ponto exterior ou mantê-lo em seu interior, mas, afinal, é claro, o ponto é o centro de todo o seu ser; esse ponto é o Ser interior. Não se encontra no tempo e no espaço. Trata-se de um ponto sem qualquer dimensão. O indivíduo se focaliza nisso. "Com sua mente unidirecionada, que ele refreie a ação de seus pensamentos e seus sentidos" (Z). Após refrear seus sentidos, o indivíduo deve refrear seus pensamentos. Estes são muito mais perigosos do que os sentidos. Não é tão difícil controlar os sentidos, mas os pensamentos são como cavalos selvagens. Assim, *citta*, a mente, deve ser controlada. E, "que ele (...) pratique a ioga", *yunjyad* ioga, que traduzido literalmente é: "Que ele seja subjugado na ioga". Que ele se unifique nesta unidade da ioga. Segue-se mais um ponto, sempre ressaltado na ioga:

> 13. Com o corpo ereto, cabeça e pescoço, repousando quieto sem se mover; com a mirada interior, sem ser fugidia, mas repousando imóvel entre as sobrancelhas;

No *asana* da meditação, a cabeça, o pescoço e a coluna deveriam todos estar retos. De fato, está correto sentar-se numa cadeira ou numa banqueta, desde que a cabeça, o pescoço e a coluna sejam mantidos eretos. Quando a cabeça, o pescoço e a coluna estão alinhados, sente-se uma harmonia interior, estabelecendo-se o ritmo central do corpo. Para aqueles que podem realizá-la, a postura de lótus é a ideal, pois nela se diz que o corpo todo se encontra em equilíbrio perfeito. O indivíduo estará, então, perfeitamente centrado em si mesmo e no mundo ao seu redor. Zaehner é quem traduz a próxima frase: "Fixe seus olhos na ponta do nariz". Esta é uma das interpretações dessa técnica. A outra é aquela que Mascaró utiliza, em que o olhar deveria repousar entre as sobrancelhas, ou seja, no *ajna* chacra, um dos sete chacras ou centros de energia. O *ajna* é o centro da luz, da inteligência. Nesse ponto, tornamo-nos sensíveis a toda a ordem cósmica, à ordem inteligível do universo.

No próximo verso, iremos para um novo ponto de vista. Até o momento, nós estivemos seguindo o curso de ioga usual, agora, o tema principal do *Gita* será introduzido: o da devoção a um Deus pessoal.

> 14. Com a alma em paz, livre de todo medo e forte em seu voto do sagrado, que ele repouse com mente em harmonia, sua alma em mim, seu supremo Deus.

O "voto do sagrado" é *brahmacharya*, uma palavra muitas vezes traduzida como castidade que, porém, possui um significado muito mais profundo. O termo significa literalmente "movimentando-se em Brahman" ou, como poderíamos dizer, "vivendo em Deus". É isso, precisamente, o que se quer dizer com voto do sagrado, *brahmacharya*. Zaehner traduz as últimas palavras do *sloka*: "Seus pensamentos em mim, propósito em mim". Em sânscrito, é *macitto* e *matparah*, literalmente: em-mim-pensando, em-mim-propósito. Esse é um maravilhoso exemplo do funcionamento do *Gita*. Ele procura integrar os diferentes sistemas da ioga e do *samkhya*, em uma nova doutrina centrada em Krishna como Deus pessoal. Isso apresenta grande valor para os cristãos, pois nos mostra como podemos integrar os métodos de meditação budistas e *yóguicos* e a doutrina metafísica do *Vedanta* com os conceitos de *purusha* e de *prakriti*, relacionando-os todos com a pessoa do Cristo.

Zaehner aqui observa: "Na próxima estrofe, é-nos dito que Krishna é o singular objeto de meditação. Há uma grande diferença entre os capítulos 5 e 6. No capítulo 5 não há referência ao Deus pessoal até a última estrofe. No capítulo 6, esse Deus, por outro lado, se impõe, cada vez mais insistentemente, até que o próprio *nirvana* mostra ter valor apenas por subsistir Nele".

> 15. O iogue que, senhor de sua mente, ora sempre nessa harmonia de alma alcança a paz do *nirvana*, a paz suprema que está em mim.

Esse é um exemplo do uso de terminologia budista. *Nirvana* é o termo budista para a extinção do desejo, o fim de toda formação, o fim de toda mudança e transitoriedade. *Nirvana* é o ir além. O Buda falou simplesmente desse estado do além e ensinou a maneira de alcançá-lo, porém, ele jamais descreveria o *nirvana*. *Nirvana* só pode ser conhecido por experiência. Contudo, o *Gita* procura mostrar que esse *nirvana*, esse estado de perfeição, de imobilidade, que também é alegria e paz, pode ser encontrado em Krishna, o Deus pessoal. A paz do *nirvana*, a paz que está além de toda compreensão, se encontra em Deus. E, assim, Krishna cunha uma bela frase: "A *shanti*, a paz, do *nirvana* é *mat samstham*, repousa em mim". *Nirvana* está em Krishna, em Deus. O caminho da ioga eleva-se a um novo patamar, e somos agora apresentados à experiência de um Deus pessoal.

> 16. A ioga é uma harmonia. Não é para aquele que ingere em demasia ou para aquele que não ingere o suficiente; não é para aquele que não dorme o suficiente ou para aquele que dorme demais.

> 17. Uma harmonia, ingerindo e repousando, dormindo e ficando acordado: uma perfeição no que quer que se esteja fazendo. Esta é a ioga que, em todo sofrimento, confere a paz.

É isso o que faz com que, nos dias de hoje, a ioga seja uma disciplina realmente prática e um verdadeiro guia na vida. Existirá sempre esse caminho do meio. Aristóteles fala da virtude como o meio entre dois extremos, e o Buda ensina o Caminho do Meio. A Regra de São Bento é precisamente o caminho do meio, para o monge, preferível aos extremos, seja o da tolerância ou do ascetismo. O homem integral é o homem que conhece o ponto de equilíbrio entre os extremos. Ele é o que é sempre *sama*, ele permanece sempre o mesmo entre os pares de opostos.

> 18. Quando a mente do iogue está em harmonia e encontra repouso no espírito interior, livre de todos os desejos inquietantes, então, ele é um *yukta*, uno em Deus.

"Uno em Deus'", é assim que Mascaró interpreta o que é *yukta*. A interpretação está correta, mas a palavra "Deus" não se encontra no texto. Muitas vezes, Mascaró parafraseia, dessa maneira, o que normalmente é legítimo, pois o texto frequentemente demanda interpretação. Um *yukta* é uma pessoa que está íntegra e unificada, e estar íntegro, desse modo, é ser "uno em Deus".

O próximo verso oferece uma bela imagem, cujo significado é muito profundo. É uma imagem perfeita do estado da alma daquele que alcançou a paz interior, a paz do *nirvana*.

> 19. Então, sua alma é uma lamparina cuja luz é firme, pois arde em um abrigo onde não sopram ventos.

Esses poucos versos contêm as doutrinas básicas da ioga, a maneira como as encontramos no *Gita*. É uma doutrina eminentemente prática. O *Gita* cria um relacionamento, de toda a doutrina da ioga e do *samkhya*, da disciplina e da doutrina, com um Deus pessoal. Abre o caminho para uma nova compreensão. Também encontramos o mesmo processo nos *Upanixades*. Eles começam com Brahman, o mistério da existência, para gradativamente concluir que esse mistério da existência é o Atman, o Eu interior. Eles revelam que o eu humano é uno com o Eu Supremo, o Ser de toda a criação, e, então, conforme desenvolvido nos *Upanixades*, este Atman, este Brahman, é entendido como *purusha*, o Deus pessoal, o Senhor, que é um objeto de adoração.

Finalmente, no *Gita*, o Deus pessoal se torna um objeto de amor, de modo que o processo todo se desdobra gradativamente. Creio que possamos apropriadamente chamar esse processo de revelação. R. de Smet, uma autoridade em filosofia indiana, discorreu sobre a "história sagrada da Índia". É realmente digno de nota, como podemos perceber, o aparecimento dessa nova compreensão, dessa nova concepção de um Deus pessoal, pouco antes dos tempos de Cristo. Penso tratar-se de um movimento que teve lugar em muitas partes do mundo, não apenas em Israel. Houve um progresso, tanto no budismo, com suas ideias do *bodhisattva*, como no hinduísmo, com suas ideias de um Deus pessoal, amor e compaixão tomando corpo, desenvolvimentos estes que aconteceram praticamente ao mesmo tempo. Percebemos que Deus se revela de muitas maneiras não apenas a Israel, mas à Índia, à China e também a povos primitivos. Surge a pergunta acerca de como Cristo se relaciona com tudo isso. Podemos dizer que Cristo é o Verbo, a Autorrevelação de Deus, e, como tal, isso está presente em todas as religiões genuínas. Esse Verbo está presente no hinduísmo e no budismo, revelando seu caráter pessoal, gradativamente. Esse processo alcança o ápice em Jesus, e o caráter pessoal de Deus é, finalmente, revelado.

20. Quando a mente repousa na imobilidade da prece da ioga e, pela graça do espírito, apreende o espírito e nele encontra realização;

O Uno se manifesta, se expressa, em cada um de nós, e a meta da ioga é a de refrear os sentidos e a mente, de modo que o indivíduo alcance o Ser interior e se torne consciente do Ser supremo que o habita. Uma tradução mais literal é: "Apreendendo o Ser, através do Ser, no

Ser" (B & D). Esta é uma bela expressão da meta da ioga: "Apreender o Ser, no Ser, através do Ser". É descobrir o Ser, o *paramatman*, o mais profundo Fundamento do Ser, habitando, manifestando-se a Si mesmo "no" próprio Ser do indivíduo, e isso só pode ser feito "através" do Ser. Só Deus, agindo em nós, pode revelar a Presença habitante e nos permitir que percebamos a unidade final de ser. Isso pode ser interpretado em termos de doutrina cristã da Trindade. O Pai é o *paramatman*, o mais profundo Fundamento do Ser, que está além da palavra e do pensamento. O Pai Se revela no Filho, o Verbo, a Autoexpressão, a Automanifestação, do Uno. E essa Automanifestação do Pai no Filho se dá a conhecer pelo Espírito Santo, a Autocomunicação de Deus, o poder ou a energia do espírito, que age nas profundezas do ser humano, no espírito do homem, permitindo-lhe reconhecer a presença do espírito interior que o habita. É o supremo mistério do ser, que se revela de diferentes maneiras, nas diferentes tradições religiosas.

21. Então, o buscador conhece a felicidade da Eternidade: uma visão apreendida pela razão, muito além do que os sentidos podem apreender. Ele permanece ali e não se afasta da verdade.

Essa é, antes, uma tradução livre. Mais literalmente: "Ele encontra um supremo deleite, que a razão apreende, além dos sentidos" (B & D). A razão aqui é a *buddhi*, que é capaz de apreender, de vivenciar, a suprema felicidade. A *buddhi* é a mente mais elevada, e é nesse ponto que conhecemos o Ser. "Ali presente, ele não se afasta da realidade" (B & D). Presente naquilo, o indivíduo está centrado na realidade, em *tattva*, ou a "qualidade daquilo". Os sentidos nos transmitem uma realidade, embora como se através de um espelho, através dos fenômenos cambiantes do universo; apenas quando vamos para além dos sentidos e além de *manas*, a mente, que está ainda determinada pelos sentidos, é que apreendemos a Realidade, tal como ela é. O intelecto, a *buddhi*, enxerga além dos sentidos, percebendo o real. O iogue não se afasta da Realidade, uma vez ali presente. Acerca disso, Zaehner cita o *Upanixade Katha*: "Isto é o Ser, profundamente oculto em todos os seres, o Ser cujo brilho não é visível. Contudo, pode ser enxergado por homens que enxergam as coisas sutis, por meio da *buddhi*. A *buddhi* vai além das aparências externas, além dos sentidos, além da mente exterior e descobre a realidade interior. Aquele é o estado em que conhecemos a verdade.

> 22. Ele encontrou a felicidade e a Verdade, uma visão que para ele é suprema. Ali ele está firme: nem o maior dos sofrimentos o afasta.

Aqui, Zaehner sustenta um argumento interessante. "Ele ganha o prêmio, além de qualquer outro, ou assim ele pensa. Ali ele se estabelece, firme, inamovível por qualquer sofrimento." Com isso, o que se quer dizer é que, quando o indivíduo alcança esse ponto da *buddhi* e a mente não mais se afasta, ele está em contato com a realidade, tornando-se fixo e firme. Esse é o "estado estável" de Brahman. Os estoicos também tinham essa ideia de que a mente se torna perfeitamente firme e os sentidos não mais a afastam. Eles dizem que Epictetus pediu que decepassem suas pernas, continuando a discorrer sobre filosofia, enquanto isso acontecia. O estoico não era afetado pelos sentidos de nenhuma maneira. Zaehner mostra que, embora isso seja uma grande conquista, existe algo maior que isso, quando, além desse firme estado de Brahman, o indivíduo descobre uma realidade mais profunda. O iogue sente que, ao alcançar esse estado, alcançou sua meta, porém, de fato, há algo muito mais profundo a ser encontrado.

> 23. Nessa união da ioga há liberdade: uma libertação da opressão da dor. Essa ioga deve ser seguida com fé, com um coração corajoso e forte.

Aqui, novamente, isso é muito budista. Literalmente, seria: "Ele deveria saber que isso é o que a ioga quer dizer, o desconectar da conexão com o sofrimento e a dor" (Z). *Samyoga* é o conectar junto com o sofrimento e *viyoga* é o desconectar. *Duhkha* é o termo que os budistas usam para toda a experiência humana. Significa tristeza, sofrimento, dor, o que é insatisfatório. O ponto de partida do ensinamento do Buda era o de que "tudo é sofrimento, tudo é impermanente, tudo é irreal", insubstancial, sem um ser. O Buda disse: Quando você compreende que toda realidade transitória, que aparece a seus sentidos e a sua mente, é dor, é irreal, então, você descobre a realidade que está além e que traz a felicidade perfeita. Esse é o âmago do ensinamento budista.

Ele entende que a ioga consiste no "desconectar da conexão com a dor" (Z). É bem plausível que quase todo sofrimento seja devido à reflexão da mente na dor. A dor está nos nervos e nos sentidos. Porém sofremos porque a mente reflete nas sensações dos nervos e dos sentidos. Se não refletimos na dor, não sofremos. Existem evidências suficientes nesse sentido. Um bom exemplo disso é o do soldado da Primeira Guerra Mundial que teve seus dois braços arrancados a tiros. De início, ele continuou a correr, completamente alheio ao que lhe havia acontecido, foi apenas quando ele olhou e o viu que ele começou a sofrer. Um melhor exemplo é o que ocorre na ioga. É possível afastar a mente do corpo, de modo a nada sentir, e um iogue avançado é capaz de fazer isso. Diz-se que Swami Brahmananda, um dos discípulos de Ramakrishna, tinha um discípulo acometido de um carbúnculo muito doloroso no pescoço. O médico havia dito que ele precisaria ser extraído. O discípulo não estava preparado para receber anestesia, portanto, recusou a cirurgia. Seu guru, no entanto, insistiu em que ele fosse operado, mas, em vez de ser anestesiado, deveria afastar sua consciência de seu corpo. Assim, o discípulo se dirigiu à sala operatória e, ao perguntar quanto tempo a operação iria durar, foi informado que ela levaria cerca de vinte minutos. Assim, ele afastou a consciência de seu corpo por meia hora, não sentindo nada. Suponho que, ao voltar à percepção normal, ele o tenha sentido. Podemos ter a mesma experiência com a dor de dente; por pensarmos nela todo o tempo, ela pode se tornar uma agonia; mas, se pudermos recolher a mente dela ou mesmo se ocorrer alguma distração e a mente for por ela levada, então, simplesmente, não mais sentiremos a dor. Assim, essa é uma lição importante. "Desconectar a conexão com a dor", desconectar isso a que nossa mente se tornou conectada, esta é a arte da ioga. A mente se tornou conectada com os sentidos, com os sentimentos, com o corpo. A ioga é a desconexão, a separação, o desapego da mente com o corpo, e, quando isso ocorre, o indivíduo não mais será um escravo de seus sentimentos.

> 24. Quando todos os desejos estão em paz, e a mente, retirando-se para o interior, reúne os numerosos sentidos erráticos na harmonia do recolhimento.

Zaehner traduz: "Que ele renuncie a todos os desejos disparados pela vontade". O termo é *samkalpa*, que é melhor traduzida por "vontade" ou "propósito". Assim, deve-se renunciar a todos os desejos disparados pela própria vontade humana do indivíduo, "todos eles, sem nenhum resíduo" (Z); nada deve sobrar. "Então, que ele refreie a congestionada multidão dos sentidos, de todas as maneiras, apenas por intermédio da mente" (Z). A mente deve controlar os sentidos. No *Upanixade Katha*, o ser humano é comparado a uma carruagem. A alma está sentada na carruagem; a carruagem é o corpo, os cavalos são os sentidos e as rédeas são a mente. Quando os sentidos estão fora de controle, são como os cavalos indóceis de um mau charreteiro; mas, quando eles são controlados pela mente, eles se assemelham a cavalos bem treinados, e a carruagem poderá prosseguir harmoniosamente. Devemos fazer todos os esforços, portanto, para com a mente controlarmos os sentidos.

> 25. Então, com a razão munida de resolução, que o buscador em quietude conduza a mente ao espírito, e que todos os seus pensamentos silenciem.

A tradução de Mascaró, sendo uma tradução poética, não apresenta o significado. Mais literalmente, teríamos: "Que ele, pouco a pouco, ganhe a tranquilidade por meio da razão controlada pela perseverança" (B & D). O objetivo é o de levar a mente até o ponto da *buddhi* onde ela esteja estável, imóvel e controlada, em vez de [deixá-la] vagando através do sentidos. Todo o problema da ioga é que a mente transita naturalmente de uma coisa para outra; está sempre irrequieta. A questão é como conduzi-la a um ponto, um único ponto, em que ela se torne estável e controlada. "Através da alma amarrada à imperturbabilidade, ele deve fazer com que a mente subsista no ser" (Z). O *manas*, a mente inferior, deve ser conduzida ao controle do Ser. No *Upanixade Katha*, as faculdades são descritas como os sentidos (*indriyas*), a mente (*manas*) e o intelecto (*buddhi*). Assim, ele segue para dizer que a mente do iogue deve controlar a palavra. A palavra, através da qual nos manifestamos e nos comunicamos com os outros, deve ser conduzida ao controle da mente. A *manas*, a mente, deve ser conduzida ao controle do intelecto, a *buddhi*. Finalmente, a *buddhi* deve ser conduzida ao controle do espírito, o Atman. Trata-se de uma gradual condução de todas as faculdades de volta ao seu centro e sob controle em seu centro. Aqui, o *Gita* descreve, exatamente, o mesmo processo. A *buddhi* é firmada e fortalecida e controla a *manas*, e a *manas* e a *buddhi*, juntas, se estabelecem firmemente no Atman, o verdadeiro Ser. Passando a repousar no Ser, "ele não deve pensar em absolutamente nada" (Z). Ao chegar a esse ponto, o pensamento cessa. Já dissemos que o propósito da ioga é *citta vritti nirodha*, a cessação dos movimentos da mente. Porém, quando o indivíduo não pensa, isso não significa que o indivíduo não é inteligente. Na consciência pura, a inteligência pura está muito ativa, porém não há movimento do pensamento.

26. E sempre que a mente vacilante e inquieta se afastar do espírito que ele sempre e, para sempre, a conduza de volta ao espírito.

Na prece mental ou na meditação a mente continua vagueando. Continuamos a trazê-la de volta, e ela vagueia novamente e novamente a trazemos de volta; e, assim continua, talvez durante meses ou anos, até que finalmente a mente se estabiliza. Sempre que a mente inconstante divaga ou vagueia, a alma a trará de volta, sujeitando-a ao Ser. O ensinamento dos Padres da Igreja Grega era muito semelhante. Eles costumavam dizer: "Que, da cabeça, ele conduza os pensamentos para o coração, mantendo-os ali". Os pensamentos continuam a perambular na cabeça, mas se os conduzimos para o coração, ou seja, o centro da pessoa, ali eles passam a repousar.

27. Desse modo, chega a felicidade suprema para o iogue cujo coração esteja quieto, cujas paixões sejam paz, que seja puro de pecado, que seja uno com Brahman, com Deus.

Quando sua mente está imóvel, chega a ele *sukha*, a mais elevada felicidade. O lado apaixonado de sua natureza, seu *rajas*, está em paz. Ele está livre de qualquer mancha. A mancha significa impureza. Ele foi libertado do pecado e, então, ele se torna Brahman, *brahmabhuta*. Ele se torna uno com Brahman. Aqui também, conforme Zaehner, temos uma frase budista. Quando o indivíduo vai para além dos sentidos, além do fluxo das coisas, o indivíduo se torna Brahman. O indivíduo se dá conta do estado de imobilidade de Brahman, o estado de pureza, de paz.

28. O iogue que, puro de todo pecado, ora nesta harmonia da alma, logo sente a felicidade da Eternidade, a infinita felicidade da união com Deus.

Novamente, Mascaró traduz Brahman por Deus, tal como ele parafraseou no verso anterior: "Que seja uno com Brahman, com Deus", mas Zaehner continua com a distinção entre Deus e Brahman. Deus é o Deus pessoal, e Brahman é o aspecto impessoal da Divindade. É importante manter essa distinção.

Aquilo que Mascaró traduziu como "a infinita felicidade da união com Deus" é mais bem traduzido pela maravilhosa frase: "Com felicidade ilimitada ele chega a ser tocado por Brahman" (Z). *Brahman-samsparsam* é o toque de Brahman, o toque do infinito. Aqui, Zaehner defende bem seu argumento. Ele diz: "Alguém poderia perguntar como é que a alma completamente integrada, que já 'se tornou Brahman', pode chegar a 'ser tocada por Brahman' ou à 'união com Brahman'? A resposta pareceria ser a de que esse processo de integração comprime e concentra tudo o que se pode 'salvar' na personalidade humana, no seu centro eterno, o Ser, descrito nos *Upanixades* como 'mais diminuto do que o diminuto'. Esse processo de integração faz com que a mesma personalidade, agora liberta e livre de todos os grilhões da vida mundana, entre em 'contato' com tudo o mais que compartilha essa muito diferente modalidade de ser".

Uma vez alcançado esse ponto interior, onde parecemos estar isolados, repentinamente nos descobrimos em comunhão com todos e com tudo. Zaehner prossegue: "Este é o toque salvador de Brahman que nos traz felicidade infinita, irrestrita. É o toque desconhecido dos budistas. Todavia, é o mais real de todos, a 'união dos pares de opostos', aquela do ponto sem magnitude, o eu humano, e o absolutamente incomensurável e não mensurado, o inconcebivelmente grande". É o paradoxo do Ser, que é mais diminuto do que o diminuto e, ainda assim, maior do que o maior, mais vasto do que a vastidão. É aquele ponto em que o indivíduo se expande ao infinito. Assim, Zaehner diz: "Por meio da máxima concentração de tudo o que é em nós até o infinitamente pequeno, o Ser eterno, o indivíduo descobre que esse nada está, todavia, adaptado ao infinito. Ainda que Zaehner duvide de que essa seja uma experiência budista, essa vacuidade, que é total realização, é, no meu entendimento, em muito a experiência budista do *nirvana* na tradição Mahayana. Zaehner prossegue:

Quase podemos dizer que, quando este processo de integração chega a seu objetivo, existe uma explosão. O eu explode em pedaços e se encontra absolutamente disponível ao toque salvador de Brahman. O indivíduo parece estar se concentrando, separando-se de todos e isolando-se cada vez mais, e, então, ao chegar àquele ponto, o indivíduo repentinamente explode e compreende: "Eu sou uno com toda a criação, com toda a humanidade".

Essa interconexão e interpenetração de todas as coisas, que agora se revela, não é aquilo que o *samkhya* clássico havia concebido. Isso é algo novo, ainda que já estivesse presente nos *Upanixades*. Existe uma bela passagem no *Upanixade Chandogya* que fala dessa experiência de Brahman, como "Ele é meu ser dentro do coração, menor que o grão de arroz, de semente de cevada, ou de semente de mostarda, ou um grão de painço, ou o caroço de um grão de painço". Do mesmo modo, no Evangelho, o Reino dos Céus é comparado a uma semente de mostarda. É a menor coisa do mundo. Não possui dimensão nenhuma. Ainda assim, "é maior do que a terra, maior do que o ar, maior do que o céu, maior do que todos esses mundos". Então, o *Upanixade* conclui: "Todas as obras, todos os desejos, todo sentido, todos os sabores pertencem a ele. Abrange todo o universo, não fala e não cuida. Este meu Ser dentro do coração é aquele Brahman. Quando daqui eu partir me fundirei a ele. Aquele que acredita nisto nunca terá dúvida". Quando o indivíduo vai além dos sentidos e da mente, naquele ponto se redescobre todo o mundo, mas em uma nova dimensão. O indivíduo não mais está sujeito aos sentidos; o indivíduo está completamente livre, mas pode utilizá-los e usufruí-los completamente. Assim, todos os sentidos, todos os sabores, todos os desejos, todas as obras serão ali encontrados, mas em uma maneira totalmente nova.

29. Ele se vê no coração de todos os seres e ele vê todos os seres em seu coração. Esta é a visão do iogue da harmonia, uma visão que é cada um isoladamente.

Mais literalmente: "Ele vê aquele Ser que permanece em todos os seres, e todos os seres que permanecem no Ser, e ele vê o mesmo por toda parte" (Z). Aquela é esta visão final – ao encontrar o Ser, o indivíduo encontra todas as coisas, toda a criação naquele Ser. Aqui também há um tipo de circuncessão,[1] ou mútua interpenetração. A mais completa realidade de todas compreendida internamente. Algumas pessoas imaginam que, quando o indivíduo está meditando, está se isolando e se separando do mundo, cada vez mais, e, em certo sentido, isso é verdade. Existe uma separação no nível dos sentidos, até mesmo em um nível psicológico. Porém, se o indivíduo atinge a profundidade da realidade, então, ele redescobre toda a criação em sua profundidade, em seu centro, em sua unidade. Então, o indivíduo encontra todas as coisas no próprio Ser. Essa é uma ideia comum nos *Upanixades*. Aqui também Zaehner faz um belo comentário: "O homem completamente integrado e unificado torna-se consciente de algo além de si mesmo, no caso do indivíduo, esse toque do 'contato' com Brahman, no outro, uma Pessoa que fica nos bastidores e sustenta a paz eterna do *nirvana*". No próximo verso, veremos como é que, quando um indivíduo vê todas as coisas no Ser, "vê todas as coisas em mim", tal como o diz Krishna, ou seja, no Deus pessoal. Zaehner prossegue:

> Fazer contato com Brahman é retomar o contato com tudo. O desapego de si mesmo dos contatos externos (*sparsa*) foi substituído pelo contato (*samsparsa*) com o onipresente Brahman e, por meio de Brahman, com todas as coisas, mas em uma nova dimensão, uma nova luz. Por isso, por meio do desapego a todas as coisas, ele se torna Brahman, ele vê "ser no ser", ele vê a si mesmo apenas e simplesmente como imortal, eterno, além do tempo, Uno; mas o "contato" com Brahman como outro além de si transforma a visão, que era completamente estática, em uma visão de êxtase todo abrangente.

---

[1] Do latim *circum+incedere*, é um termo utilizado para denotar a mútua interpenetração e reciprocidade da existência das pessoas divinas da Trindade, também chamada "pericorese". (N. T.)

O cosmos flui para dentro dele, e ele flui para dentro do cosmos, a unidade permanece, mas há também uma diversidade infinita.

Esse é um discernimento de enorme importância. A realidade suprema não é uma unidade estática, indiferenciada, mas uma unidade que contém toda diversidade. Não se trata apenas da concentração na unidade, mas na unidade redescobrimos tudo. Aquela é a visão de Deus. Em Deus, tudo está presente, todo grão de areia, todo movimento no espaço e no tempo, toda forma de consciência – tudo ali está, mas em uma maneira totalmente nova, redescoberta no Uno.

30. E quando ele me vê em tudo, e ele vê tudo em mim, então, nunca o deixo, e ele nunca me deixa.

O que descobrimos é que estes três conceitos: *Brahman*, *Atman* e *Purusha*, ou o Deus pessoal, são todos idênticos, em última análise. Eles são a realidade única, compreendida de diferentes maneiras. Quando aquela realidade única se vê manifesta em toda a criação, por trás de todos os fenômenos dos sentidos, a essa realidade chamamos *Brahman*. Quando aquela realidade única se vê em nós mesmos, como raiz e fundamento de nosso próprio ser, o princípio de nossa própria vida e consciência, a essa realidade chamamos *Atman*. E quando vemos aquela realidade única, aquele Ser único como um objeto de veneração, como o Senhor, Isha, então, conhecemo-na como uma pessoa, como *Purusha*, no relacionamento de amor. Assim, pode haver uma percepção da existência cósmica universal, de Brahman; uma percepção do Ser, de Atman, o fundamento de nossa própria existência e consciência; e, ao mesmo tempo, pode haver uma percepção de que esse *Brahman*, esse *Atman*, é o senhor venerado, o *Purusha*, a Pessoa Cósmica com a qual existe um relacionamento de amor. E é isso o que o *Gita* se ocupa em apresentar, a suprema realidade do amor. Assim, não apenas adentramos esse novo universo de comunhão com a criação e comunhão com a humanidade, mas redescobrimos a Pessoa de Deus, no coração do universo. "Ele me vê em tudo, e ele vê tudo em mim, então, nunca o deixo, e ele nunca me deixa". O *Gita* aqui transmite a mesma mensagem do Evangelho. Para o cristão, Cristo é o aspecto pessoal de Deus, a pessoa na qual o universo encontra seu sentido supremo, e que se revela a si mesmo como amor.

> 31. Aquele que, na unidade do amor, ama em mim o que quer que ele veja, onde quer que esse homem esteja vivendo, na verdade, esse homem vive em mim.

De fato, o termo é *bhajati*, que provém da mesma raiz do termo *bhakti*. Ele possuía vários significados, mas nessa época ele passara a significar devoção ou amor. Tudo isso nos remete a uma passagem do evangelho de São João: "Se alguém me ama, guardará minha palavra e meu Pai o amará e a ele viremos e nele estabeleceremos morada" (João 14,23). Isso é o que se quer dizer com "circuncessão" na Trindade. O filho está "no" Pai e o Pai está "no" Filho; o Pai compartilha a natureza do Filho, o Filho compartilha a natureza do Pai, mas eles não estão simplesmente identificados. Existe um relacionamento vivente, uma unidade absoluta, e, ainda assim, há distinção dentro da unidade. A existência da Divindade está diferenciada no Filho, ou Logos, que é sua manifestação do Ser, e retorna à unidade no espírito, que é sua comunicação do Ser em amor. O mesmo processo se passa em nós, quando alcançamos Brahman, quando alcançamos Deus. Não descobrimos uma pura identidade do ser, um tipo de isolamento, mas uma maravilhosa intercomunhão, uma experiência de estar em relacionamento, uma experiência de amor. "Unidade na distinção" é o ensinamento do *Gita*.

Zaehner aqui faz uma longa observação. Existe no *Upanixade Isha* uma passagem muito estranha de difícil interpretação: "Aqueles que veneram o que não tem forma adentram cegas trevas. Em trevas ainda mais cegas, adentram os que se deleitam no que tem forma. Assim ouvimos de homens sábios, que nos instruíram nesse sentido". O significado disso parece ser o de que existe no universo uma existência unitária que tem forma, o próprio universo é esse que tem forma; e o que não tem forma é o que está além do universo, que o sustenta e o mantém coeso. O indivíduo é cego se só vê a forma, em outras palavras, a natureza e a realidade material; mas também não é suficiente conhecer simplesmente o que não tem forma, a realidade espiritual separada da natureza. Pois, além do material e do imaterial está a Pessoa que abrange o todo.

Este verso "Aquele que está na unidade do amor, me ama no que quer que veja, onde quer que esse homem esteja vivendo, na verdade, esse homem vive em mim" assemelha-se à concepção cristã da criação em Cristo. São Paulo diz: "Ele é a Imagem do Deus invisível, o Primogênito de toda criatura, porque nele foram criadas todas as coisas, (...) tudo foi criado por ele e para ele. É antes de tudo e tudo nele subsiste" (Colossenses 1,15-17). Viver em Cristo é encontrar Cristo em todos os homens, em todas as coisas, e encontrar todos os homens e todas as coisas Nele, na Pessoa una que sustenta todo o universo.

32. E ele é o maior dos iogues, aquele cuja visão é sempre una: em que o prazer e a dor de outros é seu próprio prazer e dor.

"Por analogia com o Ser, aquele que vê o mesmo por toda parte, seja isso prazer ou dor, esse é considerado um iogue perfeito" (Z). Há duas interpretações possíveis para esse verso. Uma é a de que, quando vemos esse Ser uno por toda parte em todas as coisas, somos o mesmo no prazer e na dor. Porém, um significado mais profundo, que até mesmo Shankara parece sustentar, é o de que sentimos o prazer e a dor dos outros como se fossem nossos. Ambos, tanto Shankara quanto Ramanuja, conferem a isso um sentido humanitário dizendo que, por analogia consigo, o indivíduo vê que o que lhe é prazeroso e doloroso também deve ser prazeroso e doloroso a outros, e o indivíduo deveria, portanto, refrear-se de feri-los. Essa é uma ideia hindu muito comum. Eles costumam dizer, você é eu mesmo, por isso sua dor é minha dor, sua felicidade é minha felicidade. Essa experiência pode conduzir a um muito profundo sentido de solidariedade. Porém, o problema do movimento da mente permanece, e Arjuna está perturbado com isso. Ele admoesta Krishna:

> 33. Tu me disseste de uma ioga de unidade constante, ó Krishna, de uma comunhão que é sempre una. Porém, Krishna, a mente é inconstante: em sua agitação não consigo encontrar repouso.

Aqui o termo utilizado é *cancalatva*, que significa agitação, qualidade daquilo que é errático ou instabilidade.

> 34. A mente é agitada, Krishna, impetuosa, tem vontade própria, difícil de ser treinada: dominar a mente parece tão difícil quanto dominar os poderosos ventos.

"Por ser a mente instável (*cancalam*), impetuosa (*pramathi*), excessivamente forte: quão difícil controlar. Tão difícil de controlar quanto o vento" (Z). Essa é a experiência de todos quantos tentam meditar. A mente possui uma força portentosa, está sempre ativa, e o indivíduo não consegue controlá-la, a não ser pela graça de Deus.

Krishna responde:

> 35. A mente é mesmo agitada, ó Arjuna: ela é mesmo difícil de ser treinada. Porém, por meio de prática constante e por meio da libertação das paixões, a mente, na verdade, pode ser treinada.

Ainda que, em última análise, apenas a graça de Deus possa controlar a mente, é nossa a responsabilidade de discipliná-la, por meio de "prática constante"; a perseverança é o requisito essencial na prática da ioga. Deve ser feita todos os dias, todas as semanas, todos os anos, até que a mente seja levada ao "ponto de imobilidade" em que estará aberta à graça de Deus.

> 36. Quando a mente não está em harmonia, é difícil alcançar essa divina comunhão; mas o homem cuja mente está em harmonia a alcança, caso ele saiba e caso ele se esforce.

Há sempre uma cooperação entre a vontade humana e a graça divina. Devemos nos esforçar continuamente e, ainda assim, sabermos que apenas a graça de Deus pode nos capacitar ao sucesso.

Arjuna ainda está perturbado e questiona Krishna:

37. E caso um homem se esforce e fracasse sem alcançar o Fim da ioga, por sua mente não estar em ioga; e, todavia, esse homem tenha fé, qual será seu fim, ó Krishna?

38. Longe da terra e longe dos céus, vagando em meio a ventos sem rota, esvanecer-se-á como uma nuvem no ar, sem ter encontrado o caminho de Deus?

39. Ilumina minhas trevas, Krishna: sê uma Luz sobre mim. Quem mais poderá resolver esta dúvida?

Trata-se de um problema muito prático. O indivíduo começa a meditação, e não está nos céus nem na terra. O indivíduo não chega ao almejado estado de equilíbrio, e não mais encontra conforto no mundo. O indivíduo está em uma espécie de estado suspenso entre Deus e o mundo. Pode vir a ser um estado muito desagradável. Assim, o que acontecerá a esse homem?

Krishna tranquiliza e encoraja Arjuna:

40. Nem neste mundo, nem no mundo que está por vir, esse homem jamais partirá; pois o homem que pratica o bem, meu filho, nunca trilha o caminho da morte.

Caso ele seja apenas um "praticante das boas obras" ele jamais trilhará o caminho da morte, assim Krishna transmite coragem a Arjuna.

41. Ele vive durante longo tempo no céu daqueles que praticaram o bem; e, então, esse homem que fracassou na ioga renasce em um lar de gente bondosa e grandiosa.

Aqui temos novamente a ideia da reencarnação; caso nesta vida você não alcance essa ioga, essa união com Deus, a suprema, você ainda terá uma recompensa por todos os seus esforços. A recompensa está nos céus, mas você precisa voltar novamente à terra. Na tradição hindu, os céus são o estado mais elevado da criação, mas não são o estado final da existência incriada, que está além. Assim, o indivíduo afinal volta a este mundo. O cristão diria que, por meio da redenção em Cristo, nossas boas ações tornam-se o meio pelo qual transcendemos o mundo, mas alcançamos o objetivo supremo por sua graça, e não por nossas próprias ações.

42. Ele poderá até nascer em uma família de iogues, em que brilhe a sabedoria da ioga; mas nascer numa tal família é um evento raro neste mundo.

43. E ele inicia sua nova vida com a sabedoria de uma vida anterior; e ele começa a se esforçar novamente, adiantando-se sempre em direção à perfeição.

Existe uma convicção muito forte de que caso você se adiante no caminho espiritual nesta vida, ao nascer novamente você inicia sua nova vida humana no nível previamente alcançado. Um exemplo disso é o tulku tibetano que, apesar de ter alcançado a iluminação, nasce novamente neste mundo, de modo a servir, retendo as conquistas alcançadas em seus prévios nascimentos. Ele exemplifica a ideia do *bodhisattva* da tradição budista.

44. Porque sua aspiração e esforço anterior, irresistivelmente, o levam adiante, e mesmo aquele que meramente aspira à ioga, vai além do mundo dos livros.

45. E, assim, o iogue do esforço incessante, com a alma pura de pecado, alcança a perfeição por meio de muitas vidas e atinge o Supremo Fim.

46. Sê tu um iogue, ó Arjuna! Porque o iogue vai além daqueles que apenas seguem o caminho da austeridade, ou da sabedoria, ou da ação.

"Mais elevado do que o mero asceta é o iogue, e mais elevado que o homem de sabedoria (*jnanayogi*), e mais elevado que o homem de ações (*karmayogi*). Sê tu, portanto, um iogue, ó Arjuna!" (Z). O *Gita* coloca o iogue acima do asceta, ou seja, do homem que pratica *tapas*, acima do homem que possui sabedoria ou conhecimento, o *jnani*, e também acima do homem de ações. O iogue é aquele que alcançou a perfeita integração da existência com o Ser interior, em Deus. Isso significa que a união pela graça com o Deus pessoal é o estado mais elevado, pois, então, qualquer ação que o indivíduo empreenda, ou qualquer devoção ou conhecimento que ele possua, deriva daquela fonte. Nesse sentido, o iogue é um indivíduo que não depende em absoluto dele mesmo, mas alcançou união total com Deus. Isso ficará claro no próximo verso.

47. E o maior de todos os iogues é aquele que com toda sua alma tem fé, e aquele que com toda sua alma me ama.

Aqui a mais elevada ioga é descrita como a ioga da fé e do amor. Podemos ver aqui como o *Gita* conjugou todos esses elementos; a ideia budista da transcendência do mundo dos sentidos e das paixões, alcançando aquele estado de imobilidade do *nirvana*; a ideiaióguica de se tornar Brahman, de se tornar uno com o Ser interior, em perfeita integração, no ponto de imobilidade do próprio ser; e, então, indo além disso, para a fé e o amor que nos unem ao Deus Pessoal, que está além.

Essa é uma visão da ioga que também é totalmente cristã. Ela integra a pessoa por inteiro e culmina na fé e no amor. Todas as grandes tradições religiosas procuram auxiliar o indivíduo a alcançar este centro interior de seu ser e descobrir essa paz interior, essa felicidade perfeita. Como descobrir isso, depende da fé e do amor do indivíduo. No caso em que o indivíduo tenha simplesmente uma compreensão filosófica, ele poderá alcançar uma profunda experiência, mas não será o mesmo do caso em que ele tenha fé e se torne integrado no amor a Deus. Experiências diferentes conduzem a diferentes maneiras pelas quais se descreve a experiência. O *nirvana* budista e o *moksha* hindu não são o mesmo, nem são eles o mesmo que a visão cristã de Deus. Assim, o budista, o hindu, o muçulmano e o cristão estão todos experienciando a Realidade suprema, mas a experimentam de diferentes maneiras, através de seu próprio amor e através de suas próprias tradições de fé e conhecimento. Existem também, obviamente, vários degraus. Existe uma tendência no sentido de se afirmar que, quando um indivíduo alcança o estado supremo, tudo é o mesmo, e que não há mais diferenciações, mas penso que isso não seja verdade. Em certo sentido, a experiência da verdade suprema é diferente para cada pessoa, visto que cada pessoa é uma imagem singular de Deus, um reflexo singular da luz e do amor eternos.

Toda a argumentação deste capítulo culmina nessa concepção da fé e do amor, como supremo meio de realização. Tudo depende de o indivíduo ser ou não motivado pela fé e pelo amor. Muitas pessoas simples, em todas as religiões, possuem fé e amor, e alcançam a realização final, pela graça de Deus, mas elas não aprenderam a meditar. Elas não aprenderam a integrar a personalidade em seu centro interior. Com a fé e o amor, pouco lhes falta para alcançar a integração interior. Outras, por outro lado, possuem uma profunda integração, mas sem fé e sem amor continua sendo um estado imperfeito. Em alguns iogues, encontramos um estado profundamente concentrado que os leva acima da dor e do prazer, mas poderá haver pouco amor na natureza deles. O homem perfeito é aquele que integrou sua personalidade em seu centro interior no Ser, assim como naquele centro interior de seu ser se abre ao "toque de Brahman" à ação da divina graça, permitindo-se ser transformado pelo amor.

CAPÍTULO 7

A Ioga do Conhecimento

Este e os cinco capítulos seguintes estão todos relacionados à revelação de Krishna, o Deus pessoal. Os capítulos anteriores conduziram a este ponto, com o método da ioga, a imobilização dos sentidos e das paixões e da libertação do medo; então, a imobilização e a concentração da mente e, finalmente, a integração do ser em seu centro interior. No capítulo 6, chegamos ao estágio em que, ao alcançar aquele ponto de imobilidade e integração, há uma abertura para todo o mistério de Deus. Nesse ponto, o Deus pessoal se revela, e o *Gita* agora aborda este tema.

1. Ouve tu agora, ó Arjuna, como tu terás a visão completa de mim, se teu coração estiver presente em mim e se, esforçando-te pela ioga, Eu for teu supremo refúgio.

As primeiras palavras são *mayi asakta manah*, que significam "tua mente deve estar apegada, *asakta*, a mim". Até aqui a doutrina foi a do desapego; desapego dos sentidos, da mente e de tudo. Agora se diz que a mente deve estar apegada a Deus. Este é o único objeto de apego apropriado; o indivíduo deve estar desapegado de tudo o mais; apegado somente a Deus. "Praticando a ioga, tome refúgio em mim, *mad-asrayah*." Em última análise, esse é um desapego do ego, o eu inferior, e uma rendição ao Ser supremo, que se revela como Deus pessoal.

2. E Eu falarei a ti daquela sabedoria e visão que, uma vez conhecida, nada mais haverá a conhecer.

Aqui temos novamente *jnana*, a sabedoria, e *vijnana*, o conhecimento que discerne. Uma melhor tradução seria: "Eu te ensinarei aquela sabedoria e conhecimento que, quando conheceres, nada mais haverá a ser conhecido". Essa é uma ideia que também encontramos no *Upanixade Mundaka*: "O que é aquilo que, uma vez conhecido, tudo será conhecido?". O argumento todo é o de que, enquanto possuirmos somente o conhecimento que discerne, passaremos de uma coisa para outra, sem que haja um fim. A ciência não tem fim, pois sempre existe algo mais a ser descoberto, mas ao alcançarmos o conhecimento intuitivo ou unificador, ao conhecermos o Uno do qual procede a multiplicidade, então, nada mais haverá a conhecer. Esse é o conhecimento final. Ele é total e inclui tudo.

São Tomás de Aquino cita Boethius, que descreve a eternidade como *tota et simul*, total e simultânea. Tudo se conhece em conjunto, em sua totalidade e em sua unidade. Nosso problema é o de que vemos tudo no espaço e no tempo, tudo está dividido no espaço e se move no tempo, mas em Deus a totalidade ali está, sem nenhuma divisão de espaço, e a unidade ali está, sem nenhum movimento de tempo. O todo está concentrado nessa plenitude, e esse é o conhecimento além do qual nada há a ser conhecido.

3. Entre milhares de homens, talvez um se esforce pela perfeição; e, entre milhares daqueles que se esforçam, talvez um me conheça na verdade.

Isso pode ser muito inquietante, visto que a probabilidade de conhecer Deus parece muito remota, mas talvez devesse se adicionar que, pela graça de Deus, a verdade pode ser alcançada, mesmo sem esforço. O termo para perfeição é *siddha*. Esse termo é frequentemente usado para os poderes da ioga. Os *siddhis* são poderes sobrenaturais adquiridos na ioga. Muitos poderão se esforçar pela perfeição, por meio de *tapas*, através de métodos de concentração, ainda assim, de todos os que se esforçam no ascetismo, na ioga, só um poderá chegar a "me conhecer", que é o Supremo, que é o fim de toda ioga.

Agora, seguimos com a revelação de Krishna, o Deus pessoal, como Criador que se manifesta em toda a criação, e esse é o tema principal do *Gita*, que aqui o aborda pela primeira vez. Krishna diz haver duas formas de sua natureza, a visível e a invisível.

4. São oito as formas visíveis de minha natureza; terra, água, fogo, ar, éter; a mente, a razão e a noção de "Eu".

Esses são os oito *tattvas*, os oito elementos da natureza, de acordo com a doutrina do *samkhya*, na qual o *Bhagavad Gita* se baseia. Na antiga filosofia do *samkhya*, há sempre cinco elementos: terra, água, fogo e ar, mais o éter ou espaço. Então, além dos cinco elementos materiais, com o éter representando uma espécie de transição para o imaterial, existem três elementos da natureza humana: *manas*, *buddhi*, e *ahankara*, que são a mente, a inteligência intuitiva e a noção de "Eu". É importante notar que a mente e a inteligência pertencem à natureza inferior. Porém, não podemos esquecer que o Uno está sempre se manifestando em todos esses diferentes níveis. Todo o universo material é um aspecto de sua manifestação, e a existência humana com seus poderes mentais é outro.

5. Porém, além de minha natureza visível, está meu espírito invisível. Este é a fonte da vida, na qual este universo possui sua existência.

Há aqui um importante argumento, que Zaehner interpreta muito bem. Krishna fala de sua natureza mais elevada como: "Natureza desenvolvida para a vida, pela qual este mundo se mantém em existência". A frase é: *jiva-bhuta*. *Jiva* é vida, frequentemente traduzido como alma, mas toda planta ou árvore possui um *jiva*, um princípio de vida. Assim temos: "Minha natureza, que é *jiva-bhuta*", "torna-se vida", ou é o "elemento-de-vida". Zaehner interpreta isso como o que se conhece por *mahat*. O conceito de *mahat* é um conceito muito importante que primeiro aparece no *Upanixade Katha*. Ali, desenvolve-se a visão da natureza, começando com os sentidos, a mente e a inteligência (os *indriyas*, *manas* e a *buddhi*). A *buddhi* é a mais elevada inteligência no homem, o ponto em que o homem está aberto para o que está além. Porém, além da *buddhi*, está o que se denomina o *mahat*, que literalmente significa "o grande", explicado como a ordem cósmica, ou a inteligência cósmica. Zaehner deixa claro haver dois níveis nos quais Brahman se manifesta. Existe toda a ordem material que chega até a *buddhi* e, então, existe a ordem espiritual, a começar pelo *mahat*, a ordem cósmica. É também aquilo que Platão chamava de mundo inteligível, o mundo dos deuses, e na tradição cristã é o mundo dos anjos. Além do mundo material, incluindo a inteligência humana, existe todo um mundo espiritual, a ordem cósmica, que consiste das inteligências cósmicas, os poderes cósmicos, os *devas* ou os anjos. São Tomás de Aquino e a tradição cristã em geral acreditavam que toda a criação material seria uma espécie de reflexo da criação espiritual, organizada por esta. Toda a criação sendo organizada pelos anjos. Newman costumava pensar, quando garoto, que havia anjos presentes em toda sua volta, e muitos tiveram uma experiência semelhante. Algumas pessoas possuem o poder de ver espíritos na natureza.

Há uma localidade chamada Findhorn, no norte da Escócia, perto de Pluscarden Abbey, onde vivi antes de chegar à Índia. Alguns anos atrás, um grupo de pessoas chegou pelo mar a essa faixa de terra muito estéril, e o que começou a acontecer ali em meio ao grupo parece ser um bom exemplo de comunicação e cooperação com o reino dos *devas* ou dos anjos. Uma mulher no grupo, uma espécie de médium, pode ver os espíritos da natureza, os espíritos das árvores e das plantas. Ao se mudarem para lá e começarem a cultivar a terra, o grupo fez tudo de acordo com as instruções dos espíritos. O resultado foi o de terem transformado aquela terra abandonada em um dos mais férteis locais da Escócia. Pessoas de todas as partes do país afluíram para ver as luxuriantes hortaliças, flores e árvores que cresciam por toda parte. A mulher consulta as árvores e as plantas quanto ao que desejam e onde gostariam de ser plantadas, e, como médium, ela interpreta essa mensagens como lhe sendo provenientes dos anjos. Hoje, torna-se cada vez mais comum a compreensão de que existe um mundo psíquico que está além do mundo físico. No Ocidente, entretanto, ainda que seja estudado na parapsicologia, poucas pessoas ainda estão conscientizadas disso. Aqui na Índia a maioria das pessoas, ao menos nos vilarejos, vive nesse mundo psíquico. Por exemplo, vendemos recentemente uma vaca a um devoto da vizinhança. Ele veio para levá-la e, para minha surpresa – ainda que eu já devesse estar acostumado com essas coisas –, insistiu em que, antes de mais nada, teria que enfeitá-la com uma guirlanda de flores. Ele precisaria de incenso, para incensá-la, e eu deveria colocar a corda no pescoço dela. Só então ele poderia levá-la, mas deveria esperar até que escurecesse, não poderia levá-la antes, pois ela poderia vir a ser afetada pelo mau-olhado. Ela seria muito sensível a isso. Todos esses são elementos psíquicos, dos quais normalmente não estamos cônscios e consideramos mera superstição. Para nós, vender uma vaca é um negócio comercial, mas para essas pessoas do campo uma vaca é um animal sagrado; ela possui uma natureza psíquica, assim como uma física, e deveríamos ser sensíveis a isso. Tem se tornado cada vez mais popular o conhecimento de que, se tocamos música para as vacas, elas produzirão seu leite melhor, e as plantas parecem crescer melhor quando cuidadas com amor.

Há três níveis de existência, o físico, o psíquico e o espiritual, e deveríamos ser muito cuidadosos para não confundir o espiritual com o psíquico. O psíquico é não espiritual; não é nem bom nem mau. Ele pode ser bom e pode ser mau. Magos e feiticeiros lidam com o aspecto psíquico das coisas, mas ele também pode ser controlado pelo poder do espírito.

Assim, o que se denomina o *mahat* é a ordem cósmica da qual procede a vida de toda a natureza. É como se todo o mundo físico estivesse envolto pelo mundo psíquico. Sri Aurobindo, um grande filósofo da Índia moderna, mostrou o lugar do mundo psíquico em toda a ordem da existência. Ele disse que podemos aprender a estudar o mundo psíquico com tanta exatidão quanto o mundo físico. Trata-se de um cosmos completamente organizado. Manifesta-se, por exemplo, nos sonhos, e podemos aprender a observar os próprios sonhos, até que eles se tornem completamente organizados. Assim, esse mundo psíquico é real e possui uma ordem inteligível. É muito mais difícil de observar do que o mundo material, porque só podemos compreendê-lo através dos sentidos psíquicos ou sutis e através de uma inteligência sutil que, no Ocidente, em geral, estava até recentemente quase totalmente perdida. Desenvolvemos os sentidos grosseiros e a mente grosseira, e estamos tão completamente absorvidos neles que pensamos nada haver além deles. Porém, além do nível grosseiro, estão os sentidos sutis e a mente sutil. Ambos pertencem ao mundo psíquico que envolve todo o cosmos.

6. Todas as coisas possuem sua vida nesta Vida, e Eu sou seu princípio e seu fim.

Mais literalmente: "Para todas as existências, essas duas naturezas atuam como um útero (uma *yoni*)" (Z). Considera-se toda a natureza como o útero no qual o Senhor Divino planta Sua semente. Essa também é uma ideia de Santo Agostinho, que falou de *rationes seminales*, as "razões seminais". Elas são as sementes do Verbo, implantadas na natureza, em *prakriti*. Elas procedem originalmente do útero ou da raiz da natureza, a *mula prakriti*, e gradualmente se desenvolvem em toda a ordem da criação.

"Deste universo todo, Eu sou a origem e a dissolução" (Z). O próprio Deus, o Supremo, opera através dessas duas naturezas, através da natureza física, através da psíquica, através da ordem natural e através da ordem angélica ou divina. Mais adiante, no capítulo 14, Krishna dirá: "O grande Brahman é para mim um útero, e nele Eu planto a semente". Ali, o termo Brahman será utilizado em um sentido incomum, para toda a ordem da natureza. Naquela ordem da natureza, Krishna, o Deus, planta a semente.

7. Em todo este vasto universo, nada existe mais elevado do que Eu. Todos os mundos repousam em mim, assim como as muitas pérolas em um fio.

A ideia do *sutra*, o fio condutor, é muito comum. No *Upanixade Brihadaranyaka*, diz-se: "Você conhece aquele fio sobre o qual está dependurado todo este mundo, e aquele que segura o fio, o regente interno que segura o fio", ou seja, o Deus que é interno? Ele segura o fio, e é uma bela ideia essa a de que todo o universo está dependurado nesse fio. Outro aspecto disso também está no *Upanixade Brihadaranyaka*. Gargi, a esposa de Yajnavalkya (é muito importante que as mulheres se juntem a todos esses debates) pergunta a Yajnavalkya, seu marido, o que é que tece todo este mundo, tal como trama e urdidura, e ele prossegue através de todos os elementos da natureza, e do mundo dos deuses, até chegar a Brahman. Brahman é aquele no qual se tece toda a criação. É a mesma ideia de que, em última análise, além do mundo material, além de toda essa ordem psíquica ou cósmica, está Brahman, a Realidade absoluta. O universo todo está dependurado nele. Porém, no *Gita*, realiza-se um progresso nisso, quando se compreende que esse Brahman, essa Realidade suprema, que é a fonte e o fundamento de toda a criação, é o Deus pessoal.

Krishna, então, prossegue em uma passagem muito poética, para falar de si mesmo como estando em todas as coisas. Isso possui uma conotação panteísta, mas seria errôneo limitar a isso sua significação.

8. Eu sou o sabor das águas viventes, e a luz do sol e da lua. Eu sou OM, a palavra sagrada dos *Vedas*, o som do silêncio, o heroísmo dos homens.

Nós diríamos que todas as coisas provêm de Deus; toda existência é de Deus. Também estamos dispostos a dizer que Deus está em todas as coisas, mas hesitamos em dizer que Deus é a existência de todas as coisas. Aquilo que Krishna está realmente dizendo é: "Eu estou na água, no fogo, na terra, em todas as coisas", e Eu sou o princípio vivente em todas as coisas. "Eu sou o sabor, o aroma" (Z), o *rasa*. É uma bela palavra, *rasa*, significando o aroma da comida e da bebida, e, na música ou na arte, qualquer que seja a qualidade que o indivíduo saboreie. "O sabor da água vivente" é o sabor de Deus na água. Perdemos de vista todos esses outros níveis da realidade. Reduzimos todas as coisas ao nível químico. A água é H_2O. Conhecemos sua composição química e, então, pensamos que sabemos o que é a água, e que nada mais há a conhecer. Porém, em um nível mais profundo de compreensão, a água revela todo o mistério da vida. Ela sacia a sede, ela alimenta as plantas, ela faz com que tudo cresça, ela contém todo o poder da vida em si mesma. Então, além disso, está a presença de Deus na água vivente, em seu sabor, em seu movimento e em sua claridade. Todo o mistério da existência está presente em toda flor, em toda planta, em todo pedaço de terra. São Francisco se referia à água como sua irmã. A ciência nega esse aspecto das coisas; ocupa-se apenas com o que possa ser mensurado. Não é errado separar o aspecto material da realidade, da água, da terra, do ar e do fogo e analisá-los simplesmente do ponto de vista químico e físico. Porém, não deveríamos seguir pensando que os outros aspectos tenham desaparecido e que a matéria é tudo. Aí está o erro. Poderemos analisar tanto quanto queiramos, e essa investigação resulta em maior entendimento, mas devemos nos lembrar de que além do material há todo um mundo psíquico e, além daquele, há o Deus vivente. Deveríamos ser capazes de manter em mente e vivenciar todos esses três níveis de realidade.

"Eu sou OM, a palavra sagrada dos *Vedas*." OM é a palavra original e está muito próxima do "Verbo" do evangelho de São João; deste "Verbo" se originam todos os sons, originam-se todas as palavras, originam-se todas as línguas, origina-se toda a verdade. Diz-se que os *Vedas* são a elaboração ou a manifestação dessa palavra, e diz-se que os *Vedas* sejam *nitya*, eternos, e *apauruseya*, que não possuam autor humano. Eles são a palavra original, o OM, manifestando-se.

9. Eu sou a pura fragrância que se origina da terra e o brilho do fogo Eu sou. Eu sou a vida de todos os seres viventes e a vida austera daqueles que treinam suas almas.

A última frase é algo complexa. Literalmente é: "ascetismo do asceta", o *tapas* do *tapasvi*. *Tapas* é o termo para ascetismo, disciplina; inclui todo o esforço espiritual, e um asceta é chamado *tapasvi*, ou seja, o indivíduo que pratica o ascetismo. É importante compreender que nosso esforço ascético é, em si mesmo, a ação de Deus em nós.

10. E, Eu sou, desde sempre, a semente de vida eterna. Eu sou a inteligência do inteligente. Eu sou a beleza do belo.

"Eu sou o *bija*", ou seja, a semente; é uma palavra-chave. *Sanatanam bijam* significa semente eterna, sendo *sanatana* outra palavra importante. *Sanatana dharma* é o nome dado ao hinduísmo pelos hindus. A palavra hinduísmo é uma invenção dos ocidentais. Na verdade, foram os persas que primeiro utilizaram a palavra hindu para descrever o povo que vivia às margens do rio Indo, e, então, a religião desse povo se tornou conhecida como hinduísmo. Muitos hindus contestam isso vigorosamente, todavia, e a única palavra que eles utilizam para descrever sua religião é *sanatana dharma*, a lei eterna. *Dharma* é a lei, a ordem cósmica, e sua religião é a expressão dessa eterna lei.

"Eu sou a semente primordial de todas as existências eventuais" (Z). O Verbo de Deus é a semente a partir da qual tudo provém, e Zaehner, corretamente, a traduz como "primordial". Então, Krishna diz: "Eu sou a *buddhi buddhimatam*", a inteligência do inteligente (a *buddhi* é a inteligência pura), "e o *tejas tejasvinam*", o esplendor do esplêndido.

> 11. Eu sou a energia dos fortes, sempre que essa energia estiver livre das paixões e dos desejos egoístas. Eu sou o desejo, sempre que ele estiver puro, desde que esse desejo não se oponha à retidão.

São Tomás diz que toda existência é boa e todo mal é uma imperfeição do existir. Esse é o princípio básico dele. Assim, Deus está na bondade e na existência de tudo, mas não na imperfeição; ele não está na ausência da existência ou na negação ou na privação da existência. Descreve-se o pecado como a privação do existir, uma falta do que é devido. Não é positivo; o mal não possui existência positiva. Possui um efeito muito positivo, é claro, mas não é positivo em si mesmo. É uma falta do existir.

Por isso, Deus está em tudo o que é bom, e ele é a energia eficaz de tudo o que é bom. Ele está presente no mal, mas ele não é a energia eficaz do mal, uma vez que o mal, em si mesmo, não é nada positivo. O mal é o uso errôneo de uma energia que é boa. "Eu sou o poder dos poderosos, esse poder que não conhece nem *kama*, o desejo, nem *raga*, a paixão." Estes são imperfeições em nosso poder. Sempre que estamos consumidos pelo desejo e pela paixão, nossa energia se desvia. Ela não é pura, não está concentrada. Existe esse poder em nossa natureza, que é essencialmente bom, mas quando buscamos nos apropriar desse poder, para utilizá-lo para a satisfação de nosso próprio desejo e paixão, então, corrompemos o poder, e ele se torna mau, ainda que o poder, em si mesmo, seja bom. Todo poder que utilizamos para o mal é essencialmente bom. O poder pelo qual um assassino apunhala sua vítima é essencialmente bom. A energia utilizada na ação é boa, mas a intenção da mente e a vontade na ação são más, por serem imperfeitas. Zaehner traduz: "Desejo (*kama*) sou Eu, em existências eventuais, mas de modo a não conflitar com a retidão". O desejo é bom, em si mesmo, mas sempre que o desejo se torna egoísta e conflitua com o *dharma*, com o que é correto e bom, ele se torna uma força do mal.

Existe uma maravilhosa passagem do *Mahabharata*, aqui citada por Zaehner, que é muito esclarecedora. Trata-se de um discurso do desejo (*kama*).

> Nenhum ser pode me assassinar, quem quer que seja, visto que nele faltam-lhe os meios. Caso um homem queira tentar me assassinar, confiando na força de uma arma, então, apareço eu novamente na própria arma por ele usada. Caso um homem queira tentar me assassinar, pela oferta de sacrifícios e pagamento de todo tipo de honorários, então, apareço eu novamente como o "eu que reside em todas as ações" em coisas que se movem. Caso um homem queira tentar me assassinar, por meio dos *Vedas* e dos caminhos da perfeição, então, apareço eu como o "eu aquietado e imobilizado" em coisas imóveis. Caso um homem queira tentar me assassinar, por meio da imperturbabilidade, então, eu me torno sua própria natureza, embora ele me ignore. Caso um homem queira tentar me assassinar, por meio de prática ascética, firme em seus votos, então, apareço eu novamente em sua própria prática ascética. Caso um homem queira tentar me assassinar, sábio e inclinado à libertação, então danço eu e dou risadas em frente a ele, enquanto ele permanece na bem-aventurança da libertação.

Esse desejo egoísta nos persegue no que quer que façamos. No caso de procurarmos viver uma vida ascética, então, tornamo-nos orgulhosos de nosso ascetismo e somos dominados pelo desejo egoísta. Se, pela prática ascética, buscamos a imperturbabilidade na ioga, apegamo-nos à nossa imperturbabilidade na ioga. Esse apego egoísta obstrui toda diligência espiritual. Até mesmo nosso amor a Deus é impelido pelo desejo egoísta e só se torna puro quando liberto do egoísmo. Tudo se corrompe por esse *kama*, esse desejo egoísta. Até mesmo o próprio desejo de libertação pode se originar do desejo egoísta, ainda que a libertação seja essencialmente libertar-se do ego. O ego corrompe todas as coisas que fazemos todo o tempo, até o derradeiro fim. Não podemos escapar a ele; a graça de Deus é a única coisa que nos pode libertar dele. Aquela é a única maneira, e, então, o próprio *kama* se transforma na pura energia do amor.

> 12. Sabe também que os três *Gunas*, os três estados da alma, originam-se em mim: a luz cheia de paz, a vida irrequieta e as trevas inertes. Porém, Eu não estou neles, eles estão em mim.

Esses três *gunas* são os elementos que constituem o mundo. Já os mencionamos anteriormente; eles são os elementos de toda a natureza: *tamas*, as trevas, o elemento terreno; *rajas*, o fogo ou a energia; e *sattva*, a pureza ou a luz. Em um ser humano *tamas* é o embotamento, a preguiça; *rajas* é o entusiasmo, a coragem; e *sattva* é a inteligência, a pureza. Assim, esses são os três elementos que constituem a natureza, mas Deus está acima de todos esses elementos. Ele diz: "Eu não estou neles, mas eles estão em mim". Essa ideia será desenvolvida mais adiante, mas é importante que a observemos aqui, por causa do problema do panteísmo no hinduísmo. Frequentemente se diz que o hinduísmo é panteísta, mas, mais do que em qualquer outro lugar, no *Bhagavad Gita* fica claro que isso não é verdade. Krishna afirmou, nos *slokas* anteriores, que ele está em todas as coisas e, agora, é muito cuidadoso em equilibrar isso, pois poderíamos ser levados a pensar que, por estar em todas as coisas, ele seria, de algum modo, modificado por elas. Então, ele diz: "Eles estão em mim, mas Eu não estou neles". Eles estão em mim, por estarem completamente sob meu controle. Porém, Eu não estou envolvido neles, ou não sou dependente deles.

Ele é muito cuidadoso ao mostrar que é completamente livre. Por isso, claramente, não se trata de panteísmo.

Agora chegamos à questão de *maya*.

> 13. Como o mundo todo está sob a ilusão dessas sombras da alma, e não conhece a mim, embora Eu seja eterno!

As sombras da alma são os três *gunas*. Todo o universo, ou seja, a natureza, *prakriti*, é composta por esses três *gunas*, e estamos todos sob o encanto desses poderes da natureza, sem compreendermos que todos eles dependem de algo, de alguém, que está além. Isso é *maya*. Tem origem na raiz *ma*, que significa "medir". Encontramo-la em muitas palavras, como matéria, algo que pode ser medido. É também a raiz da palavra latina *mens*, a mente que é a medida de todas as coisas. Portanto, *maya* é o elemento de medição na natureza.

> 14. É difícil passar além de minha misteriosa nuvem das aparências; mas aqueles que em verdade vêm a mim, vão além do mundo das sombras.

Aqui Mascaró traduz *maya* como "misteriosa nuvem das aparências". Esse é um dos seus aspectos. Também pode ser traduzido como "poder criativo" (Z). *Maya* é ambos, o poder que cria ou "mede" o mundo e o mundo que assim é medido. Mais adiante adota o significado de ilusão e é traduzido como ilusão com muita frequência, porém *maya* é realmente a natureza considerada como a manifestação de Deus. Caso vejamos somente a natureza, sem vermos Deus nela, então, estamos sob uma ilusão. Então, *maya* estará nos enganando. Porém, ao vermos Deus através daquele *maya*, então, *maya* se torna o meio pelo qual conhecemos Deus. Depende de nosso ponto de vista. Todo esse mundo criado é uma manifestação de Deus, e caso vejamos apenas essa manifestação, e não vejamos Deus por trás dela, estaremos sob uma ilusão. O mundo em si, então, é ilusão. Porém, quando corretamente vemos que o mundo é apenas um véu, através do qual Deus manifesta a Si mesmo, então, ele se torna o meio de conhecer Deus.

Esse é todo o problema. Ou o mundo é um signo e um meio pelo qual realizamos Deus, ou se torna uma coberta que esconde Deus. Tudo se resume ao fato de fazermos deste mundo uma ilusão, ou de fazermos dele um sacramento, um signo de Deus. "Tudo isso é meu poder criativo. Quem quer que confie unicamente em mim passará além deste *maya*", tal como traduzido por Zaehner. Uma vez que depositemos nossa confiança em Deus, iremos além de *maya*, e não mais seremos enganados.

15. Porém, os homens que praticam o mal não procuram por mim: sua alma está obscurecida pela ilusão. Sua visão está encoberta pela nuvem das aparências; seu coração escolheu o caminho do mal.

Aqueles que não confiam em Deus estão iludidos e enganados, sua sabedoria é destruída por este *maya*, e eles aderem a um *asura*, um poder do mal. Existem duas ordens de seres espirituais, os *devas* e os *asuras*. Os *devas* são os deuses, os espíritos de luz, e os *asuras* são os demônios, os espíritos das trevas. Quase todas as tradições possuem essas duas ordens, os poderes cósmicos do bem e do mal. Eles representam as forças sutis ou psíquicas do universo. Se ignoramos a presença de Deus e dos poderes espirituais no mundo que nos rodeia, sujeitamo-nos aos poderes demoníacos. Isso é o que acontece no mundo de hoje. Através da ciência, apenas conhecemos o mundo material, ou seja, o aspecto material da realidade, e erroneamente tomamos esse mundo pela única realidade existente. Então, sem nos darmos conta, sujeitamo-nos a forças demoníacas presentes na matéria, na natureza e no inconsciente. Desse modo, a ciência e a tecnologia, em si mesmas essencialmente boas, tornam-se os meios para a criação de armas nucleares, que podem destruir a humanidade e devastar toda a Terra. Esse é o resultado de se estar sob a ilusão de *maya*, da matéria, sob a direção das forças do inconsciente.

A ciência, desse modo, torna-se demoníaca, por não ser controlada pelo espírito. É apenas a mente humana, empenhando sua máxima capacidade na matéria, mas, inconscientemente, sujeita a poderes demoníacos.

16. Existem quatro tipos de homens que são bons, e os quatro me adoram, ó Arjuna: os aflitos, os buscadores de conhecimento, os que buscam bens e os homens de visão.

17. O maior deles é o homem de visão, que é sempre íntegro, que ama o Uno. Pois Eu amo o homem de visão, e o homem de visão me ama.

O "aflito", o "que busca sabedoria", o "que se esforça por proveito", cada um deles, à sua maneira, quer algo de Deus, tal como colocado por Zaehner. O homem aflito quer alívio, o homem que busca o saber quer a sabedoria, o homem que busca a prosperidade quer riquezas. Porém, o homem de visão, que é sábio e integrado, busca a Deus em si mesmo. Esta é a diferença: de início buscamos a Deus por alguma coisa que possamos obter dele; só mais tarde descobrimos que é Deus que queremos.

18. Esses quatro tipos de homens são bons, mas o homem de visão e Eu somos um. Toda sua alma é una em mim, e Eu sou seu Supremo Caminho.

"Todos eles são nobres, mas considero o homem de visão, o *jnani*, como meu verdadeiro Eu" (Z). É uma frase muito bela: ele diz *atma eva*, Eu o considero como Eu mesmo. O homem sábio se uniu a Deus. Ele é uno com ele em amor, e Deus é seu verdadeiro eu.

19. Ao fim de muitas vidas, o homem de visão vem a mim. "Deus é tudo", diz esse grande homem. Um tão sublime espírito, quão raramente se encontra!

A frase "Deus é tudo", literalmente, é "Vasudeva é tudo". Krishna é Deus encarnado, que se manifesta como o filho de Vasudeva. "Um tão sublime espírito", literalmente, é "um Mahatma". Mahatma é o grande Ser. Existem diferentes termos para essas grandes almas, que na Índia são utilizados de forma muito interessante. Gandhi era sempre chamado Mahatma, a grande alma. Aurobindo era Mahayogi, o grande iogue. Ramana Maharishi era o grande rishi, e Tagore era Gurudev, o guru divino. Ramakrishna era Paramahansa, o cisne supremo, o pássaro que alça voo para o infinito. Cada um deles é diferente, e as pessoas são muito afiadas na maneira de discernir as diferentes características espirituais.

20. Os homens cujo desejo tornou sua visão opaca dedicam seu amor a outros deuses e, sob a condução de sua natureza egoísta, seguem muitos outros caminhos.

Essa relação do Deus único com os muitos deuses é fundamental no hinduísmo. Os muitos deuses são os poderes da natureza, os poderes dos céus e da terra, o poder da riqueza, o poder do dinheiro, o poder político; todos eles são deuses. Porém, a sabedoria consiste em ver que todos eles são apenas aspectos do Ser Uno. Essa é a visão hindu autêntica. Todos esses *devas* são nomes e formas, *nama* e *rupa*, do Ser Uno, que não tem nome e não tem forma. Ele se manifesta em todos esses poderes e pode ser adorado neles e através deles; a idolatria e a superstição consistem na adoração dos poderes separados do Uno. Aquilo é politeísmo. Porém, a doutrina hindu, em sentido estrito, é sempre a do devoto que adora o Uno através desses poderes ou deuses. Não queremos dizer com isso que não haja muitos hindus idólatras. Eles podem ter se esquecido do Uno. Tomemos como exemplo a adoração de Lakshmi, a deusa da prosperidade. Caso o indivíduo considere que a prosperidade provém de Deus, o Uno Supremo, então, será perfeitamente legítimo que se peça por isso, porém, se o indivíduo adora a própria prosperidade, a própria Lakshmi, então, ele será um idólatra. Quem poderá julgar quem é o idólatra? Existe problema semelhante na adoração cristã. Caso Santo Antonio proporcione algo que a pessoa quer, será que ela compreende que é Deus que age através de Santo Antonio ou será que ela simplesmente pensa que Santo Antonio consegue as coisas para ela? Uma vez que comece a pensar que Santo Antonio lhe consegue as coisas, então, ela estará fazendo de Santo Antonio um deus e, esperando que ele lhe dê isso e aquilo, se torna uma idólatra.

Esse é o perigo de todas as religiões. É isso o que sentem os protestantes, com relação à devoção aos santos. É por isso que o judaísmo e o islamismo insistem na devoção exclusiva ao Deus único. Porém, a devoção ao Deus único, sob diferentes formas, não está necessariamente errada, e, assim, também pode se justificar a prece aos santos. Todavia, o perigo está sempre aí. Enquanto eu vivia em Bangalore, houve um assassinato: um homem matou sete pessoas. Elas estavam deitadas em suas camas. Na verdade, ele só queria uma delas, mas ele eliminou todas elas. Fui informado que, duas ou três semanas antes do assassinato, ele estivera rezando e oferecendo sacrifícios à deusa Kali, para que lhe desse forças para fazê-lo. Existem histórias semelhantes, na Itália, de ladrões que rezavam à Madonna, para que obtivessem bons resultados. Esse é o perigo sempre que separamos a criatura do Criador.

Sempre gostei da história do jovem que estudava teologia em Roma, perplexo ante os argumentos acerca da existência de Deus. Ele estava hospedado em uma pousada e a governanta, que o via sempre confuso com isso, perguntou-lhe o que o intrigava. Ele disse estar estudando a questão da existência de Deus. "Ah", ela respondeu, "o que importa a existência de Deus, quando temos a Madonna?".

21. Pois, caso um homem deseje com fé devotar-se a esse ou àquele deus, eu concederei a fé a esse homem, uma fé que seja firme e inamovível.

Qualquer fé genuína em qualquer deus ou qualquer pessoa santa é concedida por Deus. Essa é a ideia. A própria fé será sempre uma reação a uma luz interior, um reconhecimento da presença de Deus, qualquer que seja a forma que ela tome.

> 22. Quando esse homem, cheio de fé, adora esse deus, deste último ele obtém seus desejos; mas o que quer que seja bom provém de mim.

Esse é o entendimento essencial hindu, o de que todo o bem vem exclusivamente de Deus, qualquer que seja a forma pela qual o adoremos.

> 23. Porém, esses são homens de pouca sabedoria, e o bem que eles querem tem fim. Aqueles que amam os deuses vão aos deuses; mas aqueles que me amam vêm a mim.

A devoção aos deuses inferiores é sempre limitada. Eles só podem conferir os bens da criação, enquanto apenas o Deus incriado poderá satisfazer a alma. Se você adora algo menos do que Deus, você terá sua recompensa, mas só aqueles que adoram o Deus único chegam a ele ao final.

> 24. Os insensatos pensam que eu sou aquela forma de minha natureza inferior, aquela que os olhos mortais veem: eles não conhecem minha natureza superior, imperecível e suprema.

A natureza inferior é composta pelos cinco elementos e a mente humana. Assim, os insensatos, as pessoas destituídas de *buddhi*, sem inteligência espiritual, tomarão esse mundo dos sentidos e da mente pela realidade. Eles não se dão conta da natureza superior, que se manifesta através da inferior. "Eles nada conhecem de minha natureza superior", o *parambhavam*, que é imutável e supremo, *anuttamam*.

> 25. Pois minha glória não é conhecida de todos: estou oculto sob meu véu de mistério; e, em sua ilusão, o mundo não conhece a mim, que nunca nasci e sou para sempre.

Krishna diz: "Minha ioga *maya* me oculta", e há várias interpretações para essa terminologia. Zaehner fala do "poder criativo da ioga". A Criação se parece com um tipo de ioga, pelo qual Deus se manifesta. Ele diz: "Meu poder criativo e a maneira pela qual eu o utilizo". *Maya* é o poder, o poder de Deus através do qual a criação passa a existir. A ioga é a atividade, a ação desse poder, "a maneira pela qual eu o utilizo". Porém, notemos que *maya* não significa ilusão, exceto neste sentido: quando tomamos este mundo, este *maya*, esta natureza, pela realidade, pela realidade suprema, então, estamos iludidos, e, então, *maya* se torna uma ilusão. Quando vemos isso como a obra divina e vemos o divino que brilha através disso, ao contrário, é um meio de união com o divino.

"Eu não sou revelado a todos; este mundo, iludido, não Me conhece – o nunca nascido e imutável" (Z). Por trás do mundo em mutação, há a realidade imutável; por trás de tudo o que nasce, por trás de tudo o que é criado, há o não nascido e o incriado.

Essa é a verdade essencial, isso é sabedoria, isso é *jnana*; e ilusão ou ignorância, *aparavidya*, é tomar a forma exterior do mundo e a aparência que os sentidos captam pela realidade suprema. Essa é a grande ilusão. É como se estivéssemos no cinema, imaginando que o que vemos seja a realidade. Isso é o que acontece com a maioria das pessoas. Esse mundo se parece com uma apresentação de cinema. Assistimos ao filme e pensamos que seja a realidade; então, à hora da morte, as luzes se acendem, e nos damos conta daquilo que aconteceu, sabemos a verdade. Enxergamos a realidade por trás da apresentação.

26. Eu conheço tudo o que foi, o que é e o que será, ó Arjuna; mas ninguém, na verdade, me conhece.

Esse mistério supremo não é conhecido. Nosso conhecimento se prende às coisas do espaço e do tempo; normalmente, não conhecemos aquilo que está além. "Conhecido" significa conhecido pela *buddhi*, a mente, mas quando o indivíduo vai além de todas as faculdades, então, ele poderá ter uma experiência daquilo que se encontra além e que não é conhecido no sentido comum.

27. Todos os seres nascem na ilusão, a ilusão da divisão que surge do desejo e do ódio.

"Por meio da ilusão dos pares de opostos" (B & D). A palavra para ilusão aqui é *moha*. A causa dessa ilusão é que somos sempre atraídos pelos sentidos, para aquilo que seja prazeroso, e repelidos pelos sentidos, daquilo que seja desagradável. Temos uma percepção ilusória da realidade, com base em nossas próprias emoções. Esse é o principal irrealismo do mundo, o de que tudo vemos, distorcido por nossas próprias emoções, nossos desejos, nossos medos e nossas ansiedades. Essa é a ilusão que resulta dos *dvandva*, as dualidades. Apenas quando vamos além das dualidades e descobrimos o Uno conhecemos a verdade como ela é. Então, libertamo-nos dos desejos, dos ódios, dos medos e de tudo o mais.

28. Porém, há os homens que fazem o bem, cujos pecados chegaram a um fim. Eles estão livres da ilusão da divisão, e eles me adoram com toda sua alma.

"Seus pecados chegaram a um fim." Pecado, em essência, é apego. Trata-se do apego do ego ao mundo, enquanto a liberdade do pecado é a liberdade desse apego. Há alguns que foram além do pecado, ou melhor, "cujo pecado chegou a um fim".

"Praticantes do que é bom e puro: libertos da confusão da dualidade (os *dvandva*), Me amam e adoram" (Z). A confusão provém das dualidades, do bem e do mal, do prazer e da dor. A verdade está além das dualidades.

29. Pois aqueles que em mim se refugiam e se esforçam para se libertar do envelhecimento e da morte, eles conhecem Brahman, eles conhecem Atman, e eles sabem o que é carma.

"Eles passarão a conhecer o que Brahman é, em sua plenitude, conforme ele pertencer ao ser, o completo mistério das obras" (Z). Há uma série de termos do sânscrito, *adhiyatman, adhidaivam, adhibhutam*, e Zaehner nos diz que todos esses termos são adjetivos que qualificam Brahman, ainda que muitas traduções os tomam por substantivos. O verdadeiro significado desse *sloka* é o de que eles conhecerão Brahman em todas as suas manifestações: Brahman manifestado no Ser, o *adhiyatman*, Brahman manifestado na ordem cósmica, o mundo dos deuses, o *adhidaivam*, e Brahman manifestado na natureza, o *adhibhutam*, que aqui está citado como "carma", a lei da natureza. Assim, Brahman é o Uno manifestado em todos esses níveis, e é o Uno que buscamos conhecer.

30. Eles me conhecem na terra e nos céus e no fogo dos sacrifícios. Suas almas estão puras, em harmonia, e até mesmo quando chega sua hora de partir, eles me veem.

Mais literalmente, eles conhecem o Brahman manifestado na criação, ou ser contingente (o *adhiyatman*), no mundo dos deuses, a ordem cósmica (o *adhidaivam*) e, também, no sacrifício (o carma). Deus está manifestado em toda a ordem cósmica e no sacrifício cósmico. Se corretamente compreendida, toda a ordem cósmica é um sacrifício. O *purusha*, a Pessoa Primordial, oferece-se a si mesmo, e toda a criação passa a existir, através do sacrifício de *purusha*. O sacrifício de *purusha* sustenta toda a criação, estando ele representado no sacrifício védico, e Krishna é a Pessoa cósmica, cujo sacrifício sustenta o mundo. Isso pode ser entendido como um prenúncio da concepção cristã de Jesus, o "Cordeiro imolado antes da fundação do mundo" (Apocalipse 13,8), cujo sacrifício na cruz redime toda a criação.

CAPÍTULO 8

A Ioga do Eterno Imperecível

Neste capítulo, Krishna ensina a Arjuna o conhecimento dos dois caminhos, o caminho da luz e o caminho das trevas, e como alcançar o fim mais elevado, o Eterno. O capítulo também apresenta um entendimento da estrutura do universo, de acordo com o *Gita*. Brahman é a Realidade suprema, conhecido nos *Upanixades* como *akshara*, o imperecível, a fonte e a base de toda existência. No entanto, Zaehner apresenta aqui o argumento de que nos *Upanixades* mais recentes, como o *Upanixade Shvetashvatara*, assim como mais adiante no *Gita*, diz-se que o Deus pessoal estaria acima do imperecível (ver capítulo 15, verso 18). Isso marca um refinamento na compreensão da natureza da realidade. De início, concebe-se a Realidade suprema como puro ser e pura consciência, que existe em perfeita bem-aventurança, *saccidananda*, mas seu papel pessoal não está completamente realizado. No *Gita*, revela-se gradualmente que essa Realidade absoluta também é a Pessoa absoluta, o *Purushottama*, que é o princípio não apenas do ser e do conhecimento, mas também do amor. O *Atman* é a Realidade suprema, o Brahman, que se manifesta como o espírito no homem.

Arjuna pergunta a Krishna:

1. Quem é Brahman? Quem é Atman? E o que é carma, supremo espírito? O que é o reino da terra? E o que é o Reino da Luz?

2. Quem oferece o sacrifício no corpo? Como é feita a oferenda? E, quando chega a hora de partir, como é que aqueles cuja alma está em harmonia vos conhecem?

Krishna responde:

3. Brahman é o Supremo, o Eterno. Atman é seu espírito no homem. Carma é o poder da criação, de onde todas as coisas ganham vida.

4. A matéria é o reino da terra que, no devido tempo, parte; mas o espírito é o Reino da Luz. Neste corpo Eu ofereço sacrifício, e meu corpo é sacrifício.

Brahman é a realidade suprema. Atman é sua manifestação no homem. Carma aqui se utiliza para a atividade de Deus na natureza. O *adhibhutam*, que Mascaró traduz como "Reino da terra", é a manifestação de Brahman no mundo material, e *adhidaivatam*, que Mascaró traduz como "Reino da Luz", é a manifestação de Brahman no mundo dos deuses, os *devas*, que na verdade são espíritos de luz. O mundo dos deuses é chamado *purusha*, que Mascaró traduz como "o espírito", porque todos os deuses nada mais são do que manifestações da Pessoa Cósmica única.

Finalmente, Brahman se manifesta no sacrifício, o *yajna*, com o qual Krishna aqui se identifica. Nos *Vedas*, Brahman é o poder que sustenta o sacrifício e, uma vez que se diz que o sacrifício sustenta o mundo, Brahman é o poder que sustenta o mundo. No *Gita* (ver capítulo 4, verso 24), diz-se que Brahman é o próprio sacrifício, o oficiante, aquilo que é ofertado e o ato da oferenda. Aqui, Krishna, o Deus pessoal, se revela como quem oferece o sacrifício "aqui no corpo". Krishna se identifica com a Pessoa Cósmica, de cujo sacrifício provém a criação, e por este se sustenta. Não conseguimos deixar de ver quão perto isso chega ao conceito cristão do sacrifício de Cristo, que é sacrifício eterno, ofertado pelo eterno Sumo-Sacerdote e representado uma vez no tempo, "aqui no corpo" no Calvário, representando o poder que sustenta e redime o mundo.

5. E aquele que ao final de seu tempo deixar seu corpo pensando em mim, na verdade, ele vem a meu ser: ele, na verdade, vem a mim.

Caso o indivíduo esteja pensando em Deus, ao final de sua vida, ele transita para a modalidade divina de ser. Em toda religião, a atitude mental à hora da morte é considerada da maior importância, por determinar em muito a experiência de vida após a morte do indivíduo.

6. Pois, em quem quer que o indivíduo pense no momento final da vida, para ele, na verdade, seguirá através da afinidade com sua natureza.

Em uma frase estranha, utiliza-se aqui *bhava-bhavita*. Significa que ele é levado "a crescer naquela natureza". É como se essa vida divina nos tivesse atraído a ela. Caso tenhamos nossa mente fixa em Deus, seremos atraídos à vida divina. O que quer que adoremos exerce sobre nós uma poderosa fascinação e nos faz crescer nele, de modo que, em certo sentido, nos tornamos nele.

7. Pensa em mim, portanto, em todos os momentos, lembra-te de mim e luta. E com a mente e a razão em mim, tu, em verdade, chegarás a mim.

A meta é o foco de toda a mente em Deus, no Senhor. A palavra *smara* significa "lembrar", "manter em mente", e, talvez, devêssemos manter em mente a *anamnesis* do grego, uma palavra utilizada na Eucaristia cristã. "Fazei isto em minha memória." Essa tem sido uma palavra-chave no diálogo cristão sobre a Eucaristia. Muitos se opõem ao emprego da palavra sacrifício na Eucaristia e ainda mais ao termo "transubstanciação", com suas peculiares conotações acadêmicas, mas todos aceitam a palavra *anamnesis*, tal como a encontramos no Evangelho: "Fazei-o em memória de mim". Entende-se que uma memória nesse sentido não é apenas uma função mental; é um trazer ao presente, uma re-presentação daquilo que aconteceu no passado.

Para os judeus, é a refeição pascal, com a ideia de que a libertação do Egito, que se deu no passado, torna-se presente; através da refeição pascal, judeus de todas as gerações compartilham o evento do passado. Sem dúvida, isso é o que Jesus tinha em mente quando instituiu a Eucaristia "em memória de mim". "Lembrar", nesse sentido, é recordar o evento passado de tal maneira a torná-lo presente ao crente. Esse é o entendimento desta palavra "lembrar" hoje e, talvez, seja esse também o significado das palavras de Krishna. "Lembra-te de mim e luta." Arjuna ainda está defronte à batalha. Anteriormente, a determinação foi: "Faze teu dever, sem apego, oferta-o como um sacrifício". Agora, Krishna diz: "Faze-o com tua mente fixa em mim, devotado a mim". Essa é a transformação que o *Gita* implementou. Uma religião da lei, do dever e do sacrifício se transforma em uma religião de amor e capitulação. Essa é a transformação que deve acontecer em todas as religiões. Deve sempre existir uma mudança a partir da lei e dos mandamentos exteriores para o espírito e a graça interiores. Nesse caso, a luta exterior em que Arjuna também está empenhado se transforma em armamento de guerra interior contra a paixão e o desejo, que envolve a entrega do coração e da mente a Deus. A "mente" e a "razão" são o *manas*, e o coração, o espírito ou a mente intuitiva interior é a *buddhi*. Todas as faculdades que se tornaram *yukta* se uniram na ioga, devem estar fixas no Uno, e, então, a alma verdadeiramente encontrará Deus.

8. Pois, se um homem pensa no supremo espírito, com uma mente que não vagueia, por ter sido treinada na ioga, ele irá para aquele espírito de luz.

O supremo espírito é a suprema Pessoa divina, o *purusha*, que é a suprema energia da Divindade, e toda a devoção nele se fixa. Desapego e ioga, ali, são o mesmo, mas agora tudo se focaliza na devoção ao Deus pessoal. Zaehner traduz: "Que os pensamentos do homem se integrem pela ioga (*abhyasa yoga yuktena*) e pelo esforço constante: que eles não se desviem para absolutamente mais nada". A mente se fixa nisso e em nada mais, assim, por meio da meditação no *paramam Purusham divyam*, a suprema Pessoa divina, ele chega àquela Pessoa.

9. Aquele que se lembra do Poeta, do Criador, de quem rege todas as coisas em todos os tempos, menor do que o menor dos átomos, mas que sustenta este vasto universo, que brilha como o sol além das trevas, muito, muito além do pensamento humano.

Essa é uma bela passagem. Esse *kavim puranam*, o antigo poeta, aparece nos *Upanixades*. Ele é o vidente ou *rishi*. O indiano fazia uma ideia muito mais refinada de um poeta do que os gregos. Ainda que considerasse o poeta inspirado, Platão rejeitou-o na *República*, porque contava histórias imorais acerca dos deuses. Porém, na tradição védica, o poeta era alguém que possuía a visão; ele era alguém que enxergava e possuía o conhecimento. Os *Vedas* são a expressão poética desse conhecimento divino. Assim, o próprio criador é um poeta. Ele também é "menor do que o menor dos átomos", e é quem ordena o *dhataram*, que significa firmeza e pode ser traduzido como mantenedor, aquele que estabelece, criador. Sua forma é impensável, *acintya-rupam*, literalmente, "cuja forma não pode ser concebida". Existe, então, uma referência ao *Upanixade Shveshvatara*: "Conheço aquela grande Pessoa da cor do sol, além das trevas; só o conhecendo, alguém poderá ir além da morte. Não há outro meio de ir". Essa é uma das mais belas expressões de fé no Deus pessoal, por meio do qual pode-se ir além da morte. Para um cristão, Cristo é a suprema Pessoa, que partiu para além da morte, e que, na Ressurreição, brilha tal como o sol, além das trevas.

10. E, à hora de sua partida, está unido ao amor e à energia da ioga, e, com uma mente que não vagueia, mantém a energia de sua vida entre suas sobrancelhas, ele irá para aquele espírito supremo, o supremo espírito de luz.

É significativo que agora a mente não seja controlada apenas pelo poder da ioga, mas pelo amor. A expressão *bhakta yukta* significa integrada por *bhakti*. "Mantém o poder de sua vida entre suas sobrancelhas." O ponto entre as sobrancelhas é o *ajna* chacra, o sexto dos sete chacras, ou centros de energia psíquica. Um dos métodos da ioga é o de concentrar todas as energias de vida, toda a energia de seu ser, nesse ponto.

11. Ouve tu agora, quanto àquele Caminho, a que os videntes dos *Vedas* chamam o Eterno, e que é alcançado por aqueles que, com as paixões terrenas em paz, vivem uma vida de santidade e se esforçam pela perfeição.

O termo para eterno é *aksharam* que, como vimos, é "o imperecível". Usa-se o termo tanto para Brahman quanto para a palavra OM. O termo sânscrito para "estado" é *padam*, que também pode significar "palavra", de modo que também poderia ser traduzido como "a palavra imperecível", ou seja, o OM. O *Upanixade Katha* assim se expressa quanto ao OM como sendo o Verbo: "Que todos os *Vedas* glorificam, que todo autossacrifício expressa, que todos os estudos sagrados e vida santa falam". A palavra OM, assim, passa a se identificar com o Verbo primordial, a Realidade suprema.

12. Se, quando um homem deixar seu corpo terreno, ele estiver no silêncio da ioga e, fechando as portas da alma, mantiver sua mente em seu coração e colocar o alento da vida em sua cabeça.

13. E, lembrando-se de mim, ele murmurar OM, o eterno Verbo de Brahman, ele irá para o Supremo Caminho.

É assim que o indivíduo deveria encarar a morte. O indivíduo deveria fechar os portais do corpo, os portais dos sentidos, e "manter a mente no interior do coração", ou como dizem os Padres Gregos: "Conduza seus pensamentos da sua mente para seu coração". Diz-se que um iogue, ao morrer, entra em *samadhi*. Em outras palavras, ele simplesmente foi para o estado final da meditação. Assim é que o indivíduo deveria morrer. Ele deveria se sentar, meditar e abstrair a mente dos sentidos, então, abstrair a mente interior dos movimentos da mente, a *buddhi* do *manas*. Finalmente, o indivíduo deveria se recolher ao mais interno centro de seu ser e, então, à medida que abandona tudo o mais, ele entra no eterno *samadhi*.

Há uma história ilustrativa disso na vida do grande asceta Tapasve Maharaj. Ele deixou seu corpo em Bangalore no ano de 1955, e esse evento foi presenciado por um juiz de Bangalore, que mais tarde escreveu sua biografia. Esse iogue viveu uma vida extremamente ascética, tendo vivido até os 185 anos. Ele nasceu em 1770 e morreu em 1955. Ele viveu nos Himalaias e, por volta dos noventa anos de idade, começou a se sentir muito debilitado, seus dentes estavam caindo, sua audição e sua visão estavam falhando, e ele não mais conseguia caminhar ereto. Nessa época ele encontrou um sadhu que lhe ensinou o segredo do rejuvenescimento. Ele lhe falou de determinado medicamento, conhecido como *kaya-kalpa*, que pode ser encontrado nos Himalaias, e que, segundo lhe disse o sadhu, o mesmo prepararia para ele. O sadhu colheu o medicamento e instruiu o iogue para que ele construísse para si uma pequena cabana, colocando nela uma cama feita com palha de arroz. Ele então disse ao iogue que deveria ficar deitado nessa cama por noventa dias, e que ele lhe traria uma dose diária do medicamento que havia preparado com um copo de leite. Por noventa dias o iogue permaneceu em sua cabana, fechado no escuro, sem nenhuma companhia, excetuando-se a visita diária do sadhu, que lhe trazia o medicamento e o leite e tomava seu pulso e sua temperatura. Depois de seis dias o iogue caiu na inconsciência e assim permaneceu por mais de duas semanas, em que a cada dia o sadhu checava seu pulso e lhe administrava o medicamento. Depois de cerca de vinte dias o iogue voltou a si. Recobrou sua visão, seus cabelos e dentes caíram e, então, gradativamente, novos cabelos e dentes começaram a crescer. Com o passar do tempo, ele rejuvenesceu gradativamente e, ao sair, se parecia com um homem de seus vinte anos, com cabelos pretos e uma compleição robusta. Assim, reiniciou sua vida ascética. Ao novamente envelhecer e se sentir debilitado, ele fez isso uma segunda vez e, então, novamente uma terceira. A cada vez ele ganhava certo grau de rejuvenescimento, mas o processo se tornava cada vez menos eficaz. Ao final, ele sentiu que sua hora de morrer havia chegado, de modo que reuniu um número de pessoas a seu redor. Nesse estágio ele já estava seriamente enfermo e possuía dois ferimentos em suas coxas, de modo que não podia movimentar suas pernas. Estivera deitado em sua cama por semanas a fio, sem a possibilidade de movimentar suas pernas e, ao final, não conseguia nem se sentar na cama. Aparentava ser um homem de grande estatura e pesado, demandando várias pessoas para segurá-lo, quando queria se sentar. Ele não podia falar, por ter perdido a voz. Ele ficou nessa condição por diversas semanas e, finalmente, chegada a hora, fez sinais para que as pessoas o colocassem no chão. Eles o deitaram no chão, e ele sinalizava quantas horas faltavam para a chegada da morte: três, duas e, então, uma. Chegada a hora da morte, ele repentinamente movimentou suas pernas e ergueu seu tronco, sem nenhuma ajuda. Finalmente, sentou-se em postura de lótus. Então, ainda que antes fosse incapaz de falar, um tremendo OM saiu das profundezas de seu ser, e dessa maneira ele entregou sua alma, tal como recomendado pelo *Gita*. Isso foi presenciado pelo juiz e sua família, e foi escrito em 1955. "Assim essa é a maneira de morrer! Lembrando-se de mim ele murmura OM, o eterno Verbo de Brahman, ele vai para o Supremo Caminho.

14. Aqueles que, na devoção da ioga, repousam sempre toda sua alma em mim, logo vêm a mim.

15. E, quando aqueles grandes espíritos estiverem em mim, a Morada da suprema felicidade, nunca mais voltarão a este mundo de aflição humana.

Na tradição hindu, o objetivo da vida é o de passar além do *samsara*, além de todo o mundo do tempo e da impermanência, e adentrar o estado isento de morte, de Brahman, que se alcança por meio da devoção ao Deus pessoal, conforme o *Gita*.

16. Porque todos os mundos passam, até mesmo o mundo de Brahma, o Criador: eles passam e voltam. Porém, aquele que vem a mim deixa de seguir de morte em morte.

A visão hindu do tempo é cíclica. No princípio, tudo surge de Brahman e passa por todos os estágios da evolução, então, retorna a Brahman, apenas para novamente ressurgir no princípio de uma nova era.

17. Eles sabem que o imenso dia de Brahma, o deus da criação, dura mil eras; e que sua noite, também, dura mil eras – eles, em verdade, conhecem o dia e a noite.

Essas são as eras de Brahma, cada uma composta de quatro *yugas*, e supõe-se que durem 4.320.000 anos. Diz-se estarmos agora pela metade de *Kali yuga*. Em geral, acredita-se que ainda faltam muitos milhares de anos, antes do final do *Kali yuga*, ainda que algumas pessoas sustentem estarmos nos aproximando do seu final, quando tudo se dissolverá em *pralaya* e uma nova era se iniciará.

18. Com a chegada daquele dia, toda a criação visível surge do Invisível; e toda a criação desaparece no Invisível, com a chegada da noite escura.

O "invisível" é o Não Manifestado, o *avyakta*. Aqui *avyakta* significa *mula prakriti*, a natureza raiz ou o útero da natureza do qual tudo surge. O *Upanixade Katha* menciona o *avyakta*: "Além dos sentidos está a mente, o *manas*; além de *manas* está o intelecto, a *buddhi*; além de *buddhi* está o *mahat*, a ordem cósmica, a inteligência cósmica; além do *mahat* está o *avyakta*, o Não Manifestado; além de *avyakta* está *purusha*, a Pessoa. Esse é o objetivo mais elevado". Observando o processo de cima para baixo, há primeiro Brahman, a fonte original da qual tudo surge, então, é como se Brahman se dividisse em *purusha* e *prakriti*. *Purusha* é o princípio masculino ou ativo, espírito, consciência. *Prakriti* é a natureza, o princípio feminino, o inconsciente, o útero do qual provém toda a criação, que aqui é chamada o Não Manifestado. Portanto, de um lado, há o espírito, a consciência e a luz do dia, de outro, a matéria, o inconsciente e as trevas da noite. Esses são os dois princípios, o masculino e o feminino, *purusha* e *prakriti*, dos quais toda a criação passa a existir, e, então, novamente se dissolve.

19. Assim, toda a infinidade de seres que vivem repetidamente, impotentemente, desaparecem quando chega a noite escura; e todos eles novamente retornam com o alvorecer do dia.

Essa é uma visão cíclica do tempo, na qual tudo caminha em ciclos baseados no ritmo da natureza: o nascer e o pôr do sol; a lua que cresce e mingua; a sucessão de primavera, verão, outono e inverno, e, então, novamente a primavera; o nascimento, a morte e o renascimento. Dessa maneira, todo o cosmos, a roda do tempo, o *samsara*, caminha nesse círculo. *Moksha* é o estado de libertação de toda a roda do tempo e do processo cósmico. Deve estar além de tudo. Essa é a libertação final.

20. Porém, além desta criação, visível e invisível, está um Invisível, Elevado, Eterno: e, quando todas as coisas passarem, aquele permanece por todo o sempre.

A doutrina do *samkhya*, seguida pelo *Gita*, postula, como vimos, dois princípios. De um lado, há o *purusha*, a Pessoa, que também é espírito e consciência, e, de outro, há *prakriti*, o inconsciente, o não manifestado, aquele que Mascaró chama "o invisível". Assim, o *Gita* diz que além de *avyakta*, o não manifestado útero da natureza, há um outro não manifestado, que é o princípio masculino, o *purusha*. A ideia do não manifestado é a de que todo este cosmos, que está manifestado para os sentidos e para a mente, surge de um estado não manifestado, o estado da potencialidade. Porém, além dessas trevas do Não Manifestado há sempre o ser incriado, o *purusha*. Tudo provém dele. Assim, além desse útero não manifestado da natureza está a Pessoa Não Manifestada, o *purusha*, o Supremo. Ele permanece, enquanto tudo vem a existir e passa.

21. Esse Invisível é chamado o Sempiterno, e é o mais elevado Fim supremo. Aqueles que o alcançam nunca voltam. Esta é a minha suprema morada.

Krishna está dizendo que além do aspecto não manifestado da natureza está a Pessoa Não Manifestada, e que a Pessoa é o imperecível, o eterno Brahman. Esta é a meta mais elevada. Tal como o *Upanixade Katha* afirma, de forma muito parecida, "Além do Não Manifestado está a Pessoa: este é o mais elevado estado; além disto nada há". Este é o Supremo. Caso queiramos colocar isso em termos cristãos, poderíamos dizer que o Pai é a Fonte, a Origem, o *Nirguna Brahman*, Brahman sem atributos, que está além de tudo. Do Pai surge o Filho, o Verbo. O Verbo é a Pessoa Não Manifestada, a Pessoa Suprema, que está além de todas as criaturas, incriada, e que, todavia, é a fonte de toda a criação. A natureza, *prakriti*, é a *matéria-prima*, tal como mencionada por Aristóteles, o princípio passivo na criação. É o que podemos chamar de "potencialidade" de todo ser. É como se existisse uma vasta potencialidade do ser, externa a Deus; não possui o ser em si mesma: recebe seu ser de Deus, mas é um poder, uma capacidade de ser. Não é a matéria, como a entendemos comumente; é aquilo do qual se origina toda matéria. É o caos do Gênesis: "No princípio, Deus criou o céu e a terra. Ora, a terra estava vazia e vaga" (Gênesis 1,1-2). É a vacuidade, as trevas, o vazio, o caos do qual tudo se origina. Isso é *mula prakriti*, o não manifestado.

Existe outro aspecto que podemos mencionar. Essas potencialidades da natureza podem ser entendidas como existindo passivamente no útero, em sua condição de semente, nas trevas da natureza, mas elas também podem ser concebidas como existindo ativamente em Deus. É como se todos os seres, em sua semente, existissem eternamente em Deus, naquilo que Santo Agostinho chamava de *rationes seminales*. O Pai gera o Verbo, e nesse Verbo estão contidas todas as coisas, em suas ideias, em suas "razões seminais". Aquele Verbo dá à luz todas as coisas, através da *shakti*, o poder do Espírito Santo, no qual estão contidos todos os poderes da natureza, que são gerados por ele na criação. *Mula prakriti*, o caos, as trevas, o útero, é o aspecto criado do poder incriado do Espírito Santo.

> 22. Este supremo espírito, ó Arjuna, será alcançado por um amor sempre vivo. Nele, todas as coisas têm sua vida, e dele vieram todas as coisas.

Literalmente: "Aquela mais elevada pessoa, o *purusha para*, deve ser alcançada por *bhakti* só a ele dirigida" (Z). Aquela é toda a razão de ser da *bhakti*. Deve estar concentrada apenas em Deus, e não deve ser dirigida a mais ninguém ou a qualquer coisa. Esse universo nele e por ele é tecido, tal como uma aranha tece sua teia. Isso pode ser comparado à concepção que São Paulo faz de Cristo, como a Pessoa, na qual todas as coisas consistem ou "se sustentam". Assim, aquela mais elevada Pessoa, na qual todas essas coisas existem, é o Verbo de Deus, a Suprema Pessoa, o *Purushottama*. E ele deve ser alcançado pelo amor, por *bhakti*.

> 23. Ouve tu agora acerca de uma era de luz na qual os iogues seguem para a Vida eterna; e ouve acerca de uma era de trevas na qual eles voltam para a morte na terra.

A ideia é a de que há dois caminhos após a morte. Encontramos isso na maioria das tradições. Isso está muito claro, por exemplo, no

Livro Tibetano dos Mortos. Na morte, há um caminho de luz, e caso o indivíduo tenha se preparado para ele durante a vida, o indivíduo seguirá por esse caminho de luz até a eternidade. Porém, se o indivíduo não tiver se preparado para ele, então, ele seguirá pelo caminho das trevas da lua e afinal voltará à terra.

24. Caso eles partam na labareda, na luz, no dia, nas semanas brilhantes da lua e nos meses de crescente luz do sol, aqueles que conhecem Brahman seguem para Brahman.

25. Porém, caso eles partam na fumaça, na noite, nas semanas escuras da lua e nos meses dos decrescentes dias do sol, eles entram na luz da lua e voltam ao mundo da morte.

A ideia de que aqueles que morrem nos meses de crescente luz seguem para o mundo da luz pode ser entendida simbolicamente. Krishna Prem dá uma explicação esclarecedora a esse respeito. Ele diz:

> Esses tempos de meses e anos não são tempos, em absoluto; eles são estágios do caminho que deve ser trilhado pelas almas. Um é o brilhante caminho da consciência, o caminho para o além, trilhado por aquele que conhece o Ser, o Atman, em todas as coisas. Outro é o entrevado caminho da matéria trilhado pelo ignorante. Aquele que segue o primeiro galga o íngreme caminho interior, da tênue luz do fogo até o brilho solar do dia eterno. Elevando-se de luz em luz, em crescente esplendor, ele trilha o caminho sem vestígios do cisne, que é o objetivo. Esse é o caminho do *hamsa*, o cisne, que vai para o além. O outro é o caminho da melancolia e da aflição. Ali, a única luz é aquela refletida pela lua da matéria.

A lua é sempre o elemento da mudança. O sol é a fonte da luz, a lua reflete a luz. O sol é constante, a lua sempre muda. Um é masculino e a outra é feminina – e o feminino é sempre concebido como o princípio da mudança.

Krishna Prem segue dizendo: "A luz única é aquela refletida pela lua da matéria, e naquele pálido brilho o viajante confunde inimigos com amigos, perdendo-se em formas ilusórias, sem conhecer o Imortal, ele segue de morte em morte".

26. Estes são os dois eternos caminhos: o caminho da luz e o caminho das trevas. Um conduz à terra sem volta; o outro volta para a aflição.

Assim, esses são os dois caminhos. Se quisermos dar a isso uma interpretação cristã, podemos dizer que o primeiro é o caminho da vida eterna e o outro é o caminho do purgatório. Aquele que deixa esta vida com muitos apegos, não purificado, deve passar através desse luar, através desse reino de semiescuridão, até que gradualmente passe para o reino da luz.

27. O iogue que conhece esses dois caminhos nunca mais viverá iludido. Portanto, sê tu sempre e para sempre uno na ioga, ó Arjuna.

28. Existe uma recompensa que se origina nos *Vedas*, ou no sacrifício, na vida austera, ou nos dons sagrados. Porém, alcança uma recompensa muito maior o iogue que conhece a verdade da Luz e das trevas; ele alcança o Lar Sempiterno.

Há sempre esses dois caminhos. O caminho dos *Vedas*, do sacrifício, da austeridade e dos donativos, *dana*, é o caminho inferior. É o caminho da religião ritual, no qual o indivíduo busca uma recompensa, e ainda que a recompensa esteja nos céus, ele acaba voltando à terra novamente, sem ter alcançado o Supremo. Porém, o iogue é alguém que vai além de todas essas coisas, que enxerga a luz interior e também conhece as trevas. Ele é capaz de discernir entre a treva e a luz. Ele alcança o Sempiterno, o *param sthanam*, o estado supremo, o estado sem morte, que consiste em ser uno com Brahman, com Deus.

CAPÍTULO 9

A Ioga da Ciência da Realeza e do Segredo da Realeza

O capítulo 9 começa com "Te revelarei um mistério supremo", e é sempre bom que nos lembremos de que o *Gita*, assim como os *Upanixades*, revela um mistério. No caso dos *Upanixades*, isso aparece muito claramente. Por exemplo, no *Upanixade Katha*, quando o menino, Nachiketas, desce ao mundo inferior, o mundo de Yama, o deus da morte, e através deste aprende os segredos do mundo do além. O significado disso é o de que o indivíduo precisa passar por uma espécie de morte, antes de poder obter esse conhecimento. No cristianismo, essa é a morte do batismo, a morte em Cristo. O conhecimento obtido dessa maneira é iniciático. Ele é muito diferente do conhecimento mental ou intelectual, do tipo que podemos adquirir na faculdade e na qual podemos ganhar um diploma. É uma sabedoria interior que se ganha por meio de uma morte interior e nos vem como dádiva de Deus.

Krishna começa falando desse conhecimento misterioso:

1. Te revelarei um mistério supremo, porque tua alma tem fé. É visão e sabedoria, e, quando o conheceres, estarás livre do pecado.

Mais literalmente: "Esta sabedoria é a mais secreta e a mais misteriosa" (Z). Existe *jnana*, a sabedoria suprema que pode ser chamada de conhecimento unitivo ou conhecimento intuitivo, e existe *vijnana*, o conhecimento que discerne. Na medida em que a maioria das pessoas só dispõe de *vijnana*, só podem discernir com sua razão discursiva, sem alcançar *jnana*, o conhecimento supremo. Porém, uma vez que o indivíduo dispõe de *jnana*, pode também dispor de *vijnana*, o discernimento. Pois, *jnana* e *vijnana* andam juntos. "E, ao conheceres isso, estarás livre do pecado, do mal" (Z).

2. Trata-se do mistério e da sabedoria supremos e da suprema purificação. Percebido no assombro da visão, trata-se de um caminho de retidão, muito fácil de seguir, que leva ao Fim mais elevado.

Nesse verso, Krishna chama esse conhecimento de *rajavidya*, uma ciência dos reis ou um conhecimento da realeza; *rajaguhya*, um segredo da realeza; e *pavitra uttama*, uma pureza suprema ou purificadora suprema. Então, ele se utiliza do termo *pratyaksha*, que significa conhecido por meio da experiência direta, ou intuitivo. Isso, em oposição ao conhecimento discursivo ou racional, que é um conhecimento obtido primeiramente pelos sentidos que segue de um a outro ponto e, então, por inferência e lógica, constrói um sistema. O conhecimento intuitivo é muito diferente, pois se trata de enxergar com a visão interior, captando o todo, com todos seus inter-relacionamentos, como um todo. Por isso, também se chama conhecimento unitivo. Essa é a maneira pela qual nos conhecemos a nós mesmos. Não precisamos aprender externamente acerca de nós mesmos, mas, preferencialmente, possuímos uma percepção interior, intuitiva de nós mesmos, e essa consciência alerta intuitiva pode evoluir em genuíno autoconhecimento.

O mesmo princípio se aplica a todas as outras coisas. O indivíduo pode ter um conhecimento meramente exterior das coisas e do mundo a seu redor ou pode ter uma consciência alerta intuitiva, interior. Mencionei aquela senhora de Findhorn na Escócia que, com essa espécie de consciência alerta interior, intuitiva, conhece os espíritos das árvores e das plantas. O conhecimento intuitivo também é um conhecimento íntegro, *dharma*. O *dharma* é a lei, a retidão. Aqui também, e isso é importante, esse conhecimento depende do caráter moral da pessoa. O conhecimento científico é diferente. Um indivíduo pode ser uma pessoa muito imoral, sem deixar de ter um grande conhecimento científico ou filosófico, enquanto a sabedoria intuitiva só pode ser alcançada através do aperfeiçoamento moral, através do *dharma*. Ainda assim, ele é *susukham*, muito fácil de executar, muito fácil de praticar. Uma vez que o tenhamos, todas as nossas ações serão impulsionadas por esse entendimento interior, essa sabedoria intuitiva, e isso permanece para sempre.

3. Porém, aqueles que não têm fé nessa Verdade, não vêm a mim: eles voltam para os ciclos de vida e morte.

É sempre esse o princípio. A menos que possamos ir além deste mundo, além das aparências exteriores, além do conhecimento que discerne, para descobrirmos o centro interior, a verdade, a raiz de tudo, e, a menos que retornemos continuamente a esse centro, seremos sempre pegos pelas redes da natureza. Ao irmos além, seremos colocados em liberdade, libertos.

4. Todo esse universo visível provém de meu Ser invisível. Todos os seres em mim repousam, mas não repouso neles.

Aqui fica muito claro que Krishna é na verdade o Deus criador. Repete-se frequentemente que o hinduísmo é panteísta, não havendo dúvida de que o linguajar utilizado é frequentemente panteísta. Porém, Krishna aqui deixa claro que, enquanto todo o universo provém dele, ele não depende do universo de nenhuma maneira.

Encontramos a mesma ideia em São Paulo, que de Cristo diz: "Nele foram criadas todas as coisas, nos céus e na terra, as visíveis e as invisíveis: (...) tudo foi criado por ele e para ele. É antes de tudo e tudo nele subsiste" (Colossenses 1,16-17). A ideia é a mesma: a de que todo o universo encontra seu centro e seu apoio na Pessoa cósmica, que é ao mesmo tempo transcendente e imanente. Aqui, Krishna faz uma distinção muito importante. "Todas as coisas em mim repousam, mas não repouso nelas." Em outras palavras, elas estão completamente sob o controle de Krishna, mas de nenhuma maneira ele está sob o controle delas. Ele, então, prossegue para refinar até mesmo isso.

> 5. E, na verdade, eles não repousam em mim: considera meu mistério sagrado. Sou a fonte de todos os seres, Eu os sustento a todos, mas não repouso neles.

Dizer que eles "repousam em mim" poderia sugerir que, de alguma forma, eles modificam sua natureza, mas o *Gita* quer mostrar que o Criador está absolutamente além de toda a criação. "Atente para minha destreza nos trabalhos" (Z). O termo que Mascaró traduz como "mistério sagrado" é a ioga. Precisamos nos lembrar que o termo "yoga" possui muitos significados semelhantes, e um deles é "destreza na ação". Quando o indivíduo está integrado, *yukta* (que é o significado da raiz de "yoga"), suas ações são perfeitamente harmoniosas, perfeitamente corretas. A ioga de Deus é a ação que flui de sua pessoa, de seu *dharma*, de sua lei. Essa é a ioga de Deus.

Essa é uma das mais notáveis expressões do poder criador na literatura hindu. A tendência do misticismo hindu é a de enfatizar, principalmente, que Deus (Brahman) é a base de tudo. Tudo está em Brahman, e, afinal, pode-se dizer que tudo é Brahman; "todo este mundo é Brahman" (*Upanixade Chandogya* 3.14).

Afirmar, como o faz o *Upanixade*, que tudo é Brahman, ao menos na superfície, é uma expressão panteísta. Porém, aqui nesta passagem, Krishna é extremamente cuidadoso ao explicar como todas as coisas provêm totalmente do Supremo. Ele é a única fonte. Todas as coisas são permeadas por ele, geradas por ele, e todas as coisas são completamente controladas, suportadas por ele; no entanto, ele não depende delas ou é por elas afetado de nenhuma maneira. Assim, essa é uma passagem das mais importantes. Ela apresenta a ideia apropriada da criação, a de que Deus é ao mesmo tempo totalmente transcendente e totalmente imanente na criação.

6. Assim como os poderosos ventos repousam na vastidão do espaço etéreo, todos os seres repousam em mim. Conhece tu esta verdade.

A analogia com o espaço se explica naturalmente, pois o espaço permeia tudo, mas não se pode identificar com nada.

7. Ao final da noite dos tempos, todas as coisas retornam à minha natureza; e, ao princípio do novo dia dos tempos, Eu os trago à luz novamente.

Essa é a ideia do dia e da noite de Brahman. Toda a criação emana de Brahman, no princípio; então, ao final ela é novamente recolhida. São a sístole e a diástole, a inspiração e a expiração de Brahman. Ao expirar, toda a criação emana; ao inspirar, toda a criação a ele retorna. Essa é a visão cíclica do tempo e da criação; é aquilo que Mircea Eliade chamou de "o mito do retorno eterno". Porém, de modo geral, a meta é sempre a de ir além do *samsara*, além dos dias e das noites, para o dia eterno.

8. Assim, através de minha natureza, Eu produzo toda a criação, e isso se repete nos círculos do tempo.

O significado aqui é o de que tudo se produz a partir da natureza, a partir de *prakriti*, que em outra parte Krishna chama de sua "natureza inferior". "Escondido em minha própria natureza. Eu emano, vez após outra, essa multidão de seres, necessariamente, pela força da natureza" (B & D) apresenta uma tradução um pouco diferente. Trata-se de uma ideia comum, a de que o mundo fenomênico é produzido por Brahman, de acordo com suas próprias leis. A razão pela qual as criaturas são criadas repetidamente se deve ao carma delas. Haverá ações que ainda não terão dado seu fruto ao final dos tempos. Assim, elas retornam para a noite de Brahman e, então, porque as sementes da atividade ainda estão ali, elas aparecem novamente. Existe uma força na natureza que causa o início da existência de todos os seres. Ela os conduz ao seu curso, os traz de volta e, então, novamente os conduz para fora. Essa força é o carma, a força da natureza, que é a causa do mundo. Porém, no *Gita*, encontramos outra ideia, a de que além e acima do carma, além e acima da natureza, existe o Deus pessoal, e que ele, por sua graça, pode controlar o curso da natureza. Cada um de nós tem seu próprio carma. Passamos a existir por causa de leis inevitáveis, possuímos determinada natureza por causa dessas leis e somos inevitavelmente conduzidos por essa natureza. Porém, apesar disso, existe algo em nós que está livre dessas leis. A graça de Deus vem e nos liberta do poder desse carma.

Tudo isso é muito semelhante à ideia cristã do pecado original. Todos nós nascemos nessa condição, como resultado do pecado primordial, sem nada podermos fazer a respeito. Desde a infância, somos condicionados por nossa herança, por nosso ambiente, por todas as forças que nos cercam, e nossas vidas são, em grande extensão, moldadas por todas as forças do inconsciente. Porém, há em todos um princípio de liberdade, de início muito diminuto, como um grão de semente de mostarda, que tem o poder de responder à graça de Deus e, quando isso nos toca, pode nos libertar dessa lei do carma, dos grilhões do pecado original. Assim, de certo modo, precisamos fazer justiça ao terrível poder do carma, à lei mecânica. Aurobindo foi um dos grandes sábios da Índia que, em grande profundidade, experimentou a resistência da natureza a todo esforço de procurar ir além de seu controle. O iogue comum vai além da natureza, para experimentar a liberdade e a felicidade, mas Aurobindo afirmava que aquilo não era a verdadeira resposta ao problema. Não teremos mudado o mundo e as condições do mundo. Aurobindo tentava trazer o poder "supramental", como ele o chamava, o poder do alto, direto para a alma, a psique, e para o corpo, em que são mais fortes as leis mecanicistas da natureza. Ele sentia que era fácil elevar-se até Brahman e experimentar a bem-aventurança, mas trazer aquele poder direto para o corpo, em face de toda a resistência da natureza, era uma tarefa super-humana. Ele lutou com isso até o fim de sua vida, e sua colega, a Mãe, continuou a luta depois dele. Eles esperavam tornar o corpo imortal. Eles acreditavam que a supermente, a consciência divina, poderia descer e transformar a alma e, então, através da alma, transformar o corpo, de modo que o corpo estaria livre da determinação das leis da natureza. Tratava-se de uma intuição profunda, a de terem compreendido que o corpo está destinado à imortalidade.

Aquilo que Aurobindo e a Mãe estavam tentando fazer é precisamente aquilo que, de acordo com a tradição cristã, aconteceu na Ressurreição de Jesus. Naquele ponto, o corpo de Jesus foi libertado de todas as determinações das leis da natureza, da vida e da psique. Ele abriu uma brecha em todo o mecanismo da natureza e liberou uma força que poderia libertar os homens da morte e, afinal, transformar toda a criação.

9. Porém, não estou acorrentado a esta vasta obra da criação. Eu sou e Eu assisto ao drama da obra.

Literalmente ele diz: "Eu sou espectador e supervisiono" (Z). Essa é outra frase-chave. Não se trata de ser Deus, a Pessoa, o *purusha*, meramente uma testemunha. A visão do *samkhya* é a de que o *purusha* é a testemunha, e que toda ação provém de *prakriti*, a natureza. O espírito, a consciência, é inativo. Como testemunha, observa toda a criação, enquanto toda a atividade da natureza provém de *prakriti*, do feminino, da mãe. Assim, a natureza trabalha no mundo e o espírito, a consciência, é espectador, como a testemunha. Ora, no *Gita*, desenvolve-se uma tradição mais profunda. Krishna, o Senhor, é espectador, e ele supervisiona e, afinal, controla. Essa é uma visão muito mais profunda, que se revela no próximo verso.

> 10. Eu assisto, e, em sua obra da criação, a natureza cria tudo o que se move e o que não se move: e assim giram as revoluções do mundo.

A tradução de Besant e Das, aqui, vai mais direto ao ponto: "Sob Mim, como supervisor, a natureza gera os seres que se movem e que não se movem; por causa disso, o universo gira". Deus não é apenas a testemunha; ele também é o controlador. Porém, permanece aí uma tendência a sugerir que a natureza apenas prossegue em seu próprio caminho. A escola da ioga de ascetismo afirma que o objetivo da vida é o de se libertar do corpo, da natureza, de todo o curso da existência, e o de se tornar a pura testemunha. A prescrição é a de não interferir, mas, ao contrário, permitir que os processos da natureza sigam seu curso, com total indiferença. O *Gita* vai além. Ele não ensina a indiferença, mas o desapego. Desapegando-se, será possível aceitar e dar sentido ao que acontece. Esse, obviamente, é um entendimento muito mais profundo. Porém, existe sempre um perigo, que também ocorre no cristianismo, de uma espécie de espiritualidade que se desapega tanto do mundo que não se preocupa mais com este mundo, de nenhuma maneira, e busca apenas o reino de Deus, que está acima. Mas a preocupação do *Gita*, assim como a da mais profunda tradição do cristianismo, é precisamente a de, em primeiro lugar, se desapegar do mundo, de modo a ser capaz de orientar e de controlar o mundo, o que significa colocar tudo sob o controle do espírito.

> 11. Porém, os tolos do mundo não me reconhecem quando me veem em meu próprio corpo humano. Eles não reconhecem meu supremo espírito, o Deus infinito de tudo isso.

A ideia de que a natureza seja todo-poderosa é uma ilusão, porque por trás de todo o curso da natureza está este eterno Ser que dá sustentação a tudo e a todos, que permeia tudo e todos e que orienta tudo e todos até seu destino. É a ignorância que faz as pessoas pensarem que estão sujeitas apenas a leis mecanicistas. Através dessa ignorância, "os tolos não me levam em consideração, quando revestido em aparência humana, ignorantes de minha natureza suprema, o grande Senhor dos seres" (B & D).

Há uma passagem do Evangelho, quando Jesus vai para Nazaré, sua cidade, e o povo diz: Não seria este o filho do carpinteiro? Não conhecemos seus irmãos e irmãs? Eles foram incapazes de enxergar, por trás da aparência de sua forma humana, o grande ser, o Senhor interior.

12. Eles esperam em vão, seus trabalhos são em vão, seu aprendizado é vão, são vãos seus pensamentos. Eles se prosternam à natureza dos demônios, em direção às trevas da ilusão do inferno.

Assim como o Evangelho, o *Gita* possui um bem definido entendimento do poder dos espíritos do mal. Podemos interpretá-los como forças do inconsciente, mas nem por isso são menos reais. No *Gita*, a natureza demoníaca é aquela dos *rakhashas* e dos *asuras*, os poderes do mal, que se opõem aos *devas*, os poderes da luz.

Se as leis mecanicistas do universo enganam o indivíduo, levando-o a pensar que o mundo material é a única realidade, ele se torna escravo do mundo e, então, torna-se endemoninhado. Monod, o biólogo francês, procurou utilizar a biologia para demonstrar que todo o universo não passa de um efeito do acaso e da necessidade. Podemos enxergar o mundo dessa maneira, tal como se simplesmente obedecesse a leis mecanicistas, evoluindo como resultado de variações ao acaso. Essa é uma visão puramente científica, resultado da observação dos fenômenos. Porém, a visão científica ignora a realidade que está por trás dos fenômenos. Essa visão acaba sendo endemoninhada e se torna positivamente má. Ela ignora a realidade suprema das coisas e falha ao não enxergar toda a verdade da realidade. Não é por acidente que essa visão de mundo levou à poluição da terra, do céu e do mar e produziu armas que podem destruir toda a vida do planeta. Quando um cientista abdica de sua responsabilidade moral, em benefício de suas invenções, e ignora a base espiritual do mundo, se torna escravo de forças do inconsciente existentes na psique humana e nos elementos psíquicos do mundo natural, desencadeando, assim, o poder da morte e da destruição.

> 13. Porém, existem algumas grandes almas que me conhecem: seu refúgio é a minha própria natureza divina. Essas pessoas me amam com uma totalidade de amor: essas pessoas sabem que Eu sou a fonte de tudo e de todos.

"Os Mahatmas compartilham minha natureza divina" (B & D) é uma boa tradução. Um *mahatma* é alguém que realizou sua divina natureza, o Atman, o espírito no homem. "Eles me adoram (*bhajanti*) com amor devocional e com mente imperturbável." A mente deve estar fixa unicamente em Deus; só então o amor será completo e total. "Então, eles me reconhecem como a imperecível fonte do ser" (B & D). Assim, essa é a carência essencial, a de enxergar além da própria natureza, além da aparência das coisas, a Realidade única, que só é conhecida pela fé e pela graça de Deus. É só isso que nos dá o discernimento do que está além.

> 14. Eles me louvam com devoção, eles me louvam por todo o sempre. Seus votos são fortes; sua harmonia é a de sempre; e eles me adoram com seu amor.

"Cantando sempre a minha glória" (B & D). A palavra é *kirtayanto*, que se refere ao *kirtan*. Junto ao *bhajan*, o *kirtan* é a mais popular forma de devoção, especialmente no norte da Índia.

15. Outros me adoram e trabalham para mim, com o sacrifício da visão espiritual. Eles me adoram como Uno e como diversidade, porque eles conhecem tudo que está em mim.

"Outros, que sacrificam com o sacrifício da sabedoria, me adoram como o uno e o múltiplo, onipresente" (B & D). "Com o sacrifício da sabedoria": como sempre a sabedoria é um sacrifício, porque a sabedoria sempre vem de Deus. Só quando nos sacrificamos, isto é, oferecemos nossa mente a Deus, é que recebemos a iluminação da sabedoria. O sacrifício é aquela oferenda da mente. "Me adoram como o Uno, embora múltiplo." Esse é um tópico de importância capital. Chegamos à fonte de todos os seres, o Uno, e, então, percebemos os muitos no Uno, e essa é a meta. Às vezes, a impressão é a de que o indivíduo deveria deixar todos os múltiplos fenômenos deste mundo, para chegar a um tipo de unidade abstrata, mas as coisas não são assim. No Uno, no supremo Brahman, está contida toda a diversidade da matéria e da natureza, mas em simplicidade: sem estar dispersa no tempo e no espaço. Em Brahman, todas as coisas estão unidas e integradas, em uma visão unitiva, de modo que toda a diversidade da matéria e da natureza esteja contida na simplicidade absoluta do Uno.

Frequentemente ouvimos a pergunta: No supremo estado, há Um, ou há muitos? Todas as almas individuais desaparecem naquele Um? A resposta é a de que elas desaparecem como seres separados, mas são redescobertas como distintas, ainda que sejam uma. E essa é a meta suprema. As distinções permanecem. Tudo na natureza, até mesmo todo grão de areia, é distinto em Deus. Todo e cada ser, em sua natureza distinta, existe eternamente em Deus. Cada um de nós é um indivíduo singular, eternamente conhecido e eternamente realizado em Deus. Todas as distinções estão contidas na unidade absoluta da natureza divina, na qual não há diferenças, não há oposições, não há conflitos de nenhuma espécie. Para nós, essa compreensão é extremamente difícil. Se concebemos o um, então, ele se torna abstrato, de modo que perdemos a noção da multiplicidade; se pensamos na multiplicidade, então, perdemos a noção do Um. Porém, em Deus, a multiplicidade está contida no Um, e o Um se manifesta nos múltiplos.

Esse é um exemplo de conhecimento intuitivo, em oposição ao conhecimento discursivo, discriminativo. O conhecimento comum é aquele no qual distinguimos uma de outra coisa e a partir do qual construímos sistemas lógicos. O conhecimento unitivo, por outro lado, é intuitivo. Ele compreende, apreende, de uma maneira que se assemelha à intuição de um poeta, que unificou a visão da realidade. Avançando, há a intuição mística, na qual se experimenta toda a multiplicidade do ser em sua unidade. Esse é o conhecimento intuitivo supremo. Ora, a intuição no poeta, que é parcial e imperfeita, é compatível com uma natureza imoral. Há muitos poetas basicamente imorais, ainda que possam ter intuições maravilhosas. Porém, de modo a alcançar o conhecimento místico final, todo o ser precisa estar integrado. É por isso que as duas bases da ioga são *yama* e *niyama* ou, em outras palavras, a lei moral.

Nesse ponto, na metade do livro e do capítulo 9, seria apropriado resumir o que se disse até aqui. Nos capítulos 9, 10 e 11, estamos chegando ao ponto culminante do *Gita*. Ali se encontram os estágios do desenvolvimento. A pergunta foi como alcançar o conhecimento de Brahman, do Atman. Nos *Upanixades*, é simplesmente pela via de *jnana*, pela via da renúncia e da autorrealização. Isso, em geral, era entendido no sentido de que o indivíduo não deveria executar nenhuma ação, nenhum carma. O carma acorrenta o indivíduo. Qualquer ação que ele execute, seja ela boa ou má, acorrentará o indivíduo às consequências. Portanto, para atingir o verdadeiro conhecimento, que está livre de todas as limitações, o indivíduo deveria renunciar à ação. O *Bhagavad Gita* apresenta outro entendimento, que é o de que a ação comum, a ação egoísta, acorrenta o indivíduo, ao passo que a ação altruísta, ou seja, a ação levada a efeito sem nenhum apego, muito longe de acorrentar, é um meio de alcançar a Deus. Assim, a carma ioga é a via da ação, em total desapego, total capitulação e total sacrifício. Sacrificar o próprio trabalho, ofertando-o ao Supremo, é a via pela qual o indivíduo alcança o Supremo. O *Gita* afirma que o chefe de família, que faz o seu dever no espírito do amor, do desapego e da capitulação, pode alcançar a Deus, o Supremo, com tanta eficácia, senão mais, quanto o *sannyasi* que se abstém de qualquer ação.

Ramakrishna defendia a via de *bhakti*. Ele disse que, por ser esse o *kali yuga*, em que as pessoas não podem alcançar facilmente *jnana*, elas devem seguir o caminho de *bhakti*, da devoção. Assim, o carma, a ação altruísta, é uma maneira de atingir o Supremo; e *bhakti*, a devoção ao Deus pessoal, é outra. Essa é a posição do *Gita*, até aqui.

Ora, no capítulo 9, Krishna se revela como o Deus que é a fonte de tudo e de todos. Vimos que ele diz "todas as coisas estão em mim", todavia, ele diz "Eu não estou nelas". Ele é a fonte de tudo e de todos, o sustento de tudo e de todos, mas ele não é afetado por nada; ele permanece não apegado e não contaminado. Ele é o Senhor supremo, o criador e a fonte que gera tudo e todos. Ele, o único Deus Supremo, sustenta tudo e o controla desde seu interior, ele o permeia totalmente, todavia, não é afetado por nenhuma parte dele. Tudo isso é muito profundo e muito verdadeiro, mas suscita algumas perguntas.

Existem três questões fundamentais, e veremos à medida que prosseguimos que, ainda que sejam dadas as respostas, em certo sentido, as questões continuam. A primeira é: é verdade que o universo provém do Senhor, que ele o sustenta, leva-o de volta e o emana novamente, repetidamente, e, se assim é, esse universo possui alguma realidade final? É claro que ele tem alguma realidade, mas a pergunta se refere a quando o indivíduo alcança o estágio supremo, alguma coisa permanece? O entendimento geral, sustentado pela maioria dos hindus ortodoxos e por Ramakrishna, por exemplo, é o de que, enquanto você estiver no presente estado de ser, você desfrutará o universo e poderá ver Deus manifestado no universo. Porém, quando você entrar em *samadhi*, o estado supremo, tudo desaparecerá. O universo só é real enquanto você retém seu ego, pelo tempo em que você viver nesse estado de percepção; ao final, tudo é *maya*. Ora, com isso surge a questão: Quando você chega ao além, sobrevive o ego? Permanece algum eu? E Ramakrishna também nos diz claramente que *bhakti* é o seu caminho para Deus, mas você só pode ter *bhakti* enquanto tiver um ego. Se seu ego morre, e você entra em *samadhi*, não há mais *bhakti*; há apenas a unicidade absoluta. Isso leva à terceira questão. Quando desaparece o eu individual e permanece apenas o Uno, e não há mais amor, não há mais *bhakti*, o que acontece com a realidade do Deus pessoal?

Aqui, então, estamos considerando a questão da realidade final do universo, da alma individual e do Deus pessoal. O *Gita* insiste o tempo todo, e ao longo de todo este capítulo, na realidade do Deus pessoal e no seu amor. "Aqueles que me amam, me são queridos, e Eu estou neles, e eles estão em mim, eles podem vir a mim, eles terão a paz eterna." Porém, a questão permanece: o Deus pessoal é afinal real? Quando o indivíduo entra em *samadhi*, a pessoa continua? Existem visões divergentes, mas nisso também a visão que prevalece é a de que o aspecto pessoal de Deus desaparece. Ramakrishna fala do Deus com forma e sem forma. Quando ele fala de Deus com forma, ele não se refere apenas a outro *avatara*, outra aparição na terra, como a de Krishna, Rama ou qualquer outro; ele também se refere à forma da Deusa Mãe, a Mãe eterna, sendo esta também apenas uma aparição. Como ele disse, assemelha-se à espuma do mar, apenas algo que passa. E, assim, Deus sem forma é a realidade final e, visto não haver nem *bhakta*, nem *bhakti*, é difícil afirmar que qualquer pessoa continue. É um além absoluto. Essa, acredito, seria a visão que prevalece, e esse é um dos pontos principais em que deveria haver um diálogo hindu-cristão. Costumeiramente, a posição cristã é a de que, no estado final, este universo continua realizado na visão de Deus. O universo passa além do seu estado atual, no tempo e no espaço e além das presentes leis da matéria e da causalidade. Que ele passa, não há dúvida, mas haveria outro estado além, em que o indivíduo vai além do corpo e além da mente e realiza o espírito interior? Nesse ponto, o indivíduo realiza toda a criação, em seu fundamento, em sua fonte, em sua plenitude. Na visão de Deus, todas as coisas estão presentes. Todo grão de areia, toda planta e toda árvore, em todos os seus estágios de desenvolvimento; as ondas do mar, as gotas d'água no rio, tudo está presente para Deus, em uma eterna unicidade, sem a difusão do tempo e do espaço, sem mudar e sem passar, mas, em sua realidade eterna. Tudo está presente no Verbo de Deus. Quando o indivíduo alcança o paraíso, o supremo estado, ele desfruta de todo este mundo, pois tudo o que há nele está presente, sem nenhum fluxo, sem nenhuma mudança, sofrimento, corrupção e morte, que estão no presente mundo.

É isso precisamente o que significa a nova criação, os novos céus e a nova terra. Essa é a plenitude da realidade, quando o universo material se transfigura, quando não mais está sujeito às presentes leis da matéria, do espaço e do tempo, realizado em Deus. O mesmo acontece com a alma individual. Enquanto mantivermos um ego, como comumente entendido, adorando a Deus em um sentido dualista, esse será um estado imperfeito. Quando alcançarmos a união com Deus, quando alcançarmos o supremo estágio, permanecerá o indivíduo? O cristão dirá que sim. Somos pessoas dentro da pessoa do Cristo. No corpo místico do Cristo, cada pessoa é uma célula, como se nós e cada um de nós retivesse sua exclusividade, e, ainda assim, apesar de haverem muitas pessoas no corpo único, todas elas compõem uma pessoa. Isso é conhecido como circuncessão, em que um está, integralmente, no outro. Jesus disse: "Como tu, Pai, estás em mim e eu em ti, que eles estejam em nós" (João 17,21). Ou seja, cada um se completa em si mesmo, mas indo além de si mesmo se completa no todo e indo além do todo se completa em Deus, o *purusha*, a Pessoa Suprema. Existe ali uma plenitude absoluta, de modo que cada um esteja absolutamente completo, ainda que absolutamente transformado. Ele não mais será uma pequena pessoa isolada, separada como agora é, mas todos estarão completamente realizados, transcendendo todas as limitações, conhecendo-se a si mesmos como o Uno e no Uno. Cada um é uma pessoa singular na pessoa única.

E, finalmente, na própria Divindade, a pessoa permanece? A ideia da doutrina cristã acerca da Trindade é precisamente a de que, na suprema Divindade, além das palavras e dos pensamentos, além de todas as concepções, existe comunhão; uma intercomunhão em conhecimento e amor. Não podemos imaginá-la ou concebê-la adequadamente, mas podemos sugerir como ela pode ser. A terminologia de Jesus no Novo Testamento é: "Que todos sejam um, como tu estás em mim e eu em ti, que todos sejam um em nós". Essa é a assim chamada circuncessão das Pessoas na Trindade. O Pai está no Filho, o Filho está no Pai e o Pai e o Filho são absolutamente um no espírito, sem dualidade. Não há nenhuma diferença neles. Ainda assim, há relacionamento, o relacionamento na perfeita unidade. Assim, na própria Divindade, existe amor. No supremo, existe uma comunhão de amor, e a participação no místico Corpo de Cristo é a participação nessa comunhão de amor.

Podemos compreender como essa doutrina da Trindade aponta para a ideia da total realização na intercomunhão de pessoas na Divindade, de pessoas no Corpo de Cristo, a Pessoa suprema, e finalmente de toda a criação em uma nova modalidade de existência nesse todo. Nesse sentido, Cristo, como Pessoa suprema, preenche toda a criação. Tal como nos diz São Paulo: "O que desceu é também o que subiu acima de todos os céus, a fim de plenificar todas as coisas" (Efésios 4,10). Toda a criação está permeada por sua presença e por ela transfigurada.

Contrastando com essa visão unitiva, que é *jnana* ou sabedoria, temos o ponto de vista meramente racional da mente inferior. A sabedoria do mundo é a sabedoria do homem, completo em si mesmo. É a sabedoria do homem cientificista, que tenta controlar o universo. E essa é a essência do pecado. Isso é simbolizado pela queda do homem no Livro do Gênesis, quando ele come da árvore do bem e do mal.

Isso significa que, pela razão, pela ciência e pela tecnologia, o homem se torna o senhor do universo. Ao fazer isso, ele exclui a ideia de que exista qualquer coisa acima dele. A razão é suprema. Essa é a essência do pecado. Também é a "sabedoria" do século XX! Em contraste, a verdadeira sabedoria é o reconhecimento de que a *buddhi*, o substrato da sabedoria superior, está além da razão humana, e a mente humana deve se submeter a isso. Não somos mais o senhor, pois nos rendemos a isso que está além de nós. Então, surge uma luz do alto que nos ilumina e transfigura. Isso significa autorrendição, que é exatamente o oposto da autoafirmação. Assim, sabedoria é sacrifício. Rendemo-nos a nós mesmos e, então, nos encontramos em meio à verdadeira luz de Deus. Trata-se da graça de Deus, e a graça é uma dádiva. Assim, esse é o sacrifício da sabedoria. Mestre Eckhart colocou isso muito bem. Ele diz haver três maneiras de conhecer a Deus. A primeira ele denomina conhecimento do dia, que se dá quando o indivíduo conhece a Deus no mundo. O indivíduo vê o mundo e se dá conta de que Deus está em tudo que o cerca. O segundo, ele denomina conhecimento da noite, quando o indivíduo vê o mundo em Deus. Nesse ponto, o indivíduo parte do mundo como centro e, em vez de ver primeiro o mundo, e Deus no mundo, o indivíduo agora vê primeiro a Deus, e o mundo todo é absorvido em Deus. O terceiro é o de ver o Próprio Deus, indo além do mundo.

Na comparação dessa visão cristã com a do *Gita*, encontramos tanto semelhanças quanto diferenças. No *Gita*, Krishna declara que o universo todo está nele. Na tradição bíblica, há pouca noção de que Deus permeia o universo. Os judeus preocupavam-se em mostrar Deus acima do universo. Ele derruba as colinas e transforma a terra seca em água, a água em seca, e assim por diante. Ele está sempre esmagando a natureza. Porém, não há a noção de que ele esteja na água, no fogo, no mundo. A transcendência de Deus é o que precisava ser compreendido naquele ponto da história, sem que pudessem atentar para esse aspecto imanente. Em contraste, o aspecto imanente foi especialmente desenvolvido na Índia, com uma profunda noção de que Deus permeia todas as coisas. Esse aspecto imanente é na verdade uma função do Espírito Santo. A antiga teologia falava de uma criação especial da alma humana; Deus criara todo este mundo, e, então, deve ter havido uma criação especial, um tipo de intervenção divina, ao aparecer o ser humano. Por essa teoria, não apenas a primeira, mas todas as almas, necessita dessa intervenção especial. Toda aquela modalidade de raciocínio surge da visão de que Deus não é imanente. Uma vez que compreendamos que o Espírito Santo é imanente na matéria, desde o princípio da criação, e que o Espírito Santo produz a vida a partir da terra, da relva e das plantas, e assim por diante, e que o mesmo Espírito Santo, que está latente na matéria, produz a consciência, sempre que a matéria estiver suficientemente organizada, então, essas discussões não são apenas desnecessárias, mas inadequadas. A alma vem de Deus, mas nenhuma intervenção especial se faz necessária, porque, desde o princípio, é parte do plano de Deus que o Espírito Santo deva permear toda matéria e, gradativamente, transformá-la. A alma humana precisa que o Espírito Santo a penetre cada vez mais, até que se torne completamente transfigurada, até compartilhar a vida do próprio Deus. Ele estava oculto na matéria, apresenta-se na vida, emerge ainda mais na consciência, mas só na consciência divina, na vida de graça, é que o Espírito Santo se manifesta completamente em nós. Não há nenhuma intervenção especial, nem nada parecido. Tudo é um todo unificado.

Assim, quando Krishna diz que ele está em tudo, quer dizer que ele é imanente em todas as coisas. Deus está presente em todas as coisas, causando a existência delas. Assim como o próprio São Tomé diz: Deus causa a existência de todas as coisas, sustenta a existência de todas as coisas, a todo momento, e causa a ação de cada coisa. Nenhuma árvore pode surgir da terra sem que haja uma verdadeira atividade de Deus operando nela, fazendo-a crescer. Deus está ativo em todas as coisas, todo o tempo.

16. Pois sou o sacrifício e a oferenda, a dádiva sagrada e a planta sagrada. Sou as palavras santas, o alimento santo, o fogo santo e a oferenda feita no fogo.

"Sou a oblação, sou o sacrifício, sou a oferenda ancestral, sou a erva sagrada, sou o mantra, sou a manteiga purificada (o ghee), sou o fogo e a oferenda queimada" (B & D). A ideia é a de que Deus não apenas recebe o sacrifício, mas ele é o sacrifício. Ele penetrou toda a criação, e toda a criação é ofertada a Deus, e o próprio Deus é a oferenda, tal como se disse do "grande Brahman" no texto anterior: "Brahman é a oferenda ofertada a Brahman, no fogo de Brahman". O Uno se manifesta no todo, e o universo todo é o sacrifício do Uno. Isso pode se aplicar ao sacrifício do Cristo. Ele cria e redime o mundo, ofertando toda a criação e assumindo-a em si mesmo. Essa é a oblação do corpo místico de Cristo. Santo Agostinho diz que ele é a cabeça e nós somos os membros, e em toda Eucaristia a cabeça se oferece a si mesma em seus membros. É um sacrifício do corpo místico de Cristo, no qual toda a criação está contida.

17. Sou o Pai deste universo, e até mesmo a Fonte do Pai. Sou a Mãe deste universo, e o criador de tudo. Sou o mais Alto a ser conhecido, o Caminho da purificação, o sagrado OM, os três *Vedas*.

É significativo que, na tradição hindu, Deus seja tanto o Pai como a Mãe. No cristianismo, o aspecto feminino de Deus nunca foi adequadamente realizado.

18. Sou o Caminho e o Mestre que observa em silêncio; teu amigo e teu abrigo e tua habitação de paz. Sou o princípio, o meio e o fim de todas as coisas: a semente da Eternidade delas, o supremo Tesouro delas.

"O Mestre que observa em silêncio" literalmente é "o apoio, o Senhor, a testemunha". Também podemos traduzir "apoio" por "marido", tal é a intimidade da relação do Senhor com sua criação.

> 19. O calor do sol vem de mim, e eu envio e retenho a chuva. Sou vida imortal e sou morte, sou o que é, e sou o que não é.

Note-se que Krishna diz ser tanto vida imortal quanto morte, o que é e o que não é. Um cristão diria que Deus é a vida e o ser, mas que a morte e o não ser estariam fora de Deus. Ou seja, que eles não se devem à ação de Deus, mas à imperfeição da natureza.

> 20. Há aqueles que conhecem os três *Vedas*, que bebem Soma, que estão livres do pecado. Eles adoram e rezam pelos céus. Na verdade, eles alcançam os céus de Indra, o rei dos deuses, e ali eles gozam os prazeres da realeza.

A religião védica confiava no sacrifício como meio de alcançar o estágio dos céus, *svarga*, em que o indivíduo recebe a recompensa por suas boas ações. Essa era uma religião da lei, semelhante ao que a Torá representa para os judeus. Quando o indivíduo cumpre o seu dever, ele recebe a recompensa. Os *Upanixades* e o *Gita* vão além disso, além do dever e da recompensa, para a realização de Deus, que também é união com Deus no amor. Assim, qualquer um que siga os *Vedas*, qualquer um que se sujeita à lei, ainda estaria em um nível inferior da religião. Há sempre essa distinção entre uma religião da lei e uma religião do espírito.

"Conhecedores dos Três *Vedas*, que bebem o vinho Soma." Soma era uma bebida tóxica que se tomava por ocasião do sacrifício védico. Deve ter sido preparada com algum tipo de planta alucinógena, de modo que aqueles que a bebessem sentiam uma espécie de inspiração divina. Era também considerada como uma purificação do pecado e um caminho para os céus ou o paraíso, o *Indra-loka*, os céus de Indra, o rei dos deuses. Aqueles que bebem o Soma vão para o mundo dos deuses, os *devas*, mas não vão além.

> 21. Eles desfrutam daquele vasto mundo dos céus, mas ali termina a recompensa por suas ações: eles retornam ao mundo da

morte. Eles seguem as palavras dos Três *Vedas*, eles anseiam pelos prazeres passageiros: na verdade, eles alcançam os prazeres passageiros.

"Desfrutam o espaçoso mundo dos céus, exaurindo suas boas ações" (B & D). Suas boas ações possuem valor limitado, de modo que, quando tiverem recebido sua recompensa, então, eles precisam retornar. Apenas a graça de Deus poderá levar o indivíduo além de tudo isso, proporcionando libertação definitiva. "Pela aderência às virtudes prescritas pelos Três *Vedas*, desejando o desfrute, eles conseguem o que é transitório." Aqui temos uma frase muito interessante, que literalmente significa que aqueles que se prendem aos Três *Vedas* recebem uma recompensa que, assim como vem, se vai, *gatagatam*. O desejo dos desejos, *kamanam kama*, e o desejo é a raiz de todas as limitações. Enquanto o indivíduo deseja o desejo, ele poderá obter o que almeja, mas ele também irá exaurir essas coisas, assim caindo novamente na roda do *samsara*. Só quando o indivíduo for totalmente além do desejo, ele será libertado. Isso é a libertação.

22. Porém, àqueles que me adoram com uma pura unicidade de alma, àqueles que sempre estão em harmonia, Eu aumento aquilo que eles possuem e dou aquilo que eles não possuem.

Só eles conseguem todos os seus desejos, aqueles que adoram o Senhor transcendente, que foram além do ego e se tornaram "unos com o Uno", porque eles pararam de desejar.

23. Mesmo aqueles que de boa-fé veneram outros deuses, por causa de seu amor, eles me veneram, ainda que não o façam da maneira correta.

Ainda que as pessoas venerem outros deuses, Krishna aceita sua veneração, por conta da boa-fé delas. Elas não conhecem a maneira correta, mesmo assim, elas me veneram. Trata-se de um profundo discernimento, o de que toda veneração verdadeira se dirige ao único Ser Supremo, qualquer que seja a forma que o indivíduo venere. Podemos entender a veneração num templo hindu, dessa maneira. Toda veneração se dirige ao único Ser Supremo; unimo-nos a nós mesmos na veneração ao Uno, qualquer que seja a forma com que ele seja representado. Elas são apenas as formas exteriores, enquanto a fé e a veneração do devoto se dirigem ao Uno. Algumas pessoas poderão se limitar à mera forma exterior, mas a veneração da pessoa sempre poderá ir além, e a pessoa poderá pegar o *prasad* que seja ofertado no sacrifício. Deus abençoou a oferenda e a dádiva, e ele estende sua benção.

24. Porque Eu aceito todo sacrifício e sou o Senhor supremo deles. Porém, eles não conhecem meu puro ser e, por isso, eles caem.

"Sou aquele que desfruta de todos os sacrifícios" (B & D). Um cristão pode entender isso no sentido de que é Cristo quem recebe todo sacrifício. Ele é "sacerdote para sempre, segundo a ordem de Melquisedec" (Hebreus 7,17). Melquisedec foi um sacerdote pagão, e Cristo não apenas preenche todos os sacrifícios judaicos, mas também todos os sacrifícios pagãos, que tenham sido ofertados em princípio de boa-fé.

Dessa maneira entendemos Cristo como aquele que desfruta de todos os sacrifícios no templo hindu. Ele é o Uno que atende a fé do devoto. Trata-se de algo que surge frequentemente em nossos diálogos, de que toda fé genuína, qualquer que seja sua forma específica, está sempre dirigida ao Absoluto. Trata-se de um compromisso com o supremo. A imagem e a ideia que o indivíduo faz do supremo pode ser imperfeita, mas a fé no coração do indivíduo se dirige a um supremo. Sempre que uma pessoa cultua por seu próprio benefício e pelo bem que ela espera receber, essa será uma devoção inferior, mas a fé genuína é sempre pela suprema realidade, que está além do humano. Até mesmo um ateu pode possuir essa fé suprema. Caso um homem busque a justiça social, o amor e a verdade, com convicção absoluta, sua fé está em um supremo, podendo ser aceita por Deus.

25. Pois aqueles que adoram os deuses se dirigem aos deuses, e aqueles que adoram os pais se dirigem aos pais. Aqueles que adoram os espíritos inferiores se dirigem aos espíritos inferiores; mas aqueles que me adoram vêm a mim.

Os "pais" são os ancestrais, que eram sempre incluídos na antiga devoção; na tradição cristã, nossa devoção recorda as almas dos que partiram, bem como os santos.

"Os espíritos inferiores" são os *stoicheia* de São Paulo, os espíritos elementais do universo, presentes em toda parte. "Porém, aqueles que me adoram vêm a mim." Isso sugere que nem todos alcançam o objetivo. Uma pessoa que adore os deuses poderá estar se limitando, no sentido de que sua fé é uma fé limitada; ela deseja certas vantagens, certos prazeres deste mundo, ou do mundo que está por vir, e ele pode estar buscando obtê-los dos espíritos dos mortos ou dos poderes elementais. Trata-se de um desejo egoísta, e ele obterá o que lhe for devido, mas aqueles que vão além de seus desejos egoístas, que possuem uma fé verdadeira em um supremo, eles alcançam o Uno, qualquer que seja a forma de sua devoção. E quanto àqueles que possuem uma fé verdadeira, quem poderá julgar?

Ora, neste ponto há um verso muito famoso, e muito bonito.

26. Aquele que oferta a mim, com devoção, apenas uma folha, ou uma flor, ou um fruto, ou mesmo um pouco de água aceito isso dessa alma que anseia, por ter sido ofertado com amor, com um coração puro.

Em todo sacrifício, não é a coisa ofertada o que importa, mas o amor e a devoção que acompanham a oferenda. Podemos lembrar o ensinamento de Jesus: "Quem der, nem que seja um copo d'água fria, a um destes pequeninos, por ser meu discípulo, em verdade vos digo que não perderá sua recompensa" (Mateus 10,42; Marcos 9,41).

27. O que quer que você faça, ou coma, ou doe, ou oferte em adoração, que seja uma oferenda para mim; e o que quer que sofra, sofra-o por mim.

"O que quer que sofra" não é muito exato. Seria qualquer *tapas* ou penitência que você realize. "Qualquer austeridade (*tapas*) que você realize, faça-o como uma oferenda a mim" (B & D). Comer, sacrificar e praticar austeridade possuem, em si mesmos, valor limitado, mas quando são ofertados a Deus, então, o que quer que façamos, comamos ou bebamos, estaremos fazendo-o para a glória de Deus (cf. 1 Coríntios 10,31).

28. Assim, tu estarás livre dos grilhões do carma, que produz frutos que são maus e bons; e, com tua alma una em renúncia, estarás livre e virás a mim.

"Assim, serás liberto dos grilhões da ação" (B & D). Qualquer coisa que seja realizada de maneira egoísta nos aprisiona. Se nos alimentamos para nosso próprio prazer, ou simplesmente para nossa própria saúde, como faz a maioria das pessoas, somos aprisionados por nossa alimentação, e colheremos as consequências disso. Poderemos ter boa saúde, mas isso é algo muito limitado; não perdura. Porém, se fazemos uma oferenda daquilo que nos alimentamos, então, transcendemos de vez este mundo, fazendo de nossa alimentação um sacramento em si mesma. Então, somos libertos, libertados por nossa ação. "Serás libertado dos grilhões da ação que produzem bons e maus frutos" (B & D). Na verdade, os bons frutos são tão perniciosos quanto os maus, porque eles são limitados, não nos levam a Deus. Não há finalidade neles.

29. Para todos os seres sou o mesmo, e meu amor será sempre o mesmo; mas aqueles que me adoram com devoção estão em mim e Eu neles.

"Para todos os seres sou o mesmo; não há nenhum que me seja odioso nem caro" (B & D). Essa é a indiferença divina, que o cristianismo também abriga, tal como Jesus diz no Evangelho: "Vosso Pai que está nos céus (...) faz (...) cair a chuva sobre justos e injustos" (Mateus 5,45). Para Deus, em certo sentido, todas as pessoas são iguais. Porém, Krishna segue dizendo: "Aqueles que me adoram com devoção estão em mim e Eu neles". A palavra utilizada é *bhajanti*, da palavra *bhakti*, que traduzimos como amor ou devoção, mas que também significa "tomar parte em", ou "comungar com". Zaehner traduz assim: "Aqueles que comungam comigo em devoção de amor permanecem em mim e Eu neles". Ao passo que Deus é igualmente bom para todos, ele possui um amor especial por aqueles que o amam. Isso corresponde ao ensinamento de Jesus no Evangelho de São João: "Quem me ama será amado por meu Pai. Eu o amarei e me manifestarei a ele" (João 14,21).

30. Pois até mesmo se o maior dos pecadores me adorar com toda sua alma ele deverá ser considerado justificado, por causa de sua reta vontade.

"Mesmo o mais pecaminoso, se me adorar com coração indiviso, deverá também ser contado entre os justos, pois ele se decidiu com retidão" (B & D). Para que mesmo uma pessoa pecadora, ao adorar com coração indiviso, ou seja, ao se converter, alcance essa retidão, caso sua decisão seja certa. Zaehner comenta: "Aquele que age mal é modificado por seu amor a Deus, assim como o foram Maria Madalena e a maioria dos santos cristãos mais cativantes".

31. E logo ele se tornará paz sempiterna, pura e rica. Pois essa é minha promessa, a de que aquele que me ama não perecerá.

"Sua alma se torna dhármica, e o *dharma* é retidão. Ele se torna reto, na retidão de Deus." Zaehner nos lembra de que isso é exatamente o mesmo que encontramos no capítulo 6, verso 30: "Aquele que me vê em toda parte, e vê tudo em mim, não me perdeu, e eu não o perdi".

32. Para todos aqueles que vêm a mim procurando abrigo, por mais fracos, humildes ou pecadores que sejam, mulheres ou Vaishyas ou Shudras, todos eles alcançam o supremo Caminho.

Dentro da tradição védica estrita, tal como mais tarde se desenvolveu, nenhuma mulher ou pessoa de casta inferior poderia alcançar *moksha*. Primeiro o indivíduo deveria obter a encarnação de homem. Porém, no movimento *bhakti* de devoção a um Deus pessoal, tudo isso se modificou, e os cultos *bhakti* se abriram às mulheres e às castas inferiores. Shankara dizia que não se pode alcançar a libertação final até que se consiga um nascimento masculino, mas o *Gita* oferece *moksha* a todas as almas devotas, quer sejam homens ou mulheres, de casta elevada ou inferior. Na maioria dos cultos *bhakti*, existem indivíduos de casta inferior que são devotos e santos, mas, infelizmente, todos eles tendem a se aproximar novamente, tornando-se uma vez mais uma casta separada.

33. Com muito mais intensidade me amam os sagrados brâmanes e os santos da realeza! Ama-me, pois, tu que vieste a este mundo de aflição, que é transitório.

Observamos aqui aquilo que é muito forte em Ramakrishna. Ele quer que todos amem a Deus e adorem a Deus, mas tende a ter uma atitude negativa com relação ao mundo. Não há o sentido de que, pela ação, pelo serviço, o indivíduo esteja amando a Deus no mundo e alterando o mundo através da ação no mundo. Essa última motivação hoje se tornou tão forte que, para muitas pessoas, até mesmo o *Gita* deixou de ser completamente satisfatório. O mesmo acontece em muitos círculos cristãos contemporâneos, nos quais se afirma que uma espiritualidade que não seja deste mundo é inadequada, e que o indivíduo precisa servir a Deus por meio de suas ações no mundo. Por meio desse envolvimento, o amor do indivíduo seria mais eficaz do que se ele se retirasse do mundo. Até mesmo uma devoção muito profunda e bonita poderá ser considerada imperfeita e incompleta, a menos que haja também uma preocupação e uma percepção verdadeiras das necessidades do mundo.

34. Dá-me tua mente, dá-me teu coração, dá-me tuas oferendas e tua adoração; e, assim, com tua alma em harmonia, fazendo de mim teu supremo objetivo, tu na verdade virás a mim.

Esse último verso marca a culminância do *bhakti*. "Posiciona tua mente em mim, sê a mim devotado, sacrifica a mim, faze tu teus *namaskaras* para mim." O termo *namaskara* significa "reverência", "prostração", mas isso seria uma tradução muito fraca; é um ato de adoração, uma prostração perante a Realidade Suprema.

CAPÍTULO 10

A Ioga das Formas que Permeiam

O ensinamento essencial do *Gita* é o de que Krishna, o Deus pessoal e encarnado, está identificado com Brahman, a Origem, a Realidade Una. O capítulo 10 começa com essa identificação em que, no terceiro *sloka*, Krishna se identifica com a eterna fonte de tudo, para que se saiba quem é que deve ser transformado e libertado.

Krishna é quem diz:

1. Ouve tu também, ó poderoso Arjuna, Ouve tu também a glória de minha Palavra. Eu falo por teu verdadeiro Deus, porque teu coração encontra alegria em mim.

Essa glória é literalmente sua "mais elevada Palavra", *parama vac*. Ela consiste na revelação do Deus pessoal que é conhecida apenas por aqueles que encontram alegria em mim.

2. As hostes dos deuses não conhecem meu nascimento, nem os grandes videntes na terra, porque todos os deuses vieram de mim, bem como todos os grandes videntes, todos.

Nem mesmo os deuses, as mais elevadas inteligências, que na tradição cristã são conhecidos como os anjos, nem os "videntes", os mais sábios dentre os homens, podem compreender o Ser supremo.

3. Esse que me conhece como não nascido, sem começo, que me conhece como o Senhor de todos os mundos, esse mortal está livre da ilusão, e livre de todos os males ele está.

O mais elevado conhecimento é o do "Senhor não nascido, sem começo", que acarreta liberdade do pecado e da ilusão, ou seja, que transforma a pessoa. "De todos os males ele está livre" é uma tradução melhor do que "liberto de todos os seus pecados" (B & D). O termo *papa* significa realmente o pecado, mas também o mal, e, por isso, como nos diz Zaehner: "Tanto pode significar o mal que perpetramos quanto o mal que sofremos". Trata-se de todo o mal, não simplesmente do pecado.

Krishna, então, descreve as qualidades que dele se originam.

4. Inteligência, visão espiritual, vitória sobre a ilusão, paciência

5. perdão, verdade, harmonia própria, completa paz, alegrias e tristezas, ser e não ser, medo e liberdade do medo, característica inofensiva e não violência, uma quietude duradoura, satisfação, austeridade simples, generosidade, honra e desonra: essas são as condições dos mortais, e todas elas surgem de mim.

Inteligência é *buddhi*; *jnana*, sabedoria; *asmmoha*, liberdade da ilusão; Zaehner traduz *ksama* como longo sofrimento, mas outros o traduzem como a capacidade de perdoar; *satya*, verdade; *dama*, refreamento ou autorrefreamento; e *sama*, equanimidade ou tranquilidade. Então, *sukha* e *dukha*, prazer e dor; *bhava* e *abhava*, vindo a ser e cessando de ser; e, *bhaya* e *abhaya*, medo e destemor. Krishna é a fonte de todas, sejam elas qualidades positivas ou negativas. Então ele segue com a lista: *ahimsa*, a recusa de machucar; *samata*, que é o mesmo que *sama*, equanimidade; *tushti*, contente; *tapas*, austeridade, disciplina; *dana*, donativo ou caridade; e *yasah* e *ayasah*, honra e desonra.

"Essas são as disposições dos *bhuta*, ou as criaturas, e todas elas vêm do Senhor." O *Gita* nos mostra que o Senhor é a fonte de tudo; toda a criação e todos os poderes e capacidades humanos, todos estão presentes Nele.

6. Os sete videntes de tempos imemoriais, e os quatro fundadores da raça humana, estão em mim, vieram de minha mente; e, deles, veio este mundo dos homens.

Aqui temos uma referência aos sete videntes, os *shapta rishis*, e, em seguida, aos quatro *manus*. Sri Krishna Prem faz um comentário esclarecedor acerca disso. Ele diz que os sete *rishis* são as sete grandes luzes que representam os planos do ser. Dizem haver sete planos do ser ou da consciência. O termo *rishi* também significa uma luz ou um raio, e é nesse último sentido que o termo foi utilizado para simbolizar o pensamento abstrato nas formas pessoais. Os sete planos do ser são representados pelos sete chacras. O nível mais baixo é o físico, o *muladhara* chacra; em seguida, vem o nível vital, o *svadhistana*; em seguida, o umbigo, *manipura*, que é o nível emocional; em seguida, o coração, o *anahata*, o nível afetivo; a garganta, *vishuddha*, que é a fonte da fala, do canto e da comunicação; em seguida, o *ajna* chacra, que é o assento da *buddhi*, ou mente intuitiva; e, finalmente, o *sahasrara*, o lótus de mil pétalas, a consciência suprema.

Uma outra estrutura é a do *Sankhya*, que começa com o *purusha*, consciência pura, o Ser Não Manisfestado; então vem *prakriti*, a natureza não manifestada, natureza em potencial. O próximo é *mahat*, a ordem cósmica, ou consciência cósmica; então, a *buddhi*, ou mente intuitiva; o *manas*, a mente racional; então, o mundo dos sentidos e, finalmente, o mundo da matéria.

Krishna Prem interpreta os sete videntes e os quatro *manus* da seguinte maneira:

As sete grandes Luzes são os planos do ser. Essas sete Luzes ou planos aqui se dividem em três classes principais. Há primeiro os "quatro anteriores", os quatro elevados níveis do ser (dois deles "não manifestados"), além de toda individualidade. Eles foram simbolizados por quatro eternos jovens ascéticos e castos, os quatro "Kumaras", que se recusaram a procriar, preferindo permanecer na contemplação do Uno. A verdade por trás desse símbolo é a de que esses quatro planos são planos de unidade, nos quais ainda não se formaram as individualidades separadas.

Abaixo deles estão os "Manus", aqui os indivíduos separados (*jivas*), os "pontos de vista" dentro da Luz que tudo vê. Deles, os pontos que resistem às eras emitiram "esta raça de homens", que morrem e renascem em intermináveis rodas de mudanças.

Os *manus* são os pontos centrais ou como se fossem neutros de toda a múltipla criação; neles, tal como em um pivô, tudo se equilibra. Os dois níveis mais elevados (pois podemos deixar de lado os dois níveis não manifestados, como se não fizessem parte deste cosmos) estão principalmente voltados sobre si mesmos, por assim dizer, centrípetos, e, por isso, ascetas castos os simbolizam. Os dois inferiores, os mutáveis mundos dos seres, são voltados para o exterior ou de tendência centrífuga, ao passo que, entre ambos, como pontos de equilíbrio, encontramos "Os Manus", firmemente autossustentados. É deles, ou através deles, que surgem os seres mutáveis, os filhos de "Manu", conhecidos como "Manavas" (homens).

Essa é uma interpretação simbólica. A interpretação mais geral é a de que os *manus* são as quatro raças do homem que correspondem aos quatro *yugas*, as quatro eras: a idade do ouro, da prata, do bronze e do ferro. Aquela em que vivemos hoje é a idade do ferro, muito apropriadamente representada como uma idade do ferro do industrialismo.

7. Aquele que conhece minha glória e meu poder possui a unicidade da harmonia inabalável. Esta é a minha verdade.

Minha glória é minha *vibhuti*. Trata-se do poder de permear todas as coisas. Deus permeia todas as coisas, através de sua *vibhuti*, que se corresponde com a "glória" da manifestação de seu poder. Aqui, a palavra para poder é "ioga", da qual Zaehner diz:

> A ioga de Deus se assemelha à ioga conduzida pela *buddhi*, a "alma" no homem. Trata-se da organizada integração de todas as coisas à volta de seu centro imortal. Para levarmos a analogia um passo adiante, poderíamos dizer que o "poder ilimitado" de Deus (*vibhuti*) corresponde aos sentidos no homem: Ele controla e integra todas as coisas em um todo organizado e unitário, assim como a alma coordena e integra os sentidos no eu imortal e à volta deste. Esse jogo com a palavra ioga não é apenas altamente sutil, mas também lança uma torrente de luz na filosofia central do *Gita* – a absoluta inseparabilidade entre o ser eterno e a existência no tempo e a interdependência da autointegração do homem com a integração cósmica à sua volta e em Deus.

8. Sou a fonte Una de tudo: a evolução de tudo vem de mim. Os sábios pensam isto, e eles me veneram com a adoração do amor.

A palavra para amor, nesse caso, é *bhava*, que significa simplesmente "ser", mas ela é utilizada aqui no sentido de afeição. Isso é o que Ramakrishna experimentava usualmente, o estado abaixo do *samadhi*, completa absorção, mas acima do estado comum da mente. Trata-se de um estado de adoração. Por isso Krishna diz que aqueles que me conhecem como a fonte de tudo, eles *bhajante*, devotam-se a si mesmos, comungam comigo em *bhakti*, em amor ou devoção.

Vemos claramente que os capítulos iniciais se preocupavam muito mais com a ioga da ação e como alcançar aquele estado imóvel de Brahman, o *nirvana* de Brahman, em que o indivíduo se integra completamente e realiza Deus. Todos aqueles estágios são válidos: a ioga da ação, a gradual integração do ser, a descoberta do eu interior e a percepção desse eu em harmonia interior e perfeita tranquilidade. Por outro lado, agora vamos além, para a adoração, o amor, o arrebatamento e o êxtase.

9. Seus pensamentos estão em mim, sua vida está em mim, e eles lançam luz uns nos outros. Sempre falam de minha glória; e eles encontram paz e alegria.

Seus pensamentos estão em mim, *madgataprana*, literalmente, sua vida veio a mim, "eles se iluminam uns aos outros", "eles contam minha história". A palavra aqui é *katha*, e ela se refere ao tipo de história que é muito popular em vilarejos por toda a Índia. As pessoas costumam contar a história do *Ramayana* ou dos *Puranas*. Costuma-se fazer isso cantando, de modo a contar a história, ilustrando-a, então, com uma música, e assim por diante. Podemos ouvi-las até mesmo nos dias de hoje em muitos vilarejos, e alguns cristãos as adotaram. Havia um cristão muito talentoso que compôs, dessa maneira, a vida de Santo Antônio. Ele contava a história acompanhado de instrumentos musicais, e assim todas as pessoas irrompiam a cantar.

Katha kali é uma dessas formas, muito popular em Kerala. Conta-se a história numa dança, sem palavras. Certa vez, assisti a uma apresentação em um vilarejo de Kerala, em que o drama se desenrolava por toda a noite, desde as seis da tarde até as seis da manhã. Umas pessoas iam e vinham, outras iam dormir, mas a dança continuava. Os atores tinham as faces pintadas na forma de uma máscara, e contava-se a história por meio de gestos maravilhosamente elaborados, chamados *mudras*. Tudo era muito estilizado, assim como as roupas e as retratações de deuses e demônios. A dança principal durou um longo tempo, e, então, uma menina de cerca de catorze anos dançou a história de Krishna. A história de quando Krishna era bebê e seu tio queria matá-lo, de modo que ele foi dado para ser criado por uma ama que injetou veneno no próprio seio. Krishna bebeu o veneno, mas não foi afetado por ele, continuando a beber todo o leite e, então, começou a beber todo o sangue dela. A menina dançava isso, segurando o nenê em seu seio, exaurindo-se gradativamente, à medida que seu sangue estava sendo sugado, até que finalmente ela desfaleceu. A menina dançou de maneira soberba, causando-me uma forte impressão.

10. Àqueles que estão sempre em harmonia, e que me veneram com seu amor, confiro a ioga da visão e, com esta, eles vêm a mim.

Àqueles que estão sempre *yukta*, integrados, e *bhajatam*, devotados a mim, confiro a ioga da *buddhi*, a mente interior, a mente intuitiva. E eles se aproximam de mim, eles vêm a mim.

11. Em minha misericórdia, habito seus corações, afastando suas trevas da ignorância, por meio da luz da lâmpada da sabedoria.

Eu afasto as trevas, a ignorância, o *ajnana*, com a brilhante lâmpada da sabedoria, *jnana*. Em seguida, uma frase das mais difíceis: "Eu habito em seus corações". Literalmente, *atma bhava stho*, que significa "permanecendo no estado do ser peculiar do Eu" (Z). Besant e Das traduzem isso como "habitando dentro de seu Eu", devendo ser este, provavelmente, o significado.

O Senhor Krishna habita o eu dessa pessoa. Isso significa que ele também habita sua própria natureza, porque no eu interior, somos um com o eu do Senhor. Ao alcançarmos o mais profundo centro do ser, alcançamos nosso centro em Deus, e Deus está em nós e nós estamos em Deus. Essa é a meta.

Em seguida, Arjuna responde a Krishna:

12. Supremo Brahman, Luz suprema, e suprema purificação, eterno espírito divino, Deus não nascido, onipresente Senhor de tudo.

Arjuna se dirige a Krishna como *param Brahma*, supremo Brahman. Tal como dissemos, nos estágios iniciais dos *Upanixades*, existe a ideia de Brahman, o absoluto Ser Supremo, do qual tudo se origina, que permeia todas as coisas e para o qual tudo retorna. Brahman é a Realidade Suprema. O Atman também é um entendimento dessa Realidade Suprema, a fonte da consciência, a fonte da personalidade na pessoa, de modo que, cada um de nós, em seu mais profundo eu, é uno com aquele Brahman. Ora, este Brahman, este Atman, é uno com o Senhor, o Deus pessoal, *purusha*. Por isso Arjuna o chama primeiro de *param dharma*, que significa "o lar mais elevado", "a residência mais elevada", e, então, pureza suprema, *pavitram*. A palavra que Mascaró traduz como espírito é *purusha*. *Purusha* é a Pessoa primordial que aparece no *Rig Veda* como o Homem Cósmico, de cujo sacrifício toda a criação passa a existir. Ele próprio é a Pessoa, na qual se apoia, por assim dizer, toda a criação, mas, ao mesmo tempo, ele também está acima de toda a criação. Assim, no *Rig Veda* se diz: "Com uma quarta parte ele entrou na criação, três quartas partes permaneceram acima, nos céus". Assim, esse *purusha* é o homem celeste.

Isso é muito interessante, do ponto de vista cristão, por se relacionar com o conceito do Filho do Homem, que também é o Filho de Deus. Aqui se concebe Krishna como esse eterno *purusha*, no qual se apoia todo o universo e que, ao mesmo tempo, o transcende.

Literalmente, *diviyam adi-devam* é o Deus divino e primordial. A palavra *adi* é usada para denotar a primeira pessoa naquela linha de descendência. Por exemplo, na escola de Shankara, todos os líderes da escola são chamados Shankaracharya, mas o fundador da escola, o Shankara original, é chamado *Adi-Shankara*. Do mesmo modo, *adi-devam* é o deus primordial, o deus que antecedeu os deuses. *Ajam* significa não nascido e *vibhum*, o que tudo permeia.

13. Assim, todos os videntes te louvam; o divino vidente Narada; Asita, Devala e Vyasa. E esta agora é tua revelação.

Supõe-se que Vyasa seja o autor do *Mahabharata*, Narada é o grande *rishi* a quem se atribui os *narada sutras*. Eles são uma elevadíssima expressão do caminho do amor.

14. Eu tenho fé em todas as tuas palavras, porque essas palavras são palavras da verdade, e nem os deuses nos céus nem os demônios no inferno podem compreender tua infinita vastidão.

Os deuses e os demônios são os *devas* e os *danavas*. Em toda tradição religiosa, há sempre os poderes do bem e do mal, que no hinduísmo são conhecidos como os *devas* e os *danayas*, assim como na tradição cristã há os anjos bons e maus. Os profetas hebreus passaram a considerar demônios os deuses dos pagãos, mas num estágio anterior eles os consideravam entre os deuses. No livro de Jó, Satã aparece entre os "filhos de Deus". Os padres ortodoxos dizem que os anjos regem tanto o mundo da natureza quanto as nações. Orígenes, especialmente, no século III, dizia que todas as nações possuem seus anjos bons, que as protegem, assim como seus anjos maus, que as conduzem ao terror. Diz-se que todo ser humano também possui um anjo mau, assim como um bom, um que dificulta e outro que ajuda, o tempo todo. Isso se dá nesse mundo psíquico, o mundo do inconsciente, que frequentemente ignoramos, mas, quer o levemos em consideração ou não, estamos constantemente expostos a suas forças.

15. Só teu espírito conhece teu espírito: só tu conheces a ti mesmo. Fonte do Ser em todos os seres, Deus dos deuses, regente de tudo e de todos.

Literalmente: "Tu em ti mesmo, tu conheces por ti mesmo". Este verso se dirige à pessoa suprema, *purushottama*, o supremo *purusha*. Só ele conhece a si mesmo, porque seu ser é, em si mesmo, pura consciência. "Fonte dos seres", literalmente, "aquele que causa a existência dos seres". No santuário da capela de nosso *ashram*, temos uma citação do *Upanixade Mahanarayana*, que diz: "Tu és o único ser supremo; não há outro Senhor do mundo", seguida pelas palavras Kurios Christus – o Senhor Cristo –, em letras gregas. Aqui, o *Gita* identifica

Krishna com o Ser Supremo, o "deus dos deuses e regente do mundo". A tradição cristã identifica essa pessoa com Cristo.

16. Dize-me, em tua misericórdia, de tua divina glória, na qual sempre estás, e todos os mundos estão.

"Dize-me de tua glória", ou seja, o *atma vibhuti*, "teu poder que permeia todo o mundo, enquanto tu mesmo permaneces inalterado" (Z). O Senhor permanece sempre inalterado, enquanto permeia todo o mundo.

17. Sempre em meditação, como poderei conhecer-te? E em quais manifestações te contemplarei, meu Senhor?

No texto, Arjuna se dirige a Krishna como um iogue, porque ele controla todo o universo. O iogue controla a si mesmo, e Krishna, que é o Eu de toda a criação, é o grande iogue que controla o universo. Arjuna pergunta como ele poderia conhecer a Deus e sob que aspectos deveria pensar nele. Esse é sempre o problema: não podemos conhecer a Deus nele mesmo; sempre precisamos pensar nele sob um ou outro aspecto.

18. Dize-me novamente, em detalhe, de teu poder e de tua glória, pois nunca, nunca me canso de ouvir tuas palavras de vida.

Conta-me novamente acerca dessa ioga *vibhuti*, este poder que tudo permeia, pois nunca poderei me cansar de ouvi-lo.

Krishna responde à solicitação de Arjuna, e recebemos esta maravilhosa descrição de seus poderes e de como ele permeia o universo.

19. Ouve, e te revelarei algumas manifestações de minha glória divina. Só os maiores, ó Arjuna, pois não há fim para minha infinita grandeza.

20. Eu sou a alma, o príncipe vitorioso, que habita o coração de todas as coisas. Eu sou o princípio, o meio e o fim de tudo o que vive.

"Eu sou o ser, presente no coração de todos os seres" (Z). É este o ponto. Quando o indivíduo chega ao coração de qualquer coisa criada, ele chega a Deus. Tomemos uma coisa qualquer, um grão de areia, por exemplo, analisemos suas moléculas e átomos, prótons e elétrons, contudo, ao final chegaremos à fonte do ser. O Senhor está no centro de todo ser, todo grão de areia. O Senhor único permeia toda a criação. Em termos cristãos, a Sagrada Trindade está presente em todo grão de areia.

"Eu sou o princípio, o meio e o fim de tudo." Isso nos traz à memória as palavras de Jesus no Apocalipse de São João, em que Jesus diz: "Eu sou o Alfa e o Ômega, Aquele-que-é, Aquele-que-era e Aquele-que-vem" (Apocalipse 1,8). Alfa e ômega são a primeira e a última letra do alfabeto grego. O Senhor compreende, em si mesmo, toda palavra, toda linguagem e todo significado.

21. Dentre os filhos da luz, Eu sou Vishnu e dos luminares, o sol radiante. Eu sou o senhor dos ventos, das tempestades e das luzes da noite, Eu sou a lua.

Krishna agora se revela nos termos da mitologia védica. Devemos sempre lembrar que só podemos falar de Deus em linguagem simbólica, e os *Vedas* são ricos em simbolismo. "Dentre os filhos da luz, Eu sou Vishnu e dos luminares, o sol radiante." Os filhos da luz são os *adityas*, sendo que *aditi* significa "infinita", "a mãe primordial"; os *adityas* são todos seus filhos, filhos de Deus, pode-se dizer. Aqui Krishna fala simplesmente de Vishnu como um dos filhos da luz. Krishna é uma encarnação de Vishnu, que no decurso do tempo foi elevado à posição do Deus mais elevado. Um pouco adiante, o *Gita* nos fala de Shiva dentre os *rudras*, ao passo que, mais tarde, Shiva também foi reconhecido como o Deus Supremo. Isso nos mostra como um mito passa por uma evolução gradual. "Os ventos e tempestades" são os *maruts*, um grupo de deuses das tempestades, associados ao raio e ao trovão, a que se dá pouca importância no hinduísmo moderno.

22. Dos *Vedas*, Eu sou o *Veda* dos cânticos, e Eu sou Indra, o principal dentre os deuses. Acima dos sentidos do homem, Eu sou a mente e, em todos os seres viventes, Eu sou a luz da consciência.

Há quatro *Vedas*: o *Rig*, o *Sama*, o *Yajur* e o *Atharva*. O *Sama Veda* é aquele que é cantado no sacrifício, o qual Krishna reivindica ser por excelência. "Dentre os deuses, Eu sou Indra." Indra era o rei dos deuses. Nos *Vedas* ele possuía a supremacia, mas, na Índia moderna, ele não tem nenhuma importância. Não há templos a ele dedicados. Os deuses védicos praticamente desapareceram, ao passo que Brahma, Vishnu e Shiva se tornaram os três principais deuses, considerados, respectivamente, o criador, o preservador e o destruidor do mundo. Hoje há apenas um templo dedicado a Brahma em toda a Índia, em Pushkar no norte, enquanto para Vishnu e Shiva há um templo dedicado a Vishnu e outro dedicado a Shiva em quase todos os vilarejos da Índia. Em uma rua brâmane, frequentemente, há um templo a Vishnu em um extremo e um templo a Shiva no outro. Foi nos tempos do *Mahabharata* que Vishnu e Shiva passaram a ser reconhecidos com supremacia.

"Dos sentidos, Eu sou o *manas*." O *manas*, a mente, é considerado o sexto sentido, o bom senso. Os cinco sentidos nos trazem informações do mundo que nos rodeia, ao passo que *manas* é o sentido interior, que coordena toda a evidência dos sentidos.

"Dentre os *bhutas*", que Mascaró traduz por "todos os seres viventes", "Eu sou a luz da consciência". Isso é *cetana*, da raiz *cit*, termo comumente usado para consciência.

23. Dentre os poderes terríveis, Eu sou o deus da destruição; e dentre os monstros, Vittesa, o senhor da prosperidade. Dos espíritos radiantes, Eu sou o fogo; e dentre as altas montanhas, a montanha dos deuses.

Literalmente é "dentre os *rudras*, Eu sou Shiva". *Rudras* é outra denominação para os *asuras*, ou demônios. Rudra é o nome de Shiva nos

Vedas. Originalmente, ele era um Deus não védico. Ele era um deus da natureza e das florestas. Havia os deuses que pertenciam à ordem cósmica, e Vishnu, em especial, era o deus deste mundo, frequentemente identificado com o sol, que é a fonte da luz. Originalmente, Shiva era o deus da natureza, o deus dos túmulos e das trevas, uma divindade terrível que precisava ser aplacada. Sua cor era escura, ou seja, ele era identificado com os não arianos. Portanto, visto que ele devia ser temido, precisava ser aplacado, e a ele conferiam nomes que significavam bondade. Shiva significa auspicioso. Assim, esse deus escuro e terrível passou a ser chamado Shiva, o auspicioso, o gentil, e sua natureza gradativamente foi transformada. Ele era o destruidor, mas era o destruidor que também salva, redime e recria.

A significação desses deuses é a de que eles são símbolos, arquétipos do inconsciente. Frequentemente, eles possuíam características completamente opostas, mas todos os opostos foram agrupados numa unidade. Os deuses focalizam em si mesmos toda a criação, com todos os seus elementos conflitantes. Através da meditação neles, as pessoas podiam entrar em contato com todas as forças conflitantes da vida. Assim, Shiva é tão terrível quanto infinitamente amoroso e compassivo. Nesse sentido, ele se assemelha a Kali, que é a deusa da destruição, mas também a divina mãe, retratada como a esposa de Shiva, sua divina energia ou Shakti.

"Dentre os monstros, Eu sou Vittesa, o senhor da prosperidade." Zaehner faz aqui uma observação, a de que "Kuvera, o deus do mundo inferior, que se assemelha muito ao deus grego Plutão, também é o senhor da prosperidade". Os deuses védicos eram semelhantes aos deuses gregos, compartilhando uma herança ariana em comum. "Dentre os *vasus*", um grupo de divindades originalmente associado a Indra, "Eu sou o fogo". Nos *Upanixades*, os *vasus* são identificados com a terra, o ar, o vento, o fogo, a atmosfera, o céu, a lua e as estrelas.

"Dentre altas montanhas, o Monte Meru." O Monte Meru é a montanha mítica que, na verdade, simboliza todo o universo. Ele é identificado com o Kailash, dos Himalaias. Mascaró traduz como "montanha dos deuses", que se assemelha ao Monte Olimpo dos gregos. A montanha sempre foi um símbolo adequado à morada dos deuses. A montanha é o local onde mais podemos nos aproximar de Deus. A ideia é a de que, à medida que a escalamos, nos elevamos acima da poeira e da obscuridade da terra, em direção à clara atmosfera. As pessoas sentem isso ao escalar uma montanha comum; a mente se eleva, aproximando-as da luz. Assim, a montanha é o símbolo de toda a criação, e o topo da montanha é o ponto onde alcançamos o paraíso.

> 24. Dos sacerdotes, Eu sou o divino sacerdote Brihaspati, e dentre os guerreiros Skanda, o deus da guerra. Dos lagos, Eu sou o vasto oceano.

Skanda é um personagem fascinante. Ele é o filho de Shiva e o senhor dos exércitos, tal como Iahweh, no Velho Testamento, era chamado "senhor das hostes". Ele também é identificado com Murugan, um deus local tamil, jovem e bonito, muito popular em Tamil Nadu.

> 25. Dentre os grandes videntes, Eu sou Bhrigu; e das palavras Eu sou OM, o Verbo da Eternidade. Das preces, Eu sou a prece de silêncio; e das coisas que não se movem, Eu sou os Himalaias.

OM é a sílaba sagrada, o *pranava*, que significa realidade suprema. Ele representa a vibração da energia que deu origem a todo o universo. Há o *anahata shabda*, o som nunca ouvido, do qual surge o som que se ouve. OM é o som através do qual passamos ao som que não pode ser ouvido, a palavra falada que conduz ao Verbo, do qual se originam todas as palavras.

"Das preces, Eu sou a prece de silêncio." Aqui se faz referência ao *japa*, a prece silenciosa que é mais poderosa do que a prece exterior. Esse é um ponto frequentemente enfatizado pelos hindus. Ao fazer um *puja*, eles executam um rito exterior, mas, estritamente falando, há um *manasa puja* que se executa na mente, e só então é que a oferenda exterior passa a ser realmente eficaz. A oferenda interior é a "prece silenciosa". Isso também se aplica ao *nama japa*, em que o nome de Deus pode primeiramente ser repetido em voz alta, em seguida, silenciosa e interiormente, para então se aprofundar no coração. Isso é o que é a prece do coração, a mais profunda prece, a prece de silêncio.

> 26. Das árvores, sou a árvore da vida e dos videntes celestes, *Narada*. Dentre os músicos celestiais, Chitra-ratha; e dentre os videntes da terra, Kapila.

Mascaró traduz assim: "Eu sou a árvore da vida", mas, estritamente, trata-se da árvore *asvatta*, que é a figueira sagrada, a figueira-de-bengala,[1] que é a árvore da iluminação.

> 27. Dos cavalos, Eu sou o cavalo de Indra e dos elefantes, seu elefante Airavata. Dentre os homens, Eu sou o rei dos homens.

> 28. Das armas, Eu sou o trovão e das vacas, a vaca das maravilhas. Dentre os criadores, Eu sou o criador do amor; e dentre as serpentes, a serpente da Eternidade.

"Das armas, Eu sou o trovão." O trovão era o símbolo do poder divino. Na mitologia grega ele é o trovão de Zeus, o símbolo da justiça divina, e no Velho Testamento Iahweh era o Deus do trovão, em que é descrito "despedaçando os cedros e devastando as florestas" (Salmo 29). No budismo tibetano, esse trovão, *vajra*, é a força do poder espiritual. O *vajra* é comparado a um diamante, e os budistas tibetanos falam de um "corpo de diamante", que é um corpo que foi transformado pelo poder oculto interior.

"E das vacas, a vaca das maravilhas", assim é chamada Kamadhenu, a vaca que atende a todos os desejos.

---

[1] *Ficus Benghalensis*. (N. T.)

29. Dentre as serpentes do mistério, Eu sou Ananta e dos nascidos nas águas, Eu sou Varuna, seu Senhor. Dos espíritos dos pais, Eu sou Aryaman e dos regentes, Yama, o regente da morte.

"Dentre as serpentes do mistério, Eu sou Ananta." Ananta é a grande serpente, sobre a qual Vishnu repousa. Literalmente, ela significa o "infinito" e simboliza o infinito oceano do ser.

"E dos nascidos nas águas, Eu sou Varuna." Varuna era um dos principais deuses dos *Vedas*, mas agora desapareceu. Algumas pessoas acreditam que seu nome esteja relacionado a Urano, o paraíso grego, o deus do paraíso, os céus, mas ele também está ligado às águas. Aqui ele é considerado o deus das águas.

"Dos espíritos dos pais", refere-se aos ancestrais, os *pitras*. Todo devoto hindu, mensalmente, sacrifica aos *pitras*, os ancestrais, os pais. E, para os chineses, é claro, a devoção aos ancestrais é praticamente a base de sua religião. Existe algo de muito profundo quanto ao senso de pertencermos aos ancestrais. Em culturas mais primitivas, como na África, por exemplo, as pessoas frequentemente sonham com os ancestrais ou seus espíritos. Na África, considera-se que o espírito viva no vilarejo, sendo muito importante que as pessoas realizem os ritos fúnebres apropriados, para que os espíritos retornem ao seu lugar certo, tornando-se protetores do vilarejo. É importante também que se realizem sacrifícios específicos e outros rituais em ocasiões apropriadas, de modo a manter os favores dos espíritos. Os espíritos dos ancestrais também aparecem em sonho. Certa vez, Confúcio disse: "Deve haver algo de errado comigo. Passaram-se muitos meses desde meu último sonho com o Imperador Chu". O Imperador Chu foi um imperador muito santo, de modo que sonhar com ele era um evento auspicioso. Esse senso da presença dos mortos é uma das coisas que perdemos em grande medida. O significado de todas essas missas pelos mortos, que os católicos costumavam celebrar, estava ligado a isso, pois elas formavam um elo com o passado, com os mortos. Os mortos estão entre os viventes; eles apenas estão em uma diferente região do ser.

"E dos regentes Eu sou Yama, o deus da morte." Ele é o juiz, o juiz interior. Yama representa, na verdade, o Eu interior, que é o juiz, à hora da morte, e também o guia interior, aquele que dá início à vida espiritual.

> 30. Dos demônios, Eu sou Prahlada, seu príncipe, e de todas as coisas que medem, Eu sou o tempo. Das bestas, Eu sou o rei das bestas e dos pássaros, Vainateya, que carrega um deus.

"Dos demônios, Eu sou Prahlada." Os demônios aqui são os *daityas*, mais parecidos com os titãs, entre os gregos, os inimigos dos deuses. Prahlada possuía uma profunda devoção a Vishnu, e seu pai tentou matá-lo de várias maneiras, mas Vishnu sempre escapava e terminava por ter garantida sua imortalidade. Prahlada é o devoto arquetípico.

"E de todas as coisas que medem, Eu sou o tempo." Ele é o tempo, e o tempo pode se tornar uma coisa horrível, ao trazer a morte e a destruição, ainda que também seja a fonte de energia e realização criativa. Deus está continuamente presente. Cada momento que nos é dado é um presente de Deus. Ele está presente a todo momento. O perigo está em nossa tendência a aceitar a aparência das coisas. Agora são três horas, daí são quatro horas, em seguida, cinco: apenas uma passagem do tempo, sem significação. Porém, não nos lembramos de que Deus chega a nossas vidas de uma maneira específica às três horas, e de outra maneira às quatro, outra ainda às cinco. Todo momento do tempo é a vinda de Deus a nossa vida. Tudo é uma vinda de Deus. Toda pessoa que encontramos é uma vinda de Deus, e todo sopro de vento é uma vinda de Deus. Deus está manifestado em todas as coisas.

"Eu sou o rei das bestas", ou seja, o leão, e dos pássaros, Vainateya ou Garuda, a águia.

31. Dentre os agentes da purificação, Eu sou o vento e, entre os guerreiros, Eu sou Rama, o supremo herói. Dos peixes no mar, Eu sou Makara o maravilhoso e dentre todos os rios, o sagrado Ganges.

Esse *rama* não é o herói do grande épico, o *Ramayana*, que é um modelo de retidão (*dharma*), mas sim Parasurama, o *rama* do machado, um grande guerreiro. "Dos peixes no mar, Eu sou Makara", o tubarão, "e dentre todos os rios, o sagrado Ganges". O Ganges, óbvio, é o rio sagrado da Índia. Ele desce da cordilheira dos Himalaias trazendo vida a todos nas planícies. Todo hindu deseja morrer próximo ao Ganges, de modo que possa ser purificado por suas águas.

32. Eu sou o princípio, o meio e o fim de tudo o que existe. De todo o conhecimento, Eu sou o conhecimento da Alma. Dos muitos caminhos da razão, Eu sou aquele que leva à Verdade.

"De todo o conhecimento, Eu sou o conhecimento do Ser, o conhecimento supremo. Há o conhecimento da física e da química, o conhecimento da biologia, o conhecimento da psicologia e da metafísica, mas todos eles pertencem aos níveis mais baixos do conhecimento. O conhecimento mais elevado que o indivíduo pode alcançar é o conhecimento do Atman, o espírito, o Ser, e esse conhecimento não pode ser alcançado por nenhum aprendizado acadêmico, mas apenas pela própria realização do Ser, por meio da experiência do espírito interior. O mais elevado conhecimento é o conhecimento experiencial, a sabedoria.

"Dos muitos caminhos da razão, Eu sou aquele que leva à Verdade." Esta parece ser uma tradução incorreta. A tradução correta é: "Dentre aqueles que falam, Eu sou seu discurso". Deus fala por meio de nós. Nós não podemos falar sem Deus. Nada podemos fazer por conta própria. Tudo é obra do espírito único. O Senhor atua em você e em mim. Se movimento minha mão, é ele quem está movendo minha mão, e não poderei mover minha mão sem ele.

33. Dos sons, Eu sou o primeiro som, A; das palavras compostas, Eu sou o hífen. Eu sou o tempo, o tempo sem fim. Eu sou o Criador que tudo vê.

"Dos sons, Eu sou o primeiro som, A." Encontramos essa ideia no *Tirukural*, o clássico tamil, composto por volta do século I d.C., que consiste de parelhas de versos em forma de aforismos. Trata-se de um livro da sabedoria que se assemelha ao livro dos Provérbios, de especial interesse, pois a cultura tamil é muito diversa da cultura védica. Muito mais relacionado a este mundo, ocupa-se mais do amor e da guerra do que propriamente de Deus e da vida espiritual. O primeiro capítulo do *Tirukural* diz que, assim como a letra A é a primeira do alfabeto, Deus é o primeiro de todos. Contudo, muito pouco se diz acerca de Deus no restante do poema. Ocupa-se dos deveres da família e do estado, e o último capítulo é integralmente dedicado ao amor. Trata-se de uma moralidade própria deste mundo, rara na Índia. Todavia, é fiel à tradição antiga indiana, que reconhecia quatro finalidades da vida: *kama*, amor; *artha*, prosperidade; *dharma*, dever; e *moksha*, libertação. O *Tirukural* trata das três primeiras, mas não aborda a libertação, que é a principal preocupação da tradição hindu. A libertação, *moksha*, é o estado final do ser, que está além deste mundo.

34. Eu sou a morte, que tem sucesso sobre todas as coisas, e Eu sou a fonte das coisas futuras. Dos substantivos femininos, Eu sou a Fama e a Prosperidade; a Fala, a Memória e a Inteligência; a Constância e a Misericórdia.

"Eu sou a morte, que tem sucesso sobre todas as coisas, e Eu sou a fonte das coisas futuras." Esse é quase um aspecto negativo de Deus. Deus é manifestado por toda esta criação, em cada parcela dela, e é manifestado na morte, não menos do que na vida. Contudo, precisamos discernir exatamente o que isso significa. Parecido com isso, temos: "Eu sou a habilidade nos dados do jogador" (*sloka* 36), que provavelmente se refere a Yudhishtira e ao famoso jogo de dados no qual perdeu seu trono, submetendo-se ao exílio. Isso sugere que Deus está tanto no que é perverso como no que é bom, mas essa provavelmente não é a intenção aqui, porque ao nos determos neste ponto percebemos que ele se refere mais à excelência em todas as coisas, à habilidade, à inteligência do jogador, que vem de Deus, do que ao vício.

Isso levanta a questão do mal e da providência de Deus. Podemos colocá-la da seguinte maneira. A luz única, o Sol único, brilha sobre todas as criaturas, assim como sobre muitos espelhos diferentes, e cada um deles reflete essa luz, de acordo com sua capacidade. Todavia, em toda a natureza existem defeitos, e cada coisa criada reflete a luz divina, de um modo muito limitado. O ser divino, o infinito, tem seus efeitos limitados por todos esses seres finitos, nos quais brilha. No mundo inanimado, não há vida, e o espírito se manifesta em luz e energia. Quando há na terra desenvolvimento suficiente, a ponto de se produzir vida, então, a vida surge e o divino se manifesta como vida na terra. Quando há na coisa vivente organização suficiente, a ponto de se produzir o animal, então, Deus se manifesta em sensação, em movimento, em reprodução. E, então, quando há na vida animal organização suficiente, a ponto de aparecerem os seres humanos, o divino se manifesta na alma e na consciência humana.

Obviamente, existem defeitos em toda a natureza. Toda matéria é limitada e está sujeita à corrupção e à morte, mas isso se deve às limitações da matéria na qual se manifesta a vida divina. Tudo o que é positivo na natureza, na terra, na planta, no animal e no homem vem de Deus; tudo o que é negativo é o defeito da criatura, do ser finito. A luz brilha nas trevas e as trevas a limitam. E, então, com o ser humano, aparece o pecado, o mal moral, e isso acrescenta uma diferença a mais. Ao passo que a planta e o animal respondem à vida divina natural e instintivamente, produzindo seus efeitos naturais, existe no ser humano uma inteligência e uma vontade, e essa inteligência pode refletir a luz, mas também pode se recusar a aceitar a luz. Existe o livre-arbítrio. Podemos afastar da luz nossa vontade, centrando-a em nós mesmos ou no mundo exterior, e, então, não mais refletirmos essa luz. O mal é simplesmente o elemento negativo em nós, que não pode afetar a própria luz e, quanto mais nos abrimos para a virtude, para a graça, mais essa luz brilha em nós e nos purifica, de modo a nos tornarmos transparentes à luz.

> 35. De todos os cânticos nos *Vedas*, Eu sou o cântico *Brihat*. De todas as métricas do verso, Eu sou o *Gayatri*. Dos meses, Eu sou o primeiro do ano e das estações, a estação das flores.

O *Sama Veda*, o *Veda* dos Cânticos, era considerado o melhor dos *Vedas*, e o *Brihat Sama* era a melhor parte dele. "De todas as métricas do verso, Eu sou o *Gayatri*." O mantra *Gayatri* é considerado o mais sagrado dos mantras em verso nos *Vedas*. Em nosso *ashram* na Índia, nós o cantamos três vezes ao início de cada prece:

OM BHUR BHUVAS SVAHA
TAT SAVITUR VARENYAM
BHARGO DEVASYA DHIMAHI
DHIYO YO NAH PRACHODAYAT

Savitri é um nome para o sol, não apenas o sol físico, mas o sol como fonte de vida e de luz. Todo brâmane recebe em sua iniciação este mantra *Gayatri*, na cerimônia Upanayana, em que recebe seu cordão sagrado. A partir desse momento, espera-se que ele o recite, regularmente, cento e oito vezes pela manhã, ao meio-dia e à noite. Podemos traduzir o mantra *Gayatri* assim: "Meditemos sobre o esplendor daquela gloriosa luz; que ele ilumine nossa meditação". Ele pede por luz na mente, não apenas pela luz do sol.

"Das estações, Eu sou a estação das flores"; esse é o mês de *margari*, que corresponde aproximadamente ao mês de dezembro e que é um mês muito sagrado. A tradição é a de que, nesse mês, espera-se que as moças solteiras acordem muito cedo para percorrer o vilarejo cantando cânticos. Em Tamil Nadu, em particular, elas cantam os cânticos de Andal, a poetisa, e, as de Manika Vasahar dirigiam-se a Deus como ao noivo, do qual elas eram as noivas. Trata-se de um mês muito sagrado para os hindus.

> 36. Eu sou a habilidade nos dados do jogador. Eu sou a beleza de todas as coisas bonitas. Eu sou a vitória e a luta pela vitória. Eu sou a bondade daqueles que são bons.
>
> 37. Dos filhos de Vrishni, Eu sou Krishna; e dos filhos de Pandu, Eu sou Arjuna. Dentre os Videntes em silêncio, Eu sou Vyasa; e dentre os poetas, Eu sou o poeta Usana.

Literalmente, temos: "Dos filhos de Vrishni, Eu sou Vasudeva", dizia-se que Krishna era filho de Vasudeva, porém, mais tarde, foi identificado com ele. No *Gita*, ele é identificado com a única Realidade suprema.

Vyasa é o lendário autor do *Mahabharata*, a quem se atribui também a organização dos *Vedas*, até certo ponto, assim como se considera que Moisés seja o autor da Torá hebraica.

> 38. Eu sou o cetro dos regentes dos homens; e Eu sou a política daqueles que buscam a vitória. Eu sou o silêncio dos mistérios ocultos; e Eu sou o conhecimento daqueles que sabem.

Nesses versos Krishna se identifica com tudo o que é bom e bonito no mundo, bem como com os heróis do *Mahabharata* e, finalmente, com o supremo conhecimento dos *jnani*.

> 39. Sabe tu também, ó Arjuna, que Eu sou a semente de todas as coisas que existem; e que nenhum ser que se mova, ou que não se mova, poderá jamais existir sem mim.

Descrevendo suas variadas manifestações específicas, ele se identifica com a fonte de todas. Ele é a energia criativa que rege e sustenta todo o mundo.

40. Não há fim para minha grandeza divina, ó Arjuna. O que aqui te disse apenas mostra uma pequena parcela de minha Infinitude.

Ainda assim, tudo o que está manifestado no mundo e no poder criativo de Deus nada mais é do que uma pequena porção de sua grandeza. O próprio Deus permanece infinitamente além de todas as manifestações de seu ser.

41. Sabe que o que quer que seja bonito e bom, o que quer que tenha glória e poder, é apenas uma parcela de meu próprio brilho.

42. Todavia, de que adianta conhecer essa diversidade? Sabe que, com uma única fração de meu Ser, Eu permeio e sustento o universo e sabe que EU SOU.

Essa é a perspectiva. Todo o vasto universo, o universo estelar e as galáxias, e toda a terra são apenas uma diminuta parcela na qual a Divindade se manifesta. Assemelha-se ao famoso incidente em *Revelations of Divine Love*, de Juliana de Norwich, quando ela viu em sua mão um pequeno objeto do tamanho de uma avelã, e, ao perguntar o que era, disseram-lhe: "Isto é tudo o que existe". Toda a criação se assemelha a essa pequena avelã na palma de sua mão.

Torna-se importante mantermos essa perspectiva, porque temos a tendência de pensar que o universo é tão vasto, especialmente nos termos da moderna astronomia. Pascal dizia que todo o universo material nada é, se comparado a um único pensamento, e que todos os pensamentos do mundo não se equivalem ao valor de um único ato de caridade. Esses são os verdadeiros valores. A matéria é o mais baixo nível de realidade; o pensamento, até certo ponto, está num nível mais elevado, e a caridade, o amor ou o espírito é o único verdadeiro valor que, em última análise, contém todas as coisas. Em nossa visão moderna, temos exatamente a concepção inversa, na qual o espírito é algo infinitamente remoto e irreal, o pensamento é muito importante, mas a matéria é a realidade suprema.

CAPÍTULO 11

A Ioga da Visão da Forma Cósmica

Neste capítulo, Krishna revela sua forma manifesta. Em certo sentido, isso é maravilhoso, mas não nos esqueçamos de que se trata apenas de uma espécie de *maya*. Krishna apenas manifesta aquilo que aparece; a realidade estará sempre além das aparências, e é a realidade que buscamos. Por essa razão, ainda que Zaehner diga que este capítulo é o ápice do *Gita*, Krishna Prem ressalta que não é esse o caso, em nenhum sentido. Nós desejamos ir além do universo manifestado, conhecendo o próprio Deus. Assim, esse é um estágio no caminho, e um estágio importante que, como veremos ao final do capítulo, traz consigo alguns problemas. Por exemplo, no universo existe o mal, assim como o bem, e a maneira de relacionar ambos é um assunto difícil.

Arjuna começa pedindo que Krishna revele sua glória.

1. Em tua misericórdia me contaste o supremo segredo de teu espírito, e tuas palavras afastaram minha ilusão.

"Teu espírito" não é muito exato; o termo sânscrito é *adhyatman*, que significa o segredo "relativo ao Eu". No início do *Gita*, Arjuna está prestes a começar uma batalha, quando Krishna chega para aconselhá-lo. A primeira coisa que Krishna diz é que o indivíduo precisa elevar sua mente acima da batalha, da esfera dos conflitos no mundo, e descobrir o Atman, o Ser, a verdadeira realidade que está além da esfera dos conflitos. Só então será possível enfrentar a própria tarefa na vida.

2. Ouvi de ti acerca das idas e vindas dos seres e também de tua infinita grandeza.

"Tua infinita grandeza" é *mahatmya*. Refere-se ao *mahat*, o grande Ser. Existe o ser inferior, que consiste do mundo físico, do mundo vital e do mundo mental. Acima disso está o *mahat*, o grande Ser ou a ordem cósmica, mas este ainda é o mundo manifestado. Além dele, há o verdadeiro Ser, o *Paramatman*.

3. Ouvi tuas palavras da verdade, mas minha alma anseia por ver: por ver tua forma como Deus disto tudo.

Dizia-se que quando as pessoas se aproximavam de Ramakrishna e lhe perguntavam: "Você pode ver a Deus?", ele respondia: "Sim, eu o vi muitas vezes". Acrescentando, então, "Você não pode vê-lo com esses olhos, é claro". O indivíduo precisa ter aquilo que Krishna aqui chama de *divyam chakshuh*, o Olho Divino. É através da *buddhi* que se recebe essa iluminação divina; mas precisamos sempre nos lembrar de que qualquer forma que se possa ver, qualquer visão, está incomensuravelmente abaixo de Deus.

São João da Cruz nos adverte para que não nos deixemos enganar por visões ou por revelações. Elas são apenas manifestações, e precisamos sempre ir além delas, para chegar à verdade. É por isso que não devemos levar essa esfera de manifestações muito a sério, quer seja ela do mundo físico, do mundo psíquico, do mundo dos anjos e dos deuses ou do oculto. As pessoas são facilmente atraídas por visões e revelações, mas elas não são a realidade mais elevada. O perigo é o de que, caso sejamos enredados nesse nível da realidade, jamais possamos passar além dele.

4. Caso penses, ó meu Senhor, que eu possa vê-la, mostre-me, ó Deus da ioga, a glória de teu Ser Supremo.

Arjuna pede para ver a forma divina de Krishna. Ele o chama Senhor da ioga. Essa ioga é o poder pelo qual Deus manifesta a Si mesmo no universo. Arjuna pede por uma visão dessa presença de Deus no mundo, recebendo uma visão que, como todas as visões, pertence ao mundo das aparências psíquicas. Essas visões possuem o seu valor, assim como aquela de Iahweh na Montanha do Sinai, mas elas ainda pertencem ao mundo das aparências.

Krishna agora revela sua forma divina.

5. Às centenas de milhares, observa, ó Arjuna, minhas múltiplas formas celestiais de incontáveis formatos e cores.

6. Contempla os deuses do sol, e aqueles do fogo e da luz; os deuses das tempestades e dos raios, e os dois luminosos condutores da carruagem do paraíso. Contempla, ó descendente de Bharata, maravilhas nunca antes vistas.

Eles são os *adityas*, *rudras*, *asvins* e *maruts*, personagens da antiga mitologia védica que representam os vários poderes cósmicos.

7. Conhece tu agora todo o universo, com todas as coisas que se movem e que não se movem e o que quer que tua alma possa desejar conhecer. Conhece tu tudo como sendo Uno em mim.

É muito importante que possamos enxergar que existe unidade em todo o cosmos. Não importa quão vasto seja o universo estelar; por detrás dele, subjacente a ele, existe uma unidade. Trata-se de um todo orgânico. Os cientistas hoje reconhecem que o universo é um todo interdependente. Encontramos a mesma ideia no conceito do corpo místico do Cristo. Cristo é o Senhor que assume a natureza humana e reunifica a natureza humana em si mesmo, ao reunificar a natureza humana, ele reunifica toda a ordem cósmica em si mesmo. Ele se torna o Senhor, o centro do todo. Isso apresenta uma correlação muito próxima à ideia do *Gita*. Tudo é um no Senhor.

Aqui surge a questão do panteísmo. O panteísmo identifica Deus com o universo e sustenta que nada há além. Deus é o universo, e o universo é Deus. Contudo, aqui o *Gita* diz que Deus manifesta apenas uma pequena parte de seu ser no universo e se estende infinitamente além. Essa é a visão hindu. Isso não é panteísmo, mas panteísmo que significa Deus em tudo e em todos. Deus é imanente em toda a criação, mas não se identifica com ela. Essa é, também, a doutrina católica. São Tomás diz que Deus está em todas as coisas, por meio de seu poder, sua presença e sua essência. Ele primeiro faz a distinção de que ele está presente em todas as coisas por meio de seu poder, porque ele cria todas as coisas e é apenas pelo poder de Deus que qualquer coisa existe. Em seguida, ele diz que não se trata de algo como se Deus exercitasse seu poder a distância, uma vez que não existe distância em Deus. Ele está em todas as coisas por meio de sua presença real, acionando todas as coisas, conferindo-lhes o ser, estruturando-as e, então, realmente movendo-as. Aqui também não se trata de algo como se ele estivesse presente com uma parte de si mesmo, pois em Deus não há partes. Ele está presente em todas as coisas por meio de sua essência; o verdadeiro ser de Deus está presente em todas as coisas, acionando todo o universo.

8. Porém, tu jamais poderás me enxergar com esses teus olhos mortais: Eu te darei a visão divina. Contempla minha maravilha e glória.

Essa é uma frase muito famosa, *divyam cakshuh*, um olho divino. Ele é o terceiro olho, o olho divino que enxerga a verdade. Esse é o olho simbolizado pelo *ajna* chacra, o ponto entre as sobrancelhas, que se afirma ser o centro dessa luz interior. Na iconografia bizantina, podemos frequentemente ver esse terceiro olho na face de Cristo, o que sugere que esse simbolismo podia estar disseminado no mundo antigo. É o mesmo significado do Evangelho, quando diz: "Se teu olho estiver são, todo teu corpo ficará iluminado" (Mateus 6,22).

Sanjaya, que atua como uma espécie de narrador, intervém agora para contar a revelação de Krishna a Arjuna:

9. Quando Krishna, o Deus da ioga, assim falou, ó rei, ele, então, apareceu a Arjuna, em sua forma divina suprema.

10. E Arjuna enxergou nessa forma incontáveis visões de maravilhas: olhos de inumeráveis faces, numerosos ornamentos celestiais, inúmeras armas celestiais.

11. Guirlandas e vestimentas celestiais, formas ungidas com perfumes celestes. A Divindade Infinita estava de frente para todos os lados, nela contendo todos os portentos.

O imaginário, óbvio, é o dos deuses hindus. Muitas pessoas consideram um pouco desconcertante ver representações de deuses com muitos braços, pernas e cabeças, todavia, o que se procura é a comunicação dessa energia divina, a *vibhuti*, ou poder de permear todas as coisas, emanando de todos os lados, manifestando-se em todas as direções. Uma vez que estejamos acostumados ao simbolismo, ele passa a ser muito significativo.

A ideia é a de que por trás de todas as formas do universo e do homem, por trás dos olhos, dos ouvidos, das faces, dos braços, das pernas, está o Uno que é o espírito único que age através de todos. Ele está de frente para todas as direções e se manifesta em todas as pessoas e em todas as coisas.

Podemos correlacionar isso à concepção que São Paulo fazia de Cristo, como o Senhor que "subiu acima de todos os céus, a fim de plenificar todas as coisas" (Efésios 4,10). Toda a criação se transforma no *pleroma*,[1] "a plenitude daquele que plenifica tudo em tudo" (Efésios 1,23).

---

[1] Termo grego que se refere à totalidade dos poderes divinos. (N. T.)

12. Se a luz de mil sóis surgisse repentinamente no céu, esse esplendor poderia ser comparado ao brilho do espírito supremo.

13. E Arjuna enxergou nesse esplendor o universo todo, em sua variedade, presenciando uma vasta unidade no corpo do Deus dos deuses.

Em seu comentário sobre o *Gita*, Ramanuja desenvolve a ideia de que todo o universo é o corpo de Deus. É como se Deus fosse a Alma, todo o universo fosse seu corpo, e ele fosse o *antaryamin*, o regente interior, o espírito interior que dirige tudo. Assim como a alma está no corpo, impulsionando as funções corpóreas, está o Senhor no corpo e alma de todo ser existente. Ele é o regente interior. Arjuna, com sua visão divina, enxerga que todo o universo é o corpo do Senhor.

De um ponto de vista cristão, podemos dizer que Deus, em Cristo, toma forma humana, e, nesse corpo humano, ele está unido a toda a humanidade. A humanidade se torna o corpo místico de Cristo, e, uma vez que a humanidade é parte da ordem cósmica, todo o cosmos é levado a esse Corpo de Cristo. O Senhor é o coração de toda a criação no qual todas as coisas "subsistem" (Colossenses 1,17). Assim, São Paulo pode dizer que "nele foram criadas todas as coisas, nos céus e na terra", e "tudo foi criado por ele e para ele" (Colossenses 1,16). Isso se aproxima muito da doutrina do *Gita*. A diferença está em que, na visão hindu, o universo é o corpo do Senhor e, por isso, é divino por natureza, e a ignorância é o que nos fez perder essa visão; enquanto, na visão cristã, o universo se torna o corpo do Senhor pela graça. Ele redime a criação ao redimir a humanidade, e ele a recupera para a comunhão com Deus, conferindo-lhe, então, uma característica divina. Toda a criação se torna divina em Cristo, sendo esta a suprema meta da criação.

14. Tremendo, assombrado e reverente, Arjuna abaixou sua cabeça e, juntando suas mãos em adoração, ele assim falou a seu Deus.

Arjuna se dirige a Krishna humildemente e em adoração:

15. Enxergo em ti todos os deuses, ó meu Deus; e a infinidade de seres da vossa criação. Enxergo o deus Brahma em seu trono de lótus, e todos os videntes e as serpentes da luz.

Brahma, com "a" longo, é um termo masculino e é o deus Brahma que deve sempre se distinguir de Brahman. Brahman é a forma neutra, que significa o próprio Ser absoluto e infinito. Brahma é um personagem mítico. A história se passa com Vishnu deitado na serpente Ananta, que é o infinito, e no começo de cada era um lótus surge do umbigo de Vishnu. Portanto, ele é apenas um personagem da mitologia. Tal como mencionamos anteriormente, ele não possui devotos na Índia de hoje, havendo apenas um templo de Brahma. A Divindade costumava ser representada pela *trimurti*: Brahma, Vishnu e Shiva, mas hoje Brahma desapareceu, e Vishnu e Shiva são considerados personagens do Deus Supremo.

16. À toda volta, eu contemplo a tua infinitude: o poder de teus inumeráveis braços, as visões de teus inumeráveis olhos, as palavras de tuas inumeráveis bocas e o fogo da vida de teus inumeráveis corpos. Em nenhuma parte encontro o começo, ou o meio, ou o fim de ti, ó Deus de todos, Forma Infinita.

Esta é a forma universal de Deus, o *vivarupa* – Deus manifestado no universo.

17. Vejo o esplendor de uma beleza infinita, que ilumina todo o universo. És tu! Por qual razão tua coroa, cetro e disco. Como é difícil te enxergar! Porém, enxergo-te: como o fogo, como o sol, que cega, incompreensível.

Alain Daniélou apresenta a seguinte descrição, em seu *Hindu Polytheism* (p. 153):

Vishnu segura, em cada uma de suas mãos, um de seus quatro atributos. Na imagem costumeira, eles são apresentados em uma determinada ordem.

"Em minha mão (inferior direita), que representa a tendência criativa giratória, Eu seguro a concha, símbolo dos cinco elementos.

Em minha mão (superior direita), que representa a tendência coesiva, Eu seguro o disco (brilhante como um) infante (sol), símbolo da mente.

Em minha mão (superior esquerda), que representa a tendência à dispersão e à libertação, Eu seguro o arco, símbolo do poder causal da ilusão (do qual surge o universo) e o lótus, símbolo do universo em movimento.

Em minha mão (inferior esquerda), que representa a noção da existência individual, está a clava, símbolo do conhecimento primordial (adya vidya)."
[*Upanixade Gopala-uttara-tadini* 55-57 (218)]

Aqui, chegamos a alguns versos muito importantes e a um aspecto mais filosófico da matéria.

18. Tu és o Imperecível, o mais elevado Fim do conhecimento, o apoio deste vasto universo. Tu, o sempiterno regente da lei da retidão, o espírito que é e que era no princípio.

"O mais elevado Fim do conhecimento", literalmente, a coisa mais elevada a ser conhecida, o *paramam veditavyam*. O universo todo é *kshara*, o perecível, e além do perecível há *akshara*, o imperecível, que no *Gita* está ele mesmo dividido. Existe um imperecível inferior, que é o universo dos pensamentos, o universo inteligível, e acima dele está o Supremo, que rege tanto o perecível quanto o imperecível, sendo ele o Senhor Krishna. Assim, Deus é o mais elevado imperecível, a mais elevada meta da sabedoria. O que buscamos é ir além, tanto do perecível quanto do imperecível, para o Supremo.

"Tu és o *para nidhana*", que significa o local de repouso, ou "casa do tesouro", que é o significado adequado para *nidhana*. São Paulo diz de Jesus: "[Nele] se acham escondidos todos os tesouros da sabedoria e do conhecimento!" (Colossenses 2,3). "Tu és o imutável, o guardião da lei eterna" (Z). O *sanatana dharma*. O *dharma* é a lei que governa todo o cosmos, as estrelas e os elementos, bem como a natureza humana.

A função do rei é sempre a de preservar o *dharma*. O conceito se perdeu no mundo moderno. Desistimos dos reis e agora temos ministros chefes para organizar a vida política e econômica. A ideia da Antiguidade, no entanto, era a de que o rei, o *raja*, representava a lei eterna, sendo seu dever defendê-la e preservá-la. Trata-se de uma grande perda, quando esse conceito desaparece. Necessitamos de alguém que esteja acima da esfera política e econômica e que defenda tanto o princípio da continuidade quanto o eterno no homem. Os antigos *rajas* eram personagens verdadeiramente impressionantes, e através das muitas cerimônias ligadas a eles, na sua relação com o templo, a mente se re-focalizava continuamente naquilo que está acima.

O "espírito que é e que era no princípio" é o *sanatana purusha*, o eterno *purusha*. Até aqui, no *Gita*, nos encontramos muitas vezes com o *purusha* (a pessoa ou o homem). Na tradição muçulmana, ele é chamado o Homem Perfeito. Ele é o arquétipo a partir do qual surge toda a humanidade, toda a criação. No *Rig Veda* ele aparece como o homem primordial, ou pessoa primordial, no qual está contida toda a criação e toda a humanidade. Naquela pessoa todos somos um e, de fato, acreditava-se que toda a humanidade fosse essa única pessoa, o único Adão. Esse é o *Adão Kadmon* da tradição da Cabala. Adão significa simplesmente "homem". Assim, Deus criou o homem, e toda a humanidade está contida nesse homem. Na queda de Adão, há a queda da humanidade. Cada um de nós estava nesse Adão. De acordo com São Paulo, Jesus Cristo foi o segundo Adão. O primeiro homem cai nas trevas, no pecado, e fica dividido, desintegrado, mas ele, e toda a humanidade com ele, tem sua unidade restaurada pelo segundo Adão, o novo homem, que pode ser comparado ao *purusha*. Jesus fala sempre de si mesmo como o Filho do Homem. Tanto no hebraico quanto no aramaico o termo "Filho do Homem" equivale a "Homem". Assim, Cristo é o eterno Homem que restaura ao homem seu relacionamento com Deus. Assim, esse *sanatana purusha*, esse homem eterno, é a pessoa primordial. Existe aqui uma realidade mística, à qual todos pertencemos, e a morte e ressurreição de Cristo é a morte desse primeiro homem e sua ressurreição, sua recriação no "novo homem" citado por São Paulo. "Fostes ensinados a remover (...) o homem velho (...) e revestir-vos do Homem Novo, criado segundo Deus, na justiça e santidade da verdade" (Efésios 4,21-22.24). Esse é o segundo Adão, o *purusha*.

> 19. Eu te enxergo, sem princípio, meio ou fim; eu contemplo teu poder infinito, o poder de inumeráveis braços. Enxergo teus olhos, como o sol e a lua. E enxergo tua face, como um fogo sagrado que proporciona luz e vida a todo o universo, no esplendor de uma vasta oferenda.
>
> 20. Os céus e a terra, e todos os espaços infinitos, estão repletos de teu espírito; e os três mundos tremem perante o portento de tua temível majestade.

Esse três mundos são *divah*, os céus; *prithvya*, a terra; e *antaram*, a atmosfera entre eles. Esse é todo o universo criado, além do qual está o Supremo. Os três mundos também podem ser interpretados como o universo físico, o universo psíquico e o universo espiritual. No entanto, em grande parte do pensamento moderno, os três mundos se reduzem a duas, ou mesmo a apenas uma dessas dimensões.

> 21. Hostes de deuses chegam a ti e, unindo as palmas de suas mãos em reverência e assombro, louvam e adoram. Sábios e santos chegam a ti, louvando-te com o cânticos de glória.

Os sábios e santos são videntes, ou *rishis*, e os *siddhas*, homens que alcançaram a perfeição. Eles estão repletos de reverência. Isso traz à tona o aspecto "terrível" de Deus. Em seu livro *The Idea of the Holy*, Rudolf Otto mostrou como o "santo" ou o "sagrado" ou o "numinoso" se revela a si mesmo como *mysterium tremendum et fascinans*. Trata-se de um "mistério" que é "tremendo" – aterroriza-nos. Esse aspecto "terrível" de Deus é bíblico; por exemplo, no livro de Jó, em que ele diz: "Para (...) rechaçar o medo de seu terror!" (Jó 9,34). Trememos perante essa imensidade; trata-se de um medo fantástico, o medo do desconhecido. Ao mesmo tempo, é *fascinans*, fascinante; puxa-nos e nos atrai, como um noivo atrai a noiva.

> 22. Os *rudras* da destruição, os *vasus* do fogo, os *sadhyas* das preces, os *adityas* do sol; os deuses inferiores Visvedevas, os dois *asvins* condutores da carruagem do paraíso, os *maruts* dos ventos e das tempestades, os *ushmapas* espíritos dos ancestrais; os coros celestiais dos *gandharvas*, os *yakshas* mantenedores da prosperidade, os demônios do inferno; e os *siddhas* que, na terra, alcançaram a perfeição: todos eles te contemplam com reverência e assombro.

Esses são personagens mitológicos, mas representam os poderes espirituais do universo, os poderes cósmicos, e também os espíritos dos ancestrais, e todos eles veneram e adoram essa grande forma.

> 23. Contudo, os mundos também contemplam tua forma poderosa e temível, com muitas bocas e olhos, com muitos ventres, coxas e pés, amedrontando com dentes terríveis: eles tremem com medo, e eu também tremo.

Esse é o aspecto terrível da vida, que nos impõe um grande problema. Como adequar esse aspecto do mundo a nosso conceito de Deus? Se Deus é o criador de tudo, se ele é imanente em tudo e se, de certo modo, tudo é Deus, como podemos considerar todo esse horror e terror e medo e violência? De que modo isso se encaixa? No templo de Elefanta, nos arredores de Mumbai, há uma grande figura de Shiva com três cabeças. A face da frente é solene e benigna, representando seu aspecto contemplativo. Das outras faces, uma representa seu aspecto gentil, e a outra, seu aspecto terrível. Assim, o hinduísmo reconhece os múltiplos aspectos de Deus.

> 24. Ao enxergar tua vasta forma, que alcança o céu, que queima com muitas cores, com bocas bem abertas, com vastos olhos flamejantes, meu coração balança aterrorizado: meu poder se foi e foi-se a minha paz, ó Vishnu!

Pedir para ver Deus é muito perigoso. No Velho Testamento, diz-se que ninguém pode ver Deus e continuar a viver. Esse aspecto vem à tona, principalmente, no livro de Jó, no ponto em que Iahweh revela o portento de seu poder em toda a criação, e Jó, completamente dominado pela revelação, grita: "Eu te conhecia só de ouvir, mas agora meus olhos te veem: por isso, retrato-me e faço penitência no pó e na cinza" (Jó 42,5-6). Ao "realizarmos" Deus, nos rendemos. Não podemos mais julgar. Essa é a percepção do aspecto terrível de Deus.

> 25. Eu enxergo tuas vastas bocas e teus dentes terríveis, assim como o fogo que, ao final do Tempo, queima tudo no último dia. Onde estou? Onde está meu refúgio? Estendei-me tua misericórdia, Deus dos deuses, Supremo Refúgio do mundo!

A dissolução de todas as coisas, pelo fogo, ao final dos tempos, foi descrita no Livro do Apocalipse, e, na segunda epístola de Pedro, que foi escrita aproximadamente no mesmo período, diz-se que "O Dia do Senhor chegará como ladrão e então os céus se desfarão com estrondo, os elementos, devorados pelas chamas, se dissolverão e a terra, juntamente com suas obras, será consumida" (2 Pedro 3,10). Essa é a visão cristã do fim. Os primeiros cristãos viviam em constante expectativa do fim do mundo, quando tudo seria consumido e, então, a nova criação começaria a existir. Em muitas tradições há uma visão semelhante da destruição do mundo antes que se consuma o fim.

Na concepção hindu dos "Dez Avataras de Vishnu", o último *avatara* é Kalki. Espera-se que Kalki venha no fim do mundo, quando o mundo será destruído e uma nova era se iniciará. Certa vez, assisti a um filme, em que isso foi representado da maneira mais dramática. O mudo todo estava em chamas, cidades, vilarejos e colinas, tudo entrando em colapso num holocausto. Então, apareceu uma figura terrível, com uma máscara e uma boca aberta, e tudo começou a ser tragado por essa grande boca, todas as pessoas, animais, árvores; todas as coisas estavam sendo sugadas em um fluxo interminável. Era o fim do mundo, em que todas as coisas retornam à sua fonte. Esse é o aspecto destrutivo de Deus.

26. Os filhos de Dhrita-rashtra, todos eles, com outros príncipes desta

27. terra, e Bhishma e Drona e o grande Karna e também o maior dos guerreiros de nossas hostes, todos se precipitam em tuas bocas, que inspiram terror com suas temíveis presas. Alguns são colhidos em meio a elas, e suas cabeças são trituradas em pó.

Arjuna enxerga agora o fim de todos os heróis do *Mahabharata*, que foram mencionados no primeiro capítulo do *Gita*; todos os grandes guerreiros são vistos precipitando-se na boca de Krishna.

28. Assim como estrondosas torrentes de água se precipitam no oceano, esses heróis também o fazem de nosso mundo mortal, precipitando-se em tuas bocas flamejantes.

29. E, assim como as mariposas, precipitando-se velozes, entram nas chamas e morrem, todos esses homens também se precipitam ao teu fogo, precipitam-se velozes para a própria destruição.

30. As labaredas de tuas bocas devoram todos os mundos. Tua glória preenche todo o universo. Contudo, quão terrivelmente queimam teus esplendores!

31. Revela-te a mim! Quem és tu nessa forma de terror? Eu te adoro, ó supremo Deus: estende tua graça até mim. Anseio por te conhecer, quem és desde o princípio: pois não compreendo tuas obras misteriosas.

Isso nos remete à pergunta: Como se pode relacionar toda essa violência e destruição ao conceito de Deus? Há infinita glória, beleza, amor e, ao mesmo tempo, infinita maldade, violência, destruição. Como conciliar esses aspectos contraditórios?

Krishna responde:

32. Eu sou o Tempo todo-poderoso, que destrói todas as coisas, e aqui vim para matar esses homens. Mesmo que tu não lutes, todos os guerreiros que te enfrentam morrerão.

Existe um poder terrível no universo que destrói pessoas o tempo todo. Podemos ser, ou não ser, instrumentos disso, mas a destruição continua. Podemos nos lembrar do exemplo da Primeira Guerra Mundial. Em uma única batalha, em Ypres, 50 mil pessoas foram mortas num período de duas ou três horas. Milhares de soldados foram jogados na batalha contra uma barreira de artilharia. Um exemplo ainda mais pavoroso é o do efeito da bomba atômica sobre Nagasaki. Trata-se do caso, então, em que as pessoas se dirigem aos milhares para o outro mundo.

33. Eleva-te, portanto. Conquista tua glória, vence teus inimigos e desfruta teu reino. Através do destino do Carma deles, Eu os condenei a morrer: sê tu, meramente, os meios de minha ação.

34. Eu já matei Drona, Bhishma, Jayad-ratha, Karna e outros heroicos guerreiros desta grande guerra: não tremas, luta e mata-os. Tu conquistarás teus inimigos em batalha.

Essa é a filosofia do *Gita*. Todas as pessoas estão acorrentadas a seu carma, a ações de vidas passadas. Você fez suas ações no passado, você age agora e você está colhendo os frutos de todas essas ações. Existe uma lei inescapável no universo; você peca, e, então, o julgamento recai sobre você. Esta ou aquela pessoa poderá ser o instrumento de seu julgamento, mas, em última análise, trata-se do julgamento de Deus. Lute sua batalha, você é um *kshatriya*, um guerreiro, e lutar é o seu dever, sobrepuje os poderes do mal, conquiste seus inimigos e desfrute o próprio reino. Essa é a ação de Deus.

A Bíblia possui uma visão um pouco diferente. A visão bíblica é a de que Deus é o Deus da justiça infinita e de que todo mal e destruição recaem sobre o homem por causa de seus pecados. Tudo isso é o julgamento de Deus. São João tem uma visão na ilha de Patmos, prenhe do imaginário do Velho Testamento, tal como a visão acima é tirada dos *Vedas*, e sua visão é a seguinte:

> Ouvi depois uma voz forte que vinha do templo, dizendo aos sete Anjos: "Ide e derramai pela terra as sete taças do furor de Deus". (...) O sétimo, finalmente, espalhou sua taça pelo ar... Nisto saiu uma forte voz do templo, dizendo: "Está realizado!". Houve então relâmpagos, vozes, trovões, e forte terremoto; terremoto tão violento como nunca houve desde que o homem apareceu na terra. A Grande Cidade se dividiu em três partes, e as cidades das nações caíram. Deus se lembrou então de Babilônia, a Grande, para lhe dar o cálice do vinho do furor da sua ira.
> (Apocalipse 16,1.17-19)

Essa é uma visão judaico-cristã do julgamento e do fim do mundo. Trata-se de um julgamento de um Deus justo, acerca dos pecados do mundo. No entanto, não sinto que possamos aceitar a ideia de que todo mal e sofrimento do mundo seja uma punição de pecados, porque não é desse modo que as coisas realmente acontecem. Em uma guerra, ou em qualquer outra calamidade humana ou natural, os inocentes sofrem com os culpados. Esse ponto de vista consta do livro de Jó no Antigo Testamento. Todos os que se aproximaram de Jó para confortá-lo, quando ele sofria com as chagas espalhadas por todo o corpo, sofrendo sentado sobre uma pilha de cinzas, completamente abandonado, lhe disseram: "Você deve ter pecado: é o Senhor quem lhe pune". Sob esse ponto de vista, se você peca, você sofre; se você sofre, é porque pecou. Na tradição hindu, isso se deve ao seu carma, de sua vida passada, e todo esse sofrimento é porque você pecou em uma vida passada. Porém, Jó diz: "Eu não pequei. Não mereço isso, de maneira alguma", e, ao final, Iahweh justifica Jó, e não os que vieram confortá-lo. Dizermos simplesmente que os maus são punidos, e que os bons são recompensados, é um exagero de simplificação. Isso pode ser válido, até certo ponto, mas não é a verdade definitiva. Por outro lado, dizermos simplesmente que há dois aspectos de Deus, seu aspecto irado e seu aspecto amoroso, também não resolve a questão.

Existe uma espécie terrível de cegueira na natureza, na maneira pela qual as pessoas sofrem sem razão aparente. Essa cegueira parece pertencer à própria natureza. Existe um elemento de indeterminação, do mais puro acaso ou imprevisibilidade, no próprio coração da matéria, tal como os experimentos da física quântica deixam claro. O processo da evolução consiste na organização e na estruturação gradativas, desse caos original, mas o elemento do acaso e da imprevisibilidade ainda permanece. Quando chegamos à existência humana, o homem possui o livre-arbítrio e uma capacidade de organizar sua vida por meio da razão, mas na maioria das pessoas essa capacidade é muito limitada. Somos todos condicionados pela hereditariedade, pelo ambiente e pelas forças do inconsciente que nos impedem de agir livremente. A tradição cristã atribui isso ao "pecado original", que é um pecado, ou uma desordem, na própria natureza do homem, enquanto a tradição hindu atribui isso ao carma, os efeitos das ações desta e de vidas passadas. Contudo, em qualquer dos casos, a maior parte dos males e dos sofrimentos da vida se deve a defeitos da natureza, e não podem ser atribuídos a Deus. O máximo que podemos dizer é que Deus permite que essas coisas aconteçam; ele organizou a natureza de tal maneira que o mal e o sofrimento são inevitáveis, mas o mal e o sofrimento não são efeitos da ação de Deus. Tanto o hindu quanto o cristão diriam que a graça de Deus pode nos capacitar a sobrepujar o mal e o sofrimento, e que Deus se utiliza do mal, incluindo-se aí as doenças e a morte, como meio de atrair para si as pessoas humanas. No caso de um grande número de pessoas, apenas quando são atingidas pela doença ou pela morte é que elas se voltam para Deus.

O cristão, no entanto, ainda tem o problema do inferno. Será possível acreditar que um Deus de amor infinito possa permitir o sofrimento eterno de suas criaturas? São Tomás de Aquino diz que parte da alegria do paraíso seria a de que os justos se alegram com o justo sofrimento e com a justa punição dos maus, mas essa é uma visão que poucos aceitariam nos dias de hoje. Acredito que precisemos reconhecer que essa concepção pertence a uma determinada imagem de mundo. A Geena[2] do Evangelho, em que "o verme não morre e o fogo não se extingue", é um símbolo que Jesus utilizou para mostrar os desastrosos efeitos do pecado. Jesus utilizava símbolos que se destinavam a enfatizar a realidade do pecado e do mal constantemente, tornando-os significativos para a sua audiência, mas interpretarmos isso como uma afirmação metafísica de uma realidade absoluta é outra coisa. Eu gostaria de sugerir que, em última análise, o mal é irreal. Apenas o real é, e o mal faz parte de todo este mundo de *maya*, do vir a ser. O vir a ser é um estado que fica entre a realidade e a irrealidade sem fim. Na visão hindu, o mundo das aparências é *maya*. Ele parece dessa maneira para nós, por sermos ignorantes; não vemos as coisas

---

[2] Geena é a transliteração comum para o português de um termo de origem grega: *géenna*. Por sua vez, *géenna* origina-se do termo hebraico *Geh Hinnóm*, termo da escatologia judaica equivalente à concepção cristã de inferno. Ele ainda empresta seu nome à concepção islâmica de inferno, *Jahannam*. O termo significa literalmente "Vale de Hinom", que é um dos dois principais vales que circundam a cidade velha de Jerusalém. O Novo Testamento e os escritos dos primeiros cristãos citam Geena para representar o local onde o mal será destruído. Acredita-se que na Antiguidade em Geena sacrificavam-se crianças ao Deus Moloc, uma prática banida pelo rei Josias (640-609 a.C.), tal como citado no Velho Testamento (2 Reis 23,10). (N. T.)

como elas são, em vez disso, tudo se projeta a partir de nossa própria percepção. Se introduzirmos o conceito de pecado como algo que saiu errado no universo, não apenas com o homem, mas com toda a criação, então, podemos dizer que essa "ignorância" se deve ao pecado. Na tradição bíblica, atribui-se o mal cósmico à queda dos anjos. A base da revelação bíblica é a de que o mal não está apenas no homem, mas em todo o cosmos. Torna-se apropriado falarmos do mal cósmico. Forças de destruição, de violência, de desintegração estão presentes no universo, e essas forças estão representadas, na tradição bíblica, pelos "demônios", ou poderes do mal, mas, em última análise, eles não possuem realidade. O mal não é um ser real, é uma sombra, trevas, ausência, negação. Quando chegarmos à verdade, à realidade, ao Uno, à realização final, então, as trevas simplesmente desaparecerão, uma vez que o pecado ou o mal, afinal, não possuem realidade.

Sanjaya descreve a reação de Arjuna à revelação de Krishna de sua forma gloriosa e inspiradora de reverência:

> 35. Ao ouvir as palavras de Krishna, Arjuna uniu suas mãos, tremendo, e, com voz hesitante, curvando-se em adoração, ele falou.

Completamente dominado em reverência, Arjuna se dirige a Krishna:

> 36. Está certo, ó Deus, que as pessoas cantem seus louvores, e que elas encontrem em ti satisfação e alegria. Todos os espíritos do mal fogem com medo; mas as hostes dos santos curvam-se perante ti.

Os "espíritos do mal" aqui são os *rakshasas*; as "hostes dos santos" são os *siddhas*, aqueles que alcançaram a perfeição.

> 37. Como poderiam eles não se curvar perante ti em amor e adoração, Deus dos deuses, espírito supremo? Tu, criador

de Brahma, o deus da criação, tu infinito, refúgio eterno do mundo! Tu és tudo o que é, e tudo o que não é, e tudo o que está além.

"Espírito supremo" é *mahatma*, que significa "grande alma" e é uma palavra que pode ser utilizada para qualquer homem santo. Acima de tudo, ela foi usada para Gandhi, como maior exemplo de um *mahatma* dos tempos modernos.

"Criador de Brahma, o deus da criação", literalmente é: "Maior do que Brahma". Zaehner gostaria de acreditar que isso significa que Krishna, o Deus pessoal, é "maior do que Brahman". Porém, Brahman, tanto no *Gita* como nos *Upanixades*, normalmente representa a suprema realidade, e será melhor que entendamos aqui, tal como Mascaró, como maior do que Brahma, o mítico deus da criação.

Diz-se que Krishna é tudo o que é, e tudo o que não é, ou seja, toda a existência e toda a não existência e, ao mesmo tempo, além das duas. Isso significa que ele transcende todas as dualidades, ainda que esteja presente em tudo.

38. Tu, Deus desde o princípio, Deus no homem desde que o homem foi homem. Tu, supremo Tesouro deste vasto universo. Tu, aquele a se conhecer, e o Conhecedor, o local do repouso final. Tu, Presença infinita, na qual estão todas as coisas.

"Deus desde o princípio" é o *adi-deva*, o deus primordial, e "Deus no homem" é o *purusha*, a pessoa cósmica.

Deus é tanto o "Conhecedor" quanto "aquele a se conhecer", tal como diz o *Upanixade Brihadaranyaka*, "como é que alguém pode conhecer o Conhecedor?" – conhecer o Conhecedor é compartilhar seu próprio autoconhecimento.

"Pessoa Infinita na qual estão todas as coisas", literalmente é: "Forma infinita por meio de quem o universo se expande" (B & D) ou "se desenvolve" (Z), *tatam*.

39. Deus dos ventos e das águas, do fogo e da morte! Senhor da lua solitária, o Criador, o Ancestral de todos! Louvado sejas, mil vezes; e repetidamente a ti os louvores.

Os ventos e as águas são os deuses Vayu e Varuna; fogo e morte são Agni e Yama. Nunca devemos nos esquecer de que todos os poderes da natureza são seres espirituais e não meramente materiais. O "criador" é Prajapati, o "Senhor das criaturas", e o "Ancestral de todos" é literalmente o "mais antigo ancestral"!

A palavra que foi traduzida por "louvor" é *namah*, que se origina de uma raiz que significa "prostrar-se". A saudação *namaste*, com que normalmente as pessoas se saúdam com as mãos unidas na Índia, significa "louvado seja Deus em ti".

40. Louvado sejas tu que estás à minha frente e atrás de mim: louvado sejas tu que estás em todos os lados, Deus em tudo. Todo-poderoso Deus de potência incomensurável. Tu és a consumação de tudo: tu és tudo.

"Que estás à minha frente e atrás de mim" nos lembra o famoso hino de São Patrício "Cristo na minha frente, Cristo atrás de mim, Cristo dentro de mim, Cristo sem mim".

"Tu és a consumação de tudo: tu és tudo" encontra um eco na tradição hebraica: "Poderíamos nos estender sem esgotar o assunto, numa palavra: 'Ele é o todo'" (Eclesiástico 43,27).

41. Se por presunção descuidada, ou mesmo amigavelmente, Eu disse "Krishna! Filho de Yadu! Meu amigo!", fiz isso inconsciente de tua grandeza.

42. E se na irreverência Eu faltei com o respeito – sozinho ou com outros –, zombando de ti nos jogos, ou enquanto descansavas, ou em um banquete, perdoa-me em tua misericórdia, ó tu incomensurável!

Arjuna relembra de quando ele vivia como amigo e companheiro de Krishna, sem reconhecer quem ou o que ele era. Nos deparamos com a mesma situação no Evangelho, quando Jesus vai a Nazaré, seu próprio lar, e não é reconhecido, como diferente de qualquer outro.

> 43. Pai de todos. Supremo Mestre. Supremo Poder em todos os mundos. Quem é semelhante a ti? Quem está além de ti?

Krishna é aqui descrito como o "Pai" do mundo e o grande "guru". Na profecia de Isaías, o Messias é descrito como o "Conselheiro-maravilhoso, Deus-forte, Pai-para-sempre, Príncipe-da-paz" (Isaías 9,5). Em muitos aspectos, isso encontra paralelo tanto na concepção de Krishna como na encarnação de Deus.

> 44. Curvo-me perante ti, eu me prostro em adoração, e eu imploro tua graça, ó Senhor glorioso! Sê gracioso para comigo, ó Deus, como um pai para o filho, como um amigo para o amigo, como um amante para a sua amada.

Na tradição hindu, diz haver cinco maneiras de nos relacionarmos com Deus: como um servo para com o Senhor, como um filho para com o pai, como um amigo para com o amigo, como uma amante para com o amado e também como um dos pais para com o filho, tal como encontramos na devoção ao Krishna nenê e ao menino Jesus.

> 45. Em uma visão, eu vi o que nenhum homem jamais viu antes: eu regozijo exultante, contudo, meu coração treme com temor. Tenha misericórdia por mim, Senhor dos deuses, Refúgio de todo o universo: mostra-me novamente tua forma humana.

Arjuna experimenta ambos, a alegria e o temor, e esse elemento de temor ou reverência deveria estar sempre presente em nosso relacionamento com Deus. O amor sem o temor é sentimental, o temor sem o amor é apenas terrível.

46. Anseio ver-te novamente com tua coroa e cetro e disco. Mostra-te novamente a mim, em tua forma de quatro braços, tu de infinitos braços, Forma Infinita.

Arjuna viu a forma suprema de Krishna, que é sublime demais para ser contemplada longamente, e agora ele deseja vê-lo em sua forma mais familiar. De modo semelhante, a maioria dos cristãos prefere contemplar a forma humana do Jesus dos Evangelhos, em vez do Cristo glorioso, tal como representado nos grandes mosaicos bizantinos.

Krishna atende ao pedido de Arjuna:

47. Por meio de minha graça e de meu magnífico poder, mostrei a ti, ó Arjuna, esta suprema forma feita de luz, que é Infinita, o Todo: minha própria forma desde o princípio, nunca antes vista pelo homem.

"Por meio de minha graça e de meu magnífico poder", literalmente é "por meio de meu *atma*-ioga", a "ioga" ou poder ativo de meu Ser, de meu espírito. Essa forma suprema de Krishna diz ser "feita de luz", *tejomayam*, universal, infinita e primordial. Poderíamos comparar essa visão de Krishna àquela de Jesus na transfiguração, em que "seu rosto resplandeceu como o sol e as suas vestes tornaram-se alvas como a luz" (Mateus 17,2), ou àquela do Livro do Apocalipse, em que "Sua face era como o sol, quando brilha com todo seu esplendor" (Apocalipse 1,16). Podemos também compará-la à visão de Iahweh no Monte Sinai, em que "O aspecto da glória de Iahweh era, aos olhos dos israelitas, como um fogo consumidor no cimo da montanha" (Êxodo 24,17), e à visão de Ezequiel, em que o Senhor aparece sentado em um trono e havia "uma aparência como de fogo junto dele, e em redor dele" (Ezequiel 1,27).

48. Nem os *Vedas*, nem os sacrifícios, nem os estudos, nem as boas ações, nem os rituais, nem mesmo as temíveis austeridades podem proporcionar a visão de minha Suprema Forma. Apenas tu vistes esta Forma, tu o maior dos *kurus*.

O *Upanixade Katha*, de maneira similar, diz: "Nem por meio dos *Vedas*, nem por meio do intelecto, nem mesmo por muito aprender, o Atman virá a ser conhecido. Aquele que for escolhido pelo Atman, por meio dele o Atman será alcançado". O conhecimento de Deus chega apenas por meio da graça de Deus.

49. Tu vistes a tremenda forma de minha grandeza, mas nada temas e não te desconcertes. Livre do medo e com coração contente, vê novamente minha forma amigável.

Sanjaya retoma a narrativa:

50. Assim falou Vasudeva a Arjuna, e se revelou em sua forma humana. O Deus de todos deu paz a seus temores, mostrando-se em beleza repleta de paz.

Arjuna reage à forma bela e familiar de Krishna:

51. Quando vejo tua face humana e gentil, Krishna, eu retorno à minha própria natureza e meu coração encontra paz.

Krishna retoma sua forma pacífica, natural, aquela bela forma que arrebatou tantos hindus, de Chaitanya, que costumava entrar em êxtase apenas ao pensar em Krishna, até seu seguidor Vishnu Prabhupada, que nos tempos modernos organizou o movimento Hare Krishna, focalizado na devoção a Krishna.

Krishna conclui:

52. Tu agora vistes, cara a cara, minha divina forma, tão difícil de ser vista: pois até mesmo os deuses no paraíso sempre anseiam ver o que tu vistes.

53. Nem por meio dos *Vedas*, ou por uma vida austera, ou por donativos aos pobres, ou por oferendas ritualísticas, poderei Eu ser visto, tal como tu me vistes.

54. Apenas por meio do amor os homens podem me ver, me conhecer e chegar até mim.

Krishna repete que é apenas por meio do amor que o homem pode chegar a vê-lo e conhecê-lo. Essa é uma verdade de todas as tradições místicas: o amor é o único caminho para o conhecimento e a união com Deus. Algumas tradições, como a de Shankara e o Advaita hindu, e a de Tomás de Aquino na tradição cristã, enfatizam o aspecto do conhecimento; todavia, os grandes *advaitins*, como o próprio Shankara e Ramana Maharishi, escreveram poesias de beleza extática, louvando o Deus pessoal; outros, tais como Ramanuja e aqueles da tradição Vaishnava, e São Boaventura e os franciscanos na tradição cristã, enfatizam o caminho do amor. Contudo, no estado mais elevado, o indivíduo vai além de todas essas distinções e realiza o ser na plenitude da verdade única.

55. Aquele que trabalha para mim, que me ama, cuja Suprema Finalidade seja Eu, livre do apego a todas as coisas, e com amor por toda a criação, na verdade, ele chega a mim.

Aqui, Krishna adiciona aos caminhos do amor e do conhecimento, *bhakti* e *jnana*, o caminho do carma, ações feitas em espírito de desapego. Finalmente, ele adiciona "amor por toda a criação", ainda que literalmente tenhamos "liberdade do ódio ou inimizade em relação a todas as criaturas". Isso, de algum modo, enfraquece a força das palavras, mas em toda experiência mística genuína há uma profunda preocupação pelo mundo como um todo, frequentemente mais implícita do que explícita.

CAPÍTULO 12

A Ioga da Devoção

Este capítulo se inicia com a grande pergunta relativa aos aspectos imanente e transcendente, pessoal e impessoal, de Deus. Existem duas visões sobre isso. A visão cristã comum, que Zaehner apresenta, é a de que o Deus pessoal está acima do impessoal Brahman. Entre os hindus, os *advaitins* dizem que, ao contrário, o impessoal Brahman está acima do Deus pessoal, sendo o último meramente uma manifestação do Uno transcendente. A visão que eu sustento, e que acredito seja a visão do *Gita*, é a de que o pessoal e o impessoal são apenas dois aspectos da Realidade única, que está além de nossa compreensão. Às vezes, podemos vivenciar Deus como o imutável, o eterno, o Uno e, outras vezes, podemos vivenciá-lo como o Senhor e Salvador, em um relacionamento de amor.

Arjuna pergunta:

1. Quem são os melhores iogues, aqueles que na unidade te veneram como Deus imanente em tudo ou aqueles que veneram o Transcendente, o Imperecível?

Krishna explica:

2. Aqueles que colocam seu coração em mim e, amando continuamente, me adoram e possuem fé inquebrantável, esses Eu considero os melhores iogues.

Em certo sentido, o *Gita* foi escrito para equilibrar a visão dos *Upanixades*, que insistem na realização de Brahman como o supremo Absoluto e prestam menos atenção ao aspecto pessoal da Divindade. Um dos propósitos do *Gita* é o de mostrar que esse aspecto pessoal de Brahman é sumamente importante e que é conhecido por meio da fé e do amor. É por essa razão que os cristãos sentem-se particularmente atraídos por ele. A fé, *shraddha*, e o amor, *bhakti*, são os caminhos pelos quais passamos a conhecer a Deus de maneira pessoal.

3. Porém, aqueles que veneram o Imperecível, o Infinito, o Transcendente não manifestado; o Onipresente, aquele que está Além de todo pensamento, o Imutável, aquele que Nunca Muda, o Sempiterno Uno;

Krishna não faz distinções, cada um é igualmente válido. Aqueles que colocam seu coração nele e o veneram com fé e amor "são os melhores iogues", mas, igualmente, aqueles que veneram o imperecível alcançam seu verdadeiro Ser. A palavra usada para imperecível é *aksharam*. O *kshara*, o perecível, é todo este mundo material e também tudo o que está sujeito à corrupção neste mundo humano, enquanto o imperecível é tudo o que está além da mudança e da deterioração. Porém, acima desse "imperecível", o *Gita* reconhece haver o "imperecível" mais elevado. Existe uma inteligência no homem e na natureza que pode ser chamada o imperecível, mas o supremo Deus pessoal é o imperecível que está além; ele é o Absoluto. Aqui, Krishna identifica esse imperecível com o seu "verdadeiro Ser". Também é chamado o infinito, ou melhor, o inefável, *anirdesyam*, e o *avyaktam*, o não manifestado. O mundo visível, e até o invisível mundo dos anjos e dos deuses, pertence ao manifestado, ao mundo criado. Porém, além do mundo criado, está aquilo que se chama o não manifestado. Também é chamado de onipresente, literalmente "movendo-se por toda parte", impensável, *acintyam*, "sentado-como-uma-rocha", *kutastham*, imutável e firme, retomando a descrição do capítulo 2, verso 25, para o espírito supremo. Krishna declara que aqueles que veneram esse Uno imperecível, infinito, alcançam seu "verdadeiro Ser". Isso torna claro, contradizendo Zaehner, que não há diferença real entre o Deus pessoal e a Divindade impessoal.

4. Aqueles cujos poderes de sua alma estão todos em harmonia e cuja mesma mente amorosa se dirige a todos; que encontram alegria no bem-estar de todos os seres, eles, na verdade, alcançam meu verdadeiro ser.

Contudo, eles também precisam ter suas almas em harmonia e mentes amorosas para todos. Assim, o amor é uma condição essencial para a união com Deus, seja ele concebido como o Uno Absoluto ou como Deus pessoal.

5. Todavia, maior é a armadilha para aqueles cujas mentes se estabelecem no Transcendente, pois o caminho para o Transcendente é difícil de ser alcançado pelos mortais.

Krishna afirma que a senda do Transcendente é o caminho mais difícil. Para a maioria das pessoas, o caminho da devoção a um Deus pessoal é a forma normal de religião. Isso é evidente no cristianismo, porém, mesmo no budismo, com sua característica estritamente impessoal, o Mahayana, ou Grande Veículo, apresentou a ideia do *bodhisattva*, a figura do Buda compassivo, que se torna objeto de devoção.

6. Porém, aqueles para os quais sou o Supremo Fim, que entregam todas as suas obras a

7. mim e que, com amor puro, meditam sobre mim e me adoram: a estes logo os liberto do mar de morte e de vida-na-morte, porque eles estabeleceram seu coração em mim.

Para o *Gita*, o caminho da devoção a Krishna, como manifestação do Deus pessoal, é o caminho que logo leva à libertação, a mesma que os seguidores do ascetismo precisam buscar durante muitos anos.

8. Estabelecendo teu coração em mim, e tão somente em mim, entregando-me tua compreensão, tu, na verdade, viverás daqui em diante em mim.

Assim, Krishna demanda capitulação a ele, e tão somente a ele, a oferenda de ambos, a mente e o coração, que levam a "viver nele". Nisso, há um paralelo preciso com o Evangelho de S. João, em que Jesus diz que, se alguém o ama, ele virá e nele estabelecerá sua morada (João 14,23).

A contemplação perfeita enxerga todo o universo criado no Uno e o Uno em todo o universo criado. Nada se perde. É um erro pensarmos que, se vamos para além deste mundo ao Uno, perdemos este mundo ou que, quando enxergamos Deus neste mundo, perdemos o Uno. Toda a criação está em Deus, e Deus está em toda a criação. Em termos cristãos, toda a criação está no "Verbo". Quando Deus emite seu Verbo, ele emite toda a criação, do princípio ao fim dos tempos. Tudo está presente naquele único Verbo e completamente presente nele.

Deveríamos notar que, na tradição cristã, encontramos a mesma distinção entre o Deus pessoal e a Divindade transcendente. Ao passo que a Bíblia, tanto no Velho quanto no Novo Testamento, normalmente fala de Deus em termos pessoais, uma tradição posterior, especialmente em Dionísio Aeropagita, sob influência neoplatônica, fala em ir além de todos os nomes e formas, e de todas as palavras e pensamentos, para encontrar a Divindade suprema, que é "inexprimível, inefável, está além da mente, além da vida, além da visão" (Dionísio, *Dos Nomes Divinos*, 2.10). Esse ser inefável se manifesta em toda a criação e em toda pessoa, mas existe um elemento na criação e na natureza humana que resiste à manifestação de Deus. Podemos chamá-lo pecado ou ignorância. Há um defeito na natureza humana e também no universo. Há um pecado cósmico, o pecado dos anjos, ou seja, dos poderes cósmicos. De modo que o divino não se manifesta completamente no universo. Há algo que se opõe ao divino. Então, quando nós, seres humanos, adentramos essas trevas, essa sombra, encontramos o pecado e a ignorância como as trevas que nos ocultam o Uno. Nosso atual estado humano é um estado de pecado, um estado no qual esse corpo irá morrer, se degenerar e no qual a alma irá se separar do corpo. Esse estado de pecado e ignorância é *maya*. A redenção consiste em libertarmo-nos do pecado e da ignorância, para sermos restaurados ao estado original. Naquele estado original, cada ser humano e todas as coisas na criação são uma perfeita imagem de Deus, um espelho perfeito do Uno. Essa é a ressurreição do corpo, em que todo nosso ser, nosso corpo e nossa alma serão transformados. Em lugar desse corpo material, que irá se desintegrar, e desse organismo psíquico, que na medida em que ele depende do corpo também se desintegrará, o corpo e a alma estão totalmente unidos no Uno, o Espírito, o Eu, o Atman, e vivenciaremos Deus em unidade total. A ressurreição do corpo e da alma no espírito era o propósito original da criação. Naquele estado, o espírito único se manifesta em todos os níveis do ser, sem trevas ou ignorância, sofrimento ou morte.

9. Porém, se tu fores incapaz de repousar tua mente em mim, então, procura buscar me alcançar pela prática de concentração da ioga.

Isso é *abhyasa*-ioga, por meio da prática da ioga. Muitas pessoas não possuem esse discernimento, essa sabedoria, nem possuem essa devoção, mas podemos praticar a ioga por meio do controle do corpo e da respiração, conquistando, assim, o equilíbrio, seguindo adiante, então, para o controle da mente, para mantê-la livre de todos os pensamentos e desejos que a distraem, levando-a à harmonia. Portanto, essa é uma prática preliminar que quase todos podem fazer. Algumas pessoas descobrem que os exercícios físicos as ajudam, outras, deles não necessitam. Há muitas maneiras diferentes de se controlar a mente. A simples observação da respiração ou a focalização da mente em um ponto é uma delas. Caso não tenhamos alcançado esse estado de sabedoria e de devoção, podemos utilizar todos esses diferentes métodos.

> 10. Se tu não fores capaz de praticar a concentração, consagra a mim todas as tuas obras. Por meio da mera realização de tuas ações a meu serviço, tu alcançarás a perfeição.

Isso é carma ioga. "Pela realização de ações a meu serviço, alcançarás a perfeição"; esse é o outro grande caminho do *Gita*. Todos os seis primeiros capítulos do *Gita* se relacionavam com a carma ioga. Aqui também existem pontos de vista divergentes. Do ponto de vista estritamente advaítico, não deveríamos exercer nenhuma ação, nenhum carma, nenhuma ação ritualística ou prática, a única maneira de alcançar a Deus seria por meio do conhecimento. Porém, do ponto de vista do *Gita*, o chefe de família que cumpre seu *dharma*, seu dever, trabalhando a serviço de Deus e oferecendo suas ações a Deus, é capaz de se unir a Deus, tanto quanto o iogue ou o asceta.

Assim, esse é o outro caminho, o caminho do serviço devotado, e, claro, nos dias de hoje, é por isso que a maioria das pessoas se sente atraídas. Algumas pessoas são atraídas pela ioga, mas praticamente todas as pessoas sentem uma vocação para algum tipo de serviço. O serviço, altruísta, devotado, é o caminho mais prático que existe em direção a Deus. Pode ser também o mais eficaz. Madre Teresa, por exemplo, ou inúmeras pessoas que trabalham em ordens religiosas. Elas possuem uma maneira prática de encontrar a Deus, ainda que essa prática tenha suas limitações, como vimos, e possa se tornar um obstáculo se a pessoa simplesmente se entrega ao trabalho. Porém, o trabalho levado a efeito por amor a Deus, a serviço de seu próximo, será sempre eficaz. Esse foi o caminho de Mahatma Gandhi. Certo dia, ele disse: "Meu único objetivo na vida é o de alcançar *moksha*, a libertação, e, caso acreditasse que eu poderia obtê-la retirando-me para uma caverna nos Himalaias, teria ido de uma vez, mas acredito poder encontrar a Deus em meu próximo, principalmente nos meus conterrâneos sofredores, portanto, devoto a eles minha vida, de modo a poder encontrar a Deus". Esse é o caminho da carma ioga.

> 11. E se mesmo isso não fores capaz de fazer, refugia-te na devoção a mim e entrega-me o fruto de todo teu trabalho, com a devoção altruísta de um coração humilde.

Essa foi a primeira mensagem do *Gita*: exercer trabalho sem buscar seus frutos. Faça o trabalho, o que quer que tenha que ser feito, e deixe os resultados para Deus. O grande perigo do trabalho é o de que nele o ego busque satisfação. Se desistirmos da satisfação do ego, simplesmente fazendo o trabalho, por ser este o nosso *dharma*, nosso dever, então, esse trabalho promoverá a libertação. Essa foi a primeira orientação que Krishna deu a Arjuna; você é um *kshatriya*, você deve lutar nessa guerra, esse é o seu *dharma*, portanto, cumpra seu dever, sem buscar recompensa por ele, e, então, esse trabalho não te aprisionará de modo algum, ele o conduzirá a mim. Portanto, esses são os vários métodos que ele sugere.

> 12. Pois a concentração é melhor do que a mera prática, e a meditação é melhor do que a concentração; porém, ainda mais elevada que a meditação, é a capitulação em amor, do fruto das próprias ações, pois a partir da capitulação segue-se a paz.

"É melhor a concentração do que a mera prática." Creio que essa é uma boa tradução, o termo é simplesmente *jnana*, que significa conhecimento, prioritariamente, mas aqui parece significar que a concentração da mente no conhecimento é melhor do que a mera prática da ioga. Melhor do que simplesmente concentrar a mente é o estado de *dhyana*, em que a mente lida com o objeto da meditação, de modo que aquele objeto preencha a mente. Parece-se com um fluxo contínuo de óleo, a mente se encontra em um fluxo contínuo. Assim, esse ainda é um melhor estado, mas "ainda mais elevada que a meditação é a capitulação em amor, do fruto das próprias ações, pois a partir da capitulação segue-se a paz". O significado disso parece ser o de que a completa capitulação de si mesmo em amor conduz a Deus, de maneira mais eficaz do que qualquer outro método. Assim, esse é o caminho do *Gita*, e esse é o caminho que muitos seguem. Essa autoentrega a Deus é o caminho mais fundamental, e qualquer um pode praticá-lo. Uma mãe de doze filhos que procura ganhar seu sustento trabalhando pode mesmo assim se entregar a Deus, à vontade de Deus. Aceitar a vontade de Deus em tudo o que lhe acontece, em uma autoentrega completa, é o caminho mais perfeito e mais universal. Não se trata de haver um caminho inferior que todos podem praticar e um caminho superior para poucos. O caminho mais comum, mais universal, é o mais profundo. Os outros são caminhos especiais. Essa é também a diferença entre o leigo e o religioso. Não se trata de o religioso ter encontrado um melhor caminho. Para o leigo, fazer a vontade de Deus, em seu estado, onde quer que seja, em completa capitulação de si mesmo, é o caminho perfeito. Um homem religioso adota determinados métodos, que podem ajudá-lo a exercer aquela capitulação, mas não necessariamente será um melhor caminho. O religioso que não alcança seu objetivo de autoentrega estará muito pior do que o leigo ou o devoto que exerceu uma verdadeira capitulação.

13. O homem de boa vontade para com todos, que é amigável e possui compaixão; que não abriga pensamentos de "eu" ou

"meu", cuja paz é a mesma, tanto no prazer quanto na aflição, e que perdoa.

Krishna diz: "O homem de boa vontade para com todos", literalmente é: "Que não tem má vontade para com ninguém" e "que é amigável e possui compaixão". As duas palavras aqui utilizadas, *maitra*, afabilidade, e *karuna*, compaixão, são termos que designam as duas principais virtudes do budismo. Zaehner fala de *maitra* e *karuna* como as virtudes com as quais o monge budista "cobre todo o universo", enquanto abandona os pensamentos de "eu" e "meu". O *Gita* absorveu muitos elementos da compreensão budista, integrando-os às linhas mestras de seus ensinamentos. Nesse verso, a pessoa que é amigável e compassiva não deve abrigar pensamentos de "eu" e "meu". Aqui também precisamos estabelecer uma distinção. Quando penso em mim mesmo estando de algum modo separado dos outros ou de Deus, então, isso é um pecado, isso é *maya*, isso é ilusão – o ego separado de Deus e do resto do mundo. Todavia, quando me conheço naquele Uno, em uma relação vivente com todos os outros, isso não é nem um pouco *maya*. Isso é realização. A suprema realização não é perder o próprio eu verdadeiro, mas descobrir o próprio eu verdadeiro que vive em harmonia com todos os outros eus verdadeiros e com a única fonte de todos, o Atman único que está presente e se manifesta em todos esses eus.

"Cuja paz é a mesma, tanto no prazer quanto na aflição." Vemos frequentemente enfatizada essa serenidade no bem ou no mal, significando que o que quer que ocorra não deve haver perturbação. E, também, "Que perdoa" ou magnânimo, *kshami*. O termo *kshami* designa uma virtude muito bela, como a longanimidade de São Paulo (Colossenses 3,12).

14. O iogue da união, sempre cheio de alegria, cuja alma está em harmonia e cuja determinação é forte; cuja mente e visão interior estão estabelecidas em mim, esse homem me ama – e ele me é caro.

Sua mente e alma estão entregues a mim. "Que ele me venere com amor e, então, Eu o amarei" (Z). Esse é um ensinamento importante do *Gita*. Não se trata apenas de a alma amar a Deus e a Ele lhe ser devotada, mas de que Deus ama a alma. Podemos pensar que o indivíduo esteja se elevando acima da mente e da *buddhi*, indo além, em direção a uma espécie de vazio, mas na verdade, ao alcançar esse ponto, o indivíduo se encontra com o movimento descendente do amor, que desce através de todo o universo; nesse ponto, o indivíduo encontra esse amor, o amor da autodoação de Deus.

Essa é a experiência suprema, quando o amor da alma por Deus se encontra com o amor de Deus pela alma. Costumamos pensar que amamos a Deus e procuramos alcançá-lo, ao passo que, de fato, é Deus que nos ama e nos atrai para Si. Assim, esse movimento da graça e do amor nos encontra.

15. Aquele cuja paz não se perturba pelos outros e diante do qual outras pessoas encontram paz, que está além da agitação, da ira e do medo – ele me é caro.

Literalmente: "A quem as pessoas não temem, e que não as teme" (Z). Essa é uma grande característica do iogue. Ele é destemido e, portanto, outros não o temem. Os animais não temem o iogue, tal como na experiência dos Padres do Deserto. O leão ou a serpente se aproximará do iogue sem temor. Trata-se de uma verdade psicológica de que a razão pela qual os animais nos atacam se deve ao nosso medo. Transpiramos vibrações de medo que afetam o animal. Contudo, quando possuímos perfeito destemor, nada nos teme.

"Que está livre da exaltação, da ira e do medo" (Z). A palavra para exaltação pode ser traduzida como agitação, e a ira e o medo estão dentre as três paixões básicas de desejo, ira e medo. Isso se inicia na infância. Um nenê possui esse desejo por seu próprio prazer, pelo calor e amor de sua mãe, e quando se dá conta de que esse amor não lhe está sendo dado, e não está recebendo seu leite, sua atenção ou o que quer que ele queira, então, ele começa a sentir ira e medo. Essa é a tragédia básica humana. Todos nós, desde o primeiro dia de vida, experimentamos esse amor, ou falta de amor, essa ira e esse medo. Pode haver ira reprimida desde o próprio momento do nascimento, e isso pode ser terrível. Diz-se que, frequentemente, a saída do útero é uma experiência aterradora, que algumas pessoas nunca conseguem superar. Lembro-me de um jovem que nos visitou, que havia passado por um nascimento excepcionalmente difícil, em que sua mãe levou cerca de uma semana para dar à luz. Durante toda sua vida, parecia-lhe que ele não era bem-vindo e que havia sido rejeitado desde o primeiro momento. No devido tempo, apesar de todo tipo de complexos, ele finalmente passou por uma estupenda experiência de Deus, uma maravilhosa libertação. Essas espécies de emoções, então, estão profundamente arraigadas em nós, e disso colhemos as consequências em toda a nossa vida, mas, ao mesmo tempo, elas não nos determinam. Somos condicionados, todavia, a graça de Deus pode superar nosso condicionamento. O mistério da graça é que mesmo a pior ira e o pior medo podem ser curados e transformados em forças criativas para o amor.

> 16. Aquele que está livre de expectativas vãs, que é puro, que é sábio e sabe o que fazer, que, em paz interior, cuida dos dois lados, que não se abala, que trabalha para Deus e não para si mesmo – esse homem me ama, e ele me é caro.

Quantas pessoas gastam seu tempo com expectativas vãs, depositando suas esperanças em coisas improváveis, que nunca chegam. Em lugar de "puro e sábio", Zaehner traduziu por "experimentado"; "experto" talvez fosse uma palavra melhor. A ioga é habilidade na ação, e sábio é aquele que é experimentado nesse sentido. Ele sabe o que fazer. A habilidade, nesse sentido, é a arte de enxergar o que precisa ser feito em determinada situação. Em situações muito difíceis, algumas pessoas são capazes de enxergar imediatamente o que precisa ser feito de maneira prática. Há também um discernimento psicológico mais profundo sobre como lidar com determinada situação ou com as pessoas envolvidas que é "habilidade na ação", ou "ação habilidosa", incidentalmente, outro conceito retirado da compreensão budista. A ação habilidosa se origina da pureza de coração: "Que é puro, que é sábio e sabe o que fazer". A tradução de Mascaró: "Que trabalha para Deus e não para si mesmo" é uma tradução muito livre. Zaehner diz: "Que abandona todos os empreendimentos egoístas", e outra tradução, ainda, é: "Renuncia a todo empreendimento" (B & D). Acredito que Zaehner esteja certo, pois o sentido não é o de que a pessoa abandona toda ação, mas que ele renuncia a qualquer empreendimento egoísta. Devemos sempre compreender isso. O *Gita* fala frequentemente acerca de estarmos livres de todo desejo, quando quer dizer todo desejo egoísta.

> 17. Aquele que não sente nem excitação nem repulsa, que não reclama nem anseia por coisas; que está além do bem e do mal e que tem amor – ele me é caro.

"Aquele que não sente nem excitação nem repulsa", ou, "que nem odeia nem exulta" (Z). Essa é, também, a virtude da equanimidade, em que o indivíduo nem se opõe às pessoas nem é demasiadamente atraído por elas. O indivíduo mantém um equilíbrio e harmonia interior. Segue-se uma frase que Mascaró traduz por: "Que está além do bem e do mal". Acredito que isso seja muito enganoso. A cláusula se traduz melhor como: "Que descarta tantos as coisas prazerosas quanto as desagradáveis" (Z). Não se trata, em absoluto, do caso do bem e do mal moral. Trata-se, simplesmente, da questão dos pares de opostos na vida, os prazerosos e os desagradáveis, e a questão é a de aceitá-los todos igualmente. É um ponto de vista muito enganoso pensarmos que podemos ir além do bem e do mal, no sentido moral.

> 18. O homem cujo amor é o mesmo, por seus inimigos e por seus amigos, cuja alma é a mesma, na honra e na desgraça, que está

além do calor e do frio, ou do prazer e da dor, que está livre dos grilhões dos apegos;

"O homem cujo amor é o mesmo, por seus inimigos e por seus amigos." Os cristãos pensam com frequência no ensinamento do Evangelho "ama teus inimigos, faze o bem àqueles que te odeiam" como algo particularmente cristão, mas, na verdade, é universal. Está presente no budismo, e aqui é igualmente forte.

O "apego" é uma palavra-chave. O apego é o desejo egoísta. A alma está no centro, em sua relação viva com Deus, com o Supremo, e o mundo está à sua volta. Ela pode gozar o mundo, e todos os prazeres dos sentidos e os valores do relacionamento humano, mas sem nenhum apego. O único apego é para o Senhor interior. Então, o indivíduo alcança o estado da perfeição. Porém, é comum nos apegarmos às pessoas, às coisas, ao trabalho e, acima de tudo, ao ego, e isso é o que nos fragmenta. Esse apego é pecado.

O desapego, portanto, deve se aplicar a todos os níveis. Faz-se necessário nos desapegarmos, como o Evangelho nos diz, do pai e da mãe, da esposa e dos filhos, de tudo o que possuímos. O total desapego é a condição para o amor total. Não se trata de um tipo de ascetismo puritano; trata-se de total desapego do eu, de total capitulação a Deus e, portanto, de amor total aos outros. Trata-se de total compaixão e compreensão. Esse é o objetivo.

19. Que é equilibrado ao culpar e ao elogiar, cuja alma é silente, que está contente com o que quer que tenha, cujo lar não está neste mundo, e que tem amor – este homem me é caro.

"Cuja alma é silente" não significa apenas a ausência das palavras, mas o silêncio da mente. "Que está contente com o que quer que tenha, cujo lar não está neste mundo." Isso se aplica, igualmente, ao cristão e ao hindu. Nenhum deles possui um lar neste mundo; aqui não temos cidade permanente. É esse o significado do desapego do mundo. E, ao mesmo tempo, isso não significa que não possamos gozar o mundo. Não nos estabelecemos nem nos enraizamos no mundo, mas somos capazes de experimentá-lo e de desfrutá-lo, sem nos apegarmos, conscientes de que estamos passando por ele e seguindo adiante. Esse é o ideal do *sannyasi*; ele não possui morada estabelecida. Essa também foi a condição dos israelitas no deserto. Deus os conduziu para fora do Egito, para o deserto, e, no deserto, como disse Jeremias, Israel era "santidade aos olhos do Senhor", porque eles estavam completamente desapegados, viajando através do deserto. Eles não possuíam nenhum lar, nenhuma morada fixa. Israel sempre considerou esse o estado da perfeição. A Festa das Tendas, na qual ocorreu a transfiguração, era precisamente o período de cada ano em que os israelitas iam viver em tendas durante uma semana para se lembrarem do tempo em que foram peregrinos no deserto.

No sul da Índia, existe uma peregrinação a uma localidade denominada Sabarimala. Trata-se de uma peregrinação à floresta, e centenas de milhares de pessoas vão para lá todos os anos. O profundo significado disso é o de que as pessoas precisam, de tempos em tempos, voltar à floresta, à natureza, onde estavam antes de pertencerem a uma civilização sedentária, com um lar e uma cidade. Necessitamos relembrar a liberdade da floresta. Pelo menos por algum tempo, todos os anos, deveríamos sair de nossa morada fixa, deixando nossas posses e tudo a que nos apegamos, livres para passearmos ou nos estabelecermos em algum local quieto, para por algum tempo sermos livres como um *sannyasi*.

"Cujo lar não está neste mundo", e Krishna acrescenta, "que tem amor". Devemos sempre fazer a distinção entre a atitude estoica de uma pessoa que despreza e rejeita o mundo e aquela de uma pessoa que está cheia de amor, mas também está completamente desapegada.

20. Contudo, me são ainda mais caros aqueles que têm fé e amor, e me têm como seu Supremo Fim: aqueles que ouvem minhas palavras da Verdade e chegam às águas da Vida Eterna.

A tradução de Mascaró, "às águas da Vida Eterna", está demasiado influenciada pelo linguajar bíblico. Literalmente é o *amrita*, ou "néctar de retidão". Nessa passagem, encontramos o principal ensinamento do *Gita*, expresso em poucas palavras. O método no *Gita* é o de repetir os mesmos temas, não simplesmente passando de uma coisa para outra. Ele apresenta um tema, então, aborda-o novamente e o desenvolve, como um tema musical, acrescentando a seguir outro tema e desenvolvendo-o, antes de voltar novamente ao primeiro tema. O décimo oitavo capítulo leva à integração do todo, por meio da recordação de todos os temas básicos. Assim, seguidamente, nos damos conta de que o todo está presente em uma parte específica.

CAPÍTULO 13

A Ioga da Distinção entre Campo e Conhecedor do Campo

Chegamos agora ao décimo terceiro capítulo e ao *jnana marga*. Os primeiros seis capítulos se relacionaram ao carma *marga*, os seis seguintes ao *bhakti marga* e agora os seis últimos capítulos ao *jnana*, o caminho do conhecimento. Começamos com um verso que a versão de Mascaró omite. Arjuna pergunta a Krishna:

O que é a natureza? O que é a pessoa (*purusha*)? O que é o campo e o conhecedor do campo? O que é o conhecimento; o que é aquilo que deveria ser conhecido? (Z).

Essas são questões fundamentais. Precisamos saber o que é exatamente essa realidade que estamos explorando. Natureza e pessoa, *prakriti* e *purusha*, são termos familiares. Agora, eles são interpretados em termos do "campo" e do "conhecedor do campo", termos que estão influenciados pela física moderna. Krishna responde:

1. Este corpo, ó Arjuna, é chamado o campo. Aquele que conhece isso é chamado o conhecedor do campo.

O campo é o mundo todo da natureza ou aquilo que a física contemporânea chama de "campo de energias". O espírito é o conhecedor, é o princípio da consciência que permeia esse campo.

2. Sabe que Eu sou o conhecedor em todos os campos de minha criação; e que a sabedoria que enxerga o campo e o conhecedor do campo é a verdadeira sabedoria.

Esta é a chave: em última análise, há apenas um conhecedor, um Eu, um *purusha*, que se manifesta em toda a criação. Toda a humanidade e todas as consciências humanas são um reflexo dessa consciência única. Shankara se utiliza da ilustração do sol único que se reflete em muitas poças de água. Há um sol, uma luz que se manifesta em inúmeras poças de água, tal como em inúmeros espelhos. Cada espelho reflete o sol e os outros espelhos, de modo a haver uma interação contínua. A questão essencial é a de que há um conhecedor em todos esses campos. Por trás de meu corpo, está minha alma, *manas*, a mente. Nessa mente, através de *buddhi*, a inteligência, brilha a luz do Atman. Todas as minhas ações se originam do conhecedor interior. Nos *Upanixades*, encontramos a pergunta: "Quem conhecerá o conhecedor?". Pensamos que conhecemos isso e fazemos aquilo, mas, de fato, nosso conhecimento é sempre um reflexo dessa luz do conhecimento que vem do alto. A grande ilusão é a de que pensamos que "eu" conheço isto, "eu" penso isto, "eu" faço isto, ao passo que, na verdade, é o Uno que pensa, conhece e age em mim.

Sabedoria é a percepção do espírito único em todos. O centro da consciência, então, passa do ego, o *ahankara* ou consciência do eu, para o Ser, o espírito interior, que é o verdadeiro centro de nosso ser. Quando enxergamos tudo à luz do espírito, enxergamos a verdade; quando enxergamos tudo à luz do ego, somos as vítimas do erro e da ilusão.

"Sabe que Eu sou o conhecedor do campo em todos os campos." Cada um de nós é um campo de energia e consciência, no qual o

Senhor é o conhecedor e em cuja consciência cada um de nós participa. Esse é o único verdadeiro conhecimento.

3. Escuta, de mim, um breve relato do que é o campo e como ele é, quais as suas mudanças e a origem de cada uma delas; quem é o conhecedor e qual é o seu poder.

Tendemos a pensar que o corpo seja matéria sólida, com uma determinada forma e tamanho, mas sabemos que, mesmo sob um ponto de vista científico, isso é ilusório. O corpo é constituído de inumeráveis células, e as células são constituídas de inumeráveis moléculas e átomos, todos os quais são formas de energia. Nosso corpo, de fato, é um foco de energias. Essa é a compreensão budista fundamental acerca da natureza do corpo. Para o budista, não existe um ser fixo; o corpo é apenas uma aglomeração de elementos, de energias, que produzem essa aparência. Nossos sentidos lhe dão essa forma determinada. Nós refletimos essas vibrações específicas de energia, através de nossos sentidos, e projetamos a aparência do mundo que nos cerca. Cada um de nós é um foco dessas energias. Porém, além dessas formas e vibrações de energia, está o único *Atman*. Ele se manifesta em todas essas vibrações e na construção de toda a criação a partir dos átomos, moléculas e células vivas, a partir das formas vegetais, animais e humanas.

Portanto, a experiência de possuirmos um corpo sólido é uma ilusão. "Oh, que isso também, essa carne muito sólida, se fundiria", disse Hamlet. Mas a carne não é nem um pouco sólida. Ela se dissolve continuamente. Acredita-se que em sete anos nem um único átomo do corpo permanecerá o mesmo. O corpo está se construindo e se dissolvendo o tempo todo. Quando morremos, trata-se simplesmente de uma dissolução final. Não devemos nos preocupar com a dissolução; ela ocorre o tempo todo. Nosso verdadeiro ser não está envolvido nesse processo de duas mãos; o espírito interior, o *Atman* interior, não é afetado pela morte. Assim, essa é a natureza do corpo; trata-se do campo no qual acontece esse processo de mudança.

4. Isso foi cantado pelos videntes dos *Vedas*, em muitas métricas poéticas musicais; e em grandes palavras acerca de Brahman, palavras de fé e repletas de verdade.

A frase "palavras acerca de Brahman" é *Brahma Sutra*, que é o título de um famoso texto na doutrina do *Vedanta*. O *Vedanta* possui três fundações. Os *Vedas*, que são *shruti*, ou seja, sabedoria revelada, são considerados a Fonte de toda sabedoria. Os *Upanixades* são chamados *Vedanta*, o fim dos *Vedas*, a última parte e a realização dos *Vedas*. Então, o termo *Vedanta* também passou a ser aplicado aos vários sistemas filosóficos, que se baseiam não apenas nos *Upanixades*, mas também no *Bhagavad Gita*, que na realidade é uma continuação de todo o movimento dos *Upanixades* e também no *Brahma Sutra*. O *Brahma Sutra* de Badarayana pode ter sido composto posteriormente ao *Gita*, mas esses sistemas filosóficos, como a ioga e o *sankhya*, ainda que tenham sido organizados formalmente entre os séculos III e IV d.C., foram iniciados muito antes. É provável que alguns dos *Brahma Sutras*, aforismos acerca de Brahman, já existissem à época que o *Gita* foi escrito.

5. Os cinco elementos, a ideia de "Eu", a consciência, o subconsciente, os cinco poderes da emoção e os cinco da ação, a mente única que lhes está acima, os cinco campos da percepção sensorial;

Esse verso descreve a estrutura do universo de acordo com a filosofia do *sankhya*. Primeiro, os elementos densos, terra, ar, água, fogo e éter; em seguida, a estrutura da mente, o sentido de "Eu", *ahankara*, o intelecto, *buddhi*, e o não manifestado, que bem poderia ser traduzido por "inconsciente", no sentido junguiano. Então, há os onze sentidos, ou seja, os cinco sentidos, ou órgãos de percepção, e os cinco órgãos de ação, junto com o *manas*, ou bom-senso, e, finalmente, os objetos da percepção sensorial.

6. Desejo, repulsa, prazer, dor, poder da unificação mental, inteligência e coragem: esse é o campo e suas mudanças.

Agora, temos vários versos que descrevem a natureza da sabedoria, ou o aspecto subjetivo da realidade. De início, as paixões básicas, amor, ódio, prazer e dor. Então, surge uma palavra interessante, *samghatas*. Significa, literalmente, "agregados". Besant e Das a traduzem por "organismo", ou seja, o corpo. Mascaró diz "poder da unificação mental", de acordo com Shankara, que adota o significado de "reunião dos sentidos do corpo".

7. Modéstia, sinceridade, característica inofensiva, disposição de perdoar, probidade, devoção ao mestre espiritual, pureza, firmeza, harmonia própria;

Chegamos às qualidades que conduzem à sabedoria. Essas virtudes são universais; encontramo-las igualmente no hinduísmo, no budismo, no islamismo e no cristianismo. A primeira seria mais bem traduzida por "humildade", mas, literalmente, ela significa a "não arrogância", *amanitvam*. A segunda é *adambhitvam*, que é "sem caráter presunçoso", ou "sinceridade". Em seguida, "característica inofensiva", *ahimsa*: essa é a virtude que Gandhi tomou como base de sua vida e filosofia, mas também é fundamental para um *sannyasi*. Dizem que um *sannyasi* não tem medo de ninguém, e ninguém tem medo dele. Não se trata de uma negativa apenas no sentido de "não matar", mas é toda uma atitude mental que envolve estar livre da agressão. Então, há *kshanti*, "disposição de perdoar", "clemência" ou "tolerância". Ela é uma das principais da lista de virtudes da epístola de São Paulo aos Colossenses, com a qual podemos comparar toda essa passagem (Colossenses 3,12-13). Em seguida, há "probidade e devoção ao mestre, o guru". Na Índia, essa é uma virtude considerada verdadeiramente fundamental. A virtude primordial é a devoção à mãe, ao pai e, então, ao guru, ao mestre, e, tradicionalmente, toda criança indiana foi treinada nessa atitude de reverência. Então, *saucha*, "pureza de coração" ou "purificação do corpo e da mente", é um dos *yamas* ou disciplinas da ioga de Patanjali. A seguir temos "imperturbabilidade" e, finalmente, "autocontrole".

8. Livre da luxúria dos sentidos, ausência da ideia de "Eu", percepção das tristezas do nascimento, da morte, da velhice, da doença e do sofrimento;

Essas são as virtudes mais negativas. Primeiro, o desapego dos objetos dos sentidos; esse é o estágio da ioga que se chama *pratyahara*. Não quer dizer supressão dos sentidos, mas o contrário. Quando suprimimos os sentidos, permanecemos apegados a eles, e eles continuam a nos afetar conscientemente. Quando somos desapegados, somos absolutamente livres; podemos utilizar nossos sentidos, desfrutar a comida, a bebida e todas as coisas criadas, mas somos desapegados, não somos seus prisioneiros de nenhuma maneira. A próxima virtude é *anahankara*, ou seja, "sem o egoísmo ou o autocentrismo", que é a essência do pecado. Então, há o "discernimento do nascimento, da morte, da velhice, da doença e do sofrimento". Esse é um excelente exemplo de terminologia budista. Os ensinamentos do Buda são essencialmente morais, e eles passaram a influenciar toda a tradição vedantina. A grande sacada do Buda foi considerar a doença, a velhice e a morte como as condições básicas da vida humana. A história conta que ele foi um príncipe que era mantido no castelo de seu pai, sem que nunca lhe tivesse sido permitido ver qualquer mal ou sofrimento. Um dia, ele saiu e viu um homem doente e perguntou o que era aquilo. Disseram-lhe que se tratava de doença que, mais cedo ou mais tarde, acomete todas as pessoas. Outra vez, ele saiu e viu um velho, e disseram-lhe que a velhice nos chega a todos, e, finalmente, ele viu um cadáver sendo carregado para os ritos de passagem, chegando à conclusão de que essas coisas eram inescapáveis; que era uma lei universal. Há outra história que conta que ele pediu a uma mulher, que havia perdido seu filho recentemente, que fosse a todas as casas do vilarejo, até achar uma onde ninguém jamais houvesse morrido, e ela não encontrou nenhuma. Essa é uma lei universal, todavia, tendemos a ignorá-la. Contudo, o Buda encarou o aspecto negativo da vida e, ao encará-lo, passou a discernir o supremo significado da vida, que está além do sofrimento e da morte

9. Liberdade dos grilhões do apego, até mesmo do apego egoísta aos próprios filhos, esposa ou lar; uma equanimidade mental sempre presente, tanto nos eventos prazerosos quanto nos desagradáveis;

De maneira incisiva, o Evangelho faz a mesma colocação, quando afirma que a menos que o homem odeie seu pai, sua mãe, sua esposa, seus filhos e até a própria vida, ele não pode ser o discípulo do Senhor (Lucas 14,26). Ódio não no sentido comum do termo, mas um desapego radical de tudo e de todos. A ideia é a de sermos fundamentalmente desapegados, para então podermos amar as pessoas sem egoísmo, com devoção e integralmente; porém, quando estamos apegados, existe sempre um elemento egoísta em nosso amor. O amor da mãe pelos filhos, o amor do marido pela esposa, normalmente, é de alguma forma egoísta e apegado. Em seus poemas, Kabir[1] diz que o amor e o desapego deveriam andar de mãos dadas. Aqueles que são perfeitamente desapegados são capazes de preservar um equilíbrio perfeito, uma constante disposição mental equânime, *sama-citta*.

---

[1] Kabir (ou Kabira) (1440-1518), célebre poeta místico da Índia medieval, compôs poemas que evidenciam a fusão entre o movimento de *bhakti hindu* e o sufismo muçulmano, movimentos religiosos que exercem profunda influência cultural em todo o mundo até os nossos dias. Kabir nasceu numa família de brâmanes hindus e foi mais tarde adotado por muçulmanos, no norte da Índia, perto de Varanasi. Ainda jovem tornou-se discípulo Ramananda, que no norte da Índia difundia a doutrina de *bhakti* promulgada por Ramanuja no sul do subcontinente no século XII. (N. T.)

10. Uma singular unicidade de puro amor, de amor por mim que nunca se desvia; o retiro a locais solitários, evitando as multidões barulhentas;

O *Gita* apresenta *bhakti*, ou a devoção ao Deus pessoal, como um elemento essencial da busca da sabedoria, junto com a mais tradicional separação do mundo. A separação do mundo, todavia, é importante. Todas as pessoas precisam, às vezes, retirar-se para um local solitário, para estar a sós, em meio ao silêncio da natureza, nas montanhas, colinas e florestas. Não se trata de uma fuga, trata-se de uma maneira de se recuperar. Quando um indivíduo é pressionado pelas pessoas, o tempo todo, ele não pode ser ele mesmo.

Esse assunto do local solitário, ou deserto, se encontra, como vimos, na história de Israel. O povo de Israel foi ao deserto para encontrar a Deus. Do mesmo modo, Moisés foi ao deserto e encontrou Deus na sarça ardente. Elias também foi ao deserto e encontrou-se com Deus no monte Horeb. João Batista preparou o caminho para Jesus, retirando-se na natureza, e Jesus, antes de iniciar seu ministério, foi levado ao deserto, pelo espírito. Após sua conversão, São Paulo não foi diretamente pregar o Evangelho, mas foi ao deserto da Arábia para meditar por três anos. E, também, com os Padres do deserto, houve todo um movimento de retirada das cidades do Império Romano, para o deserto. Toda pessoa necessita ficar a sós. Na nossa sociedade, existem muitos dispositivos que servem de distração, de modo que o indivíduo não possa se conscientizar do Ser. Uma das carências importantes dos dias de hoje é a criação de pequenos centros de quietude, seja na cidade, seja no campo, onde as pessoas possam vivenciar o silêncio e a solidão.

"Evitando as multidões barulhentas" é uma boa expressão, porque não se trata simplesmente de evitar as pessoas de um modo geral. A tradução alternativa "ausência de prazer na companhia dos homens" (B & D) pode se tornar enganadora, pois o significado não é o de que o indivíduo não deva ter prazer na companhia, mas, em vez disso, o de que o indivíduo não queira ser completamente dominado pelas "multidões barulhentas". O desejo de estar em meio às pessoas e ao barulho significa que o indivíduo quer se distrair; o indivíduo não quer ser ele mesmo. É claro que o ideal é que, ao alcançar essa consciência interior do Ser, o indivíduo seja capaz de se manifestar e interagir com as pessoas, sem se perturbar. Então, passa a ser possível o relacionamento com outras pessoas, com a preservação dessa integridade interior. Essas são as virtudes do sábio.

11. Um anseio constante, de conhecer o espírito interior, e uma visão da Verdade, que proporciona a libertação: esta é a verdadeira sabedoria que conduz à visão. Tudo o que se lhe opõe é ignorância.

"Um anseio constante de conhecer o espírito interior" é *adhyatman jnana*, o conhecimento do Ser. O conhecimento dos sentidos e da mente é sempre limitado, mas se conhecemos o espírito interior, o ponto de união com Deus, temos o conhecimento supremo.

"Uma visão da Verdade, que proporciona a libertação" mais literalmente significa "atenção constante à sabedoria que pertence ao ser" (Z), *tattva jnana darshana*. Esse termo, *darshana*, é utilizado para descrever todos os antigos sistemas de filosofia. Incluem-se o *Nyaya* e o *Vaisheshika*, lógica e cosmologia; o *sankhya* e a ioga, metafísica e filosofia prática; e, finalmente, *mimamsa*, a interpretação dos *Vedas*, e o *Vedanta*, que é a doutrina da realidade suprema. Esses são os seis pontos de vista ou visões da realidade.

É o *Vedanta* que se destina a conduzir ao conhecimento Supremo, "a visão da verdade, que proporciona a libertação". Sem o conhecimento do ser interior, todo conhecimento é ignorância. Ele não tem relação com a própria verdade. O conhecimento científico, por si só, também é ignorância, porque é, simplesmente, um conhecimento parcial. Trata-se, simplesmente, de um conhecimento vazio, a menos que esteja relacionado com o Supremo. Existe, atualmente, um significativo movimento entre os cientistas para relacionar o conhecimento científico ao conhecimento do *Atman*, a Realidade que está por trás de todo o cosmos e de toda experiência sensorial e psicológica.

O conhecimento da ciência ou da filosofia jamais irá proporcionar a imortalidade ao indivíduo. A sabedoria é um conhecimento da experiência, não aquilo que se denomina conhecimento objetivo, que na realidade é apenas um conhecimento parcial. A sabedoria é o conhecimento que envolve nosso ser interior e nos transforma. Se conhecemos o Ser, tornamo-nos o Ser. Isso é sabedoria; isso é conhecimento de Brahman.

> 12. Agora, te falarei do Fim da sabedoria. Ao conhecer isso, o homem vai para além da morte. Trata-se de Brahman, o sem começo, supremo: além do que existe e além do que não existe.

"Agora, te falarei do Fim da sabedoria", ou melhor, daquilo que há para se conhecer, o *jneya*, e "com cujo conhecimento o homem vai para além da morte". Esse é o supremo conhecimento, que traz imortalidade. E o que é esse conhecimento? "Trata-se de Brahman, sem começo, supremo, que não é o ser nem o não ser" (Z). Brahman, o Supremo, está além do ser e do não ser; este é o *Nirguna Brahman*, o Supremo absoluto, além de todas as coisas, a fonte de tudo, e isso é o que deve ser conhecido. Esse Supremo único se manifesta em toda a criação. Esse é o quadro que devemos manter sempre em mente. Precisamos procurar fixá-lo em nossas mentes, o Uno que está além, absolutamente transcendente, sem nome, sem forma, absoluto, a quem todos chamamos Deus, porque não podemos lhe dar um nome. Esse Uno se manifesta em toda a criação, na terra, no céu, no mar, no homem, no animal, na planta; todas as coisas são uma manifestação do supremo Uno.

Caso desejássemos colocar isso em termos cristãos, diríamos que Brahman é Deus. Deus o Pai é a fonte, a origem de tudo; e Deus emite seu Verbo, e toda a criação é a expressão do Verbo de Deus, a manifestação de Deus. Cada coisa é um verbo, um verbo no Verbo único.

Agora, temos uma série de textos extraídos dos *Upanixades*. Todo o *Bhagavad Gita*, claro, se apoia nos *Upanixades*.

> 13. Suas mãos e pés se encontram em toda parte, ele possui cabeças e bocas por toda parte; ele tudo vê, ele tudo ouve. Ele está em tudo, e ele é.

A pessoa única, o único *purusha*, a realidade única, manifesta-se em toda a criação, em todas as pessoas, em todas as coisas, e todos os seres humanos são, por assim dizer, suas mãos, seus pés, suas cabeças. Ele está em ti e em mim; ele age por meio de nossas mãos e pés, nossas cabeças e nossas bocas. É como se todas essas coisas fossem seus membros. Na tradição cristã, há o entendimento de que o universo é o corpo de Cristo. Cristo assumiu, nele mesmo, toda a criação, e ele agora age na criação e através dela. Cristo está presente em todo ser humano. De modo semelhante, os budistas falam da natureza do Buda em todo homem. Por trás de nossa natureza corpórea, e por trás de nossa natureza psíquica, cada um de nós possui esse espírito interior, e esse espírito interior é o Cristo interior, o *Atman* interior. Ele está eternamente ativo, e a compreensão disso é a salvação. Quando percebemos "que Eu não sou este corpo, que Eu não sou esta alma, que Eu sou este espírito interior, ativo, que vive e respira em mim", então, alcançamos a sabedoria. A sabedoria é reconhecermos que esse Uno está falando em nós, e agindo em nós, ao passo que a ignorância é pensarmos "Eu sou o autor", completamente esquecidos acerca do espírito.

Agora, a pergunta óbvia é, se esse Brahman, o Senhor, se manifesta em toda a criação, isso quer dizer que ele se sujeita a ela? Se ele está na terra, então, ele estaria sofrendo todos os efeitos de estar na terra? Ou, se ele está em um ser humano, ele sofre todos os defeitos de minha mente, de minha vontade, de meus sentidos? Não, ele está em todos os sentidos, mas não está sendo afetado por eles, nem um pouco. Sua luz brilha em meus sentidos, mas ele mesmo não é afetado. O modelo é sempre o do sol. O sol lança sua luz sobre todo o mundo, e toda a terra, e todas as coisas recebem essa luz, mas o sol não é afetado por ela. A luz brilha através de todas essas diferentes cores, em todas essas diferentes formas, sendo recebida em todos esses diferentes materiais. Todas essas coisas são diferentes, mas todas manifestam essa mesma Luz.

> 14. A Luz da consciência chega a ele por meio dos poderes infinitos da percepção, ainda assim ele está acima desses poderes. Ele está além de tudo e de todos, ainda assim ele sustenta a tudo e a todos. Ele está além do mundo da matéria, ainda assim ele encontra felicidade neste mundo.

A Luz única da consciência se manifesta na consciência de cada um de nós e brilha através dela, contudo, não é afetada por ela. "Isenta de todos os sentidos, ela, contudo, lança luz sobre todas as qualidades deles" (Z). O espírito não possui sentidos próprios, mas brilha através de nossos sentidos. Ele não se apega. Por essa razão, a grande virtude é o desapego. Devemos nos desapegar dos sentidos, dos sentimentos e, principalmente, da mente, pois o próprio Deus está desapegado em meio a tudo e a todos. Por estar desapegado, ele não se afeta. Ele está separado, contudo, ele sustenta toda a criação. "Livre dos componentes da natureza, ainda assim ele os experiencia" (Z). Os componentes são os *gunas*, trevas, fogo e luz, que são parte de *prakriti*, a natureza. O Senhor se manifesta neles, mas está livre deles; ele está além dos *gunas*.

Ao falarmos do Senhor, trata-se do Senhor em nós, e devemos ser um com ele e vivenciar assim como ele o faz. Devemos estar nos sentidos, no corpo, ainda assim sem nenhum tipo de apego.

> 15. Ele é invisível: não pode ser visto. Ele está longe e está perto, ele se move e não se move, ele está no interior de tudo e de todos e está fora de tudo e de todos.

Essa é uma citação do *Upanixade Isa*, que aqui se utiliza de paradoxos. Deus está infinitamente além de nós, contudo, infinitamente próximo. Como Santo Agostinho o colocou em sua maravilhosa frase *summior summo meo intimior intimo meo* [Ele é mais elevado do que meu mais elevado ser, e mais íntimo do que meu eu mais interior]. Ele é, ao mesmo tempo, imanente e transcendente. De maneira também paradoxal, "ele se move e não se move". Ele é aquele que move, tudo se move, age, opera, comporta-se, através de sua presença, através de seu poder, contudo, ele mesmo permanece imperturbado, "o imperturbado que move". Não podemos compreender essa visão como um todo, devemos concebê-la por meio dessas noções contraditórias. Devemos pensar Deus como infinitamente além de tudo o que é, contudo, imanente em cada partícula de matéria. Totalmente imanente e totalmente transcendente. Tudo isso é completamente cristão; não há diferença aqui entre a visão cristã e a visão hindu.

Ele move no sentido de que todas as coisas são por Ele movimentadas, pois é através da atividade dele que toda a criação se move, contudo, nele mesmo, ele está absolutamente imperturbado. E, também, é assim que deveríamos ser. Deveríamos estar imperturbados em meio a toda movimentação. O sábio, o *jnani*, está totalmente imperturbado. Ele se fixa em Brahman e, portanto, ainda que atue, não se perturba por nenhuma ação. Esse é o modelo. Ele não se refere a algum Deus longínquo do alto; trata-se de Deus em cada um de nós. Ele está no interior de todos.

E, agora, uma consideração adicional.

16. Ele é Um em todos, mas parece como se fosse muitos. Ele sustenta todos os seres: dele provém a destruição, e dele provém a criação.

"Ele é Um em todos, mas parece como se fosse muitos." Aqui, também, o mesmo princípio está evidente. Deus é um, mas como ele se manifesta em todas as multiplicidades de criaturas, parece ser muitos:

ele aparece como uma árvore, como a terra, como o céu, como você e como eu. Ou, como sugeri acima, cada pessoa, ou cada coisa, recebe o espírito único de maneira diferente, de acordo com a capacidade de cada um. Cada objeto inorgânico recebe o poder do espírito, mas não recebe vida. O ser vivente recebe o poder e a vida, mas não recebe a consciência. O ser humano recebe o poder, a vida e a consciência, mas apenas uma limitada consciência mental humana. Todo o propósito da criação é o de que o ser humano desenvolva sua capacidade, até que ele receba, em si mesmo, a plenitude da consciência divina. Esta é nossa meta: desenvolvermo-nos além de nossa consciência humana, com suas limitações, à consciência divina, quando, então, nos tornamos conscientes do Senhor interior, e pensamos com ele, falamos com ele e agimos com ele. Então, seremos almas realizadas. Essa é nossa meta, sermos um com o Uno, que parece muitos.

A seguir, o texto diz: "Dele provém a destruição, e dele provém a criação". Deus é o criador, o mantenedor e o destruidor. Ele cria o mundo, ele o mantém, mas ele também é a fonte da corrupção, da morte. Toda criatura nasce e morre, e a vida é a causa da morte. Toda morte é o começo da vida, trata-se do ritmo da natureza, e nossa própria morte é, igualmente, o começo de uma nova vida. Assim, Deus está na morte, porquanto ele deseja a morte na natureza, não menos do que a vida. Vida e morte são o ritmo da natureza, e, afinal, deveremos ir além, tanto da vida, quanto da morte, pois Deus está além de ambas.

17. Ele é a Luz de todas as luzes que brilha além de todas as trevas. É a visão, o fim da visão, a ser alcançado pela visão, que habita o coração de todos.

Isso lembra o *Upanixade Shvetashvatara*: "O sol não brilha ali, nem a lua, nem as estrelas, muito menos qualquer fogo terreno. Por meio de sua luz, todas essas coisas são iluminadas, e seu brilho ilumina toda a criação".

A luz única brilha através de todas essas coisas, sem que elas possuam luz alguma em si mesmas. Existe uma história no *Upanixade Kena* que ilustra isso muito bem. Os três deuses: Indra, o rei dos deuses, Vayu, o vento, e Agni, o fogo, se encontraram depois da vitória de uma batalha. Eles atribuíam a si mesmos a conquista, sem se dar conta de que eram todos dependentes de Brahman. Assim, Brahman lhes apareceu em uma estranha forma, e eles foram perguntar quem e o que era aquilo. Primeiramente foi Agni, o fogo, e Brahman lhe perguntou: "Quem sois?". E ele disse: "Sou o fogo, Eu posso queimar qualquer coisa na terra", assim, Brahman pegou um pedaço de palha e lhe disse: "Queime isto". Agni tentou, tentou, sem conseguir queimá-lo. Assim, ele voltou e disse: "Não sei quem é este ser". Então, Vayu, o vento, veio, e Brahman disse: "Quem sois?". E ele disse: "Sou o vento, posso soprar qualquer coisa nesta terra". Assim, Brahman pegou um pedaço de palha e lhe disse: "Sopre isto". Vayu tentou, tentou, sem conseguir movê-lo, assim, se retirou dizendo não conseguir descobrir quem era aquele ser. Então, Indra, o rei dos deuses, se aproximou de Brahman, mas, ao lhe chegar perto, Brahman desapareceu e, então, um ser celestial apareceu dizendo que aquilo era Brahman, e que era por meio dele que eles haviam conquistado sua vitória, e não por meio de seus próprios poderes.

Todos os poderes da natureza dependem do único e supremo Deus, sem agir por si mesmos, em absoluto. O vento, o fogo e a terra são todos dependentes do poder de Brahman, e não do próprio poder deles.

O mesmo acontece com os seres humanos; ninguém faz qualquer coisa com seu próprio poder. Quando no julgamento Pilatos perguntou a Jesus: "Não sabes que eu tenho poder para te libertar e poder para te crucificar?", Jesus respondeu: "Não terias poder algum sobre mim, se não te fosse dado do alto" (João 19,10-11). Nada advém, a não ser que tenha sido conferido pelo alto. "É a visão, o fim da visão, a ser alcançado pela visão, que habita o coração de todos." Essa "visão", literalmente, é conhecimento, *jnana*, e *jneya* é a coisa a ser conhecida. E *jnana gamyam* é aquilo que conduz ao conhecimento. Tentamos, na verdade, descobrir o Senhor dessa maneira, habitando os corações de todos.

> 18. Brevemente te contei o que é o campo, o que é a sabedoria e o que é o Fim da visão do homem. Quando um homem sabe isso, ele penetra meu Ser.

Krishna explica que ele agora deixou claro o que é o "campo" do conhecimento e o que é a natureza desse conhecimento quando o mesmo conduz à iluminação.

Voltamos agora à divisão do *sankhya* da natureza e do espírito.

> 19. Sabe que *prakriti*, a natureza, e *purusha*, o espírito, são ambos sem começo, e que as condições das mudanças temporais e dos *Gunas*, todas provêm da natureza.

Existe a realidade eterna: *purusha*, que é na verdade o eterno Verbo de Deus, do qual provêm todo o conhecimento, e a natureza, *prakriti*, é a potencialidade de todos os seres, da qual provêm todas as coisas. O Verbo de Deus, a luz, brilha nessas trevas, o útero da natureza, e dele extrai toda a criação.

> 20. A natureza é a fonte de todas as coisas materiais: o produtor, os meios da produção e o produto. O espírito é a fonte de toda consciência que sente prazer e sente dor.

A natureza é dita ser *karya*, *karana* e *kartritve*, a causa, o efeito e a atividade. *Prakriti* engloba tudo o que chamamos de objeto da ciência; todas as leis de causa e efeito, que a ciência estuda, são leis de *prakriti*. A sabedoria consiste na conscientização de que essas leis são, em si mesmas, bem válidas, e de que elas operam de conformidade com seus próprios princípios, mas de que existe algo além; existe uma consciência, um espírito, que está além da natureza. O grande erro, que tantos cientistas cometem, é o de que eles estudam os fenômenos da natureza, de *prakriti*, pensando ser essa a realidade, esquecendo-se de estarem exercendo uma consciência que, de fato, está envolvida em tudo o que eles observam e conhecem. A descoberta que Einstein fez de que toda observação é relativa ao observador implica que o cientista observa e conhece apenas o que sua consciência lhe apresenta. A matéria é algo que não existe sem a consciência. *Prakriti* é a matéria, *purusha* é a consciência, e elas não podem ser separadas.

21. O espírito do homem, quando na natureza, sente as condições impermanentes da natureza. Quando ele se liga a coisas impermanentes, um bom ou mau destino lança-o em torvelinho através da vida-na-morte.

A melhor maneira de entendermos isso é a de nos lembrarmos da divisão do espírito, alma e corpo. A alma se localiza entre o espírito, *purusha*, a fonte da consciência, e *prakriti*, a natureza, o corpo. A alma é um espelho do espírito, *purusha*, e, se a alma se volta em direção a *purusha*, se ilumina por ele, libertando-se; mas, se ela se envolve com a matéria, com o corpo, com a natureza, afastando-se da luz do espírito, da consciência, então, as forças da natureza a lançam no torvelinho. Esse é todo o problema da liberdade e da necessidade. Se nos sujeitarmos às forças da natureza, do corpo, da causalidade física e da causalidade psicológica, então, nos sujeitamos ao *samsara*, à roda do tempo e da frustração sem fim. Apenas quando nos separamos da natureza, da matéria, e alcançamos a consciência pura é que nos libertamos. Portanto, ou deveremos descobrir essa liberdade no espírito, ou estaremos sendo carregados pelas forças da natureza ou do inconsciente.

Colocando nesses termos, existem três níveis. Primeiramente, existe o inconsciente, todas as forças da natureza, físicas e psicológicas, que em nós operam. A seguir, existe a região da consciência mental; e, mais acima, existe a superconsciência, o espírito transcendente. Tudo depende de nos permitirmos representar o papel das forças do inconsciente, que nos dirigem, ou de sermos capazes de nos desapegar disso e nos permitirmos ser movidos e acionados pelo espírito, a consciência pura que está além. Estamos sempre entre o superconsciente e o inconsciente: quer estejamos sujeitos a um ou a outro. Um é liberdade e imortalidade, o outro é morte e destruição. Essa é a escolha.

"Ele se liga a coisas impermanentes." Se uma pessoa se deixa dominar pelos sentidos, pelas paixões, pela imaginação e pela atividade mental comum, então, "um bom ou mau destino lança-o em torvelinho através da vida-na-morte". Uma tradução mais literal é: "Ele vem a nascer em úteros bons ou maus" (Z). O entendimento acerca do renascimento é o de que, à medida que o indivíduo se apega à natureza, à matéria, ao corpo e às paixões, ele se vê enredado pela roda do tempo, até que ele aprenda a se libertar dela. Mas, o espírito supremo, o *purusha*, está acima de todo esse mecanismo da natureza.

22. Porém, no homem, o espírito supremo está além do destino. Ele vigia, abençoa, suporta tudo, sente tudo. Ele é chamado de Senhor Supremo e de Alma Suprema.

Quando o indivíduo se submete à natureza, ele se vê enredado na roda do destino. Porém, no homem, o espírito está além do destino. Ele vigia e permite, supervisiona e aprova, apoia e vivencia. Esse poderoso Senhor é *Maheshvara*, o Grande Senhor, e o *paramatman* ou *purushottama*, a mais elevada Pessoa. Esse Senhor Supremo está em nosso interior, e ele vigia, supervisiona e apoia o mundo, mas não se envolve nele. Necessário se faz nos identificarmos com o espírito interior, para que nós também possamos vigiar, observar e apoiar, sem nos envolver e nos deixar levar.

23. Aquele que, na verdade, conhece esse espírito, e conhece a natureza com suas condições mutáveis, em qualquer lugar que esse homem esteja, ele não será mais levado a rodopiar na roda do destino.

"Ele não será mais levado a rodopiar na roda do destino" literalmente é: "Ele não nascerá novamente". Talvez seja a mesma coisa, pois nascer novamente equivale a se sujeitar ao destino. De todo modo, o significado essencial disso é claro: quando o indivíduo conhece o espírito supremo que habita seu interior e reconhece a natureza e suas condições, que operam em toda parte, então, o indivíduo poderá ser liberto desse destino. Porém, quando o indivíduo se submete à natureza e ao mundo, então, ele se sujeita a suas condições.

Como podemos nos separar da natureza e de suas condições? Como obter essa liberdade? Ele menciona três maneiras.

24. Alguns, pela ioga da meditação e pela graça do espírito, veem o espírito neles mesmos; outros pela ioga da visão da Verdade; e outros pela ioga da ação.

Uma tradução melhor é: "Alguns pela meditação, *dhyana*, contemplam o Ser, no Ser, pelo Ser" (B & D). Isso é contemplação. Quando nos recolhemos para além dos sentidos, além da mente, para nossa pessoa interior, descobrimos o Ser que nos habita. É pelo Ser que conhecemos o Ser. Não podemos nos conhecer pela consciência racional comum. Precisamos ir além da consciência racional, para a consciência alerta intuitiva. Trata-se de um conhecimento unificado: conhecer o Ser, no Ser, pelo Ser. Trata-se da diferença entre o conhecimento intuitivo, que é unificador, que junta todo o nosso ser na unidade, e o conhecimento discursivo, que é transmitido de uma a outra pessoa, de uma a outra coisa. Este último é a nossa maneira comum de conhecer; o primeiro trata desse recolhimento para a *buddhi*, para o centro interior, e da unificação de todas as faculdades. Então, conhecemos o Ser, pelo Ser, no Ser. E esse Ser é o *paramatman* interior, o espírito supremo interior. Nesse ponto, estamos unidos ao Uno. Deveríamos manter em mente a ilustração da luz que brilha no espelho. Quando o espelho está embaçado, não vemos a luz. Quando o espelho está claro, na meditação, então, a luz brilha interiormente, e estamos, simplesmente, conscientes da luz interior, estamos transparentes à luz. Então, conhecemos o Ser, no Ser, pelo Ser. Isso é o que, na terminologia cristã, chamamos contemplação.

A próxima maneira mencionada é a da meditação comum, ou *sankhya* ioga, que Mascaró traduz por "visão da verdade". A significação de *sankhya* ioga é o que se chama de *buddhi* ioga, ou ioga da sabedoria, ou *raja* ioga, que consiste em quatro estados: *pratyahara*, o recolhimento dos objetos dos sentidos, recolhimento interior; *dharana*, a concentração; *dhyana*, a meditação; e *samadhi*, a absorção no Uno.

A terceira maneira é a da carma ioga, a ioga da ação. O indivíduo pode transcender o ego por meio de sua devoção ao bem-estar de outros. Para muitas pessoas, essa é a maneira mais natural e normal. A questão é a de como ir além do ego, e a resposta dada é através da contemplação, ou da meditação comum, ou por meio do serviço desinteressado. Aqui não há menção a *bhakti*, ou a simples entrega, ainda que seja um dos principais temas do *Gita*. Esses são os diferentes caminhos em direção a Deus; algumas pessoas são mais atraídas para um, outras para outro. A carma ioga é a maneira mais simples de se perder a si mesmo e de encontrar Deus no próximo.

25. Contudo, há outros que não conhecem, mas ouvem de outros e adoram. Eles também vão para além da morte, por causa de sua devoção às palavras da Verdade.

Shrutva significa ouvir, "aderindo àquilo de que ouviram" (B & D). Muitas pessoas vivem de acordo com a fé. Elas não são capazes de meditar nem mesmo podem realizar muito trabalho desinteressado, mas, sob a autoridade de terceiros, eles creem, sendo salvos por causa de sua fé. A simples fé pode, às vezes, levar o indivíduo para além de todas essas coisas. A simples fé em Deus pode ser o maior caminho de união. Isso também é típico de todas as religiões: a grande massa dos seguidores tem fé, sem possuir muita experiência; eles creem e são salvos através dessa fé.

26. O que quer que tenha nascido, ó Arjuna, quer se mova ou não, sabe que provém da união entre o campo e o conhecedor do campo.

Esse verso volta a se referir ao primeiro verso do capítulo, em que Arjuna havia perguntado: "O que é a natureza? O que é a pessoa? O que é o campo e o conhecedor do campo?" Krishna está respondendo a isso. Ele nos mostrou o que a natureza e a pessoa são. Agora ele volta ao campo e ao conhecedor do campo. O campo é *prakriti*, a natureza, todo o objeto da consciência; e o conhecedor é o sujeito, ou seja, o espírito, o *purusha*, interior. Todas as coisas que nasceram, quer se movam ou não, provêm da união entre *purusha* e *prakriti*, o campo e o conhecedor do campo.

27. Aquele que enxerga que o Senhor de tudo e de todos é sempre o mesmo em tudo o que existe, imortal no campo da mortalidade: este enxerga a verdade.

Isso é Verdade; enxergar, por trás de todos os fenômenos perecíveis da natureza, a Pessoa imutável, o Ser que habita tudo e todos. Essa é a sabedoria, e essa é a imortalidade.

28. E sempre que um homem compreende que o Deus em seu próprio interior é o mesmo Deus no interior de tudo que existe não se fere a si mesmo ferindo os outros: então, ele se dirige, na verdade, ao Caminho mais elevado.

Esse é o entendimento hindu básico de que o Senhor único, o Ser uno, é o mesmo em todo ser humano. Quando firo alguém, estou ferindo a mim mesmo. Há apenas um Ser em tudo e em todos. Sempre que ferimos outro alguém, ferimos a nós mesmos. Encontramos isso na doutrina cristã do corpo místico de Cristo, do qual São Paulo nos diz: "De modo análogo, nós somos muitos e formamos um só corpo em Cristo, sendo membros uns dos outros" (Romanos 12,5). Somos todos membros uns dos outros, e somos todos membros do corpo único do Senhor. Não podemos ferir ninguém, sem que firamos a nós mesmos. Isso é o que significa dizer "enxergar Cristo no próximo". Cristo está em todo ser humano, e respeitar todo ser humano é respeitar Cristo, o Senhor, nele. E ferir aquele ser humano é ferir Cristo nele. Jesus disse: "Cada vez que o fizestes a um desses meus irmãos mais pequeninos, a mim o fizestes" (Mateus 25,40). Esse é o fundamento, e ele é comum aos ensinamentos hindus, cristãos e budistas.

    29. Aquele que enxerga que toda ação, em toda parte, é apenas a ação da natureza; e que o espírito vigia essa ação: este enxerga a verdade.

Originalmente, a ideia de *purusha* e *prakriti* era a de que toda a atividade provém da natureza, e de que *purusha*, a consciência, é simplesmente o observador, a testemunha. Na verdade, ele não está envolvido na ação, de nenhum modo; só parece estar, e, por isso, precisamos separar *purusha*, a consciência, da natureza, para alcançar aquele estado de liberdade. O *Gita* dá um passo a mais nessa direção, ao identificar *purusha* com o Senhor, e sustentando isso ainda que, em sentido estrito, o Senhor não aja na natureza, ele testemunha e apoia toda atividade na natureza. Portanto, num certo sentido, Deus está presente em toda a natureza, na sua estrutura e atividade, sem que seja afetado por ela. A capacidade de discernir a ação de Deus em todos os eventos de nossa vida é a verdadeira sabedoria, e essa é a meta. Normalmente, atribuímos a maioria dos eventos ao acaso. Quando chove, dizemos ser por causa da formação das nuvens, mas deveríamos ser capazes de discernir o que está por trás da chuva, que Deus é a causa da chuva. É Ele a causa das leis da natureza que governam as nuvens e a chuva. De modo similar, quando alguém fica com raiva de nós, pensamos que isso se deva à personalidade dessa pessoa, mas deveríamos também discernir que é porque Deus lhe conferiu essa natureza, essa personalidade, essa liberdade. Assim, existe uma causa por trás de todas as coisas, e essa causa é a presença de Deus. Há um livro que influenciou muita gente, chamado *Abandonment to Divine Providence*, de Jean Pierre de Caussade, um jesuíta do século XVIII. Ele apresenta uma única ideia no livro todo, mas a desenvolve de modo impressionante no sentido de que a santidade consiste em responder à vontade de Deus em todos os momentos da própria vida. A vontade de Deus chega até nós, em todos os momentos, por meio de todas as coisas que nos acontecem. Sempre que enxergamos a vontade de Deus em todas as coisas, e respondemos a ela, então, somos um com Deus. Todavia, precisamos ser capazes de discernir a ação de Deus em cada pequeno detalhe da vida. Normalmente, estamos simplesmente cegos para isso. Sempre que algo muito dramático acontece, quando por exemplo, contrariando todas as expectativas, alguém fica curado de uma doença, poderíamos responder dizendo que isso é a ação de Deus. Porém, o fato de que é Deus que produz todas as coisas, o tempo todo, nos escapa constantemente. Ainda assim, compreender isso é sabedoria, isso é *viveka*, discernimento entre o real e o irreal; enxergar a ação de Deus em todo o mundo manifesto, a cada momento.

30. Quando um homem percebe que a infinidade dos vários seres permanece no Uno, evoluindo a partir do Uno, então, ele se torna um com Brahman.

Mais literalmente: "Quando um homem percebe que toda a diversidade do contingente dos seres é *eka-stham*, permanece no Uno, se sustenta no Uno". Percebemos todas as coisas separadamente; percebemos todas as pessoas e todas as coisas separadamente, lidando com elas separadamente. Contudo, sabedoria é o discernimento de que tudo e todos se sustentam no Uno, e que o Uno está presente, agindo neles. Toda a criação surge a partir de Deus, a todo momento. Deus não cria o mundo e, então, o abandona; Ele está por trás de tudo o que acontece, a cada momento. Quando reconhecemos isso, quando nos damos conta da presença de Deus, que age em nossas vidas em todas as situações, então, nos tornamos um com Brahman. Inversamente, quando ignoramos isso, então, nos tornamos um com a matéria, com a natureza, e somos jogados para cá e para lá por todas as forças da natureza.

> 31. Sem começo e livre das condições mutáveis, imperecível no espírito supremo. Ainda que esteja no corpo, não é dele a ação do corpo, e ele é puro da imperfeição de toda ação.

O espírito supremo único está em você e em mim; o Verbo de Deus, o espírito de Deus, não tem começo e está livre de todas as condições mutáveis, e é imperecível. Porém, Ele está no corpo; *sharirastho*, literalmente, Ele permanece no corpo. É Ele que nos capacita a agir, mas somos nós os responsáveis pela ação que fazemos. É um ponto delicado este em que a luz brilha no espelho. Num certo sentido, tudo se origina da luz, todavia, as imperfeições do espelho distorcem a luz e lhe dão cor. É aí que as coisas se desencaminham com cada um de nós. A Luz única brilha em cada um, mas cada um de nós, com suas imperfeições, dissipa e distorce a luz. Porém, assim como o sol não é afetado por nada do que acontece com a luz, o Senhor também não é afetado por nossas distorções, nosso egoísmo, nosso pecado.

> 32. Assim como o éter onipresente é puro por ser intangível, também o espírito que habita a matéria é puro do contato da matéria.

Houve um tempo em que os cientistas acreditavam que por trás de todos os elementos havia um éter invisível. O termo sânscrito é *akasha* e, uma vez que não mais acreditamos em éter, a melhor tradução seria "espaço". Toda matéria está no espaço, e o espaço permeia todas as coisas; assim, o espírito está presente em todas as coisas, em toda a matéria, mas é invisível e imaterial. Não pode ser visto; só pode ser "conhecido". O espírito está em toda parte no corpo, em seu interior, mas não é afetado por ele.

33. E do mesmo modo que um dá luz a todas as coisas no mundo, assim também o Senhor do campo dá luz a todo seu campo.

Essa é a melhor ilustração. O sol ilumina todo o mundo e, da mesma maneira, o Senhor do campo, o *kshetri*, literalmente, o "dono do campo", ilumina todo o campo. A luz de Deus brilha através de toda a criação, através de todas as pessoas, e é a fonte de tudo e de todos.

34. Aqueles que enxergam a distinção existente entre o campo e o conhecedor do campo, com o olho da visão interior, e veem o espírito livre da matéria, estes vão para o Supremo.

É isto o que o indivíduo deve enxergar: a distinção entre o campo e o conhecedor, matéria e consciência. E quando discernimos isso e vemos como o espírito está livre da matéria, e não está determinado, então, podemos nos unir àquele espírito, e não mais somos afetados pela matéria e pelas leis da natureza. Ao fazermos isso, somos libertos; isso é *moksha*, libertação.

CAPÍTULO 14

A Ioga dos Três Gunas

Este capítulo se ocupa da exposição dos três *gunas* e de seus efeitos. Os três *gunas* – *sattva*, *rajas* e *tamas* – são os elementos constituintes da natureza e, à sua maneira característica, determinam toda a existência samsárica. A "sabedoria suprema" a que se refere o primeiro *sloka* não se refere propriamente ao ensinamento acerca dos *gunas*, pois dificilmente essa poderia ser a mais elevada sabedoria. Em vez disso, trata-se do segredo, ou do mistério, de que apenas se tornando um com Brahman, com Deus, seremos libertados do poder condicionante dos *gunas*. Só então seremos capazes de conhecer tanto o *samsara* quanto os *gunas*, pelo que eles são, para ir além deles.

Krishna fala:

1. Revelarei mais uma sabedoria suprema, a mais elevada de todas elas: a partir dela, os sábios que a conheceram, foram para a perfeição suprema.

2. Refugiando-se nessa sabedoria, eles se tornaram parte de mim mesmo: eles não renascem por ocasião da criação, e eles não são destruídos por ocasião da dissolução.

"Refugiando-se nessa sabedoria, eles se tornaram parte de mim mesmo." Em sânscrito, temos *mama sadharmyam agatah*, "eles vão para a minha modalidade de existência". A meta é a de compartilhar a modalidade divina de existência. "Eles não renascem por ocasião da criação, e eles não são destruídos por ocasião da dissolução." Haverá sempre essa roda do *samsara*, que se move atravessando nascimento e morte, e, então, há também *pralaya*, em que toda a criação retorna a Brahman e, então, ela surge novamente. A libertação da roda do *samsara* é *moksha*, a habilidade de ir além, para o Supremo Uno.

3. Na vastidão de minha natureza, coloco a semente das coisas que hão de vir; e dessa união se origina o nascimento de todos os seres.

Esse *sloka* descreve o processo da criação, e uma tradução alternativa é: "O Grande Brahman é para mim um útero (*yoni*), e nele Eu planto a semente; disso deriva a origem de todas as criaturas" (Z).

Essa é uma utilização pouco usual da palavra *Brahman*. Em geral, ela é utilizada para denotar o Ser Supremo. No entanto, como vimos, ela pode ser usada em diversos níveis. Por exemplo, o *Upanixade Shvetashvatara* diz que em Brahman existe uma tríade. Existe a natureza, a alma e o Senhor, e, juntos, esses três constituem Brahman. Portanto, em certo sentido, Brahman é a universalidade de tudo e de todos, e a natureza, a alma e o Senhor são todos partes dessa unidade. Brahman pode ser usado como o *Parambrahman*, o Supremo que está além de todas as coisas, ou pode ser usado como a fonte de todas as coisas, o *Saguna Brahman*, ou, como nesse caso, pode ser usado como *mula prakriti*, o útero da natureza, do qual provêm todas as criaturas. Aqui ele parece ser usado no sentido de *mula prakriti*, o útero da natureza.

4. Onde quer que um ser possa nascer, ó Arjuna, sabe que minha natureza é a mãe dele, e que Eu sou o Pai que lhe deu vida.

Ou: "Quaisquer que sejam os úteros em que mortais sejam produzidos, ó Arjuna, o grande Brahman é o útero deles, e Eu o Pai que os gera" (B & D). Aqui também se utiliza a frase *Mahat Brahman* para aquilo que normalmente se chama *mula prakriti*, o útero da criação, no qual Krishna, o Deus pessoal, planta a semente da vida. Essa é a base de todo o imaginário sexual no hinduísmo, que normalmente choca as pessoas. Normalmente é representado pelo *lingam* e pelo *yoni*. A criação toda é a união dos princípios masculino e feminino, e isso está presente por toda parte na criação, na terra e nos seres humanos. Trata-se de um princípio fundamental, e só mesmo uma espécie de puritanismo impede as pessoas de enxergar isso, nada havendo de objeção acerca disso tudo. No hinduísmo, assim como em todas as tradições antigas, o sexo é essencialmente sagrado, e é mencionado como um mistério sagrado. O casamento no cristianismo também é sagrado, sendo por isso considerado um sacramento. Só mesmo em uma civilização muito materialista é que o sexo se torna dessacralizado, profano ou apenas um objeto de prazer. Em essência, o sexo é sagrado, e tal como São Paulo nos diz na epístola aos Efésios (5,32), a união do marido com a esposa é um símbolo da união do Cristo com a Igreja, de Deus com a alma. O Cântico dos Cânticos, no Velho Testamento, num determinado nível, é um poema de amor, mas o casamento entre o masculino e o feminino é encarado como o casamento entre Deus e seu povo, entre Deus e a alma. O Cântico dos Cânticos serviu de base para o simbolismo sexual no misticismo cristão desde os tempos de Orígenes e São Gregório de Nissa até São Bernardo e, finalmente, São João da Cruz. Assim, isso é o que está por trás de todo o imaginário sexual, e deveríamos compreender e aceitar *purusha* e *prakriti*, os princípios masculino e feminino, como a fonte de tudo e de todos.

5. SATTVA, RAJAS, TAMAS (a luz, o fogo e as trevas) são os três elementos constituintes da natureza. Aparentemente, eles limitam a liberdade de seu espírito infinito em corpos finitos.

Esses três elementos constituintes da natureza são os três *gunas* de que se ocupa este capítulo. Em sentido literal, *guna* significa um cordão, concebendo-se a natureza como trançada com esses três cordões. Eles se agregam e constituem toda a *prakriti*, a natureza. Os três cordões, *sattva*, *rajas* e *tamas*, são mais bem traduzidos por "luz, fogo e trevas", como Mascaró o fez. A luz é *sattva*, e sempre que a luz do *purusha* brilha nas trevas *sattva* é seu primeiro efeito; isto é, o brilho da luz. Isso se aplica tanto ao cosmos quanto ao homem. Onde quer que haja luz e brilho na natureza, isto é, o efeito de *sattva*, e onde há pureza, inteligência e bondade no homem, isso também é *sattva*. *Sattva* é a primeira manifestação, e a partir de *sattva* descemos para *rajas*.

Rajas é o fogo; é energia e paixão. Diz-se que a luz divina brilha exteriormente, manifestando-se em todas as diferentes esferas da consciência. Cada um de nós se assemelha a um espelho, no qual brilha essa luz. Na *buddhi* de cada pessoa brilha essa luz. Nesse ponto, o Uno se torna muitos, e a luz única se divide entre as muitas consciências separadas. Uma vez que ela se torna individualizada em nós, ela recebe a força daquilo que se denomina *pravritti*. *Pravritti* é a força que nos impulsiona para o exterior, em oposição àquela de *nivritti*, que é essa mesma força que volta à fonte. *Rajas* é a energia da coragem e da batalha, da ambição e da ação. Trata-se da força exterior, tanto no homem quanto na natureza. A luz desce e se divide, por assim dizer, e essas forças passam a atuar. Elas são as forças da natureza. A violência e o conflito no mundo provêm da força de *rajas*. Trata-se da fonte do conflito, mas, claro, todas essas forças possuem um lado positivo e um lado negativo. *Rajas* possui seu próprio valor como energia e poder.

Em terceiro lugar, existe *tamas*, as trevas, o embotamento, a indolência e a inércia. É aqui que a luz, exteriorizando-se, se solidifica, torna-se terra, torna-se a matéria. Trata-se do mais baixo nível ao qual desce a luz. O *Gita* tende a se referir a *tamas* como o elemento mau, mas, obviamente, existe o lado bom de *tamas*. Nós todos necessitamos dos três elementos em nossa natureza. Precisamos de *sattva*, da luz, da inteligência, da bondade, precisamos da energia, que é a força e o poder para agir, e também precisamos estar com os pés no chão, aterrados, ter uma base sólida. Muitas pessoas sofrem pela falta de uma proporção suficiente de *tamas*. Trabalham só com a cabeça, sem nenhuma base na terra. Assim, *tamas* possui um valor positivo, mas, claro, trata-se de uma força que nos impulsiona para baixo mais do que qualquer outra coisa. É por isso que ele é descrito como negativo.

Alternativamente, esse *sloka* pode ser traduzido assim: "Estes são os três elementos constituintes que brotam da natureza, que aprisiona o ser encarnado ao corpo, ainda que o próprio Ser seja imutável" (Z). Isso se refere ao *dehinam*, o Uno encarnado. O ser individual se origina do Supremo e o Ser se encarna no corpo, tornando-se aprisionado ao corpo. *Tamas*, *rajas* e *sattva* são as forças que aprisionam o ser encarnado. Mascaró traduz assim: "Aparentemente, eles limitam a liberdade de seu espírito infinito em corpos finitos". É certo dizer "aparentemente", porque na verdade o espírito não é afetado pelos *gunas*, pois está além deles. Na aparência e em nossa experiência, o Uno está limitado, está aprisionado. Trata-se da *maya* ou do carma que nos aprisiona aos três *gunas*.

6. Dentre eles, *Sattva*, porque é puro e confere a luz, e é a saúde da vida, aprisiona à felicidade terrena e ao conhecimento inferior.

O *guna sattva* é aquele que é superior. Todavia, ele nos aprisiona ao prazer ou à felicidade. Toda coisa criada se torna um grilhão, caso o indivíduo faça da sua obtenção um fim em si mesmo. Isso não se aplica apenas ao bem material, mas também ao bem espiritual, que pode, afinal, tornar-se mais aprisionador do que qualquer outra coisa.

O apego aos bens espirituais pode se tornar a força mais aprisionadora. Esse apego impede que o indivíduo se dirija ao próprio Deus. O indivíduo se detém em um deus menor, criado, sendo esse o perigo de *sattva*. Muitas pessoas boas e inteligentes podem ser terrivelmente limitadas por sua bondade e inteligência.

O termo *jnanasangena*, que Mascaró traduz por "conhecimento inferior", preferivelmente, significa todo conhecimento: toda a esfera do conhecimento e da sabedoria, tão tentadora e atraente. Quanto melhor a coisa tanto mais ela aprisiona. Todavia, isso não é a sabedoria Suprema, pois aquela vai além dos *gunas*.

7. *Rajas* é da mesma natureza da paixão, a fonte da sede e do apego. Ele aprisiona a alma do homem à ação.

O termo utilizado é *trishna*, um termo budista que significa "agarrar-se à vida". Trata-se da sede que aprisiona o indivíduo a seu mundo. Aprisiona a alma à ação: carma. É disso que a maioria das pessoas é vítima nos dias de hoje: a ânsia de agir, de fazer, de atuar. O mundo Ocidental, em geral, encontra-se sob a influência de *rajas*, a energia da ação; a assim chamada "ética do trabalho". O indivíduo é aprisionado pelas boas obras tanto quanto pelas más. As boas obras aprisionam sempre que o ego nelas se envolve, mas se a obra é feita livremente, a partir do espírito interior, então, trata-se de um assunto completamente diferente.

Aquelas pessoas que são tão cheias de energia virtuosa, que buscam melhorar o mundo, frequentemente, estão dominadas por seus egos, simplesmente controladas por *rajas*, as forças da natureza. Elas não mais estão livres, ao contrário, elas estão sob o controle dessas forças. É por isso que pessoas com a melhor boa vontade do mundo podem fazer coisas tão terríveis. Isso se aplica a todas as grandes revoluções, tal como a Revolução Francesa, com seu ideal de "liberdade, igualdade e fraternidade". Frequentemente os mais elevados ideais levam aos mais trágicos resultados, porque *rajas* entra no processo, impulsionando as pessoas no sentido de obliterar todos que a elas se opõem. Seus oponentes acabam em campos de concentração, ou são "liquidados". Tudo isso é o efeito de *rajas*, em seu aspecto negativo de força e paixão cega.

8. *Tamas*, nascido da ignorância, obscurece a alma de todos os homens. Ele os aprisiona em sonolento embotamento e, então, eles não vigiam e, então, eles não agem.

Aqui a ignorância, *ajnana*, é a palavra-chave, pois, assim como *jnana*, a sabedoria, é o efeito de *sattva*, a ignorância é o efeito de *tamas*. A ignorância, claro, é utilizada num sentido mais amplo; significa a ignorância primordial, a ignorância da Realidade, da Verdade, do Uno. *Tamas* se manifesta sempre que a mente fica obscurecida pela ignorância, e o corpo nos torna pesados, conduzindo à indolência e à preguiça. Essa é uma visão puramente negativa de *tamas*. Deveríamos lembrar sempre que *tamas* também possui um caráter positivo de estar "com os pés no chão".

9. *Sattva* aprisiona à felicidade; *Rajas* à ação; *Tamas*, obscurecendo a sabedoria, aprisiona à falta de vigilância.

Sattva aprisiona à felicidade. Todos buscam a felicidade, por se tratar de algo desejável, algo bom em si mesmo; todavia, por ser limitada, ela ainda aprisiona o indivíduo. A paixão, *rajas*, aprisiona à ação, carma; e *tamas* sufoca e obscurece a sabedoria, prendendo o indivíduo à imprudência. Todos sofremos com *tamas* quando nos sentimos deprimidos e melancólicos ou quando de manhã acordamos com dor de cabeça. Isso é *tamas* operando em nossa natureza.

10. Às vezes, *Sattva* poderá prevalecer sobre *Rajas* e *Tamas*, em outras ocasiões, *Rajas* sobre *Tamas* e *Sattva*, e em outras *Tamas* sobre *Sattva* e *Rajas*.

Assim, estamos todos sujeitos a essas forças. Num dia *sattva* pode estar forte em nós e os outros subjugados, e no dia seguinte *rajas* sobrepuja *sattva* e, então, ambos são sobrepujados por *tamas*.

Algumas vezes esses *gunas* são traduzidos como "estados de espírito", uma vez que eles são equivalentes aos estados de espírito que frequentemente nos dominam. Algumas vezes o estado de espírito é leve e maravilhoso e, então, repentinamente, sem razão aparente, a depressão nos apossa, e tudo se torna triste e melancólico, o que é *tamas*. Ou sentimos a ânsia de sairmos para fazermos alguma coisa, o que é *rajas*. Estamos sempre nos movimentando em meio a esses três *gunas*, e a meta é a de irmos além de todos os três.

> 11. Sempre que a luz da sabedoria resplandece nas portas da residência do corpo, então, sabemos que *Sattva* está no comando.

As "portas da residência do corpo" são os sentidos. Onde *sattva* prevalece, então, todo o corpo se ilumina. Como está no Evangelho: "Se teu olho (o olho da sabedoria) estiver são, todo teu corpo ficará iluminado" (Mateus 6,22).

> 12. A ganância, a atividade atarefada, muitas empreitadas, a inquietação, a luxúria do desejo: elas surgem sempre que haja acréscimo de *Rajas*.

Sempre que houver aumento de *rajas*, então, o resultado será a ganância. *Pravritti* é essa força irracional que nos impulsiona para as externalidades, empenhando-nos na ação e nas muitas empreitadas, e *asamah* é estar perturbado, inquieto, em constante agitação. Esse é o efeito de *rajas* quando perturba o equilíbrio do indivíduo. Zaehner traduz *spriha* por "ambição", que é o efeito típico de *rajas*. A pessoa *rajásica* é altamente ambiciosa, alguém que gosta de fazer muitas coisas e seguir adiante no mundo. Tudo isso tem valor, mas também tem grandes limitações.

> 13. As trevas, a inércia, a negligência, a ilusão: elas aparecem sempre que *Tamas* prevalece.

Sempre que *tamas apravritti*, o oposto de *pravritti*, ocorre. Em lugar de nos precipitarmos à ação, a preguiça se apossa. O ideal seria não ter nem uma nem outra, mas estarmos centrados no Ser interior e, assim, sermos livres para agir ou não agir. Porém, aqui a pessoa está sendo dirigida, seja por impulsos de exteriorização e pela ambição, seja pela preguiça e pela indolência. Em cada caso, é o inconsciente, que é parte das forças da natureza, que está em ação. Essas trevas, *apravritti*, são a má vontade para agir; trata-se de negligência. Esses são os efeitos de *tamas*. O indivíduo poderia ir longe, notando a cada dia como os diferentes *gunas* prevalecem, dia após dia, hora após hora. Essas observações podem proporcionar um bom índice da própria personalidade.

14. Caso a alma encontre a morte sob o predomínio de *Sattva*, então, ela vai para as regiões puras daqueles que buscam a Verdade.

Confere-se grande importância ao estado mental com que o indivíduo deixa o mundo. É por isso que muitas pessoas têm medo da morte súbita. Porém, na realidade, o que importa não é tanto a atitude mental predominante no momento da morte, mas sim a tendência habitual da mente em direção à luz e à verdade, ou às trevas e à morte.

15. Caso um homem encontre a morte em um estado de *Rajas*, ele renascerá entre aqueles que estão aprisionados por sua atividade inquieta; e se morrer em *Tamas* ele renascerá nos úteros dos irracionais.

A mais antiga tradição acerca do renascimento era a de que o indivíduo poderia passar do nascimento humano para o animal, ou até para formas inferiores de existência, assim como o indivíduo poderia também passar para o mundo dos deuses e, então, voltar novamente. Isso apresenta o fato de que somos todos membros de um todo cósmico, que engloba muitos estados de consciência, e todos trazemos dentro de nós não apenas as experiências passadas da raça humana, mas também o curso da evolução cósmica. Nossos corpos estão interligados aos primeiros átomos e às primeiras células viventes, que apareceram após a explosão de matéria original.

16. Quando bem executada, qualquer obra traz consigo a pura harmonia de *Sattva*; mas, quando executada em *Rajas*, ela acarreta dor e, quando executada em *Tamas*, ela acarreta ignorância.

O fruto de uma boa ação é *nirmala*, sem mancha, pura. O fruto de *rajas* é *duhkha*, aflição e dor. E o fruto de *tamas* é a ignorância, *ajnana*, as trevas da mente.

17. De *Sattva* surge a sabedoria, de *Rajas* a ganância, de *Tamas* a negligência, a ilusão e a ignorância.

18. Aqueles que estão em *Sattva* escalam o caminho que leva às alturas, aqueles que estão em *Rajas* seguem no caminho plano, aqueles que estão em *Tamas* descem no caminho inferior.

É digno de nota que *rajas* e *tamas* são sempre concebidos em termos negativos e que apenas *sattva* merece valor positivo. Uma visão mais equilibrada compreenderia que a energia de *rajas* e a firmeza e solidez de *tamas* são igualmente necessárias para uma vida equilibrada. A ênfase exagerada em *sattva*, em algumas escolas do hinduísmo, poderia ser um sinal de negligência do aspecto material da vida, tal como afirmava Sri Aurobindo.

19. Sempre que o homem de visão enxerga que são os poderes da natureza os únicos atores deste vasto drama e contempla AQUILO que está além dos poderes da natureza, então, ele vem ao meu Ser.

Essa percepção é *viveka*, o discernimento, que chega sempre que nos damos conta de que somos impulsionados pelas forças da natureza. Imaginamos que fazemos as coisas por vontade própria, mas, na realidade, são as forças da natureza operando interiormente que nos governam o tempo todo. Precisamos nos elevar acima dos *gunas*, para nos darmos conta de que a verdadeira fonte de nosso ser não está em nossa natureza; não está no corpo, com seus sentimentos e paixões; e não está nem mesmo em nossas mentes. A mente, os sentimentos e o corpo são todos elementos constituintes da natureza, e a verdadeira fonte a partir da qual tudo provém é o espírito, o *Atman* interior. Quando nos damos conta daquilo que está além do poder da natureza, então, estamos livres. A alma está entre *purusha*, o *Atman*, o espírito, e a natureza, *prakriti*, com os três *gunas*. Tanto podemos nos inclinar em direção à natureza e nos deixar governar por essas forças quanto podemos acordar para o espírito interior, permitindo ao espírito movimentar, guiar e agir em nossas vidas. Um é liberdade e o outro é aprisionamento. A maioria das pessoas acredita ser livre quando segue seus *gunas*, quando segue sua vontade e inclinações, mas isso é apenas uma capitulação às forças da natureza. Apenas quando nos voltamos, e descobrimos o Ser, encontramos alguma verdadeira liberdade.

20. E sempre que passa além das três condições da natureza que constituem seu corpo mortal, então, livre de nascimento, envelhecimento, morte e aflição, ele adentra a Imortalidade.

Ele recebe o *amrita*, a bebida da imortalidade. Zaehner ressalta que nos ensinamentos do Buda, o nascimento, o envelhecimento e a morte são todos sofrimento, citando a afirmação: "Qual é a nobre verdade acerca do sofrimento?", e o Buda responde: "O nascimento é sofrimento, a velhice é sofrimento, a morte é sofrimento". Esse é o grande discernimento do Buda; todo este mundo, separado da Realidade Única, é sofrimento. Ao aceitarmos este mundo, tal como ele é, com sua própria aparência, ao permitirmos nos sujeitar a ele, então, o nascimento, o envelhecimento e a morte, todos eles são sofrimento.

O cinema é uma perfeita ilustração para isso. As luzes se apagam e nos absorvemos completamente no drama, esquecendo-nos de nós mesmos, de nossa própria vida e de tudo o mais, vivenciando apenas o drama. Então, as luzes se acendem e nos damos conta de que a coisa toda era apenas uma história e uma apresentação a que estávamos assistindo.

Vivemos neste mundo imaginário, sem nunca nos darmos conta do Eterno Único, que nele está o tempo todo, por trás de tudo e de todos. Acreditamos que isso tudo seja a Realidade Última. Ele possui uma realidade, e é significativo, mas apenas sob a luz da Realidade Última. Quando acreditamos que a realidade seja a aparência, então, estamos em *maya*. Quando acordamos para a Realidade, o mundo não perde seu significado, ele recobra seu significado. Toda a nossa vida e nossas ações são significativas, quando conscientemente relacionadas ao Uno transcendente. A vida é real, não no eu, mas na relação com o Uno. Esse é o significado de se ir para além dos *gunas* e se libertar dos sofrimentos da velhice e da morte.

Arjuna pergunta:

> 21. Como é que o homem, que passou além dos três poderes da natureza, é conhecido? Qual é o seu caminho? E como é que ele transcende os três?

E Krishna responde:

> 22. Aquele que não odeia, nem a atividade atarefada, nem mesmo as trevas, quando estão próximas, e também não anseia por elas, quando estão longe;

O objetivo não é simplesmente o de repudiar todo este mundo de aparências. É o de poder observá-lo, de ser a testemunha de tudo o que se passa, de se conscientizar dele e de ser sensível a ele, sem se deixar dominar por ele. Trata-se da lei do desapego.

> 23. Aquele que, imperturbado pelas condições cambiantes, se senta ao lado e observa, dizendo: "Os poderes da natureza se movimentam", e permanece firme sem se abalar;

Isso é desapego. Quando formos capazes de nos observar em vias de nos apegarmos à atividade da mente, ou à atividade das obras, ou à nossa atividade exterior, ou ao corpo, e, tendo observado, nos desapegarmos disso tudo, então, estaremos livres.

Praticamente, toda disciplina budista está baseada nessa atenção constante, a que se chama diligência. Estar alerta, ao pensar e ao agir, ao comer ou beber, é estar livre do apego. Porém, nossa tendência é a de nos absorvermos completamente pelo que está se passando, e isso faz toda a diferença. Poderemos estar tão ativos quanto queiramos, mas, sempre que retemos essa simples atenção, ela nos mantém livres do apego à nossa atividade. Quando observamos nossos diferentes estados de espírito, nos libertamos deles. Se nos damos conta de que estamos sendo impulsionados por este ou aquele estado de espírito, não mais estaremos dominados.

> 24. Aquele que habita em seu eu interior, sendo o mesmo no prazer e na dor; para quem o ouro ou as pedras ou a terra é uma só e mesma coisa, e o que seja prazeroso ou desagradável, o deixa em paz; que está além do louvor e da crítica, e cuja mente está firme e quieta;

Essa é a marca de um sábio. Ele é o mesmo no prazer e na dor; e isso é extremamente difícil. Nos excitamos com o prazer e somos avessos à dor. "A quem ouro ou as pedras ou a terra é uma só coisa." Como observamos antes, Ramakrishna costumava tomar um pouco de terra em uma mão e ouro na outra, procurando imaginar serem a mesma coisa. A fascinação exercida pelo dinheiro é incomensurável. Frequentemente quando alguém está falando calmamente às pessoas sobre coisas diversas e aparece algo acerca de dinheiro toda a atmosfera se modifica. De repente, todos se agitam. Precisamos aprender a também olhar para o dinheiro equilibradamente, sem nos deixarmos perturbar por ele.

> 25. Aquele que é o mesmo, seja na honra ou na desgraça, e que sinta o mesmo amor pelos inimigos ou amigos, que abandona todas as empreitadas egoístas: este homem foi além dos três.

Isso é muito mais difícil. Todos nós temos a tendência de nos apegarmos às pessoas de quem gostamos e, inevitavelmente, somos avessos às pessoas de quem não gostamos e àqueles que não gostam de nós. Isso não quer dizer que nunca poderemos desgostar de qualquer pessoa; por temperamento, poderemos nos opor a elas e elas poderão nos irritar, mas poderemos sentir um amor perfeitamente igual por elas. Poderemos servi-las e fazer todo o bem por elas, tanto quanto por alguém a quem nos sintamos atraídos. O amor é o mesmo por todos, mas gostar ou desgostar pertence ao nosso temperamento. Perguntaram a São Tomé, certa vez, se deveríamos amar pai e mãe mais do que outras pessoas, e ele respondeu que não seria exatamente mais, mas diferentemente. Deveríamos sentir um amor diferente pelo pai e pela mãe, pela esposa e pelos filhos, pelos amigos e pelos inimigos. O amor único é para tudo e para todos, mas se acha modificado pelas diferentes pessoas. Uma pessoa que seja simplesmente indiferente, e não veja diferença entre um amigo e um inimigo, ou uma mãe e um filho, obviamente, não é humana. Devemos sentir nossas emoções humanas, todavia, todas elas devem estar controladas, sob a direção desse amor universal.

Caso não sejamos cuidadosos, poderemos vir a ter a impressão de que o *Gita* recomenda que não façamos nada e que sejamos indiferentes a todas as pessoas. Não se trata de não enxergarmos a diferença entre o ouro e a terra, mas sim de nossa atitude; de não sermos atraídos por um ou afastados pelo outro. Assim como sabemos que o espírito é Uno, ainda que seja múltiplo em todas as suas operações, também deveríamos ser uno em nós mesmos, sendo por isso capazes de agir em todas essas múltiplas maneiras, sem perturbar essa unidade interior.

> 26. E aquele que, com um amor inesgotável, me adora e age por mim, ele passa além dos três poderes e pode ser um com Brahman, o Uno.

No *Gita*, é o amor por Krishna, o Deus pessoal, que controla todos os outros amores e conduz à unidade perfeita.

27. Pois Eu sou a morada de Brahman, a fonte inesgotável da vida sempiterna. A lei da retidão é minha lei; e minha felicidade é felicidade infinita.

Zaehner traduz isso assim: "Eu sou a base em que Brahman se apoia", o *brahmano pratistha*, mas sua tentativa de mostrar que Krishna está acima de Brahman se fundamenta em um mal-entendido. A relação existente entre Brahman e o Deus pessoal pode ser ilustrada pelo ideal de circuncessão[1] dentro da Trindade. O Pai está no Filho e o Filho está no Pai, mas o Pai não está acima do Filho. Eles são distintos, todavia são um. Krishna está em Brahman, e Brahman está nele. Eles são diferentes aspectos do Uno. "A lei da retidão é minha lei." No texto, a palavra é *dharma*, que é a lei do universo, de toda a criação, a lei do homem e a lei de todo ser humano individual: o *dharma* é o nosso dever na vida.

A ideia é a de que estamos todos envolvidos nessas forças da natureza, que operam à nossa volta e em nosso interior, o tempo todo. Contudo, temos em nós a capacidade de ir além, de transcender o *tamas*, o *rajas* e o *sattva*, de experimentarmos a presença do Uno em nosso interior e, ao irmos além, nos tornarmos um com o Senhor. Tornamo-nos Brahman, *brahma-bhuta*. Não somos nosso verdadeiro eu, quando somos dominados por todas essas forças. É isso o que significa a realização do Eu. Comumente, somos impulsionados pelas forças psicológicas, sem sabermos quem somos ou o que pretendemos. Ao nos libertarmos dessas forças, descobrimos nossa identidade, nosso verdadeiro Eu, que é Um com o Ser do universo. Nosso único e verdadeiro Ser é nosso Ser em Deus.

---

[1] Ver nota 1 do capítulo 6. (N. T.)

CAPÍTULO 15

A Ioga do Espírito Altíssimo

Neste capítulo, Krishna revela como ele, o Senhor, o espírito supremo, está presente na alma humana e em todo o universo físico, permeando e sustentando todas as coisas. Especialmente importante, aqui, é o ensinamento de que o espírito altíssimo, o espírito supremo, não está apenas além do perecível, mas está também além do imperecível. Nesse ponto, o *Gita* estabelece um avanço relativo a todos, exceto aos *Upanixades* mais recentes (cf. a introdução do capítulo 8).

Krishna começa falando da grande árvore cósmica:

1. Existe uma árvore, a árvore da Transmigração, a sempiterna árvore Asvattha. Suas raízes estão acima no Altíssimo, e seus ramos estão aqui embaixo. Suas folhas são os cantos sagrados, e aquele que os conhece, conhece os *Vedas*.

Essa árvore da transmigração é a árvore do *samsara*, o mundo da formação. A árvore é um grande símbolo da mitologia. Em geral, ela tem suas raízes na terra e eleva-se para o céu, mas essa árvore possui suas raízes no alto, um símbolo originário do *Rig Veda*. É Zaehner quem cita:

> No abismo sem fundo, o Rei Varuna
> Pelo poder de sua pura vontade, sustenta nas alturas
> A alta coroa da árvore cósmica. Ali estão abaixo
> Os ramos e acima as raízes. Em nosso interior
> Possam as bandeiras de sua luz estar bem fincadas.

Essa é a imagem extraída do *Rig Veda*. A ideia é a de que toda a criação surge de Brahman, do alto, espalhando-se abaixo. Ela pode ser entendida como uma imagem do cérebro. Toda a estrutura do corpo se origina no cérebro, que lança seus ramos, na forma do sistema nervoso. Nos *Vedas*, os mundos inteligíveis dos deuses e dos anjos surgem primeiramente a partir de Brahman e, então, do mundo material, que é a sua manifestação.

2. Seus ramos espalham-se da terra ao céu, e os poderes da natureza lhes dão vida. Seus brotos são os prazeres dos sentidos. Muito abaixo, suas raízes se alongam até o mundo dos homens, prendendo um mortal através das ações egoístas.

"Seus ramos espalham-se da terra ao céu, e os poderes da natureza lhes dão vida." Essa tradução não é muito exata. O texto diz: "Para cima e para baixo espalham-se os ramos", e o significado é o de que os ramos vêm para baixo, enraizando-se a si mesmos e, então, também se espalham para cima, tal como a figueira-de-bengala. A árvore desce do alto e, à medida que desce, ela se enraiza em nós. Assim, vemo-nos presos dentro dessa grande roda do *samsara*.

3 e 4. Os homens não conhecem a forma cambiante dessa árvore, nem seu começo, nem seu fim, nem onde estão suas raízes. Porém, que o sábio enxergue e que, com a poderosa espada do desapego, corte a árvore de raízes fortes e busque aquele caminho para o qual, quem vai, nunca volta. Este homem poderá dizer: "Eu vou para me refugiar no espírito eterno, de quem, no início, proveio o fluxo da criação".

Como vimos, a única maneira de sairmos de todo esse *maya* cósmico, esse *samsara*, será por meio do desapego, *asanga*. Precisamos nos desapegar dos sentidos e da mente para, então, despertarmos para a realidade que está além. Essa mesma árvore é também mencionada no *Upanixade Katha*. Nela estão estabelecidos todos os mundos; ninguém pode ir além dela. O *Upanixade Shvetashvatara*, por outro lado, afirma: "Além dele, não há nada, coisa alguma, ninguém é mais diminuto do que ele, ninguém é mais vasto, ele se mantém tal como uma árvore robusta plantada nos céus; o Uno, a Pessoa, que preenche todo esse universo".

A árvore cósmica simboliza a Pessoa cósmica, *purusha*, na qual todo o universo existe. Zaehner faz uma citação interessante do *Mahabharata*:

> A partir da semente do Não Manifestado, cresce a árvore de Brahman, poderosa, primordial; seu tronco, a *buddhi*, a alma; seus brotos, o *ahankara*, o ego; seus recônditos mais interiores, os sentidos; ramos, os elementos materiais; e suas sub-ramificações, suas diversas partes. Sempre com sua folhagem, sempre em flor, produzindo bons frutos e maus, os meios de vida de todos os eventuais seres, mantém-se a árvore primordial de Brahman. Lance-a por terra, corte-a com a sabedoria.

O significado é o de que as coisas nos parecem ser permanentes, absolutas, mas, por meio de *viveka*, da discriminação, reconhecemos que tudo é um reflexo do Uno que está além. Quando o enxergamos como um reflexo do Uno, então, terá realidade, mas, quando o tomamos pelo que é real, isso é *maya*, e nos encontramos envolvidos por *avidya*, a ignorância.

"Eu vou para me refugiar no espírito eterno, de quem, no início, proveio o fluxo da criação." O "espírito eterno" é a "Pessoa Primordial", o *Adhyam Purusham*. Este é a Pessoa cósmica do *Rig Veda*, que é um arquétipo de todo o universo. Dele flui a energia do poder primordial, chamada *pravritti*. Essa é a energia que flui no mundo; assim, de

Brahman brota eternamente o poder criador que gera o *samsara*, este mundo da impermanência. A jornada do retorno é *nivritti*, que é a volta por meio dos sentidos e da mente, retornando ao Uno.

> 5. Porque o homem de visão pura, sem orgulho ou ilusão, liberto dos grilhões dos apegos, com sua alma constantemente em seu espírito interior, todos os desejos egoístas abandonados, e livre dos pares de opostos conhecidos, como prazer e dor, se dirige à morada da Eternidade.

Para que estejamos livres do *samsara*, devemos estar livres de sermos enganados pelas aparências. Libertos de todas as dualidades de prazer e dor, poderemos, então, nos dirigir ao *avyayam padam*, o caminho ou objetivo eterno.

> 6. Ali, o sol não brilha, nem a lua ilumina, nem o fogo queima, pois a Luz de minha glória ali está. Aqueles que alcançam aquela morada não mais retornam.

Encontramos a primeira parte desse *sloka* em vários *Upanixades*. A segunda parte, mais literalmente, é: "Aqueles que vão para lá não mais retornam; aquela é minha suprema morada". Essa passagem é semelhante ao Apocalipse de São João: "A cidade não precisa do sol ou da lua para a iluminar, pois a glória de Deus a ilumina, e sua lâmpada é o Cordeiro" (Apocalipse 21,23). Ao atingirmos a fonte da luz, ali todas as luzes criadas são eclipsadas.

A árvore é a árvore do mundo, da formação, da impermanência, do *samsara*. Por meio do desapego, libertamo-nos desse *maya*, desse cativeiro, e vamos além, para o mundo da luz, onde experimentamos a Eterna Realidade, o Uno.

> 7. Uma fagulha de meu espírito eterno se torna uma alma vivente neste mundo; e isso atrai à volta de seu centro os cinco sentidos e a mente que repousam na natureza.

"Uma parte eterna de meu próprio Ser, transformada, no mundo da vida, em um espírito vivente (*jivatman*), atrai à sua volta os sentidos, dos quais a mente é o sexto, cobertos pela matéria" (B & D). A palavra *amsha*, que Mascaró traduz por "fagulha", Zaehner interpreta como "uma diminuta parte de mim".

Zaehner cita Shankara: "O *jiva* é uma partícula da substância divina, aprisionada na natureza material, que, quando assim animada, se chama *jiva bhuta prakriti*, a natureza vivente". Shankara perguntava: "Como poderia o Absoluto, que por definição não tem partição, ter uma parte de si mesmo dividida?". E ele respondia: "Seria semelhante ao reflexo do sol na água; remova a água e o reflexo desaparecerá no próprio sol, que é o único real. Seria como o espaço ou o éter no jarro; remova o jarro, e restaura-se novamente a continuidade do espaço ou do éter".

A primeira ilustração é a melhor. Assim como o sol brilha na água, a Luz única brilha em cada *jiva*. Esse reflexo pode ser chamado uma parte, mas ele não divide a luz, que permanece indivisa em si mesma. Ramanuja diz que todas as almas e *jivas* modificam Brahman, mas isso não é apropriado, pois sugeriria que Brahman passa por modificações. Shankara sempre insistiu que Brahman não pode mudar, mas pode se manifestar, como o sol na água. O espírito único se manifesta em todos esses diferentes *jivas*, almas, e os sentidos se juntam à sua volta, com a mente, e isso constitui nossa natureza individual. No nível da *buddhi*, a luz do alto brilha em cada um de nós. É na *buddhi* que o Uno parece se dividir em muitos. Trata-se do nível em que se reflete a luz eterna que, então, se subdivide por meio de *manas*, a mente, e dos *indriyas*, os sentidos.

8. Quando chega o senhor do corpo, e quando ele parte e vagueia adiante, ele os leva com ele, assim como o vento leva os perfumes dos locais onde estavam adormecidos.

Mais literalmente: "Quando o Senhor adquire um corpo, e quando ele o abandona, ele se apodera deles (mente e sentidos) e vai com eles, tal como o vento leva as fragrâncias de seus locais" (B & D). Esse é um forte apoio à noção de que quem transmigra é o Senhor. Quem migra não é a alma individual; é o Senhor. O espírito único se manifesta em todos essas consciências individuais; e ele entra em sua consciência e na minha, através da *buddhi*, tomando um *manas*, mente, e os sentidos. É por isso que dizemos que, quando eu atuo e quando eu penso, é o Senhor que atua e pensa em mim. Na morte, o Senhor toma de volta meus sentidos, minha mente e minha *buddhi*, para ele mesmo, e, a partir do Senhor, novamente, surgirá outro ser, mas não será eu. Eu voltei para o Senhor. Aquilo que fiz no mundo afetará o que novamente voltará a existir aqui, mas não posso chamar a isso meu eu. Existe o Eu único que se manifesta em todos esses eus. Eu descendo de meus pais, e várias características psicológicas e físicas me foram transmitidas através de meus antepassados. No que tange à teoria do renascimento individual, eu tenho renascido repetidamente. Uma visão mais profunda é a de que o Eu único se manifesta em todos os meus ancestrais e, ao chegar a nascer em mim, ele traz todas as experiências de meus antepassados. Por conta disso, há o entendimento budista da reencarnação do Dalai Lama, e de outros importantes lamas. O Senhor se manifesta em diferentes raças e em diferentes povos, e no Tibet existe essa manifestação do Senhor, que passa através de determinados canais. Não se trata de que o Dalai Lama indivíduo renasce repetidamente; o Senhor se manifesta no Dalai Lama e traz consigo a experiência dos Dalai Lamas do passado. Assim, o Senhor renasce repetidas vezes na sucessão dos Dalai Lamas.

Devemos ter em mente que os budistas não acreditam em uma alma individual. Eles sustentam que há apenas diferentes elementos físicos e psicológicos, *skandhas*, que se reúnem e estão em constante mudança. Esse agregado de *skandhas* é o que percebemos como eu individual. Todos esses elementos chegam a uma determinada ordem, ou estrutura, à hora da morte, e isso prossegue; não propriamente uma alma individual, mas essas tendências da natureza individual é que seguem para outro nascimento. Isso expressa o mesmo ponto de vista, de maneira muito semelhante. O Senhor, que assumiu determinada natureza, tendo vivido sua vida nela, reassume esses elementos nele mesmo, e tudo que resta irrealizado naquela natureza prossegue, para se manifestar em outro nascimento. Quem transmigra é o Senhor. Do ponto de vista cristão, isso faz sentido. Podemos dizer que é como se o Cristo se encarnasse em todo ser humano; toda a humanidade é o Corpo de Cristo. Esse corpo é constituído de todas essas células de seres humanos individuais. O pecado entra no Corpo fraturando-o e, na Encarnação, o Senhor assume nele mesmo o Corpo de humanidade, todas essas células, todas essas vidas individuais, restaurando-as à sua unidade no Ser.

Penso que seja importante refletirmos um pouco mais sobre isso; de outro modo, a transmigração não teria significação, do ponto de vista cristão. A afirmação de que o indivíduo, quando morre, não vai se encontrar com Cristo, ou adentrar a vida eterna, e de que ele renascerá neste mundo contraria a visão cristã. Todavia, penso que o texto aqui, na verdade, sustenta o entendimento cristão. Em concordância com Shankara, Zaehner afirma que a palavra *Ishwara*, que costumeiramente significa "o Senhor", aqui só pode significar a alma individual; mas isso seria conferir um significado completamente diferente à palavra *Ishwara*. Quem transmigra é o Senhor, e não a alma individual.

9. E ele vigia a mente e seus sentidos: o ouvido, o olho, o tato, o sabor e o odor; e sua consciência desfruta o mundo.

O espírito, o *Atman*, penetra cada indivíduo tomando para si os sentidos e a mente, comprazendo-se neste mundo. Porém, ele não é afetado por essa experiência, porque ele está completamente desapegado. Ele a experimenta, mas ela não altera sua natureza. Assim, cada um de nós tem em si uma alma individual, que experiencia e sofre, e também temos em nosso interior o espírito eterno, que nos governa, que opera em nós, buscando nos libertar de nosso pecado e de nossas limitações, trazendo-nos de volta à plenitude.

> 10. Aqueles que estão na ilusão não o conhecem, nem quando ele se vai, nem quando ele permanece, e, com os poderes de sua natureza, desfrutam a vida, mas aquele que possui o olho da sabedoria conhece.

"Aqueles que estão iludidos não percebem quando ele se vai ou permanece (ou seja, na morte ou na vida) embalados que estão pelos *gunas*. Porém, aqueles que possuem o olho da sabedoria enxergam" (B & D). Isso é *jnana cakshu*, o único olho que enxerga o ser interior. Isso é aquilo que é chamado o terceiro olho, simbolicamente localizado no centro da testa. A pessoa comum conhece as coisas com a mente e com os sentidos, mas o homem de sabedoria compreende que a mente e os sentidos estão enraizados no *Atman*, o espírito supremo. Precisamos do olho de sabedoria para enxergar, por trás da pessoa, o Cristo em seu interior.

"Quando ele se vai ou quando permanece"; quando uma pessoa morre, e a alma aparentemente desaparece, pensamos que o pobre homem está morto, a realidade é que o espírito se retirou daquele corpo material, que se dissolverá, e a alma parou de funcionar por meio da razão, da imaginação e da memória. Contudo, todos os poderes do corpo e da alma foram assimilados pelo espírito. É por isso que, na Índia, a morte de um homem santo é chamada de *samadhi*. No *samadhi*, todos os poderes da alma são recolhidos ao centro do espírito, que está em Deus. Assim, na morte, passamos simplesmente além do mundo das aparências, para a realidade de nosso ser, no Ser. Vemos a nós mesmos no Senhor, e ao Senhor em nós mesmos; e este é o Julgamento Final.

> 11. Aqueles que continuamente se esforçam na busca da união o conhecem vivendo em seus próprios corações, mas aqueles

que não são puros e não possuem sabedoria, ainda que se esforcem, jamais o conhecem.

Isso se aplicaria após a morte. Caso tenhamos sido purificados, então, a luz brilhará em nós, conheceremos o Senhor e nele entraremos. Caso estejamos impuros, então, o fogo do purgatório terá que nos purificar, antes que sejamos capazes de receber aquela vida e nela entrar.

Chegamos agora a uma nova construção: o Senhor está presente na alma humana, como o *Atman* que ilumina as mentes e os sentidos. Ele também está presente em todo o universo físico.

> 12. O esplendor da luz que vem do sol e ilumina todo o universo, a suave luz da lua, a claridade do fogo: sabe, ó Arjuna, que todos eles vêm de mim.

Já se disse anteriormente: "O sol não brilha ali, nem a lua, nem o fogo terrestre", pois teremos ido além das manifestações, à fonte. Agora, apresenta-se o contrário. Da fonte, flui a luz que brilha no sol, na lua, nas estrelas e no fogo. Isso pode ser comparado à doutrina cristã: "O que foi feito nele era a vida, e a vida era a luz dos homens; e a luz brilha nas trevas" (João 1,4-5). A luz divina brilha nas trevas, em *prakriti*, o útero da natureza, e aquela luz confere vida a toda a terra. Trata-se da luz interior da alma.

> 13. Eu venho à terra e, com amor doador de vida, Eu sustento todas as coisas na terra. E me torno o perfume e o sabor da planta sagrada *soma*, que é a lua que vagueia.

"Permeando o solo, Eu sustento todos os seres com minha energia vital" (B & D). Ou seja, com meu *ojas*, que é a energia interior. Costuma-se dizer que, na ioga, a energia vital se concentra no *muladhara chakra*, na base da coluna vertebral. Esse *ojas* gera um grande calor na forma de energia vital, que se eleva através dos sete chacras, transformando-se em uma fonte de iluminação na mente. Despertar *ojas* em si mesmo é um estágio importante da ioga. De certo modo, não é contrário à libido de Freud, mas é uma libido que não se limita ao sexo, cuja energia está centrada em apenas um dos chacras. Trata-se de uma força vital que penetra os chacras e permeia todo o ser.

"Eu, a verdadeira seiva da vida, ao me tornar a planta da lua (soma), faço com que todas as ervas medicinais cresçam" (Z). Esse *soma* era o sumo extraído de uma planta semelhante à maconha ou ao peiote dos índios americanos. Era uma das drogas alucinógenas, e na tradição védica a ingestão do *soma* era uma parte essencial do sacrifício védico. Maravilhosos poemas foram escritos por conta do êxtase induzido pelo *soma*. O *soma* é a seiva da vida que depende da lua. Acreditava-se que a lua era a fonte do *soma*, pois se acreditava que a lua possuía uma profunda influência no crescimento das plantas. Algumas pessoas dizem que a plantação deveria ser sempre feita na lua crescente. A maioria das pessoas do campo pensa assim. Acredita-se que a energia vital esteja na lua e, daí, que a lua a eleva nas plantas.

> 14. Eu me torno o fogo da vida que está em todas as coisas que respiram; e, unido à respiração que flui para dentro e para fora, Eu queimo os quatro tipos de alimento.

Esse verso é frequentemente recitado em ação de graças nas refeições. O Senhor se manifesta no sol e na lua, ele se manifesta no fogo, na terra, ele se manifesta na seiva das árvores, e ele se manifesta em nossos corpos, com a energia vital que digere o alimento. O Senhor apenas pode digerir nosso alimento.

É por isso que devemos rezar quando nos alimentamos. Um indivíduo pode contrair uma violenta indigestão, caso o Senhor não o ajude a digerir o alimento. Isso é perfeitamente verdadeiro. Sempre que as pessoas estejam distraídas o tempo todo, falando ao telefone e tudo o mais, enquanto comem, elas podem muito bem contrair indigestões e úlceras estomacais. Porém, se deixarmos que o Senhor faça a digestão do alimento em nós, entregando-nos a ele, teremos então uma digestão perfeita. Os "quatro tipos de alimento" podem ser interpretados como alimento composto dos quatro elementos: terra, ar, fogo e água. Todavia, afirma-se que três dos tipos de alimento são o alimento material, e o quarto é espiritual.

> 15. E Eu estou no coração de tudo e de todos. Comigo vem a memória e a sabedoria, e sem mim elas se vão. Eu sou o conhecedor e o conhecimento dos *Vedas*, e o criador de seu fim, o *Vedanta*.

"E Eu estou no coração de tudo e de todos." O *Gita* faz essa afirmação repetidamente de que o Senhor tem assento no coração. Isso pode ser correlacionado à doutrina cristã do Sagrado Coração. Considera-se o coração o centro da personalidade, o local da presença de Deus que habita em nosso interior. É no coração de Cristo que se manifesta mais claramente essa presença de Deus que habita interiormente. Através do amor, nós mesmos devemos descobrir esse Cristo que habita em nossos corações e nós mesmos habitando no coração de Cristo. "Comigo vem a memória e a sabedoria, e sem mim elas se vão." A palavra *apohanam* quer dizer "afastar". Zaehner sugere que o significado seja "o afastamento da dúvida". Krishna Prem afirma: "Dele vem também a ausência e a perda da memória, ou do conhecimento". Ele explica que só se pode fazer o movimento da vida fluir numa determinada direção por meio da limitação do conhecimento que tudo permeia, por meio da expulsão das imagens do futuro, que formam a outra metade da "memória" e que estão igualmente presentes em seu olhar. O Senhor brilha em nossos corações, e ele é a plenitude do conhecimento, mas, quando ele entra em nós, ele emprega as limitações de nossas mentes; do passado, ele só se lembra daquilo que nós lembramos e, do futuro, ele só enxerga aquilo que nós concebemos. O infinito Uno emprega as limitações do finito. Isso também se aplica à encarnação. Em seu ser interior, Jesus é uno com o Pai e pode enxergar todas as coisas, porém ele faz a escolha de assumir as limitações da natureza humana, da *buddhi*, de *manas* e dos *indriyas*, os sentidos. Ele só pode conhecer as coisas através de sua história judaica, por meio da língua judaica e através da memória da Bíblia judaica. Então ele assume todas essas limitações de um indivíduo humano. É por isso que, acerca do fim do mundo, ele disse que esse dia nenhum homem conhece, nem mesmo o Filho, mas apenas o Pai. Ele assume as limitações da mente humana. Ele não conhece o futuro. É claro que para nós há muito mais limitações, mas essa é a limitação que o Senhor emprega, quando entra no corpo e assume suas limitações.

"Eu sou o conhecedor e o conhecimento dos *Vedas*, e o criador de seu fim, o *Vedanta*." Os *Upanixades* aparecem ao fim dos *Vedas*. Eles são sua parte final e, em certo sentido, a suprema parte dos *Vedas*, por isso são chamados "Vedanta", *anta* quer dizer "fim". A ideia é a de que os *Vedas* são uma expressão daquele conhecimento supremo que entra neste mundo espaço-temporal e aceita suas limitações. É a sabedoria eterna que se manifesta em termos sânscritos e na cultura do mundo sânscrito, assim como na Bíblia ele se manifesta na cultura dos judeus e, no Corão, na cultura dos árabes. O Conhecedor Único se revela em todas essas diferentes condições, chegando a você e a mim, com nossas particulares limitações.

16. Existem dois espíritos no universo, o perecível e o imperecível. O perecível é todas as coisas da criação. O imperecível é aquilo que não se move.

17. Todavia, o espírito mais elevado é outro: é chamado de supremo espírito. Ele é o Deus da Eternidade que, ao permear a tudo e a todos, sustenta a tudo e a todos.

Agora chegamos a um assunto muito interessante. Zaehner dá a impressão de ter tido um discernimento muito bom desse ponto. O *Gita* diz existirem dois *purushas* no universo, o perecível, *kshara*, e o imperecível, *akshara*. "O perecível é todas as coisas da criação.

O imperecível é aquilo que não se move." Porém, além dessas duas pessoas, está o *purushottaman*, a Pessoa suprema que se manifesta nesses diferentes níveis. Em si mesmo, ele é o Supremo imperecível, que está além de tudo e de todos. Sempre que a mente se recolhe na meditação, além de todos os movimentos de *manas*, e concentrando-se na *buddhi*, ela está imóvel e fixa, então, ela se dá conta da unidade cósmica. Ora, esse é o ponto que Zaehner evidencia e que, acredito, seja muito importante. Nos estágios iniciais dos *Upanixades*, não se fazia distinção entre os três níveis da manifestação. Havia apenas o perecível e, depois, o imperecível. Assim, no *Upanixade Shvetashvatara* há os dois pássaros na árvore. Um deles come os frutos e o outro observa. O primeiro é o *jivatman*, o outro, que não se envolve, é o *paramatman*. Porém, aqui se cria uma nova distinção. Há três níveis, não dois. O ser se manifesta primeiro no nível do corpo, depois na alma e o *mahat*, a ordem cósmica, a ordem angélica, a ordem da luz. O *Gita* nos diz que existem dois *purushas*, pessoas, o perecível, que é o mundo da natureza, em formação, e o imperecível, que é o mundo do espírito, que não se modifica, o mundo inteligível. Todavia, além deles, o *Gita* reconhece outro, o espírito altíssimo, além do imperecível. Trata-se de *purushottaman*, a Pessoa Suprema, o Ser Altíssimo, que permeia e sustenta tudo e todos, o Senhor imutável.

Frequentemente, as pessoas confundem o estado de imobilidade, de quietude, o estado de unidade, com o estado final do Absoluto. O *samadhi* pode não ser mais do que essa consciência cósmica. O indivíduo passou além da consciência mental, conscientizando-se da unidade de toda a criação; o indivíduo é uno com o todo, o indivíduo tem a consciência do Uno que permeia tudo e todos, o indivíduo está acima de todas as coisas em um puro estado de bem-aventurança, e isso parece ser tudo; e, frequentemente, as pessoas param por aí. Todavia, agora o *Gita* nos diz que além desse ponto está o próprio Senhor. O Senhor está além do *kutastho*, o "ponto imóvel". De modo geral, Ele está além da ordem cósmica. Ele permeia e sustenta, mas está além de tudo e de todos.

Ao nos determos no imperecível, temos a impressão de que deixamos todo o mundo dos sentidos para trás e nos dirigimos ao estado de *samadhi*, o estado de pura inteligência e de pura bem-aventurança, e, de um modo geral, teremos nos esquecido acerca do mundo. Porém, no entendimento do *Gita*, ao irmos além desse estágio, realizamos a Pessoa Suprema. Conscientizamo-nos de que Ele está ativo em toda a criação, em cada uma das pessoas em todas as coisas. Essa é também a visão cristã. Precisamos ir além, seja do mundo sensorial e inteligível, seja até mesmo do "estado imóvel" de Brahman, para descobrirmos o Deus pessoal, a quem se "conhece por meio do amor", que se revela àqueles que se abrem a seu amor. Ao chegar ao Senhor que está além, o indivíduo está aberto a toda a humanidade. E, então, o indivíduo está livre! Porém, quando o indivíduo alcança *purushottama*, a Pessoa suprema, então, o indivíduo está à sua disposição e pode fazer qualquer coisa, inclusive agir no mundo. Essa é a visão cristã de *sannyasa*. Passamos através do *samadhi*, a experiência da unidade, para a completa capitulação ao Senhor e, então, porque ele é um Deus pessoal, e porque ele é amor, ele nos toma para si e nos liberta para fazermos o que quer que ele queira que façamos no mundo. Assim, esse é o verdadeiro *sannyasi*, que alcançou o estado de puro amor, e também de puro abandono e disponibilidade, para todas as pessoas e para todas as coisas.

No budismo, existe essa mesma distinção entre o *pratyeka* Buda, que busca iluminação apenas para si e entra no *nirvana*, e o *bodhisattva*, que se recusa a entrar no *nirvana*, até que todas as almas tenham sido salvas. Assim também o cristão vai além do estado passivo da contemplação para a experiência da Trindade, quando ele conhece a si mesmo no Cristo, como Filho do Pai, experienciando o poder do espírito, que o estimula ao serviço do amor.

18. Eu sou conhecido, neste mundo e nos *Vedas*, como Supremo Espírito, porque estou além do perecível, e até mesmo além do imperecível.

19. Aquele que com uma visão clara me vê como o Supremo Espírito conhece tudo o que se pode conhecer, e ele me adora com toda sua alma.

Os filósofos vedantinos, frequentemente, falam como se, quando o indivíduo alcançasse o estado supremo, não mais haveria um Senhor para ser adorado, não haveria devoção, não mais haveria amor. O indivíduo seria simplesmente aquele Uno, considerando-se ser esse o estado supremo. Contudo, esse é apenas um determinado nível de consciência. Ao irmos além desse nível, existe atividade, existe amor, existe devoção. Em certo sentido, retornamos às origens. Tornamo-nos como um bebê, mas com a sabedoria que chega com a completa realização.

Isso precisa ser compreendido à luz da tradição cristã de vida contemplativa. Aqueles que rejeitam a tradição contemplativa permanecem num nível inferior de fé e atividade que, à sua maneira, é muito bom, mas está longe da perfeição. Frequentemente, faz-se uma divisão entre a vida ativa e o estado daqueles que alcançaram esse mais elevado estado de *samadhi*, de contemplação. Todavia, há ainda um estado mais elevado que vai além de ambos e realiza ambos. O indivíduo pode ser um contemplativo, em perfeita imobilidade, e, ao mesmo tempo, integralmente ativo. Jesus foi um perfeito exemplo disso. Muitas pessoas interpretam Jesus no Novo Testamento simplesmente como um homem indo de um lugar para o outro, praticando o bem, ajudando as pessoas, sempre ocupado e ativo, sem se dar conta de que ele foi além. Em suas seis semanas no deserto, e nas profundezas de seu ser, ele desfrutava de puro *samadhi*. Ele foi um contemplativo puro, sempre em contato com o Pai, como fonte de seu ser, e sempre identificando o que o Pai faz, como a fonte de sua ação. Ele está nesse estado de transcendental consciência alerta, no qual ele é um com o Pai e, ao mesmo tempo, perfeitamente natural e humano. É por isso que, no caso dos evangelhos, os três evangelhos sinóticos precisam ser corrigidos pelo quarto evangelho. São João, de modo profundo, captou a profundidade da vida interior de Cristo e foi capaz de enxergar toda sua vida e obra à luz dessa experiência interior.

No hinduísmo, esse estado é conhecido como *sahaja samadhi*, o estado no qual o iogue passou além de todas as formas de ascetismo, de *sadhana*, sendo capaz de viver e agir com perfeita naturalidade. Disso, o exemplo maior em nossos dias é o de Ramana Maharishi.

20. Eu te revelei a mais secreta doutrina, ó Arjuna. Aquele que a enxerga, enxergou a luz, e sua tarefa neste mundo está cumprida.

A tradução que Besant e Das fizeram colocam isso lindamente: "Sabendo isto (que aquele que ouviu) seja iluminado". A palavra é *buddhiman*, sua *buddhi* foi iluminada. Pode ser traduzido: "Depois, ele será um homem iluminado. E sua tarefa neste mundo está cumprida". Esse é o estado do Buda, o Iluminado.

CAPÍTULO 16

A Ioga da Divisão entre os Poderes Divino e Demoníaco

Este é um capítulo importante, na medida em que levanta a questão do bem e do mal. Constantemente nos referimos a *purusha* e *prakriti*; *purusha* é luz, espírito, consciência, enquanto *prakriti* é o princípio receptivo, a mãe, as trevas do útero.

Existem dois movimentos na natureza, um deles é o movimento da luz para as trevas; a luz inunda as trevas, o espírito se manifesta no útero da natureza, em um movimento de expansão. Deus se manifesta na natureza e na matéria. A luz se manifesta nas trevas, e as trevas recebem a luz. Todo o universo é construído através desse encontro da luz com as trevas. Assim, um movimento é *pravritti*; a luz que se expande e cria todas as formas da natureza, até descer à base material, e o outro é *nivritti*, um retorno em direção oposta. Trata-se de um retorno à luz, um movimento de toda a criação de volta à sua fonte na luz. É muito interessante o comentário que Krishna Prem faz a esse respeito. Não há nada intrinsecamente errado nesse movimento de expansão. O movimento da criação provém de Deus e se envolve com a matéria. Essa foi a intenção original da criação, a de que a luz deveria se manifestar nas trevas. Este mundo material, absolutamente, não é o mal. Suas forças podem se tornar opressivas e destrutivas, mas, em si mesmas, elas são fruto da vontade de Deus. Por isso, não devemos simplesmente equiparar *pravritti* ao mal e às trevas e *nivritti* à luz e ao bem. Isso apresenta um problema de moralidade muito interessante. Krishna Prem sugere que algo que seja perfeitamente certo em um estágio do desenvolvimento de uma pessoa, e em um estágio do desenvolvimento do universo, torna-se o oposto em um estágio posterior. No caso de uma criança, isso está bem ilustrado. A criança precisa, primeiramente, crescer para conseguir um corpo forte, e nesse estágio a criança precisa comer, beber e desfrutar. Sempre que uma criança parece gananciosa, isso não é uma falha; só mostra que ela é saudável e que está crescendo. Os primeiros sete anos da vida de uma criança são, principalmente, um período de desenvolvimento físico e emocional. Depois, entre os sete e catorze anos, a criança precisa desenvolver um ego, um eu; para se autodescobrir, para se dar conta de suas diferenças em relação aos outros, para adquirir a capacidade de agir, para a extroversão, para conquistar. Nesse estágio, é natural que ela se torne agressiva. Não é mau um garoto malcriado e briguento. As pessoas poderão dizer que se trata de um menino mau, ou que ele seja pernicioso, mas elas também estarão muito satisfeitas, pois isso quer dizer que ele está crescendo. No estágio seguinte, ele deverá aprender a controlar a atividade de seu corpo e a controlar suas paixões e seus desejos. Nele é que o mal começa, sempre que o ego se recusa a crescer e a transcender seus desejos egoístas.

    Precisamos desenvolver essa natureza, essas energias e entusiasmos, mas, à medida que crescemos, precisamos aprender a controlá-los, de modo a relacioná-los a um aspecto mais profundo da personalidade, ou seja, ao nível do espírito. Aqui é que o pecado entra na história. Tudo bem que uma criança ou um garoto seja muito autoafirmativo e agressivo, mas se um jovem continua assim, indulgente com as próprias paixões, o que pode levar à violência e ao crime, ele estará arrastando aquilo que pode ter sido apropriado em um estágio anterior para um estágio posterior em que ele deveria estar se modificando. Da mesma maneira, sempre que ele só se interesse em comer, beber e se divertir, ele estará apenas se mantendo no nível da carência infantil de se alimentar e de crescer, quando deveria progredir além disso. Assim, este é o verdadeiro problema: as pessoas estão, todas elas, em diferentes níveis de evolução. Não apenas as crianças, mas os adultos, e isso se aplica à história da raça.

No início da evolução, a principal preocupação era com o bem-estar físico, e a necessidade era a de se estabelecer na natureza. Portanto, o homem primitivo se preocupava com a pesca, com a caça, com a agricultura e com o desenvolvimento dos aspectos físicos da vida, em geral. Nesse estágio, a vida espiritual se desenvolveu através da conexão com a natureza, com o trabalho, com as atividades do tipo físico. Foi a era da Mãe Terra. Depois, à medida que o homem cresceu e se desenvolveu, foi a vez da era heroica. Cada cultura possui uma era heroica, na qual se tem o ideal do herói ou do guerreiro. Nesse estágio da evolução, o herói é o modelo, como se vê, por exemplo, na *Ilíada* e no *Mahabharata*. Esse é o período no qual o poder dominante é o *rajásico*, em que o homem procura seguir o aspecto dinâmico ígneo da natureza, onde ele é poderoso e corajoso, e luta por justiça. E, depois, chega o momento difícil, no qual a civilização, a cultura, cresce além disso, procurando ir além da guerra, da paixão e da violência, desenvolvendo uma consciência espiritual mais profunda. Assim, também, os indivíduos se encontram nesses diferentes níveis. Durante o desenvolvimento há, frequentemente, conflitos acontecendo e, portanto, torna-se difícil uma avaliação moral. Uma pessoa poderá ser muito gananciosa e egoísta, mas, dado seu estágio de evolução, isso pode ser o que de melhor ela poderia fazer. Uma outra poderá ser muito agressiva e violenta, mas ela está passando por esse estágio. Por outro lado, existem pessoas que são espirituais demais. Elas não passaram pelos estágios iniciais, e buscam sempre coisas divinas, mas sem suficiente fundamento na natureza. Sem uma autoidentidade bem desenvolvida, a espiritualidade delas se torna vaga e irrealista.

Ora, onde é que o pecado começa? A lei é a de que o indivíduo precisa seguir o movimento do espírito. O espírito único está ativo em tudo isso, e sempre que o espírito nos conduz ao desenvolvimento de nosso corpo e de nossos poderes físicos, então, estaremos certos ao assim fazê-lo. Porém, então, o mesmo espírito começa a nos conduzir além, e sempre que começamos a resistir a isso, o caminho estará aberto para a entrada do elemento demoníaco. Trata-se do mal, porque resistimos ao movimento do espírito. É por isso que a única lei da moralidade é de seguirmos a orientação do espírito. Cada um de nós precisa descobrir o que é que o espírito está lhe dizendo em cada estágio de seu desenvolvimento.

Trata-se do problema do Velho e do Novo Testamentos. No Velho Testamento existe a evolução contínua. Antes de mais nada, houve o estágio agrícola, no qual os festivais se preocupavam com a semeadura e a colheita. A isso se seguiu a era guerreira, na qual o povo de Israel precisou conquistar seus inimigos, e Iahweh era visto como o Senhor dos Exércitos, que conduzia seu povo à terra prometida e sobrepujava todos seus inimigos. Nesse estágio, era certo que Israel acreditasse em Deus como o Senhor dos Exércitos e esperasse por um Messias conquistador. Depois Israel passou pela crise do exílio, com todo o sofrimento envolvido nele, e um novo espírito começou a emergir. Cresceu a ideia de uma religião interior, e de uma lei interior, uma lei "escrita no coração", na qual o mal a ser combatido foi visto como o mal no coração. À época da chegada de Jesus, o conflito entre a lei externa e a lei interna chegara ao ápice. Esse princípio opera através de toda a experiência humana. Quando a criança está em tenra idade, precisamos estabelecer regras que ela precisa aprender a obedecer. Depois, ela precisa chegar ao momento de compreender o significado da lei; ela começará a reagir a ela à sua própria maneira e a interiorizar a lei. Finalmente, ela precisará ir além da lei, quando estará, simplesmente, se entregando ao espírito, cumprindo a lei pelo poder do espírito interior.

Na Índia, pode-se observar o mesmo processo de crescimento. Os primeiros deuses dos *Vedas* desapareceram gradualmente. Indra foi o deus da era heroica, do trovão e da chuva; ele era o guerreiro e o líder dos exércitos, assim como Iahweh. À época dos *Upanixades*, as pessoas haviam ultrapassado esse estágio. Desse modo, Indra e aqueles outros deuses simplesmente desapareceram. Vishnu e Shiva passaram à frente, como imagens do Deus Supremo. Shiva, originalmente, era um deus escuro, o deus das forças das trevas exteriores, que vivia em cemitérios e nas montanhas – uma imagem temida. Depois, à medida que as pessoas se desenvolveram, Shiva começou a ser assimilado ao panteão ariano e a ser considerado O Bondoso, como seu nome sugere, e finalmente ele passou a ser visto como o Deus do Amor.

Ao alcançarmos o *Bhagavad Gita*, podemos ver esse processo em ação. O *Gita* está em um estágio intermediário. Ele parte do conceito de guerra exterior e passa para aquele do conflito interior. Krishna diz a Arjuna: "Você é um *kshatriya*; você deve lutar; é o seu *dharma*, seu dever. Ao fazê-lo, você está cumprindo a lei do espírito". Porém, ao mesmo tempo, o ensinamento do *Gita* sempre vai além disso. Zaehner nos mostra a maneira pela qual esse conflito estava presente no *Mahabharata*. A moralidade comum era a de que o indivíduo devia conquistar seu inimigo na batalha para, então, tornar-se um grande rei e governar o povo. No *Mahabharata*, as forças do mal, os kauravas atacavam os pandavas, que estavam com o direito. Era um dever conquistá-los em batalha, mas Yuddhisstira, o chefe dos pandavas, se dá conta de que, ao final, todos irão se matar uns aos outros, e a coisa toda será um desastre. Ele se dá conta de que esse tipo de moralidade não é suficiente. Ele não é diferente de Mahatma Gandhi; ele vai além de toda a moralidade da guerra. Enfrentamos hoje o mesmo problema. No passado, considerava-se a guerra heroica, e era um dever lutar pelo próprio país, todos reconheciam isso, e a Igreja a abençoava. Agora chegamos ao estágio de evolução no qual um número cada vez maior de pessoas se dão conta de que isso não é mais assim, e de que precisamos ir além da guerra. Nossa moralidade está mudando. Estamos indo além de um certo estágio, evoluindo para um estado mais elevado e, aqui também, apenas a lei do espírito poderá nos orientar para o curso certo a seguir. Assim, esse é o pano de fundo do capítulo 16.

Como veremos, a ênfase do capítulo recai sobre a não violência, o amor e a bondade, as virtudes do homem espiritualizado, enquanto a pessoa má é apresentada como aquela que dá vazão às suas paixões e desejos, e que rejeita a lei do espírito.

1. Liberdade do medo, pureza de coração, perseverança no aprendizado sagrado e na contemplação, generosidade, auto-harmonia, adoração, estudo das Escrituras, austeridade, retidão;

Krishna descreve "os tesouros do homem que nasceu para o paraíso". Na tradição hindu, as forças do bem e do mal são chamadas *devas* e *asuras*. Os *devas* são os deuses, os que brilham, que são os poderes da luz. Os *asuras* são os poderes das trevas, as forças demoníacas. Podemos ver nisso um curioso exemplo de mudança de papéis na tradição antiga. Na religião persa os *asuras* eram os deuses, os poderes do bem, mas, na tradição hindu, os *asuras* se tornaram os demônios e os *devas* eram os seres que a eles se opunham.

Dentre as virtudes "celestes", a primeira é o destemor, *abhaya*, que é uma grande virtude, e é característica do homem que conquistou suas paixões. *Sattva samshuddhir* é quase precisamente "pureza de coração", uma das "bem-aventuranças" do Sermão da Montanha. Depois, chegamos à firmeza em *jnana* ioga, a ioga da sabedoria e do discernimento. Depois, *dana*, que literalmente significa "donativo" sendo expressado na prática da hospitalidade. Na Índia, essa tradição ainda existe; aonde quer que você vá, as pessoas o receberão em seus lares, oferecendo-lhe uma refeição. *Dama* significa autocontrole, autorrestrição, *yajna*, sacrifício, e, depois, *svadhyaya*, que vem a significar estudo das Escrituras, mas, na verdade, significa autoestudo, conhecimento do ser, que alcançamos através do estudo das Escrituras. Em seguida, *tapas*, o ascetismo, o termo para todo tipo de disciplina espiritual, e *arjavam*, a retidão.

2. Não violência, veracidade, liberdade da ira, renúncia, serenidade, aversão a buscar erros nos outros, empatia com todos os seres, liberdade da ganância, gentileza, modéstia, firmeza;

É tão chocante a evidência de semelhanças em todos os ensinamentos morais que essa bem poderia ser uma lista de virtudes cristãs. *Ahimsa*, a não violência; *satya*, a veracidade; *akrodha*, a liberdade da ira; e *tyaga*, que é um dos termos para renúncia. *Sannyasa* é mais profundo, uma forma mais profunda de autoentrega, enquanto *tyaga* é apenas uma renúncia às coisas. Paz, *shanti*, é uma grande virtude refletida na Bem-Aventurança: "Felizes os que promovem a paz". *Apaishuna* significa aversão a buscar erros nos outros, ou liberdade da malícia, e *daya* é a compaixão. Trata-se de uma das mais importantes virtudes no budismo, a de ser compassivo com todos os seres viventes, não apenas com os seres humanos; *daya* inclui a preocupação com toda a natureza. *Aloluptva* significa liberdade da ganância; Besant e Das o traduzem por "inconcupiscência". A seguir, a gentileza, a modéstia e a firmeza ou a ausência de inconstância. Podemos comparar essa virtudes com a lista dos frutos do espírito de São Paulo: "Amor, alegria, paz, longanimidade, benignidade, bondade, fidelidade, mansidão, autodomínio" (Gálatas 5,22-23).

3. Energia, clemência, fortaleza, pureza, uma boa vontade, liberdade do orgulho: esses são os tesouros do homem que nasceu para o paraíso.

Tejas é energia, ou vigor, ou esplendor, e *ksama* tanto pode significar paciência, a tolerância a todas as coisas, quanto a indulgência do perdão. *Dhriti* é fortaleza e *sauca*, a pureza. Em lugar de "não traiçoeiro ou arrogante" Besant e Das empregam "ausência de inveja ou de orgulho".

Essas são as virtudes, as qualidades divinas, os *daiva*, que pertencem aos *devas*, os princípios da luz. Esses são os tesouros do homem que nasceu para o paraíso, o mundo dos *devas*. Segue-se a lista dos vícios ou qualidades demoníacas.

4. Falsidade, insolência e presunção, ira e aspereza e ignorância: esses pertencem ao homem que nasceu para o inferno.

Podemos comparar isso com uma lista semelhante das "obras da carne" na mesma epístola de São Paulo: "Ódio, rixas, ciúmes, ira, discussões, discórdia" (Gálatas 5,20).

5. As virtudes do paraíso existem para a libertação, mas os pecados do inferno são os grilhões da alma. Não te aflijas, ó Arjuna, pois o paraíso é teu destino final.

6. Existem duas naturezas neste mundo: uma é do paraíso, a outra é do inferno. A natureza celeste já foi explicada; ouve tu agora acerca do mal do inferno.

"Esta criação vivente é dual, os *daivas* e os *asuras*, os divinos e os demoníacos" (B & D). Prefiro o termo demoníaco, porque é menos moral do que diabólico. A palavra *daemon*, em grego, significa "espírito" e tanto poderia ser um bom quanto um mau espírito. Por exemplo, Sócrates tinha um "daemon" que lhe dizia quando ele fazia alguma coisa errada. Era semelhante à sua consciência, e ele dizia que, em toda sua vida, nunca desobedeceu a esse *daemon*. Quando ele foi julgado e colocado atrás das grades, seus amigos queriam que ele fugisse, mas ele disse que seu *daemon* não o deixaria evadir-se da lei.

Assim, ali vemos um exemplo claro de um bom espírito. Contudo, na era cristã, todos esses *daemons*, esses espíritos, foram classificados como maus, e assim a palavra *daemon* passou a significar um diabo que, tanto em grego quanto em português, é muito diferente. A palavra *diabolos*, em grego, significa "caluniador", alguém que causa dissensão. Todavia, o *daemon* não era nada disso. Acredito que essa utilização de *diabolos*, assim como *daemon*, tenha sido um dos grandes enganos da Igreja no Império Romano. Toda a religião pagã era considerada diabólica, e, consequentemente, os bons espíritos não eram reconhecidos. Só nos dias atuais é que a Igreja começou a reconhecer que há tanto bons espíritos quanto maus espíritos no mundo pagão: na religião africana, por exemplo, e nas religiões tribais, em geral.

7. Os homens maus não sabem o que devem fazer e o que não devem fazer. A pureza não está em seus corações, nem a boa conduta, nem mesmo a verdade.

As pessoas demoníacas não sabem nenhuma das duas coisas: "O que se fará, nem o que não se fará". Outra tradução é: "Os homens demoníacos não conhecem nem a atividade correta, nem a abstinência correta" (B & D). *Pravritti* é a força expansiva do trabalho e da atividade e *nivritti*, o retorno a Deus ou à vida interior. Essas pessoas demoníacas não conhecem nenhuma das duas. Não é que elas não sejam pessoas ativas, mas elas não possuem pureza, moralidade nem veracidade. Elas não sabem o que deve ser feito. Segue-se uma descrição muito significativa da pessoa demoníaca, que é típica do incrédulo de todos os tempos.

8. Eles dizem: "Este mundo não possui nenhuma verdade, nenhum fundamento moral, nenhum Deus. Não existe lei da criação: Qual a causa do nascimento, senão a luxúria?".

Asatya significa que não há verdade nisso, e "nenhum fundamento moral" é *apratishtham*. Em terceiro lugar, não há nenhum *Ishvara*, nenhum Deus. Em seguida, há uma frase particularmente difícil, *aparaspara-sambhutham*, que Mascaró traduz por: "Não existe lei da criação". Uma tradução mais literal seria: "Efetua-se por meio de união mútua, causada pela luxúria e por nada mais" (B & D).

Muitas pessoas acreditam que tudo o que se necessita é acreditar em Deus e na lei moral. Ora, o que disse acima, aqui é relevante. A moralidade não é tão simples quanto as pessoas gostariam de acreditar. As coisas seriam mais fáceis, se houvesse leis morais definidas e claras, de modo que pudéssemos dizer: isto é certo, aquilo é errado, e também se as pessoas pudessem ser divididas em ovelhas e cabras, de modo que fosse fácil dizer quem é quem. Porém, de fato, a moralidade está tremendamente enredada. Só o discernimento espiritual pode saber qual a coisa certa a se fazer em uma dada situação. Podemos ter leis de caráter geral, princípios morais de caráter geral, mas a aplicação desses princípios à nossa própria situação peculiar demanda julgamento prático, um guia interior e o discernimento do espírito. É por isso que nenhuma lei é absoluta. Nunca poderá haver um sistema de leis absolutas, porque as leis são de caráter geral e a realidade de caráter específico. Pode ser necessário quebrar um princípio de caráter geral em uma circunstância concreta. Esse foi um dos problemas suscitados pela conduta de Jesus nos Evangelhos. Era frequente que ele quebrasse a letra da lei, invocando seu espírito subjacente. Assim, ele podia dizer: "O Sábado (ou qualquer outra observância legal) foi feito para o homem, não o homem para o Sábado".

Assim, o que descobrimos é que todas as pessoas são chamadas a exercitar sua responsabilidade moral o tempo todo. De acordo com São Tomé, Deus é a lei eterna, e o Espírito Santo é o princípio da lei eterna. Todavia, ao tentarmos traduzir a lei eterna em categorias temporais, obtemos leis positivas e específicas, e estas contam com circunstâncias específicas.

Num certo sentido, entretanto, existe uma lei absoluta. A lei absoluta consiste na correspondência com a ordem eterna. Somos chamados a conhecer a Realidade eterna, que está além de todas as palavras, além de todos os conceitos, além de todos os sistemas filosóficos e teológicos, e apenas quando conhecermos essa Verdade, que está além das palavras, estaremos de acordo com a realidade. Igualmente, na moralidade, somos chamados a obedecer ao princípio eterno da bondade, da veracidade, do amor e da graça. Todos esses são nomes daquele princípio que está em ação em todas as nossas vidas e em toda a criação, e ao obedecermos a esse princípio vivo, essa lei eterna, estaremos na verdade, estaremos no amor. Porém, sempre que essa lei eterna for traduzida em leis e regulamentos humanos, ela sempre possuirá um caráter ambivalente. Nunca será definitiva. O dogma e a moralidade, ambos operam como um signo, uma indicação, de algo supremo que está além. A única lei suprema é o amor. Necessitamos de diretrizes e orientações para podermos traduzir o amor na prática, mas, tão frequentemente, nós também interpretamos mal as diretrizes e orientações como absolutas. Assim, nunca poderemos substituir qualquer sistema humano, ou padrão humano, pela lei absoluta e pela verdade absoluta.

9. Firmes são essas ideias, estes homens de almas mortas, de inteligência verdadeiramente pequena, empreendem sua obra do mal: eles são os inimigos deste belo mundo, trabalham para a sua destruição.

A verdadeira frase para "almas mortas" é *nastatmano*, ou seja, pessoas que destroem suas almas. Elas são *alpa budhyah*, sua *buddhi* se tornou fraca e ineficaz.

10. Eles torturam suas almas com desejos insaciáveis e cheios de falsidade, insolência, orgulho, eles se agarram a suas ideias tenebrosas e continuam com seu trabalho impuro.

Kama é essa luxúria, esse desejo, essa paixão que leva tudo de roldão, tal como vimos no capítulo 2. É ela que leva os homens a praticar o mal contra sua vontade. "E cheios de falsidade, insolência, orgulho", Zaehner traduz como "hipocrisia, orgulho e agitação".

11. Assim, eles são acossados por inúmeras preocupações duradouras, ao longo de todas as suas vidas, até a morte. Seu objetivo mais elevado é o prazer sensual, e eles acreditam firmemente que isso é tudo.

Quanto mais damos vazão ao desejo e à paixão, tanto mais ansiosos e aflitos nos tornamos. Se somos ansiosos acerca da vida, nós damos vazão à aflição e à ansiedade. Zaehner aqui traduz assim: "Preocupação desmedida até a hora da morte".

Bhoga é o desfrute. O *bhogi* é aquele que desfruta todas as coisas, "convencido de que isso seja tudo", e o iogue é aquele que renuncia ao desfrute egoísta. Tantas são as pessoas que acreditam que esse tipo de desfrute é tudo o que há. Elas estão obcecadas com os prazeres deste mundo. Acreditando que este seja o único mundo que temos, elas dizem: "Vamos nos desfrutar agora; não haverá nada além disso". Essa é uma grande ilusão.

12. Eles estão atados a centenas de esperanças vãs. A ira e a luxúria é seu refúgio; e eles se esforçam, por meios injustos, para acumular riquezas, por seus próprios anseios.

O desejo por prazer leva essas pessoas a se esforçar com vistas à sua própria satisfação, e a ira se segue sempre que seus desejos são frustrados. Outro grande problema é o do acúmulo de riquezas. Nunca antes foi possível às pessoas de todas as partes do mundo adquirir tantas coisas e tanta riqueza. Ouvimos falar, por exemplo, de políticos africanos que constroem e vivem em palácios magníficos, enquanto seu povo morre de fome, e aqui na Índia o mesmo acontece. Isso pode ser demoníaco. As pessoas podem estar possuídas e sendo manipuladas pelas forças do aquisitivismo e da ganância, de maneira a não poder mais se controlar. Agora, temos uma imagem de como esse tipo de pessoa convence a si mesma.

13. "Ganhei isto hoje, e atenderei meu desejo. Esta riqueza é minha, e aquela também será minha."

14. "Matei o inimigo e os outros também matarei. Eu sou o Senhor, desfruto a vida, tenho sucesso, sou poderoso e feliz."

Ishvaroham significa "sou o Senhor" ou "sou Deus". Essa é a verdadeira tentativa de fazer de si mesmo um Deus, como se o mundo tivesse sido criado para o seu desfrute, ao passo que a verdadeira felicidade consiste em transcender o ego, com seus desejos egoístas, para encontrar Deus em seu interior.

15. "Sou rico e nobre por nascimento: quem mais poderia ser igual a mim? Pagarei pelos rituais religiosos, farei benfeitorias, terei prazer." Assim dizem eles, nas trevas de sua ilusão.

"Pagarei pelos rituais religiosos." Essa, é claro, é uma característica do mundo do *Gita*. O homem moderno não sonharia com uma coisa como essa. Ele está livre de todas as religiões. Naqueles dias, a possibilidade de se deixar a religião de fora estava fora de questão, e fazia-se, dos rituais religiosos, um grande teatro.

"E, então, darei esmolas." A doação de esmolas era um costume popular, mas, como toda boa coisa, pode se tornar má. A doação de esmolas é boa, mas, como Jesus mostrou no que tange às ofertas no templo em Jerusalém, os ricos dispensavam sua riqueza, mas uma pobre viúva vinha e dava tudo o que tinha. Para o rico, a doação de esmolas era apenas uma demonstração, mas, para a viúva, era um sacrifício genuíno.

16. Desviados por muitos pensamentos errôneos, enredados na rede da ilusão, acorrentados aos prazeres dos seus anseios, eles caem em um inferno imundo.

"Desviados por muitos pensamentos errôneos." *Aneka* literalmente é "nenhum". Quando a *citta*, a mente, é uma, *eka*, então, estaremos na verdade, mas, quando a mente é *aneka*, perdemos o um e vagueamos em meio à multiplicidade. Nesse momento, estamos na ilusão. "Enredados na rede da ilusão" (Z). *Moha jala* é essa rede de *moha*, ou ilusão. "Obcecados pela satisfação de suas luxúrias" (Z) é uma boa tradução, *kama bhogeshu* é o desfrute da luxúria.

17. Em sua arrogância de vanglória, embriagados pelo orgulho relacionado às suas riquezas, eles oferecem seus sacrifícios errôneos, por ostentação, contrariando a lei divina.

Essa é uma sociedade de tipo religioso, na qual existe sempre o grande perigo de que os sacrifícios sejam feitos com vistas a propósitos mundanos, ou seja, apenas para ostentação e em desacordo com a lei prescrita. Isso ainda ocorre na Índia dos dias de hoje, onde enormes somas de dinheiro "sujo" são oferecidas nos templos. Muitos reformadores modernos trabalham para reduzir a quantidade de dinheiro e de coisas que são desperdiçadas em cerimônias e sacrifícios inúteis.

18. Acorrentados por egoísmo e arrogância, violência, ira e luxúria, esses homens malignos me odeiam: eles me odeiam neles mesmos e nos outros.

"Acorrentados por egoísmo e arrogância." Essa arrogância, *ahankara*, é o senso do ego, o senso do "eu". "Esses homens odeiam que Eu os habite e aos outros." Esse, claro, é o grande ensinamento do *Gita*. Deus habita todos os homens, habita o próprio ser do indivíduo. Ao reverenciarmos a Deus em nós mesmos, nós O reverenciamos no outro e, ao perseguirmos nossas próprias luxúrias e desejos, então, odiamos esse Deus que está tanto em nós quanto no mundo à nossa volta. Iludimo-nos dessa maneira e, então, Deus passa a ser o inimigo, aquele que está atrás de nós, aquele que diz "Não" a tudo o que fazemos. Nas vezes em que temos uma falsa ideia de que Deus é alguém que nos nega todos os prazeres, esse Deus é um Deus ilusório, mas o que também pode estar acontecendo é que estamos ouvindo a voz de nossa consciência. À medida que nos opomos ao nosso ser mais profundo, ele passa a ser nosso constante acusador. E, assim, quanto mais nos deixamos levar, mais odiamos essa voz em nós mesmos, e mais a odiamos quando a encontramos nos outros. Quanto mais iludidos estivermos, mais projetamos nossa ilusão nas outras pessoas, e mais e mais todas as outras pessoas nos parecerão más. Isso se parece com a história daquele homem que tinha três filhos, e que lhes pediu para sair com a missão de levantar o estado do mundo. O primeiro, que era uma pessoa bondosa e gentil, circulou por toda parte e voltou dizendo que todas as pessoas eram muito bondosas. O segundo filho, que era um jovem mau, voltou dizendo não ter conseguido encontrar nenhum homem bom, todos eram muito maus. O terceiro, mais equilibrado, com a investigação encontrou bondade e maldade por toda parte. É verdade que enxergamos as pessoas à nossa própria imagem. Nós projetamos nossa imagem nos outros.

19. Nos vastos ciclos da vida e da morte, inexoravelmente, Eu os levo, em uma espiral descendente, à destruição: aqueles, os mais baixos dos homens, cruéis e maus, cuja alma é ódio.

"Aqueles que odeiam, impiedosos, os mais vis dentre os homens, Eu sempre os arremesso em ventres demoníacos", para usarmos a tradução mais literal de Besant e Das. Isso significa, provavelmente, que eles nascem outra vez. Dentro da visão do *Gita*, nossas más ações nos perseguem em outra vida, e vamos para um ventre mau: nascemos com uma natureza má. Poderemos dizer, claro, que algumas pessoas nascem com uma propensão ao mal, como resultado da hereditariedade.

20. Renascidos em uma vida inferior, nas trevas, nascimento após nascimento, eles não vêm a mim, ó Arjuna; mas, eles descem a caminho do inferno.

Ou "eles trilham o caminho mais baixo" (Z). Zaehner levanta a questão se eles jamais sairão do caminho inferior e, acredito, que na tradição hindu, o indivíduo sempre escapa no final. Não existe inferno sempiterno, nem na tradição hindu, nem na budista. Eles poderão descer ao nível mais baixo, mas haverá sempre algo que poderá chamá-los e trazê-los de volta. No final, todos serão salvos. Por outro lado, temos o problema do inferno na tradição cristã. Talvez possamos fazer a seguinte colocação. O propósito da criação era trazer a matéria à consciência através da vida, e, no homem, essa matéria, essa vida, essa consciência, se abriu para Deus, para a luz, para a verdade e o amor. Nós só nos realizamos quando descobrimos a verdadeira pessoa em nós mesmos. Como seres humanos não seremos completamente pessoas até que nos tenhamos encontrado em Deus e encontrado Deus em nós. Esse ego que temos não é uma pessoa; ele ainda é um escravo de nossos apetites, desejos e paixões. A mim parece que, se o indivíduo não passa a ser essa verdadeira pessoa, encontrando a Deus, ele se dissolve, ele não é uma pessoa, ele é simplesmente uma parte da natureza, e ele retorna à natureza. Não sei se podemos sustentar essa visão. O corpo se dissolve na matéria, e a alma, em todas as forças psicológicas que a cercam, a que o indivíduo obedeceu por toda sua vida. O indivíduo é apenas um exercício de todas essas forças, e assim permanece. A pessoa não passou a ser um eu, um verdadeiro ser. E essa é a perda de Deus. O inferno, em essência, é a perda de Deus.

Acredito que para a maioria dos hindus e dos budistas, e para muitos cristãos, seja difícil aceitar a ideia de punição eterna. Todavia, claro, precisamos ser cuidadosos quanto à maneira como pensamos nisso, porque, quando pensamos na eternidade, temos a tendência a pensar em um tempo sem fim. Porém, a eternidade não é uma extensão do tempo, mas um estado intemporal. Qualquer que seja a maneira como o inferno seja concebido, ele não está no tempo, trata-se de um estado que está além do tempo.

Em um dos livros de C. S. Lewis,[1] *The Great Divorce*, a história começa no inferno; a seguir se transfere para uma espécie de purgatório,

---

[1] C. S. Lewis (Belfast, 29 de novembro de 1898-Oxford, 22 de novembro de 1963) foi um autor e escritor irlandês que se destacou pelo seu trabalho acadêmico sobre literatura medieval e pela apologética cristã que desenvolveu através de várias obras e palestras. É igualmente conhecido por ser o autor da famosa série de livros infantis *As Crônicas de Nárnia*. (N. T.)

onde pessoas descem do paraíso para tentar ajudar as pessoas do purgatório. Há um trecho maravilhoso, no qual um homem, que sempre se vangloria e sempre finge ser algo que não é, encontra-se com um anjo que tenta fazê-lo dizer algo sincero. Porém, o homem está dividido. Há um homem pequeno que permanece em silêncio, acorrentado a um homem grande que fala pelos dois, e, quanto mais ele fala, mais alto ele se torna, ao passo que o homem pequeno, gradativamente, se reduz ao nada. Ele se torna cada vez menor, enquanto o outro homem segue falando, até que no fim há apenas a emissão de muito barulho. Não há ninguém ali.

21. Existem três portões para este inferno, a morte da alma: o portão da luxúria, o portão da ira e o portão da ganância. Que o homem se afaste dos três.

Mais literalmente: "Os portões do inferno, que são destrutivos para o ser, são triplos". *Nashanam atmanah* é "destrutivo para o ser" e significa que você não é mais um ser, você não é nada. Você se perdeu, você perdeu sua alma.

22. Sempre que um homem se livra dessas três portas das trevas, ele faz aquilo que é bom para sua alma, entrando, então, no Supremo Caminho.

23. Porém, o homem que rejeita as palavras das Escrituras e segue o impulso do desejo não alcança nem a perfeição, nem a felicidade, nem o Supremo Caminho.

Zaehner diz, e ele pode estar certo, que Krishna veio realmente estabelecer o *dharma*, que é a lei das quatro classes, os *varnas*; e por isso as Escrituras, os *shastras*, foram de grande importância, assim como a lei foi para os judeus. Mais tarde, os *shastras* poderiam se tornar um grande obstáculo, no sentido de as pessoas se agarrarem à lei, por exemplo, ao sistema de castas, perdendo o significado mais profundo da vida. Todavia, nesse estágio, os *shastras* ainda são considerados um regulamento da vida.

> 24. Permite tu, portanto, que as Escrituras sejam tua autoridade quanto ao que é certo e quanto ao que não é certo. Conhece tu as palavras das Escrituras, e faze tu nesta vida o trabalho que precisa ser feito.

Besant e Das dizem: "Determinando o que deveria ser feito e o que não deveria ser feito". Acredito que o *Gita* esteja se posicionando a meio caminho entre os dois pontos de vista. Em certa extensão, ele sustenta a lei, porque as pessoas precisam de algumas leis que lhes digam o que devem fazer e o que não devem fazer. Se elas obedecerem a essas leis, encontrarão a salvação. Todavia, o *Gita* passa para o ponto de vista mais elevado, que enxerga o espírito, o Ser, como a suprema lei da vida, e todas as leis e costumes específicos, como dependentes da lei do espírito. Essa é, precisamente, a mesma posição de São Tomás de Aquino. Ele diz que a diferença entre o Velho e o Novo Testamentos é que o Velho Testamento é a lei que está escrita nas tábuas de pedra, uma ordem externa que precisa ser obedecida, ao passo que o Novo Testamento é a lei que está escrita no coração.

CAPÍTULO 17

A Ioga da Tripla Fé

Ao final do capítulo anterior mencionou-se que o homem que rejeita as palavras das Escrituras, aquele que segue o impulso do desejo, não alcança nem a perfeição, nem a felicidade, nem o Supremo Caminho. "Permita, portanto, que as Escrituras sejam tua autoridade, quanto ao que é certo e quanto ao que não é certo." As Escrituras, claro, são os *shastras*. "Conheça as palavras das Escrituras e faça nesta vida o trabalho que precisa ser feito." Essa é a visão da religião ortodoxa, mas a questão permanece: quem deveria interpretar as Escrituras? No capítulo 2, Krishna havia apresentado uma visão mais profunda, quando disse: "Quando tua mente, que pode estar vacilante nas contradições de muitas Escrituras, estiver inabalável na contemplação divina, então, o objetivo da ioga será teu" (2.53). Em última análise, trata-se apenas da contemplação, o conhecimento do ser que pode acarretar a libertação.

Arjuna pergunta:

1. Aqueles que abandonam a lei das Escrituras e, contudo, oferecem sacrifício cheio de fé: Qual a condição em que se

encontram, ó Krishna? Ela é de *Sattva*, *Rajas* ou *Tamas*; de luz, de fogo ou de trevas?

Isso levanta a questão da fé. Será mais significativo encararmos isso em termos esquemáticos: primeiro os sentidos, depois *manas*, a mente, que opera através dos sentidos; em seguida, a *buddhi*, o ponto onde recebemos a luz do alto e, finalmente, o *Atman*, o Supremo, que brilha na *buddhi*. A luz do *Atman* brilha na *buddhi*, na inteligência, refletindo-se, depois, no *manas*. A fé é na verdade o reflexo dessa luz do *Atman*, o Supremo, no *manas*, na mente racional. Sabedoria ou conhecimento (*jnana*) é quando nos elevamos acima do *manas*, acima de todas essas imagens e conceitos, despertando para a própria verdade, através da *buddhi*, a inteligência. Isso torna mais fácil a compreensão do que é a fé e também ajuda a enxergar o porquê de haver tanta diversidade da fé. A fé se reflete através do *manas*, que é a mente que opera através dos sentidos e das emoções e, portanto, através de todo o ambiente cultural. Isso significa que a mesma luz da verdade pode brilhar neste e naquele homem, todavia, cada um deles a enxergará, a interpretará e a compreenderá nos termos de sua própria cultura. Assim, a luz única da verdade se subdivide. Uma boa representação disso é a da luz e das múltiplas cores, em que cada cultura seria semelhante a uma cor que reflete, por assim dizer, um determinado aspecto da luz única. Isso se aplica a todos os povos; à primitiva cultura tribal africana, aos aborígenes da Austrália, aos índios americanos, aos povos tribais da Índia e da Ásia. A mesma luz da verdade se reflete em diferente medida, em diferentes graus, em todas essas diferentes culturas e complexos culturais, com seus rituais, sacrifícios, preces, dança, canto, música e adoração. Com o passar do tempo, esses grupos menores e complexos juntam-se em religiões mais abrangentes e, depois, em grandes religiões de escala mundial: o cristianismo, o budismo, o islamismo, o hinduísmo. A mesma luz única brilha em cada uma delas, e cada uma delas recebe a verdade à sua própria maneira. Torna-se muito importante que enxerguemos que a luz única da verdade brilha em todo ser humano, através da *buddhi*, no *manas* e nos sentidos. Ela se subdivide em todos esses diferentes níveis. Porém, cada uma delas está em contato com a verdade. Não há nenhum ser humano para qual não esteja chegando, em termos religiosos, a verdade, ou Deus e a graça, de alguma maneira. Chega a ele através do complexo cultural em que ele vive, através das imagens, das modalidades de pensamento, dos meios de expressão, do estilo de vida, e assim por diante. A fé é o despertar para a luz da verdade, em nossas próprias mentes. Nunca é simplesmente aquela em que acreditamos em alguém; aquele é apenas o estágio inicial. A verdadeira fé é sempre uma iluminação da mente que parte do Supremo.

O restante do capítulo é o ensinamento de Krishna em resposta à pergunta de Arjuna.

2. A fé dos homens, nascida de sua natureza, é de três tipos: da luz, do fogo e das trevas. Ouve tu agora acerca deles.

3. A fé de um homem está de acordo com a sua natureza, ó Arjuna. O homem é feito de fé: e sua fé é tal como ele é.

Um homem é o que é sua fé, porque a luz única brilha em cada pessoa, e o que todas as pessoas buscam, quer elas saibam disso ou não, é Deus. Um indivíduo poderá buscar a Deus através da bebida, ou através do poder, ou através do sexo, ou através da filosofia, ou através da ciência, mas, como ser humano, o indivíduo está na busca daquela verdade ou daquela experiência suprema. Trata-se da dinâmica de nossa natureza. Um homem poderá pensar que ele seja um ateu e, conceitualmente, poderá ser um ateu, mas o anseio pelo absoluto, pela própria verdade, por Deus está em sua natureza, e um ateu poderá estar muito perto de Deus. Ele poderá estar na busca da realidade única mesmo que, conceitualmente, tenha rejeitado todas as imagens e conceitos de Deus, preferindo autodenominar-se um ateu. Nós somos o que acreditamos ser, e isso se aplica a qualquer nível da existência.

Todas as pessoas vivem de acordo com sua fé. Por isso, o desespero é a pior das coisas, pois desesperar é perder o sentido da vida. Assim, Krishna diz: "A fé de um homem está de acordo com a sua natureza, o homem é feito de fé: e sua fé é tal como ele é". É claro que isso se aplica a todos os níveis. Caso tenhamos uma fé verdadeira, caso sejamos realmente iluminados pelo alto, recebendo essa verdadeira luz em nosso coração, então, estaremos de conformidade com a verdade. A fé é a participação ativa na verdade divina. Essa era a ideia que São Tomé tinha em mente, quando afirmou que a fé é a *semen gloriae*, a semente da glória. Por meio da fé, a mesma luz que nos iluminará no paraíso, já está presente em sua plenitude. Poderá ser uma pequena centelha, mas trata-se de uma centelha do eterno. Assim, a fé nos conecta ao absoluto.

4. Os homens da luz adoram os deuses da luz; os homens do fogo adoram os deuses do poder e da riqueza; os homens das trevas adoram fantasmas e espíritos da noite.

A ideia é a de que as pessoas *sáttvicas* adoram os deuses da luz, os poderes da luz, da verdade e da bondade. Pessoas *rajásicas* adoram o poder e a riqueza. Quanto às pessoas *tamásicas*, Krishna Prem sugere que elas amam a morte e, assim, estejam apegadas a fantasmas e espíritos. Provavelmente, o *Gita* aqui se refere aos feiticeiros, que podemos encontrar em muitos pequenos vilarejos da Índia, que estão em contato com forças ocultas e que podem praticar o mal, através dessas forças. Krishna sugere que sejam *tamasicas*, também, aquelas pessoas que praticam austeridades extremas e que usam de violência contra si mesmas. O *Gita* representa a tradição central do hinduísmo, que se opõe às austeridades extremas tanto quanto à indulgência sensual.

5 e 6. Existem homens egoístas e falsos que, movidos por sua luxúria e paixões, realizam terríveis austeridades não recomendadas pelos livros sagrados: tolos que torturam os poderes da vida de seus corpos e a mim que habito neles. Saiba que a mente deles é treva.

O ascetismo extremado foi sempre considerado um vício, não uma virtude. É verdade que existem homens santos que são muito ascéticos. Dentre os monges cristãos do deserto egípcio, havia alguns ascetas extremados que eram, apesar disso, homens muito santos, e dentre os iogues hindus há alguns que torturam seus corpos e, mesmo assim, possuem devoção real a Deus. Contudo, a mera tortura do corpo não é uma virtude, e sim, normalmente, um vício. Um psicólogo moderno diria que esse tipo de coisa se deve a motivações inconscientes, tais como sexo ou ira reprimidos. Uma outra tradução apresenta: "Atormentando os elementos agregados que formam o corpo" (B & D). Isso se aproxima à *stoicheia* de São Paulo, os poderes elementais do universo presentes no corpo. Krishna nos diz que essas pessoas, quando torturam o próprio corpo, o torturam por nelas viver. Deus habita o interior do corpo, e sempre que um indivíduo tortura o corpo, ele está deixando de reverenciar a Deus nesse corpo. Isso é muito importante na ioga e em toda a tradição espiritual indiana. Precisamos sempre do caminho do meio. Há no *Gita* o famoso ditado: "A ioga não é para aquele que ingere em demasia ou para aquele que não ingere o suficiente; não é para aquele que não dorme o suficiente ou para aquele que dorme demais" (capítulo 6, verso 16). Trata-se sempre de uma questão de equilíbrio, de harmonia, integração do corpo, dos sentidos, da mente e da vontade. A ioga é uma integração completa, e qualquer violência contraria os princípios da ioga. Até mesmo na Hatha Ioga, o indivíduo não deve retesar seus músculos, nem um pouco; ao contrário, o indivíduo relaxa gradualmente, à medida que ele se permite passar por uma transformação, através de paciente esforço.

7. Ouve tu agora acerca dos três tipos de alimento, dos três tipos de sacrifício, dos três tipos de harmonia e dos três tipos de dons.

8. Os homens que são puros gostam do alimento que seja puro: que confira saúde, energia mental, força e vida longa; que seja saboroso, calmante e nutritivo, e que deixe contente o coração dos homens.

Existem alimentos *sáttvicos* que produzem "força, saúde, felicidade e alegria" (B & D). Esses alimentos são "deliciosos e amenos" (B & D); ameno significa oleoso, rico em óleo. Isso é tipicamente indiano, onde tudo se cozinha com óleo. Porém, na realidade, é mais do que isso. Na ioga, a questão do alimento *sáttvico* é muito importante. Repete-se sempre que o alimento que ingerimos afeta profundamente nossa mente. É quase verdadeira a afirmação de que somos o que comemos. É por isso que, para um iogue, a tradição reza que ele deva comer apenas alimentação *sáttvica*, ou seja, vegetariana.

9. Os homens de *Rajas* gostam do alimento de *Rajas*: ácido e picante, salgado e seco, e que acarreta peso, doença e dor.

A seguir há o alimento *rajásico*, alimento que confere energia. Existe uma história famosa de Mahatma Gandhi que conta que, quando ainda menino, ele queria expulsar os ingleses da Índia, e decidiu que teria que comer carne para crescer forte. Assim, ele e seus amigos começaram a comer carne. Isso durou apenas uma semana, pois todos ficaram doentes, mas sua ideia era a de que o alimento *rajásico* o tornaria forte e agressivo. Assim, um iogue come alimento *sáttvico*, ou seja, uma dieta vegetariana, com leite e coalhada, mas sem carne. A carne é considerada *rajásica*. De um ponto de vista meramente econômico, eles dizem que, se os norte-americanos deixassem de comer carne, o mundo todo poderia ser alimentado. Comer carne emprega dez vezes mais matéria vegetal do que comer o equivalente na forma vegetal.

De acordo com o *Gita*, os alimentos *rajásicos* são aqueles que são picantes, frequentemente cozidos com muita pimenta, "amargos e salgados, e muito ardidos, picantes, secos e quentes que produzem dor, pesar e doença" (B & D). Esses são os preferidos do homem *rajásico*. Isso é mais comum em países tropicais, onde toda a alimentação tende a ser mais apimentada. Essa é também uma excelente descrição dos aperitivos servidos nos bares do Ocidente.

> 10. Os homens das trevas comem alimento passado e sem sabor que esteja podre e amanhecido, impuro, impróprio para oferendas consagradas.

Percebemos também que os alimentos *rajásicos* e *tamásicos* são considerados em termos completamente negativos. Contudo, podemos dizer também que alimentos *rajásicos*, tal como a carne, proporcionam energia e força, e alimentos *tamásicos*, tais como todos os amidos, proporcionam calor e, também, certa energia física.

> 11. Um sacrifício é puro sempre que for uma oferenda de adoração em harmonia com a lei sagrada, sem nenhuma expectativa de recompensa, com um coração que diz: "Este é meu dever".

Esse é o modo correto de sacrifício. Ele é oferecido sem o desejo de frutos. O ensinamento fundamental do *Gita* é o de que o indivíduo trabalhe sem buscar recompensa. O indivíduo age porque é o certo, e o indivíduo faz a oferenda a Deus. Devemos lembrar que o sacrifício era considerado o dever fundamental de todos os homens. Trata-se de uma ideia muito profunda a de que todo o universo se baseia no sacrifício e que o homem se sintoniza com o universo ao oferecer sacrifício. Toda a religião védica gira em torno do sacrifício védico e, claro, para os cristãos, toda a criação gira em torno do sacrifício de Cristo.

> 12. Porém, um sacrifício que seja feito com vistas a uma recompensa, ou por conta de vanglória, será um sacrifício impuro de *Rajas*.

Ainda que possa não ser necessariamente errado se tentar obter algo de Deus por meio de sacrifício, sempre que ele for feito, por motivo exclusivamente egoísta e para autoglorificação, então, ele será *rajásico*.

13. E um sacrifício que seja contrário à lei sagrada, desprovido de fé, e palavras sagradas, e as doações de alimento, e as devidas oferendas, será um sacrifício das trevas.

Ele seria, presumivelmente, um sacrifício desprovido de motivação religiosa ou moral, uma espécie de masoquismo.

14. Reverência para os deuses da luz, para aqueles que nasceram duas vezes, para os mestres do espírito e para os sábios; e, também, pureza, retidão, castidade e não violência: esta é a harmonia do corpo.

Mascaró traduz *tapas* por "harmonia", mas ele é na verdade autocontrole, disciplina. O termo *tapas*, difícil de ser traduzido, não possui equivalente exato em nossa língua. *Tapas* pode significar uma disciplina física ou uma disciplina mental e, acima de tudo, uma disciplina espiritual. Aqui, o sentido está mais próximo ao de uma disciplina espiritual, ainda que se trate do *tapas* do corpo. Krishna fala da reverência que se presta aos deuses, aos *devas* e aos *divyas*, aqueles que nasceram "duas vezes". Ao receberem o cordão sagrado, eles nascem novamente para a luz do espírito. Ainda encontramos isso nos dias de hoje, especialmente entre os brâmanes, na cerimônia do Upanayana, quando o garoto recebe o cordão e se diz que ele nasceu novamente. É por isso que havia grande reverência pelo brâmane: ele é aquele que estuda os *Vedas* e que possui o conhecimento de Deus, cuja função é a de transmitir o conhecimento de Deus aos homens. O *Gita* também fala da reverência ao guru e ao sábio, o *jnani*. Ainda hoje, isso é muito forte entre os hindus, essa grande reverência pelo guru, o mestre, o *jnani*, o homem sábio. Um *sannyasi*, ou monge hindu, é aquele que se dedicou a Deus e, portanto, a reverência ao *sannyasi* é reverência a Deus. A visita de um *sannyasi* a uma residência se assemelha à visita de Deus a essa residência.

Lembro uma ocasião em que viajava de Varanasi para Calcutá, em que havia um cavalheiro hindu sentado à minha frente, e começamos a conversar. Expliquei que eu era um sacerdote e monge cristão, mas para ele eu era apenas um *sannyasi* e, portanto, alguém que devia ser tratado com grande respeito. Assim, ele me trazia todo alimento e café, durante toda a viagem, e, ao chegarmos a Calcutá, ele me apresentou a um amigo, médico, que me levou em seu automóvel a sua residência, e toda a família veio "retirar o pó de meus pés", isto é, inclinaram-se para tocar meus pés. Pois, a visita de um *sannyasi* à residência deles é uma bênção de Deus. E, para eles, hindus, não importava o fato de eu ser cristão. Quer sejamos cristãos ou budistas, um guru ou *jnani* representa a Deus; a presença de Deus ali está, e é a essa presença que prestamos reverência.

Brahmacharya é aquilo que se traduz por castidade, mas é muito mais do que isso. Trata-se do processo todo da busca de Deus, literalmente "movimentando-se em Brahman". *Ahimsa* é a não violência, não machucar ninguém, o que, claro, significa muito mais; implica uma reverência por toda forma de vida. Assim, esse é o verdadeiro *tapas* do corpo.

> 15. Palavras que conferem paz, palavras que sejam boas e bonitas e verdadeiras e, também, a leitura dos livros sagrados: esta é a harmonia das palavras.

Literalmente, isso é o *tapas* da linguagem.

> 16. Quietude mental, silêncio, auto-harmonia, gentileza amorosa e um coração puro: esta é a harmonia da mente.

Silêncio é *mauna*, e *mauna* é muito importante no hinduísmo. Todos os *sannyasis* que sejam sérios têm períodos de *mauna*. Gandhi costumava ter seu dia de silêncio toda segunda-feira. Um *sannyasi* que recentemente chegou a nosso *ashram* havia adotado três anos de *mauna*. Um *muni* pode escutar as pessoas, e ele pode escrever, mas não deve falar. Um dos fundadores de nosso *ashram*, Abhishiktananda,[1] teve frequentes períodos de *mauna* em sua vida, e seu discípulo francês, que vivia nos Himalaias, assumira um voto de dez anos de silêncio.

> 17. Essa tripla harmonia é denominada pura, sempre que seja praticada com fé suprema, desprovida de desejo de recompensa, e com unidade de alma.
>
> 18. Porém, a falsa austeridade, a que visa reputação, honra e reverência, é impura: ela pertence a *Rajas* e é instável e incerta.
>
> 19. Sempre que o autocontrole for autotortura, por causa de uma mente obtusa, ou por objetivar ferir a outrem, então, o autocontrole é das trevas.

Torna-se interessante essa cuidadosa distinção entre diferentes tipos de *tapas*. Nem todo ascetismo é bom. Sempre que for motivado pela fé, sem egoísmo ou ambição, poderá ser bom. Todavia, o ascetismo centrado em si mesmo e motivado por exibicionismo, ainda mais aquele que é sádico e objetiva prejudicar a outrem, por meio dos poderes físicos obtidos, é positivamente mau.

Tem força a ideia de que se alguém pratica *tapas*, ele poderá ajudar aos outros, mas também poderá prejudicar os outros. Existe uma forte crença de que um iogue possui poderes terríveis, e as pessoas frequentemente têm muito medo de um *sadhu* que venha à residência. Ninguém ousa contradizê-lo de modo algum, do contrário ele poderia amaldiçoar a casa, o que resultaria em desastre. Assim, esse é um exemplo de ascetismo *tamásico*.

---

[1] O também monge beneditino Henri Le Saux, nascido na França em 1910, faleceu na Índia em 1973. (N. T.)

A seguir, o texto prossegue com *dana*, os donativos. Como já tive oportunidade de mencionar, *dana* é a doação de alimento. Trata-se de uma das grandes virtudes hindus, ainda muito praticada.

20. Um donativo é puro quando estendido de coração, para a pessoa certa, na hora certa, no lugar certo e sempre que não esperemos nada em troca.

21. Porém, quando é estendido esperando algo em troca, ou com vistas a uma recompensa futura, ou quando é estendido de má vontade, o donativo é de *Rajas*, impuro.

22. E um donativo estendido à pessoa errada, na hora errada e no lugar errado, ou um donativo que não seja de coração, estendido com orgulho e desdém, é um donativo das trevas.

É muito interessante o quanto os donativos podem ser diferentes. Todos sabemos de um dos grandes problemas da Índia, sempre que viajamos de ônibus, são tantas as pessoas que vêm mendigar; deveríamos dar ou não deveríamos dar, e em que estado de espírito deveríamos fazê-lo? Algumas pessoas são de opinião de que nunca deveríamos dar, pois só estamos encorajando as pessoas a mendigar, mas, então, sentimo-nos com o coração empedernido. Por outro lado, jogar alguma coisa a alguém, dificilmente poderia ser considerado melhor. Mesmo assim, frequentemente, é impossível nos tornarmos seriamente interessados na pessoa. Assim, trata-se de uma questão de cada um fazer o melhor que puder, em cada situação. Caso, durante um encontro, tenhamos a oportunidade, poderemos talvez dar alguma coisa, assim como mostrar nosso interesse pessoal, mas, a longo prazo, precisamos encontrar algum meio de ajudar as pessoas de maneira mais séria, por meio da adoção de alguma atividade social positiva.

Agora chegamos à conclusão, que é mais interessante.

23. OM, TAT, SAT. Cada uma dessas três palavras é uma palavra para Brahman, de quem no início se originaram os Brâmanes, os *Vedas* e o Sacrifício.

Essas são palavras que apontam para o Absoluto. Há fortes indícios de que o significado original de OM seja o mesmo de "Amém" na tradição judaico-cristã. Trata-se de uma forma de afirmação. De Cristo, São Paulo disse: "Todas as promessas de Deus encontraram nele o seu sim: por isto, é por ele que dizemos 'Amém' a Deus para a glória de Deus" (2 Coríntios 1,20). Amém é dizer sim, afirmativamente; trata-se de dizer "sim" a Deus. Há também um significado mais profundo. No Oriente se faz uma distinção entre o OM que é som e o OM que é silencioso. O OM sonoro se origina do OM silencioso. Encontramos a mesma ideia na tradição cristã, no entendimento de que o Verbo se originou do silêncio do Pai. Isso aparece, por exemplo, em Santo Inácio de Antióquia que diz: "O Verbo que foi emitido a partir do silêncio do Pai". O próprio OM está além do som. No *Upanixade Maitri* se lê: "Existem dois caminhos para contemplarmos Brahman: no som e no silêncio. O som de Brahman é OM. Com o OM atingimos o Fim: o silêncio de Brahman. O Fim é a imortalidade, a união e a paz". Assim, quando pronunciamos a palavra OM, estamos indo, através do som, para a realidade que não tem som.

Adicionalmente, há a bela passagem do *Upanixade Katha*:

> Te direi a palavra glorificada por todos os *Vedas*, expressada por todo autossacrifício, buscada por toda vida santa e todos os estudos do sagrado. Essa Palavra é OM. Essa Palavra é o Brahman sempiterno: essa Palavra é o Fim mais elevado. Sempre que essa sagrada Palavra for conhecida, todos os anseios serão atendidos. Trata-se do meio supremo de salvação: trata-se do auxílio supremo. Sempre que a grande Palavra for conhecida, o indivíduo será grande no paraíso de Brahman.

Assim, OM significa o Absoluto, a Realidade única. É por isso que em geral ele é aceito pelos cristãos da atualidade. Não há nele nenhuma significação sectária específica. Também encontramos OM no budismo, no jainismo e em outras religiões. Há, também, outros significados nele encontrados. Acredita-se que as três sílabas, A+U+M, incluam todos os sons e, portanto, todas as palavras, e toda significação, assim como o alfa e o ômega, a primeira e a última letras do alfabeto grego, a que se compara Jesus no Livro do Apocalipse. OM é "a" palavra, o Verbo de Deus, que inclui todos os sons, todas as palavras, todo significado. Diz-se também que ele representa os três *Vedas*, os três tempos, passado, presente e futuro, e aquilo que está além dos três estados da consciência humana. A sílaba A representa o estado desperto da consciência externa, U representa o estado onírico da consciência interior e M representa o estado de sono profundo, de quando nos dirigimos para além das palavras e das imagens. O próprio OM representa, e realmente é, o quarto estado, *turiya*, o estado de unidade pura, que é o estado final do ser.

Ao sairmos em manifestação, enxergamos dualidade e multiplicidade, mas quando retornamos ao Uno voltamos à não dualidade. Assim, o OM é um signo da unicidade, que significa a fonte única da qual provêm todas as coisas.

> 24. Portanto, aqueles que são amantes de Brahman, fazendo-o de acordo com as Escrituras, iniciam todo ato de sacrifício, donativo ou auto-harmonia com a palavra OM.

Esse é o costume até hoje. Qualquer ato sagrado começa com OM, que é utilizado ao início de toda prece. Trata-se de uma maneira de afirmar a presença de Deus.

> 25. E, com a palavra TAT, e com a renúncia a toda recompensa, esse mesmo ato de sacrifício, donativo ou auto-harmonia está sendo realizado por aqueles que buscam a Liberdade Infinita.

A palavra TAT significa simplesmente "aquilo". A Realidade Suprema não tem nome, esse é um entendimento muito importante, tanto na tradição cristã quanto em outras tradições religiosas. Não podemos dar um nome a Deus. Na tradição hebraica, Iahweh pergunta: Por que você quer saber qual o meu nome? E mesmo quando Iahweh revela a Moisés o nome "Eu sou", "Eu sou" não é propriamente um nome. O *Upanixade Katha* diz que o mais próximo que podemos chegar ao nome de Deus é dizer "Ele é". Na tradição védica, todos os deuses são nomes e formas do Uno, que não tem nome. Assim, precisamos passar através de todas as formas da manifestação até chegarmos à fonte, o Uno que está além. De modo a apontar para essa realidade, utilizamos a palavra mais simples que podemos encontrar. Dizemos "Aquilo", TAT. Há um exemplo famoso no *Upanixade Chandogya*, em que o pai dá instruções a seu filho acerca da natureza da realidade e apresenta várias ilustrações. Minha preferida é a que segue:

> Traga-me o fruto dessa figueira-de-bengala.
>
> Aqui está, pai.
>
> Quebre-o.
>
> Quebrado está, senhor.
>
> O que você vê nele?
>
> Sementes muito pequenas, senhor.
>
> Quebre uma delas, meu filho.
>
> Quebrada está, senhor.
>
> O que você vê nela?
>
> Absolutamente nada, senhor.

Em seguida, seu pai falou: "Meu filho, a partir da própria essência na semente, essa que você não pode ver, surge na verdade essa vasta figueira-de-bengala. Acredite, meu filho, o espírito de todo o universo é uma essência sutil e invisível. Aquela é a Realidade. Aquele é Atman. TU ÉS AQUILO." TAT TVAM ASI.

TAT significa "aquele(a)" ou "aquilo", "aquele sem nome", "aquele Supremo". TAT é uma das elocuções místicas. Trata-se do signo do ir além, a marca do sem nome. Aquele a que só podemos apontar como

TAT – Aquilo. Há uma ilustração muito boa acerca de como isso funciona. Diz-se que toda palavra é como o dedo que aponta para a lua. Se olhamos para o dedo, a palavra, estamos perdendo o objeto, porque a palavra está apontando para algo além dela mesma. TAT aponta para o além. Krishna Prem interpreta isso de maneira significativa. Ele diz:

> Com OM, iniciam-se as ações de sacrifício e de disciplina que constituem o trilhar do Caminho, ou seja, a chegada ao verdadeiro Ser, ainda que em sua distinta forma individual é a tarefa da consciência em seu primeiro estágio. O próximo estágio, marcado por aquilo que entendemos como a característica tipicamente *sattvica* de abandono de todo desejo por frutos é a geração da união daquele Ser individual com a indivisa *buddhi*, o aspecto cognitivo do *Mahat Atman*, a grande Vida única. Esse estágio é designado pela palavra TAT, porque é através da união com o Oceano de Luz da *buddhi* que ganhamos o verdadeiro conhecimento de TAT, a Realidade transcendente. SAT simboliza o último estágio e é o termo que se utiliza para Ser, Bondade, Realidade. Esse estágio é a chegada a Brahman.

26. SAT é o que é bom, e o que é verdadeiro: quando, portanto, uma obra está benfeita, o fim daquela obra é SAT.

SAT é simplesmente o termo para ser e ASAT é não ser. Lembramos o *Upanixade Katha*, que diz: "Como poderá ele ser conhecido, a não ser por alguém que diga, 'Ele é'". Essa é a melhor maneira pela qual podemos falar de Deus. Assim também São Tomé diz: Deus não tem nome, mas o mais próximo que podemos chegar de um nome é Ser, porque ser é o conceito mais universal que podemos formar.

27. Fidelidade constante ao sacrifício, ao donativo ou à auto-harmonia é SAT; e, também, toda ação consagrada a Brahman.

Auto-harmonia também é *tapas*, que talvez possa ser mais bem traduzida aqui como disciplina espiritual.

28. Porém, a ação realizada sem fé é ASAT, é um nada: sacrifício, donativo ou auto-harmonia realizados sem fé não é nada, tanto neste mundo quanto no mundo do porvir.

É importante notarmos que a fé se torna o fundamento de toda a ação. O sacrifício, a doação de alimentos e o ascetismo não têm valor sem fé. Isso se aproxima muito da doutrina de justificação pela fé, de São Paulo.

CAPÍTULO 18

A Ioga da Libertação por meio da Renúncia

Este capítulo final também se ocupa da questão da relação entre *sannyasa*, a renúncia, e o trabalho para o mundo. Trata-se da questão muito prática de como relacionar contemplação e ação. Esse foi um dos temas principais dos primeiros capítulos e, agora, será retomado. Este capítulo se inicia com uma distinção que não encontramos antes, entre *sannyasa* e *tyaga*. A melhor tradução para *tyaga* é render-se.

Arjuna pergunta:

1. Fala-me, ó Krishna, da essência da renúncia e da essência da capitulação.

Ao que Krishna responde:

2. É a renúncia às ações egoístas, a que chamamos renúncia; mas é o abandono da recompensa de todas as ações, a que chamamos capitulação.

Aqui se faz a distinção entre a renúncia à ação egoísta, ou seja, toda ação que tenha sido ditada pelo ego, o eu inferior, e o abandono da recompensa da ação, ainda que sua motivação tenha sido altruísta.

Podemos comparar isso com o ideal do *boddhisattva*, do budismo. Os primeiros budistas enfatizavam a busca do *nirvana*, a liberdade. O indivíduo segue o Nobre Caminho Óctuplo para alcançar esse *nirvana* definitivo e, depois, passa para o além. Na posterior tradição Mahayana, o *boddhisattva* assume o voto de não entrar no *nirvana* e receber a recompensa de suas ações, até que todos os seres sencientes tenham sido salvos. Aqui, o ideal é o de que, após a renúncia ao mundo, o indivíduo retorna ao mundo para servir. Esse é o ideal do *Gita*, e é por isso que Mahatma Gandhi o adotou como a sua bíblia pessoal. A meta é a da renúncia a toda recompensa das próprias ações e a de agir para o benefício do mundo.

3. Algumas pessoas dizem que deveria haver renúncia à ação, uma vez que a ação perturba a contemplação; mas outras dizem que não se deveria renunciar às ações de sacrifício, de doação e de auto-harmonia.

Isso tem sido um problema em ambas as tradições, a hindu e a budista. A contemplação pura torna-se muito difícil, se estamos empenhados em uma vida ativa. Portanto, dizem eles, desista da vida ativa para a pura contemplação. Todavia, o ideal que tanto o *Gita* quanto o Evangelho nos apresentam é o da renúncia ao eu, de modo a adentrar o estado de contemplação e o conhecimento de Deus, para então permitir que as próprias ações fluam a partir da contemplação.

Os tipos de boas ações são *yajna*, *dana* e *tapas*. *Yajna* é principalmente o sacrifício religioso, mas pode ser entendido em um sentido mais abrangente. *Dana* é a doação de alimento e *tapas* é a autodisciplina, o autocontrole.

4. Ouve tu a minha verdade acerca da entrega das ações, ó Arjuna. A entrega, ó melhor dos homens, é de três espécies.

5. As ações de sacrifício, de doação e de auto-harmonia não deveriam ser abandonadas, mas devem mesmo ser empregadas; pois elas são ações de purificação.

6. Contudo, até mesmo essas ações, ó Arjuna, deveriam ser efetuadas na liberdade da pura oferenda, sem expectativa por recompensa. Essa é a minha palavra final.

Até mesmo as ações espirituais deveriam ser efetuadas dentro de um espírito de *tyaga*, de entrega de toda recompensa. Esse é um dos temas principais do *Gita*: o de fazermos nosso trabalho a partir de nosso amor a Deus, como serviço para o mundo, sem procurar por recompensa alguma.

7. Não é certo deixar inacabado o trabalho sagrado que precisaria ser feito. Esse abandono da ação seria uma ilusão das trevas.

Muitas pessoas costumavam acreditar que até mesmo as atividades religiosas deveriam ser abandonadas, e ainda hoje existe uma tradição de *sannyasi* que abandona de modo geral toda ação. Esse *sannyasi* não deveria realizar nenhuma ação ritualística, e não deveria realizar nenhum trabalho no *ashram*; esses trabalhos deveriam ser realizados pelos devotos. Ele deveria simplesmente meditar, unindo-se a Deus. Essa é uma maneira de viver, mas o *Gita* se opõe a isso. O *Gita* apoia o ideal da contemplação e da capitulação ao Ser, de maneira a agirmos altruisticamente. "Deixar inacabado o trabalho sagrado que precisaria ser feito seria uma ilusão das trevas."

8. E aquele que abandona seu dever por temer a dor, sua capitulação é de *Rajas*, impura, e, na verdade, ele não será recompensado.

9. Porém, aquele que realiza a ação sagrada, ó Arjuna, porque ela precisava ser feita, e abandona egoísmo e ideia de recompensa, puro é seu trabalho, e é paz.

Caso uma ação seja feita simplesmente porque deveria ser feita, e seja prescrita pela Escritura, com a desistência a todo apego e toda ideia de recompensa, então, essa será uma capitulação *sáttvica* ou pura. A obra mais elevada é *sáttvica*; a obra *rajásica* é impura e a *tamásica* é, de modo geral, grosseira. Não fazemos uma coisa porque gostamos, ou não deixamos de fazer uma coisa porque não gostamos. Seja ela prazerosa ou dolorosa, devemos aceitá-la como a vontade de Deus e como nosso dever.

10. Este homem enxerga e não tem dúvidas: ele capitula, ele é puro e está em paz. O trabalho, prazeroso ou doloroso, é para ele felicidade.

11. Pois não há homem na terra que possa renunciar completamente a um mínimo trabalho para viver, porém aquele que renuncia à recompensa de seu trabalho é, na verdade, um homem de renúncia.

Nenhum ser encarnado pode renunciar à ação completamente. O *Gita* afirma, repetidamente, que não podemos, na verdade, não fazer nada. Precisamos respirar e, em alguma medida, a respiração é uma ação. Alimentar-se é uma ação. Pensar que podemos não fazer nada é uma ilusão. O *Gita* aqui resume aquilo que ensinou desde o início. Ninguém poderá renunciar completamente ao trabalho, mas aquele que renuncia à recompensa é um verdadeiro *sannyasi*. Não podemos renunciar ao trabalho, mas podemos renunciar ao eu. Se renunciamos ao eu, então, podemos fazer qualquer trabalho que nos apeteça, pois ele não nos aprisiona.

12. Sempre que um trabalho for feito por uma recompensa, o trabalho acarretará prazer, ou dor, ou ambos, a seu tempo;

porém, sempre que um homem realiza trabalho na Eternidade, então, a Eternidade é sua recompensa.

A tradução de Mascaró é um tanto livre. O significado é o de que o fruto da ação é bom, mau ou misto, no caso de agirmos sem renúncia; mas, se renunciamos ao fruto, não seremos afetados pelos resultados, de nenhum modo.

> 13. Sabe tu agora de mim, ó Arjuna, as cinco causas de todas as ações, tais como apresentadas na sabedoria do *sankhya*, em que encontramos o objetivo de todas as ações.

> 14. O corpo, o "eu sou" inferior, os meios de percepção, os meios de ação e o Destino. São estes os cinco.

O *sankhya*, subjacente em todo o *Gita*, é o mais antigo sistema filosófico indiano. Ele descreve todos os elementos do universo, e as funções da alma humana. As cinco causas de todas as ações são descritas como a "base material", o *adhishthanam*, ou seja, o corpo. Depois vem o *karta*, o agente, aquele que realiza a ação, e, em seguida, "causas materiais", os órgãos da percepção. Segue-se *prithakcesta*, que pode ser mais bem traduzido como tipos diversos de energia, os meios da ação. A quinta causa é *daivam*, destino, ou talvez pudéssemos traduzi-lo por "a vontade de Deus" (*deva*). No hinduísmo, tem muita força a ideia de que somos condicionados por nosso passado, pelo passado da humanidade como um todo, e por toda a situação na qual estamos agindo. Todos esses fatores entram em operação.

> 15. O que quer que um homem faça, seja isso bom ou mau, seja em pensamentos, palavras ou obras, tem essas cinco causas da ação.

> 16. Aquele que pensa que é seu espírito infinito quem realiza as ações que a natureza realiza é um homem de visão opaca, que não enxerga a verdade.

Isso pode ter dois significados. Caso um homem pense estar realizando a ação, e que a ação não provém do espírito de Deus no além, então, ele estará iludido. Ou o significado pode ser o de que aquele que pensa que o espírito infinito está envolvido na ação está iludido. Trata-se de uma questão complexa. Em toda ação humana existem três diferentes níveis: o físico, o psicológico e o espiritual. O corpo e a mente são empregados em todos eles, porém, por trás de ambos, está o *Atman*, o espírito, e, em última análise, toda ação provém do espírito de Deus. Quando pensamos que "eu" estou fazendo isso, como se apenas eu fosse o autor, estamos nos enganando, porque somos completamente dependentes de Deus, para todas as nossas atividades. Portanto, uma interpretação é a de que estará iludido aquele que pensa "eu realizo", esquecendo-se de que ele depende de Deus. Todavia, um outro aspecto é o de que podemos compreender que Deus (*Atman*, espírito) está envolvido em todas essas ações, e também seguir pensando que se realizamos uma má ação Deus não estará envolvido, mas será responsável. Isso seria igualmente ilusório. Deus é a causa primeira e está além de tudo e de todos, e ainda que Ele opere através de tudo e de todos, Ele não é o responsável pelo mal. Somos responsáveis pelo mal que infligimos, o mal sincero é o efeito do livre-arbítrio.

17. Aquele que está livre dos grilhões do egoísmo, e cuja mente está livre de toda má vontade, mesmo se ele matar todos esses guerreiros, ele não os mata, e ele está livre.

Existe no hinduísmo uma sugestão de que se um homem é um *jnani*, um erudito, que passou para além do corpo e da mente, alcançando o espírito interior, ele poderá alcançar esse estado de liberdade em que não será mais responsável por nada que ele possa fazer. Essa é uma doutrina muito perigosa e, em geral, ela não é aceita. De fato, trata-se de uma interpretação errônea. O que o texto quer dizer é que se o espírito está livre dos grilhões do amor-próprio, tendo se livrado do egoísmo, e se a mente está livre de toda má vontade, então, não se pode conceber nenhum mal. A ação se originará do espírito interior, e isso não poderá ser mau. Todavia, existe a sugestão, tanto no *Gita* como em outras partes, de que o que se diz a Arjuna é que ele é um guerreiro, que ele luta nessa batalha; que é seu dever matar essas pessoas e que ele não deve se preocupar com isso: "Não será você quem as mata; será o corpo que as mata, não você mesmo". Isso é muito enganoso. Tanto no *Gita* quanto em toda essa tradição o que encontramos é que existem diferentes correntes de pensamento, que nem sempre estão claramente distintas. Como um todo, o *Gita* foi além dessas contradições. Zaehner é um dos que sustentam que a doutrina do *Gita* é a de que a matança se dá apenas no plano fenomênico, e não no absoluto. Há no hinduísmo o perigo de dizermos que, em última análise, nenhuma ação neste mundo possui significação, seja ela boa ou má. Isso se relaciona com a visão de que o mundo é simplesmente um mundo fenomênico, de impermanência e de multiplicidade, que desaparece o tempo todo e que não possui realidade, em última análise. Faz-se necessário ir além de todo o mundo dos fenômenos, para realizar a Verdade única e absoluta. Então o indivíduo estará completamente livre. Contudo, esse é apenas um aspecto do *Gita*, e, no todo, o texto contraria essa visão. A verdadeira visão do *Gita* é a de que quando alcançamos o nível do espírito descobrimos que é o próprio Senhor que está em nós, e age através de nós, e de que precisamos nos unir ao Senhor, de modo a cumprir seu propósito no mundo. Isso chega mais perto do ponto de vista cristão

> 18. Na ideia que fazemos de uma ação, existe o conhecedor, o conhecer e o conhecido. Sempre que a ideia é ação, existe aquele que realiza, a realização e a coisa realizada.
>
> 19. Na ciência dos "Gunas", diz-se que o conhecer, aquele que realiza e a coisa realizada, são de três espécies, de acordo com suas qualidades. Ouve tu acerca dessas três.

20. Quando o indivíduo enxerga a Eternidade nas coisas que desaparecem e o Infinito nas coisas finitas, então, ele tem conhecimento puro.

Mascaró usa de um pouco de liberdade, mas, ele evidencia todo o sentido disso. Zaehner, que é mais literal, assim traduz: "Aquela espécie de conhecimento pela qual o indivíduo enxerga uma modalidade de ser, imutável, indivisa em todos os seres contingenciais, por mais divididos que estejam na bondade, isto é, conhecimento *sáttvico*. Esteja certo disso".

Uma das grandes intuições do *Gita* é a de que, em última análise, tudo o que ocorre neste mundo tem sua fonte na Realidade Eterna que está além. Como diz o texto: "O indivíduo enxerga a Eternidade nas coisas que desaparecem e o Infinito, nas coisas finitas". Por trás de todo tempo e espaço, existe o Infinito e o Eterno, e a sabedoria consiste em enxergar além do temporal e do espacial, em direção a essa Realidade Eterna, que está presente em todo lugar e em todas as coisas. A ignorância é quando o indivíduo confunde o fenômeno espacial e temporal com a realidade última. Isso é aquilo que todos nós tendemos a fazer. Olhamos em volta, vemos a terra, as árvores e o céu, e nos vemos uns aos outros, e nossos próprios corpos, e aí nos detemos. Todas essas coisas são fenômenos, aparências que nos chegam através dos sentidos. Os fenômenos sensoriais se refletem na mente, e chegamos a uma visão específica do mundo fenomênico. A sabedoria é enxergar que, além de você e eu, e da terra, a Realidade única, Deus, está presente, em tudo e em todos, a todo momento, em todas as situações. O ideal do *Gita* e dos *Upanixades* é, portanto, o de enxergar além dos fenômenos, em direção à Realidade Eterna, em todos os momentos da própria vida.

21. Porém, se o indivíduo enxerga a diversidade das coisas, com suas divisões e limitações, então, ele tem conhecimento impuro.

É isso o que faz a maioria das pessoas, enxergam a diversidade, falhando em enxergar a unidade. Elas veem uma árvore, e é uma árvore, e nada mais. Elas veem uma pessoa, e é uma pessoa, e nada mais. Elas não relacionam a árvore com todo o cosmos, do qual ela é uma parte; elas não relacionam aquela pessoa com toda a humanidade, da qual cada um é parte. Elas não relacionam a árvore e a humanidade com todo o ciclo da natureza e da evolução, que vem acontecendo desde o início dos tempos e que se move em direção a uma meta. Elas não veem as coisas como um todo, elas as veem em partes.

Em um sentido muito verdadeiro, todo o mal se origina da visão das partes, e não do todo. Eu sou eu, e você é você, e entramos em conflito, sempre que não reconhecemos nossa interdependência na unidade do todo. Frequentemente, refiro-me à ilustração da relação existente entre a luz e a cor. Há uma luz, e nessa luz todas as cores estão contidas. Porém, quando a luz se decompõe nas cores vermelho, azul, verde, violeta, laranja, todas elas parecem ser diferentes e opostas, elas até mesmo se chocam. Ainda assim, todas elas são manifestações da luz única.

Sempre que vemos apenas a diferença, sempre que vemos apenas o vermelho e o azul e o verde, sem relacioná-los com a luz, estamos no mundo da dualidade, o mundo dos opostos, da violência, do conflito, na verdade, de todo o mal.

Quando nos vemos como pessoas separadas, separadas dos outros, separadas do mundo, separadas de Deus, esta é a essência do pecado. Quando vermos a nós mesmos, e ao mundo, e a todas as coisas, em sua total dependência à Verdade Única, à Realidade Única, ao Verbo de Deus, então, estaremos na verdade.

22. E se, egoisticamente, o indivíduo enxerga uma coisa como se ela fosse todas as coisas, independente do Uno e dos muitos, então, o indivíduo está nas trevas da ignorância.

O homem *rajásico* enxerga coisas diferentes como opostas umas às outras, mas o homem *tamásico* enxerga uma coisa como se ela fosse todas as coisas. Ele está completamente obcecado por uma coisa. Poderá ser o dinheiro, poderá ser a bebida, poderá ser o sexo, poderá ser o trabalho. Isso é desastroso; trata-se de uma completa inversão da verdade. Em lugar de ver o Uno em todas as coisas, essas pessoas veem cada coisa isoladamente, como se fosse tudo. Elas fazem do dinheiro, do trabalho ou do prazer o seu deus. Esse é o nível mais baixo.

23. Quando a ação é feita como uma ação sagrada, altruisticamente, com uma mente pacífica, sem luxúria ou ódio, sem desejo de recompensa, então, a ação é pura.

Uma ação sagrada estritamente é aquela comandada pelas Escrituras, mas isso pode se aplicar a qualquer ação que seja feita sem apego. A ação que escraviza é aquela que se faz por apego a pessoas ou coisas, ou instituições, e quase sempre agimos por apego. É extremamente difícil agirmos por motivação completamente pura, desapegados de nós mesmos, de pessoas, de coisas, mas essa é a única ação apropriada. Como nos diz o Evangelho, precisamos nos desapegar completamente de pai e de mãe, de esposa, de filhos, de terras e de qualquer coisa que possuamos. Então, poderemos amar completamente. Todo amor que seja apegado é um amor egoísta. Um amor de mãe, ou um amor de marido, ou aquele de freiras que possam estar trabalhando por uma boa causa, normalmente, conterá um elemento de egoísmo. Mas, quando o indivíduo está desapegado, ele está completamente livre de toda automotivação, e ele ama aquela pessoa por si mesma, como criatura do próprio Deus; sendo esse o amor perfeito. O amor de Deus é completamente desapegado. Ele não está apegado a nenhum de nós; ele é completamente desapegado, amando-nos completamente como resultado.

É igualmente errado ter aversão ou ter apego a alguém ou a alguma coisa. Precisamos ser completamente desapegados e, então, seremos capazes de lidar com a pessoa, com a coisa, com a situação, com calma, com uma mente pacífica e com a compreensão correta.

24. Porém, quando a ação é feita com desejo egoísta, ou com o sentimento de que se trata de um esforço, ou com o pensamento de que se trata de um sacrifício, então, a ação é impura.

Sempre que o indivíduo sente que "eu sou o autor", ele imediatamente se satisfaz ou se desaponta consigo mesmo. Por outro lado, quando o indivíduo se dá conta de que Deus é o autor e de que somos Seus instrumentos, altera-se todo o enfoque. Note-se que o simples pensamento do indivíduo, de estar fazendo um sacrifício, em si, é uma marca de impureza.

25. E aquela ação que se realiza com uma mente confusa, sem a consideração daquilo que poderá se desenrolar, ou das próprias capacidades do indivíduo, ou dos malefícios a outros infligidos, ou das próprias perdas do indivíduo, é obra das trevas.

26. Um homem que esteja livre de apegos egoístas, livre de seu "eu sou" inferior, que tenha determinação e perseverança, e cuja paz interior esteja acima da vitória ou da derrota, este homem possui o puro *sattva*.

Isto é, sempre que realizamos nossas ações altruisticamente, em espírito de entrega, não somos perturbados pelo sucesso ou fracasso. Essa, como vimos anteriormente, é a prova da ação altruísta.

27. Porém, um homem que seja escravo de suas paixões, que aja para fins egoístas, que seja ganancioso, violento e impuro, e se altere com o prazer e a dor, é um homem de *Rajas* impuro.

28. E um homem que não tenha harmonia própria, vulgar, arrogante e velhaco; malicioso, indolente e desesperado, e também procrastinador, é um homem das trevas de *Tamas*.

É muito útil examinarmos a nós mesmos e enxergarmos nossas ações à luz de elas serem *sáttvicas*, *rajásicas* ou *tamásicas*. Todos temos as três qualidades em nós, até mesmo as tendências *tamásicas*. A indolência, o desespero e a procrastinação afligem a maioria das pessoas de tempos em tempos. Não podemos nos livrar desses três *gunas*, eles precisam ser harmonizados. Os aspectos *rajásicos* e *tamásicos* devem ser submetidos a um completo controle, e a qualidade *sáttvica* deve permear todas as coisas.

Sattva é pureza, inteligência e clareza, e sempre que isso está no comando, ele orienta o *rajas*, a energia, a força, que nos confere o impulso para realizarmos nossas ações. *Tamas* é a inércia, mas também é a firmeza, a solidez, no sentido de estarmos com os pés no chão. Assim, cada um tem seu lugar.

29. Ouve tu agora, detalhada e completamente, a divisão tripartite da sabedoria e da estabilidade, conforme os três *gunas*.

O termo para sabedoria é *buddhi*. Essa é uma palavra com a qual estamos muito familiarizados e, talvez, "razão" fosse a melhor tradução aqui, mas *buddhi* possui dois níveis. Existe o nível da razão, do discernimento, do julgamento do certo e do errado, e assim por diante, e depois existe a *buddhi* mais elevada, que é a faculdade intuitiva através da qual podemos perceber Deus, a verdade e a Realidade eterna. Aqui o texto trata da razão que discerne.

30. Há uma sabedoria que discerne quando se deve ir, quando se deve voltar, o que se deve fazer, o que não se deve fazer, o que é medo, o que é coragem, o que é escravidão, o que é libertação: esta é sabedoria pura.

Esse tipo de discernimento é realmente fundamental. É o que São Tomás de Aquino chamava de prudência, que ensina o indivíduo o que fazer e o que não fazer não apenas em termos genéricos, mas em situações específicas.

O que é medo e o que é coragem? É muito fácil nos enganarmos. O medo pode conduzir à covardia, mas a coragem pode conduzir à presunção. A necessidade básica é a de termos discernimento que nos permita discernir o caminho do meio.

31. A sabedoria impura não tem visão clara acerca do que é certo e do que é errado, o que deveria ser feito e o que não deveria ser feito.

32. E há uma sabedoria obscurecida pelas trevas, na qual acredita-se que o errado seja o certo e que as coisas sejam o que elas não são.

Esse é o nível mais baixo. Enxergar todas as coisas de maneira pervertida é a sabedoria de *tamas*.

33. Quando os movimentos da mente e do alento da vida estão em uma harmonia de paz, na ioga da santa contemplação, há estabilidade, e essa estabilidade é pura.

O termo para estabilidade é *dhritya*. A raiz *dhr* é a mesma de *dharma*. *Dharma* é a lei que governa o universo, e *dharma* é o dever; é a lei ou aquilo que está firmemente fundamentado. A ioga é o estado em que a respiração está sob controle e a mente não mais vagueia, mas está firmemente estabelecida na lei, a harmonia do universo.

34. Porém, aquela estabilidade que, com um desejo por recompensa, se apega à riqueza, ao prazer, e até mesmo ao ritual religioso, é uma estabilidade de paixão, impura.

São estas as três metas da vida, dentro da tradição hindu: *kama*, *artha* e *dharma*. A quarta é *moksha*. *Kama* é o prazer, reconhecendo-se que o prazer seja uma das metas próprias da vida. A felicidade e o desfrute são perfeitamente legítimos. É, claro, também podem ser ilegítimos. *Artha* é a riqueza, e a busca da riqueza também é considerada necessária para os negócios da vida. *Dharma* é a lei que controla a busca do prazer e da riqueza. Um significado de *dharma* é "o dever", mas é mais do que isso. Trata-se da lei do universo como um todo, que é o que São Tomás chamava de *lex eterna*, a lei eterna, e é a lei que se manifesta na vida humana e na sociedade humana. Na Índia, há a lei da casta. O *dharma* de cada um é o estado da vida de cada um, ou em termos cristãos, "o estado de vida ao qual a Deus aprouve chamá-lo". Na Índia, se o indivíduo é um brâmane, o dever dele é o sacrifício e o estudo dos *Vedas*, enquanto os deveres de um *kshatriya* são os de lutar, controlar e governar. O dever do *vaisya* é o de trabalhar como produtor rural, ou comerciante, e o dever do *shudra* é o de servir. Esse é o *dharma* do indivíduo, todo o dever do indivíduo na vida. Assim, estas são as três metas na vida: *kama*, *artha* e *dharma*. Quando são perseguidas com um desejo por recompensa, elas são impuras. Quando buscamos prazer para nós mesmos, quando buscamos prosperidade para nós mesmos e quando realizamos nossos deveres com objetivos egoístas, para que isso nos angarie respeito, então, a obra é impura.

> 35. E aquela estabilidade, na qual um tolo não desiste da preguiça, do medo, da autocomiseração, da depressão e da luxúria, é, na verdade, a estabilidade das trevas.
>
> 36. Ouve tu agora, ó grande Arjuna, dos três tipos de prazer. Há o prazer em seguir aquele caminho certo, que conduz ao fim de todas as dores.
>
> 37. Aquilo que a princípio parece uma taça de tristezas, afinal, se revela o vinho imortal. Esse prazer é puro: é a felicidade que surge da clara visão do espírito.

Frequentemente, as coisas parecem difíceis e dolorosas, mas quando as aceitamos, elas se tornam fonte de felicidade. Esse é um prazer que é bom, e ele provém do espírito, uma dádiva de Deus.

> 38. Porém, o prazer que provém do anseio dos sentidos pelos objetos dos seus desejos, que a princípio se apresenta como uma

bebida doce, mas afinal se revela uma taça de veneno, é o prazer da paixão, impuro.

O ensinamento fundamental da Bíblia é o de que o caminho da virtude parece difícil a princípio, mas depois acarreta regozijo, e o caminho do mal parece muito atraente no princípio, mas ele termina na tristeza. Como o Evangelho nos diz: "largo e espaçoso é o caminho que conduz à perdição. E muitos são os que entram por ele. Estreita, porém, é a porta e apertado o caminho que conduz à Vida" (Mateus 7,13-14).

> 39. E aquele prazer que, tanto no início quanto no fim, é apenas uma ilusão da alma, que provém do embotamento do sono, da preguiça ou da negligência, é o prazer das trevas.

> 40. Não há nada na terra ou nos céus que esteja livre desses três poderes da natureza.

Assim, essa é a doutrina. Tudo isso está incluído na doutrina básica, que permeia todo o *Gita*, das duas fontes de toda realidade, *purusha*, o espírito, a consciência, e *prakriti*, a natureza, a matéria. Toda a criação provém de uma união entre *purusha* e *prakriti*. A luz brilha nas trevas, a luz penetra esse útero da natureza e gera toda a criação. Toda a criação é governada por esses três elementos constituintes: a luz, o fogo e as trevas. Se a luz prevalece, a bondade prevalece; se o fogo predomina, a violência predomina; e se *tamas*, as trevas, prevalecem, todas as coisas se afundam na morte e nas trevas.

> 41. As obras de brâmanes, *kshatriyas*, *vaishyas* e *shudras* são diferentes, em harmonia com os três poderes da sua natureza de nascença.

As quatro classes, ou *varnas*, são agora relacionadas com os três *gunas*. Provavelmente, seja verdadeira a afirmação de que a intenção do *Gita* tenha sido a de re-instaurar os *varnas*, como base da ordem social. Pode-se dizer que, à época, estava se formando a estrutura da sociedade hindu. Trata-se de uma época muito interessante. Após o período védico, que se encerra cerca de 500 a.C., temos o período épico que se estende de 500 a.C. até 500 d.C. Esse período de mil anos constitui o período de formação da sociedade hindu. O *Gita* possui um lugar de destaque em muitos elementos conflituosos e em diferentes filosofias. Foi nessa época que as leis de Manu foram codificadas, e foram estabelecidas as quatro castas. Todavia, é melhor não usarmos o termo "casta". Em sânscrito o termo é *varna*, que significa cor. "Classe" seja talvez a melhor tradução, pois há apenas quatro *varnas*, mas há centenas de castas, diferentes grupos religiosos e diferentes ramos de atividade, cada um com sua própria casta. Os quatro *varnas* são realmente baseados na cor, e isso foi perfeitamente intencional. Os invasores arianos tinham pele clara e, de modo a preservar sua própria cor, eles introduziram as três classes mais elevadas dos brâmanes, *kshatriyas* e *vaishyas*, enquanto os drávidas de pele escura foram classificados como *shudras*, sendo estes últimos, os trabalhadores. De certo modo, existe uma espécie de caráter universal nessa estrutura. Atualmente, muitos hindus podem afirmar não querer o sistema de castas como ele é; no entanto, eles afirmam que a base era sólida. Essas quatro ordens são encontradas em todas as sociedades humanas. Uma estrutura semelhante era muito evidente, por exemplo, na sociedade feudal europeia. Na Índia, há o brâmane que se ocupa com Deus, a religião, a revelação divina e o sacrifício, assim como a casta sacerdotal na Europa da Idade Média. Depois há o *kshatriya*, o guerreiro, o controlador, o governante, assim como os nobres na Europa medieval. Depois o *vaishya*, que não é apenas o mercador, mas também o fazendeiro, o produtor rural. Em quarto lugar, há o trabalhador, o *shudra*, que engloba a classe trabalhadora, que corresponde aos camponeses da sociedade medieval.

Pode-se afirmar que o sacerdote brâmane é *sáttvico*. Ele pertence à ordem da luz, da inteligência, da clareza e da visão. O guerreiro é *rajásico*, um homem com energia, coragem, força, e assim por diante. Depois, o *vaishya* se interpõe; ele precisa ter a energia do guerreiro, mas, de algum modo, ele é mais *tamásico*. Finalmente, há o trabalhador, o operário, o *shudra*, que pertence à terra e que, assim como a terra, é sólido e fundamental para a sociedade.

> 42. As obras do brâmane são paz, harmonia consigo, austeridade e pureza; clemência amorosa e retidão; visão, sabedoria, e fé.

Essas são virtudes frequentemente mencionadas em todo o *Gita*. *Sama* é paz, ou com maior acuracidade, serenidade ou equilíbrio. *Dama* é autorrefreamento e *tapas*, ascetismo, autocontrole, disciplina. *Sauca* significa pureza, *kshanta* é resiliência ou abstenção, e *arjavam* é endireitamento. Depois, *jnana* é a mais elevada sabedoria, e *vijnana* é o conhecimento que discerne ou compreensão. Em último lugar, está a fé religiosa. Essas são as virtudes de um brâmane.

Ora, isso é o que um brâmane deveria ser. No curso da história todas essas ordens tornaram-se hereditárias, mas mesmo nos dias de hoje frequentemente se diz que um homem não é realmente um brâmane a menos que ele tenha essas virtudes. Muitos hindus, que hoje defendem o sistema de castas, afirmam que um brâmane não é um brâmane por direito de nascença; ele o deve ser por natureza.

Zaehner cita uma passagem do *Dhammapada* de Buda, que sempre repito com prazer: "Eu não chamo um homem de brâmane porque ele nasceu de uma determinada família ou mãe, pois ele pode ser orgulhoso e próspero. O homem que está livre das posses e livre dos desejos, aquele eu chamo de brâmane".

Assim, essas são as virtudes de um brâmane. Há hoje uma tendência a pensar que a igualdade significa que todas as pessoas devem ser o mesmo, enquanto em uma sociedade normal, inevitavelmente, há diferenciação. Mahatma Gandhi defendia o sistema de castas, mas ele dizia que não deveria haver discriminação. Um varredor de ruas é igual a um advogado ou a um médico; cada um deles possui uma função na sociedade, e cada um deles deveria receber respeito apropriado. Em nossos dias, todas as pessoas querem trabalhar em escritórios, ninguém quer ser trabalhador manual, e isso contribui para uma sociedade desequilibrada. Da mesma maneira, ninguém quer permitir que haja diferenças culturais. Todas as pessoas devem possuir o mesmo nível cultural, mas isso não é possível. O que acontece na prática é que o nível cultural em geral está caindo. Como estender a educação a todos e, também, preservar as diferenças culturais e as distintas maneiras de viver ainda é um problema.

> 43. Essas são as obras de um *kshatriya*: uma mente heroica, fogo interior, constância, engenhosidade, coragem na batalha, generosidade e nobre liderança.

Essas são as típicas virtudes de um "nobre", um guerreiro da era heroica, o Cavaleiro da Idade Média. Winston Churchil foi um bom exemplo dos tempos modernos.

> 44. Comércio, agricultura e criação de gado são as obras de um *vaishya*. E a obra do *shudra* é o serviço.

Comércio e agricultura são a base de qualquer sociedade normal, e o trabalhador rural, o camponês, ainda que possa ter uma personalidade *tamásica*, é o sustentáculo de toda a comunidade. A substituição do trabalhador rural por maquinaria apenas desumaniza a sociedade. De maneira acertada, Gandhi visualizou a necessidade de restaurar o vilarejo de comunidade autossustentável como base da ordem social.

> 45. Todos eles alcançam a perfeição, quando encontram a felicidade em suas obras. Ouve tu agora como um homem alcança a perfeição e encontra a felicidade em suas obras.

As pessoas são alegres quando encontram a felicidade em suas obras e, hoje em dia, poucas pessoas são alegres por essa razão. O trabalho é algo que elas devem fazer; elas o fazem e, então, se divertem fazendo algo diferente. Todavia, essa é uma modalidade de existência muito imperfeita. A existência verdadeiramente feliz é a daquela que está feliz com o que faz. Agora, Krishna explica como encontrar felicidade no próprio trabalho.

> 46. Um homem alcança a perfeição quando faz de sua obra uma devoção a Deus, de quem todas as coisas provêm, e que está em tudo e em todos.

Mais literalmente: "Por meio da dedicação do trabalho que lhe é apropriado (o de sua casta) a ele que é a fonte da atividade de todos os seres e que gerou todo este universo um homem alcança perfeição e sucesso" (Z). Quando realizamos nossas ações, como sendo ações em Deus, descobrimos que Deus está agindo em nós, e que todas as diferentes ações são diferentes modalidades da ação divina. Esse é precisamente o mesmo ensinamento de São Paulo que diz: "Diversos modos de ação, mas é o mesmo Deus que realiza tudo em todos" (1 Coríntios 12,6). Quando aceitamos nosso próprio *dharma*, nossa obra, e a aceitamos como obra de Deus, então, encontramos felicidade nela. Creio ser essa uma das razões pelas quais o povo é comparativamente feliz nos vilarejos da Índia. Pelos padrões modernos, eles podem ter uma vida miserável, mas ela é ajustada. Eles sabem onde estão. Eles têm um trabalho a ser feito, e eles auferem prazer em seu trabalho e, consequentemente, encontram paz. Sempre me pergunto por que, quando vamos a um vilarejo, encontramos esse clima de felicidade. Em relação a muitos aspectos, existe infelicidade, mas o clima geral é de felicidade. Creio que seja porque as pessoas aceitam a própria situação. Elas não se preocupam com ela, ou desejam que ela seja diferente, nem desejam especificamente melhorar seu padrão de vida. O povo dos vilarejos sabe que não pode mudar muitas coisas, e eles aceitam que tudo vem de Deus. Isso conduz à devoção a Deus, na medida em que se dão conta de que Deus está presente em suas vidas. Essa parece ser a fonte da felicidade, e isso é precisamente aquilo que, hoje em dia, a maioria das pessoas perdeu. Elas não sentem que sua vida provém de Deus, ou que seu trabalho é o trabalho d'Ele. Para a maioria das pessoas, tudo se resume a um simples acaso, e sua tarefa é a de melhorar isso, se possível. Por outro lado, se o indivíduo entende que toda sua vida e seu trabalho provêm de Deus, então, ele poderá descobrir essa profunda felicidade na vida. O próximo *sloka* é interessante, ainda que poucas pessoas concordem com ele hoje em dia.

> 47. Mais grandiosa é tua própria ação, mesmo que ela seja humilde, do que a ação de outra pessoa, mesmo que ela seja grandiosa. Quando um homem realiza a obra que Deus lhe confere, nenhum pecado toca este homem.

Existem perigos naquilo que, realmente, é uma defesa do sistema de castas. Um indivíduo nasce com um determinado *status*, um determinado modo de vida, como um carpinteiro, um pedreiro, um tintureiro, uma lavadeira, uma advogada, um brâmane, ou o que quer que seja, e isso provém de Deus, e esse indivíduo realiza esse *dharma*, essa obra. É muito melhor realizar a própria obra do que aquela que aparentemente é uma melhor obra de uma outra pessoa. Esse também era o antigo ensinamento cristão. "Ganhar o próprio sustento no estado de vida ao qual a Deus aprouve chamá-lo." Fica onde estás, e faze tu aí teu trabalho. Essa era a antiga tradição. Obviamente, há nisso um perigo. Isso se torna muito estático, podendo conduzir a grandes abusos. No entanto, acredito que tenhamos migrado para o extremo oposto. Ninguém deseja manter o estado a que foi chamado; todos querem subir na vida. Creio que devamos buscar um equilíbrio em todas essas coisas. Pode haver um sistema que seja mais fluido do que o hereditário antigo, em que haja uma ordem geral na sociedade, com diferentes níveis e diferentes funções, comumente aceitos, sem que as divisões sejam rigidamente fixas. Acredito que isso conduza a uma maior felicidade. As culturas mais estáveis do mundo foram as grandes culturas medievais da Índia, da China, do Islã e da Europa, de 500 a 1500. Na Europa, por exemplo, havia uma cultura mais ou menos estável, baseada na agricultura e em diferentes tipos de artesanato, ainda assim, possuía, em si mesma, a capacidade para o contínuo crescimento. Houve o surgimento de escolas e de universidades, com o início do estudo da medicina e da ciência, culminando com o estudo da filosofia e da teologia. Tratava-se de uma sociedade organizada, e as pessoas confiavam na estrutura básica da sociedade. Com certeza, frequentemente, as coisas seguiam caminhos errados. Ocorreram tragédias e desastres, naturais e humanos, mas a ordem era aceita. Esse era o *dharma*. Hoje, porém, é o contrário. Muitas coisas boas estão ocorrendo, e há maravilhosos empregos e oportunidades, para o estudo, por exemplo, mas as pessoas estão insatisfeitas com o estado geral da sociedade.

No passado, a sociedade se baseava nos princípios corretos e, por mais que muitas coisas pudessem resultar erradas, as pessoas sentiam uma determinada seguridade. Agora, contudo, por melhor que estejam as coisas e por melhor que o indivíduo se saia, de algum modo, está tudo deslocado. Assim, "melhor seu próprio trabalho, seu próprio *dharma*, do que o *dharma* de outra pessoa".

> 48. E um homem não deveria abandonar sua obra, mesmo que não consiga realizá-la com toda a perfeição; pois em toda obra pode haver imperfeição, assim como em todo fogo há fumaça.

As pessoas se tornam descontentes, meramente por não conseguirem alcançar a perfeição em suas ações. Elas realizam algo e, então, descobrem alguma imperfeição; de modo geral, não é satisfatório, e se desencorajam. Todavia, toda obra humana é imperfeita, e nenhuma gera satisfação completa. Devemos nos conformar com isso, assim como "em todo fogo há fumaça". Não podemos encontrar perfeição neste mundo. Em seguida, chegamos a toda essa questão da perfeição humana e da base da sociedade na qual devemos viver. No entanto, como alcançar a perfeição nesta sociedade?

49. Quando a razão de um homem está livre de cativeiro, e sua alma está em harmonia, além dos desejos, então, a renúncia o conduz à região suprema que se encontra além das ações terrenas.

50. Ouve tu, agora, como ele então alcança Brahman, a mais elevada visão da luz.

51. Quando a visão da razão está clara, e estável, a alma está em harmonia; quando o mundo do som e dos outros sentidos se foi, e o espírito se elevou acima da paixão e do ódio;

52. Quando um homem vive na solitude do silêncio, e a meditação e a contemplação estão sempre com ele; quando sua saúde não é perturbada por alimento em demasia, e seus pensamentos, suas palavras, seu corpo estão em paz; quando sua vontade está constantemente voltada para se ver livre da paixão;

53. E seu egoísmo, violência e orgulho se foram; quando não há mais luxúria, nem raiva, nem ganância, e ele está livre do pensamento "isto é meu"; então este homem galgou a montanha do Altíssimo: ele merece ser uno com Brahman, com Deus.

54. Ele é uno com Brahman, com Deus, e está além da aflição e do desejo, sua alma está em paz. Seu amor é o mesmo por toda a criação, e ele nutre supremo amor por mim.

Temos aqui um resumo do ensinamento básico do *Gita* sobre o caminho da união com Deus. Quando nos livramos das paixões, dos sentidos, da mente, de todas as suas alterações, do pensamento do "eu" e do "meu", então, alcançamos essa paz interior, essa *shanti*, então, nos tornamos Brahman. Tornamo-nos uno com Deus. O ponto em que o humano encontra o divino é a *buddhi*, e, ao adentrarmos esse ponto, adentramos a consciência desperta de Brahman, do eterno, em toda parte e em todas as coisas. Trata-se de uma parte de nosso próprio ser.

Aquilo é *Brahma-vidhya*. *Brahma-bhuta* é a outra fase; o indivíduo se torna Brahman, se torna Deus. Ele é uno com Brahman, com Deus; ele não mais se aflige, e não mais sente desejo. O significado de desejo é o desejo apaixonado; trata-se de um dos dois extremos. Em geral, ou estamos deprimidos e aflitos acerca de alguma coisa, ou desejamos apaixonadamente, queremos alguma coisa. Quando nos livramos disso, nos tornamos *sama*, que significa equanimidade. "Ele é o mesmo com relação a todas as criaturas, a todos os seres, e, acima de tudo, ele é *madbhaktim*, devotado a mim, o Senhor." "Seu amor é o mesmo por toda a criação, e ele nutre supremo amor por mim." Essa é a meta. Assim, o *Gita* conduz o discípulo para o alto, passo a passo. O indivíduo se livra de todos os estorvos do corpo, da alma, da mente e, abrindo-se ao divino, à paz interior, o indivíduo se entrega ao Senhor. Esse é o estágio final: a autoentrega.

> 55. Por meio do amor ele me conhece na verdade, quem eu sou e o que eu sou, e quando ele me conhece, na verdade, ele adentra meu Ser.

"Por meio do amor ele me conhece na verdade." Esse amor conduz ao conhecimento. Na doutrina cristã, o verdadeiro conhecimento de Deus é sempre "conhecimento-de-amor" ou, como São Paulo afirma, "conhecer o amor de Cristo que excede todo conhecimento" (Efésios 3,19). Essa é precisamente a natureza do conhecimento místico. Quando adentramos essa profundidade, essa paz, essa consciência desperta de Brahman, descobrimos nosso Ser mais interior. No ponto da *buddhi*, encontramos o *Atman*, o Ser interior. Entramos em comunhão com Brahman, com a Realidade, o Eterno em toda parte, em todas as coisas, e, dentro daquele Brahman, no coração daquele Brahman, encontramos o Senhor, o Deus pessoal. Esse é o caminho do autoconhecimento, que conduz ao conhecimento de Deus em todas as coisas e, finalmente, ao conhecimento do ser pessoal de Deus. Amor, *bhakti*, é um elemento essencial desse conhecimento. Essa é a meta suprema. Nesse estágio nos tornamos uno com o Deus pessoal. Esse é exatamente o ensinamento do Evangelho de São João. "Se alguém me ama, guardará minha palavra e meu Pai o amará e a ele viremos e nele estabeleceremos morada" (João 14,23). E, também, "Aquele que permanece em mim e eu nele produz muito fruto" (João 15,5).

 56. Qualquer que seja sua obra, ele pode se refugiar em mim, e ele alcança, então, por meio de minha graça, o imperecível lar da Eternidade.

Outra tradução apresenta: "Ainda que sempre realize todas as ações" (B & D). Aqui, é digno de nota que o *Gita* rejeitou completamente a ideia de que o indivíduo deva desistir de agir. Podemos realizar todas as nossas ações, mas o fazemos com essa atitude de autoentrega; então, tudo se realiza por meio da graça. O *Gita* afirma o tempo todo não que nós simplesmente desistamos de toda obra entrando em um puro estado de contemplação, mas que, tendo abandonado de modo geral toda obra egoísta e o eu, adentramos o estado de união com Deus e, então, somos livres para realizar toda obra, qualquer que seja ela. Podemos encontrar liberdade total em todas as coisas, por termos alcançado o estado de comunhão completa.

 57. Em teu coração, oferece todas as tuas obras a mim, veja-me como o Objetivo de teu amor, refugia-te na ioga da razão e sempre repousa tua alma em mim.

Chegamos agora ao clímax do ensinamento do *Gita* acerca do amor a Deus. Esse é o caminho da *bhakti*; toda a mente está concentrada em Deus, o tempo todo, e o indivíduo entrega todas as coisas a Ele, e tudo o que faz, o faz como uma oferenda a Ele. Trata-se de uma autoentrega completa.

 58. Se tua alma encontrar repouso em mim, tu sobrepujarás todos os perigos por meio de minha graça; porém, se teus

pensamentos estiverem em ti mesmo, e não prestares ouvidos, tu perecerás.

Prasad significa graça, e o *Gita* sustenta que, por meio da autoentrega, toda a obra humana se torna a obra de Deus, enquanto que, se permanecermos centrados no ego, o *ahankara*, estaremos perdidos.

Krishna agora volta à pergunta original de Arjuna quanto a lutar na batalha:

59. Se tu não lutares tua batalha de vida, porque, no egoísmo, tu estás com medo da batalha, tua resolução é vã: a natureza te obrigará.

Isso é muito interessante. O argumento é o de que, se o indivíduo se baseia no ego e pensa "não lutarei", esse indivíduo se decide em vão, porque ele será obrigado a fazê-lo. Creio que aqui o significado seja o seguinte: há três princípios no universo, os dois primeiros são *purusha*, o supremo espírito, que opera em todas as coisas, e *prakriti*, a natureza ou a matéria, através da qual opera o Supremo. O terceiro princípio, que está entre *purusha* e *prakriti*, é o *jivatman*, a alma individual. Nosso engano é o de acreditar que a alma seja quem realiza todas as coisas, mas, na realidade, o *purusha*, o Supremo, é quem opera. Assim, ou nos rendemos a Deus, e Ele realizará todas as coisas em nós e através de nós, ou, de outro modo, seremos simplesmente subjugados por *prakriti* e faremos todas as coisas por meio da compulsão da natureza. Assim, precisamos escolher; não existe a pura liberdade. Muitas pessoas, hoje em dia, imaginam estar livres para fazer o que quiserem. Isso é pura ilusão. Ou o indivíduo faz a vontade de Deus, entregando-se a Ele, ou será dirigido pela compulsão da natureza, por meio de seu próprio inconsciente e por meio das forças do mundo que lhe está ao redor. Um homem como Hitler pensa ser muito forte e poderoso, mas, de fato, ele é apenas dirigido pelos poderes da natureza, que nele se manifestam. Todas essas pessoas são dirigidas pelo inconsciente. Não são grandes homens, de modo algum; são homens que permitiram que *prakriti* se apossasse deles.

60. Por estares no cativeiro do carma, das forças de tua própria vida pregressa; e aquilo que tu, em tua ilusão, de boa vontade não queres fazer, contra a tua vontade serás obrigado a fazer.

61. Deus habita os corações de todos os seres, ó Arjuna: teu Deus habita teu coração. E seu portentoso poder movimenta todas as coisas, marionetes num teatro de sombras, impelindo-as à frente no fluxo do tempo.

Podemos dizer que essas pessoas são dirigidas pela natureza, mas também podemos dizer que é Deus quem nelas opera. Deus opera através de Seu *maya*, seu portentoso poder, como Mascaró o chama, e toda a criação é dominada por esse *maya*. Enquanto considerarmos este mundo a própria realidade, estaremos sob a influência da ilusão de *maya*. Quando enxergamos através de *maya*, nos damos conta de que Deus é quem opera através de todas as coisas.

62. Dirige-te a Ele para tua salvação com toda tua alma, ó homem vitorioso. Por Sua graça tu obterás a suprema paz, teu lar da Eternidade.

Note-se que aqui o *Gita* utiliza a terceira pessoa para se referir a Deus, ainda que um pouco mais adiante volte à primeira pessoa. É Deus quem está no coração de todas as coisas, impulsionando-as em torvelinho. Assim, este é o conselho, entregue-se a Deus; vá além de todo o teatro da natureza, de *maya*; coloque toda sua confiança em Deus, e por Sua graça você alcançará a suprema paz, o lar da eternidade.

63. Eu te transmiti palavras de visão e de sabedoria, mais secretas do que os mistérios ocultos. Pondere-as no silêncio de tua alma, e então, em liberdade, faze tua vontade.

"Mais secretas do que tudo o que é mais secreto" (B & D). Trata-se de uma frase muito forte, *guhyad ghyataram*, mais secretas do que o segredo. *Guha* é a caverna do coração, o local mais secreto, que contém o supremo segredo da vida.

64. Ouve tu também meu supremo Verbo, o mais profundo segredo do silêncio. Porque eu bem te amo, te direi palavras de salvação.

O clímax do ensinamento do *Gita* acerca do amor a Deus é o reconhecimento de que Deus nos ama. *Ishtah* significa amado. No hinduísmo existe a prática da devoção, *ishta devata*; todo hindu escolhe uma determinada forma de Deus a quem adora, e esta é chamada *ishta devata*, o Deus da sua escolha. Assim, Krishna diz, tu és *ishta*, tu és minha escolha, amado meu. Ora, no verso seguinte, ele leva isso a um clímax.

65. Dá-me tua mente, dá-me teu coração, teu sacrifício e tua adoração. Este é meu Verbo de promessa: tu, em verdade, virás a mim, pois tu és meu querido.

As frases em sânscrito são muito impressionantes, *manmana, madbhakto, madyaji, mam namaskuru*, ou seja, concentrado em mim, devotado a mim, sacrificado a mim, adorando a mim.

Namaskara, literalmente, é prostrar-se. Ao cumprimentarmos alguém, na Índia, dizemos "Namaskara", ou seja, cumprimentamos a Deus na pessoa. Prostramo-nos diante da pessoa, como se diante de Deus. Porém, agora Krishna revela o outro aspecto dessa rendição a Deus: Deus transmite seu amor aos homens. Zaehner enfatiza que esse é o ápice da religião hindu: não apenas que nós amamos a Deus, mas que Deus nos ama. Da mesma maneira, a culminância da revelação cristã é: "Nisto consiste o amor: não fomos nós que amamos a Deus, mas foi Ele que nos amou" (1 João 4,10). Nesse ponto, o hindu e o cristão se encontram. Deveríamos considerar o *Gita* uma revelação, análoga àquela do Evangelho. Existe nos *Upanixades* um movimento gradativo do homem que busca a Deus, que se descobre a si mesmo, que descobre Brahman. Depois, há um despertar dessa *bhakti*, dessa devoção, desse amor, por meio do qual o homem se entrega a Deus. Depois, aquela *bhakti* conduz ao conhecimento de que somos amados por Deus. Este é o ápice da revelação: não se trata meramente de que nós amamos a Deus, mas de que Ele nos ama. Isso é o que o *Gita* revela.

66. Deixa todas as coisas para trás e vem a mim para tua salvação. Eu farei com que te libertes do cativeiro dos pecados. Nada mais temas.

"Deixa todas as coisas para trás e vem a mim para tua salvação", literalmente, seria "desiste de todos os *dharmas*". Isso é precisamente aquilo que São Paulo entende por "lei". *Dharma* é a lei. Esse é um chamado para irmos além da lei, para adentrarmos um estado de graça. Desista do *dharma*, desista da lei, e de qualquer esforço ou dispositivo humano, e aceita essa minha dádiva. Assim, desista de todos os *dharmas*, volta-te para mim, como teu único refúgio. Livrar-te-ei de todo o mal. Nada temas, não tenhas medo. "Eu farei com que te libertes do cativeiro dos pecados", diz ele. O termo é *papa*, que comumente se refere a "pecado". É impressionante o quanto essa revelação se aproxima da cristã.

67. Essas coisas jamais deverão ser transmitidas a alguém que careça de autodisciplina, ou que não tenha amor, ou que não queira ouvir, ou que se manifesta contra mim.

Dizem que não deveríamos transmitir essa doutrina a todas as pessoas indiscriminadamente, do contrário, dela se fará mau uso. Se dissermos a uma pessoa, desista de todos os *dharmas* e entregue-se a Deus, ele irá ignorar a lei completamente, para fazer o que preferir. Santo Agostinho disse: "Ame e faça o que quiser". Se amamos verdadeiramente, então, poderemos fazer aquilo que preferirmos. Porém, se confundirmos nossa própria vontade com o amor, então, estaremos perdidos. "Isso jamais deveria ser transmitido a alguém que careça de autodisciplina", ou seja, a alguém que não tenha *tapas*. Não pregue o Evangelho a todas as pessoas. O Evangelho só deveria ser pregado àqueles que estão prontos para ele, quando estiverem prontos para recebê-lo. Quando, por exemplo, as pessoas levantam um cartaz na estação ferroviária "Deus assim amou o mundo", cria zombaria com a religião.

> 68. Porém, aquele que ensina essa doutrina secreta àqueles que têm amor por mim, e que tem ele mesmo amor supremo, em verdade, ele virá a mim.

Não apenas receber essa doutrina, mas transmiti-la a outras pessoas, é a mais elevada virtude, caso outras pessoas estejam prontas para recebê-la.

> 69. Pois dentre os homens não poderá haver nenhum homem que realize maior obra por mim, nem mesmo poderá haver homem na terra que me seja mais querido do que ele é.

Propagar o amor a Deus é o que de mais elevado podemos realizar. "Nenhum homem poderá prestar serviço que me seja mais agradável do que um homem como este, nem qualquer homem na terra poderá me ser mais amado do que ele é." (Z) Aqui Krishna utiliza o termo *priya*, que significa "querido" ou "amado".

> 70. Aquele que na contemplação aprende as sagradas palavras de nosso discurso, a luz de sua visão é a sua adoração. Essa é minha verdade.

"Aquele que estudar esse nosso sagrado diálogo, por ele serei adorado com o sacrifício de sabedoria, esta é minha ideia." (B & D) Sacrifício é *yajna*, e *jnana yajna* é um sacrifício de sabedoria, o que equivale a dizer que a própria leitura que fazemos do *Gita* torna-se um ato de adoração, um ato sacrificial. Isso é de todo importante. Ele nunca deveria ser lido apenas academicamente. Deve ser lido de modo a despertar amor e a transmitir a experiência da presença de Deus que nos habita.

> 71. E aquele que apenas ouve, mas tem fé, sem ter dúvidas em seu coração, ele também alcança a libertação e os mundos de felicidade dos homens retos.

Mesmo que o indivíduo não tenha o conhecimento dessas coisas, mas tenha amor, isso é suficiente. Um *swami* me contou uma história muito divertida, acerca de um erudito que ministrava uma palestra sobre o *Gita* em sânscrito e a plateia, um a um, foi se tornando entediada. Todos eles foram saindo, até que, por fim, apenas um homem idoso restou sentado à sua frente, parecendo extasiado. Assim, o palestrante sentiu que ao menos ele estava sendo apreciado por um homem e, ao final, foi até ele e disse: "Estou contente em saber que você apreciou meu discurso". "Eu não estava ouvindo seu discurso, de modo algum", foi a resposta. Assim, o palestrante disse: "Mas você demonstrava uma atenção tão extasiada". "Ah", disse o idoso, "porém eu vi Krishna à sua frente, e eu estava adorando a Krishna. Eu não estava ouvindo seu discurso". Assim, não é propriamente uma douta exposição que se faz necessária, é melhor permitir que o leitor se dê conta da presença de Deus.

> 72. Ouviste estas palavras, ó Arjuna, na comunhão silenciosa de tua alma? Tua luz interior afastou as trevas de tua ilusão?

Essa é uma tradução extravagante. A verdadeira pergunta de Krishna é: "Tu ouviste isto com mente unidirecionada?" (B & D). Isso é importante. *Ekagrata* significa unidirecionamento, e o unidirecionamento surge quando a mente está concentrada na *buddhi*, a inteligência pura, e o indivíduo alcança o conhecimento interior. "Sua ilusão, causada pela falta de sabedoria, foi destruída?" (B & D). Arjuna tinha este *ajnana*, a ignorância, sentindo que não podia lutar na batalha, mas agora ele viu a verdade e sua confusão foi afastada.

A resposta final de Arjuna a Krishna é:

73. Por tua graça eu lembro de minha luz, e agora minha ilusão se foi. Não tenho mais dúvidas, firme é minha fé; e agora posso dizer "Teus preceitos serão seguidos".

Ou: "Minha ilusão foi destruída. Por meio de tua graça ganhei conhecimento, ó imutável, eu estou firme; minhas dúvidas se foram; executarei tuas ordens" (B & D). Esta é a conclusão. Todas as dúvidas e temores de Arjuna foram superados, e ele está apto a lutar, e este é o ponto crucial, fazê-lo com todo um outro espírito.

Sanjaya relaciona os *slokas* finais:

74. Deste modo, eu ouvi essas gloriosas palavras entre Arjuna e o Deus de tudo e de todos, e elas preenchem minha alma com reverência e assombro.

75. Pela graça do poeta Vyasa, eu ouvi essas palavras de silêncio secreto. Eu ouvi o mistério da ioga, tal como ensinado por Krishna, o próprio Mestre.

76. Eu me lembro, ó rei, eu me lembro das palavras de sagrado assombro entre Krishna e Arjuna, e cada vez mais minha alma sente felicidade.

77. E eu me lembro, lembrar-me-ei sempre, daquela gloriosa visão do Deus de tudo e de todos, e cada vez mais a felicidade preenche minha alma.

78. Onde quer que Krishna esteja, a Meta da ioga, onde quer que Arjuna esteja, ele que domina o arco, há encanto, vitória, felicidade e toda retidão. Esta é minha fé.

Ninguém sabe quem escreveu o *Gita*. Juntamente com todo o *Mahabharata* ele foi atribuído a Vyasa, assim como todos os livros da lei judaica foram atribuídos a Moisés. Todavia, em algum ponto, um inspirado poeta deve ter surgido, aquele que compôs este "canto", inserindo-o no *Gita*. É realmente uma obra que preenche a alma com reverência e assombro. Ler o *Gita* com devoção é ser purificado interiormente, e viver o mistério da ioga, o da integração da pessoa humana e sua união com o Deus pessoal. Para o cristão, isso é uma maravilhosa confirmação da revelação do amor de Deus contida no Evangelho.